Das bewegliche Vermögen des Schuldners in der Einzelzwangsvollstreckung und Gesamtvollstreckung

**Europäische Hochschulschriften**

European University Studies

Publications Universitaires Européennes

| | |
|---|---|
| Reihe II | **Rechtswissenschaft** |
| Series II | Law |
| Série II | Droit |

Band/Volume **5846**

Ekaterina Goldenberg

# Das bewegliche Vermögen des Schuldners in der Einzelzwangsvollstreckung und Gesamtvollstreckung

PL ACADEMIC RESEARCH

**Bibliografische Information der Deutschen Nationalbibliothek**
Die Deutsche Nationalbibliothek verzeichnet diese Publikation in der Deutschen Nationalbibliografie; detaillierte bibliografische Daten sind im Internet über http://dnb.d-nb.de abrufbar.

Zugl.: Halle-Wittenberg, Univ., Diss., 2015

3
ISSN 0531-7312
ISBN 978-3-631-67378-2 (Print)
E-ISBN 978-3-653-06635-7 (E-Book)
DOI 10.3726/978-3-653-06635-7


PL Academic Research ist ein Imprint der Peter Lang GmbH.
Peter Lang – Frankfurt am Main · Bern · Bruxelles · New York · Oxford · Warszawa · Wien



Diese Publikation wurde begutachtet.

www.peterlang.com

Meiner Schwester Julia gewidmet

# Vorwort

Die vorliegende Arbeit wurde im Wintersemester 2014 von der Juristischen und Wirtschaftswissenschaftlichen Fakultät der Martin-Luther-Universität Halle-Wittenberg als Dissertation angenommen.

Mein aufrichtiger Dank gilt meinem Doktorvater, Herrn Prof. Dr. Wolfhard Kohte, für die Anregung zu dem Thema, die engagierte Betreuung sowie die langjährige Förderung.

Ebenfalls ganz herzlich bedanken möchte ich mich bei Herrn Dr. Daniel Klocke für die zügige Erstellung des Zweitgutachtens und die wertvollen Hinweise für die Publikation.

Die Friedrich-Naumann-Stiftung für die Freiheit ermöglichte die Arbeit durch ein großzügiges Promotionsstipendium.

Des Weiteren gebührt mein Dank Frau Izabella Krakovskaya, Frau Dr. Maren Hanel, Herrn Matthias Wenzel, Herrn Thomas Schüßler, Herrn Prof. Dr. Matthias Pierson, Herrn Prof. Dr. Ralph Behrens und Frau Angela Maus, die mich während meines Werdegangs unterstützt und gefördert haben.

Von ganzem Herzen danke ich schließlich meinem lieben Mann, Viatcheslav Goldenberg für seine uneingeschränkte Unterstützung, Anteilnahme und Rücksichtnahme sowie meinen Söhnen Lev und Oliver, meiner Schwester Maria und meinen Eltern, die an der Fertigstellung der Dissertation nie gezweifelt haben.

Hannover, Februar 2016 — Ekaterina Goldenberg

# Inhaltsverzeichnis

# Literaturverzeichnis


*Adam, Norbert:* Ausgewählte Probleme des Konkursverfahrens in verfassungsrechtlicher Sicht, Frankfurt am Main 1986.

*Aden, Menno:* Das Konkursrecht: Einführung für Juristen und Kreditpraktiker, Wiesbaden 1983.

*Ahrens, Martin/Gehrlein Markus/Ringstmeier, Andreas:* Fachanwaltskommentar Insolvenzrecht, 2. Auflage, Köln 2014 (zitiert: Bearbeiter, in Ahrens/Gehrlein/Ringstmeier, InsR).

*Ahrens, Martin:* Negativerklärung zur selbständigen Tätigkeit gem. § 35 II InsO, NZI 2007, 622.

*Alisch, Herbert:* Wege zur interessengerechteren Auslegung vollstreckungsrechtlicher Normen, Tübingen 1981.

*Alisch, Herbert:* Die sozialen Schutzbestimmungen des Vollstreckungsrechts, Rpfleger 1979, 290.

*App, Michael:* Kraftfahrzeuge in der Zwangsvollstreckung, DAR 2000, 294.

*Bartels, Klaus:* Der Verzicht auf den gesetzlichen Vollstreckungsschutz, Rpfleger 2008, 397.

*Baum, Harald:* Von der Freiheit des Reformgesetzgebers, KTS 1989, 553.

*Baumann, Jürgen:* Zwangsvollstreckung, Bielefeld 1975.

*Baumbach, Adolf/Lauterbach, Wolfgang/Albers, Jan/Hartmann, Peter:* Zivilprozessordnung mit FamFG, GVG und anderen Nebengesetzen – Kurzkommentar, 74. Auflage, München 2016 (zitiert: Baumbach/Lauterbach/Albers/Hartmann, ZPO).

*Baumgärtel, Gottfried:* Treu und Glauben, gute Sitten und Schikaneverbot im Erkenntnisverfahren, ZZP 1956, 89.

*Baur, Jürgen/Stürner, Rolf:* Zwangsvollstreckungs-, Konkurs- und Vergleichsrecht, Bd. II: Insolvenzrecht, 12. Auflage, Heidelberg 1990.

*Baur, Jürgen/Stürner, Rolf/Bruns:* Zwangsvollstreckungsrecht, 13. Auflage, Heidelberg 2006.

*Beck, Siegfried/Depré, Peter:* Praxis der Insolvenz – Ein Handbuch für die Beteiligten und ihre Berater, 2. Auflage, München 2010.

*Becker, Christoph:* Insolvenzrecht, 3. Auflage, Köln 2010.

*Behr, Johannes:* Ein Jahr 2 Zwangsvollstreckungsnovelle, JurBüro 2000, 117.

*Behr, Johannes:* Generalklausel für Vollstreckungsschutz, Rpfleger 1989, 13.

*Behr, Johannes:* Vollstreckungsschutz: Gläubiger- oder Schuldnerschutz?, KJ 1980, 156.

*Berger, Christian:* Die unternehmerische Tätigkeit des Insolvenzschuldners im Rahmen der Haftungserklärung nach § 35 Abs. 2 InsO, ZInsO 2008, 1101.

*Bettermann, Karl August:* Vollstreckungsschutz und Vollstreckungsmissbrauch, SJZ 1947, 173.

*Bichler, Kristian:* Die notwendige Unabhängigkeit des Insolvenzverwalters, Regensburg 2005.

*Bloedhorn, Rudolf:* Die neuere Rechtssprechung zu §§ 765 a, 811 und 813 a ZPO, DGVZ 1976, 104.

*Böhle-Stamschräder (o.V.):* Neuregelung des Vollstreckungsrechts, NJW 1953, 1449.

*Bork, Reinhard:* Einführung in das Insolvenzrecht, 6. Auflage, Tübingen 2012.

*Braun, Eberhard:* Insolvenzordnung (InsO) – Kommentar, 6. Auflage, München 2014 (zitiert: Bearbeiter, in: Braun, InsO).

*Brehm, Wolfgang:* Zentralisierung der Zwangsvollstreckung, Rpfleger 1982, 125.

*Brox, Hans/Walker, Wolf-Dietrich:* Zwangsvollstreckungsrecht, 10. Auflage, München 2014.

*Bruckmann, Ernst-Otto:* Die Praxis der Zwangsvollstreckung, 2. Auflage, Bonn 1997.

*Bruns, Rudolf/Peters, Egbert:* Zwangsvollstreckungsrecht – Eine systematische Darstellung, 3. Auflage. München 1987.

*Canaris, Claus-Wilhelm:* Grundrechte und Privatrecht – eine Zwischenbilanz – Stark erweiterte Fassung des Vortrags gehalten vor der Juristischen Gesellschaft zur Berlin am 10. Juni 1998, Berlin 1999.

*Christmann, Carsten:* Die Pfändbarkeit des Grabsteins, DGVZ 1986, 56.

*Dahl, Michael:* „Unternehmensfreigabe" nach § 35 II, III InsO – Insolvenzmasse, NJW-Spezial 2007, 485.

*Dallmayer, Peter/Eickmann,* Dieter: Rechtspflegergesetz – Kommentar, München 1996 (zitiert: Bearbeiter, in: Dallmayer/Eickmann, Rechtspflegergesetz).

*Dierck, Ralf/Morvilius, Theodor/Vollkommer, Gregor:* Handbuch des Zwangsvollstreckungsrechts, München 2009.

*Dietz, Andreas:* Tiere als Pfandobjekt – Zur Auslegung des § 811 ZPO, DGVZ 2001, 81.

*Dillenburger, Peter/Pauly, Holger:* Die Problematik der Grabsteinpfändung unter besonderer Berücksichtigung der geplanten 2 Zwangsvollstreckungsnovelle, DGVZ 1994, 180.

*Drischler (o. V.):* Vollstreckungsschutz bei der Zwangsvollstreckung in das unbewegliche Vermögen unter besonderer Berücksichtigung der Härteklausel des § 765 a ZPO, Rpfleger 1956, 91.

*Eickmann, Dieter:* Die Rationalisierung der Zwangsvollstreckung und ihre Auswirkungen auf den Gerichtsvollzieher, DGVZ 1977, 103.

*Emmerich, Volker:* Zulässigkeit und Wirkungsweise der Vollstreckungsverträge, ZZP 1969, 413.

*Empting, Tobias:* Die Internet-Domain in der Insolvenz, ZinsO 2006, 229.

*Fischer, Nikolaj:* Vollstreckungszugriff als Grundrechtseingriff – Zugleich eine Kritik der Hyperkonstitutionalisierung einfachen Verfahrensrechts, Frankfurt am Main 2006.

*Foerste, Ulrich:* Insolvenzrecht, 5. Auflage, München 2010.

*Frege, Michael/Keller, Ulrich/Riedel, Ernst:* Insolvenzrecht, 8. Auflage, München 2015.

*Gaul, Hans Friedhelm:* Treu und Glauben sowie gute Sitten in der Zwangsvollstreckung oder Abwägung nach „Verhältnismäßigkeit" als Maßstab der Härteklausel des § 765 a ZPO; Festschrift für Gottfried Baumgärtel zum 70. Geburtstag, hrsg. v. Prütting, Hanns, Köln (u.a.) 1990, 75.

*Gaul, Hans Friedhelm:* Das Rechtsbehelfssystem der Zwangsvollstreckung – Möglichkeiten und Grenzen einer Vereinfachung, ZZP 1972, 251.

*Gaul, Hans Friedhelm:* Zur Struktur der Zwangsvollstreckung (III), Rpfleger 1971, 81.

*Gaul, Hans Friedhelm/Schilken, Eberhard/Becker-Eberhard, Ekkehard:* Zwangsvollstreckungsrecht, 12. Auflage, München 2010.

*Gerhardt, Walter:* Neuere Rechtsprechung zum Insolvenzrecht, Tübingen 1994.

*Gerhardt, Walter:* Grundbegriffe des Vollstreckungs- und Insolvenzrecht – Eine Einführung an Hand von Fällen, Stuttgart (u.a.) 1985.

*Gerhardt, Walter:* Bundesverfassungsgericht, Grundgesetz und Zivilprozess, speziell: Zwangsvollstreckung, ZZP 1982, 467.

*Gerhardt, Walter:* Vollstreckungsrecht, 2. Auflage, Berlin (u.a.) 1982.

*Gottwald, Peter:* Insolvenzrechts-Handbuch, 5. Auflage, München 2015.

*Gottwald, Uwe:* ZPO-Lexikon – ABC der ZPO – Arbeits- und Beratungshilfen, Recklinghausen 2005.

*Graf-Schlicker, Marie Luise:* Kommentar zur Insolvenzordnung, 4. Auflage, Köln 2014 (zitiert: Bearbeiter, in: Graf-Schlicker, InsO).

*Grabau, Fritz-Rene/Miehe, Uwe:* Die neue insolvenzfreie Tätigkeit einer natürlichen Person als Chance für einen wirtschaftlichen Neuanfang? , ZVI 2006, 232.

*Grimm, Dieter:* Verfahrensfehler als Grundrechtsverstöße, NVwZ 1985, 865.

*Grote, Hugo:* § 35 Abs. 2 und § 295 Abs. 2 InsO – Echte oder scheinbare Probleme nach der Freigabe der Selbständigkeit, ZInsO 2011, 1489.

*Grund (o.V.):* § 765 a ZPO in der Mobiliarzwangsvollstreckung, NJW 1956, 126.

*Grunsky, Wolfgang:* Grundzüge des Zwangsvollstreckungs- und Insolvenzrechts, 5. Auflage, Tübingen 1996.

*Gundlach, Ulf/Frenzel, Volkhard/Strandmann, Jens-Uwe:* Die Rechtsaufsicht des Insolvenzgerichts als Mittel der Begrenzung der Gläubigerautonomie, NZI 2008, 461.

*Haarmeyer, Hans/Wutzke, Wolfgang/Förster, Karsten:* InsO – Insolvenzordnung, Kommentar, 2. Auflage, Köln 2012 (zitiert: Bearbeiter, in: Haarmeyer/Wutzke/Förster, InsO).

*Haarmeyer, Hans/Wutzke, Wolfgang/Förster, Karsten:* Handbuch zur Insolvenzordnung – InsO/EGInsO, 3. Auflage, München 2001.

*Haarmeyer, Hans/Pape, Gerhard/Stephan, Guido/Nickert, Cornelius:* Formularbuch Insolvenzrecht, 2. Auflage, Münster 2009.

*Haase, Richard:* Die „der Pfändung nicht unterworfenen Sachen" im Sinne des § 559 Satz 3 BGB, JR 1971, 323.

*Hager, Johannes:* Grundrechte im Privatrecht, JZ 1994, 373.

*Hartmann, Klaus Dieter:* Kritische Bemerkungen zur gesetzlichen Regelung der Austauschpfändung, NJW 1953, 1856.

*Hartwig, Tobias:* Massegewinnung und Wertschöpfung in Verbraucherinsolvenzverfahren, InsbürO 2008, 244.

*Häsemeyer, Ludwig:* Insolvenzrecht, 4. Auflage, Köln (u.a.) 2007.

*Heinze, Harald:* Das pfändungsfreie Unternehmen im Insolvenzverfahren, ZInsO 2015, 1117.

*Heinze, Harald:* Die neue Freigabe des Unternehmens aus der Insolvenzmasse, ZVI 2007, 349.

*Henckel, Wolfram:* Insolvenzrechtsreform zwischen Vollstreckungsrecht und Unternehmensrecht; Festschrift für Franz Merz zum 65. Geburtstag, hrsg. v. Gerhardt, Walter/Henckel, Wolfram/Kilger, Joachim/Kreft, Gerhart, Köln 1992, 197.

*Henckel, Wolfram:* Grenzen der Vermögenshaftung, JuS 1985, 836.

*Henckel, Wolfram:* Prozessrecht und materielles Recht, Göttingen 1970.

*Henning, Kai:* Aktuelles zu Überschuldung und Insolvenz natürlicher Personen, ZInsO 2004, 585.

*Henze, Gerhard/Hagemann, Klaus:* Zwangsvollstreckungsrecht, Bonn 1975.

*Hermes, Georg:* Grundrechtsschutz durch Privatrecht auf neuer Grundlage? , NJW 1990, 1764.

*Hess, Harald:* Insolvenzrecht – Großkommentar in zwei Bändern, Band 1 – §§ 1–128 InsO, 2. Auflage, Heidelberg (u.a.) 2013 (zitiert: Bearbeiter, in: Hess, InsR).

*Hess, Harald/Pape, Gerhard:* InsO und EGInsO – Grundzüge des neuen Insolvenzrechts, Köln 1995.

*Hess, Harald/Röpke, Andreas:* Die Insolvenz der kammerabhängigen freien Berufsangehörigen, NZI 2003, 233.

*Hess, Harald:* Insolvenzrecht, 4. Auflage, Heidelberg 2007.

*Hintzen, Udo:* Vollstreckung durch den Gerichtsvollzieher – Sachpfändung, eidesstattliche Versicherung, GVGA und GVO, 3. Auflage, Münster 2008.

*Hintzen, Udo/Wolf, Hans-Joachim:* Zwangsvollstreckung, Zwangsversteigerung und Zwangsverwaltung – Handbuch, Bielefeld 2006.

*Hintzen, Udo/Wolf, Hans-Joachim:* Die Mobiliarzwangsvollstreckung in der Praxis – Grundlagen und Durchführung, München 1994.

*Hoche, Ulrich/Wiener, Herbert:* Zwangsvollstreckungsrecht – Ein Lehrbuch für Studium und Praxis, 4. Auflage, Darmstadt 1983.

*Jaeger, Ernst:* Insolvenzordnung – Großkommentar, Erster Band – §§ 1–55, Berlin 2004 (zitiert: Bearbeiter, in: Jaeger, InsO).

*Jauernig, Othmar/Berger, Christian:* Zwangsvollstreckungs- und Insolvenzrecht – Ein Studienbuch, 23. Auflage, München 2010.

*Jonas, Martin/Pohle, Rudolf:* Zwangsvollstreckungsnotrecht – Abbau und Einbau in das Dauerrecht – Erläuterungsbuch zur Vollstreckungsnovelle vom 20.08.1953 (ohne Lohnpfändung) und zu zahlreichen vollstreckungsrechtlichen Nebengesetzen, 16. Auflage, Berlin (u.a.) 1954.

*Käfer, Fritz:* Das Verhältnis von § 765 a ZPO zu § 813 a ZPO, MDR 1955, 339.

*Kalkmann, Claudia:* Verwertung von Vermögen, das der Schuldner von Todes wegen erwirbt, InsBürO 2005, 130.

*Kalter (o.V.):* Das konkursfreie Vermögen, KTS 1975, 1.

*Keip, Dieter:* Umfang und Grenzen eines sozialen Schuldnerschutzes in der Zwangsvollstreckung, Hamburg 2000.

*Keller, Ulrich:* Die gerichtliche Aufsicht bei Unklarheiten in der Insolvenzabwicklung – oder: Das Gericht steht nicht über der Gläubigerversammlung, NZI 2009, 633.

*Keller, Ulrich:* Insolvenzrecht, München 2006.

*Kiesow, Daniel:* Anmerkung zu BGH, Beschl. vom 16.06.2011, VII ZB 12/09, VuR 2012, 273.

*Kilger, Joachim:* Rechtsanwendung im Konkurs; Festschrift für Franz Merz zum 65. Geburtstag, hrsg. v. Gerhardt, Walter/Henckel, Wolfram/Kilger, Joachim/Kreft, Gerhart, Köln 1992, 253.

*Kindl, Johann/Meller-Hannich, Caroline/Wolf, Hans-Joachim:* Gesamtes Recht der Zwangsvollstreckung – ZPO/ZVG/Nebengesetze/Europäische Regelungen/Kosten – Handkommentar, 3. Auflage, Baden-Baden 2015 (zitiert: Hk-ZV/Bearbeiter).

*Kissel, Otto Rudolf/Mayer, Herbert:* Gerichtsverfassungsgesetz – Kommentar, 7. Auflage, München 2013 (Kissel/Mayer, GVG).

*Kleffner, Markus:* Zur Zulässigkeit des Verzichts auf den Pfändungsschutz des § 811 ZPO, DGVZ 1991, 108.

*Knoche, Joachim P./Biersack, Cornelia:* Das Zwangsvollstreckungsrechtliche Prioritätsprinzip und seine Vereitelung in der Praxis, NJW 2003, 476.

*Kohte, Wolfhard:* Anmerkung zu BGH, Beschl. vom 04.07.2007, VII ZB 15/07, VuR 2008, 28.

*Kohte, Wolfhard:* Anmerkung zu BGH, Beschl. vom 27.03.2008, VII ZB 32/07, VuR 2008, 273.

*Kranenberg, Sonja:* Modifizierte Freigabe – Quo vadis? , NZI 2009, 156.

*Kreft, Gerhart:* Insolvenzordnung – Heidelberger Kommentar, 7. Auflage, Heidelberg 2014 (zitiert: Hk-InsO/Bearbeiter).

*Kübler, Bruno/Prütting, Hanns/Bork, Reinhard:* InsO – Kommentar zur Insolvenzordnung, Loseblattwerk, Band I, Köln, Stand: November 2015 (zitiert: KPB/Bearbeiter, InsO).

*Kuhn, Georg/Uhlenbruck, Wilhelm:* Konkursordnung – Kommentar, 10. Auflage, München 1986 (Kuhn/Uhlenbruck, KO).

*Lackmann, Rolf:* Zwangsvollstreckungsrecht – mit Grundzügen des Insolvenzrechts – Eine Einführung in Recht und Praxis, 10. Auflage, München 2013.

*Landfermann, Hans-Georg:* Zur Gestaltung und Formulierung der Insolvenzordnung; Festschrift für Wolfram Henckel zum 70. Geburtstag am 21. April 1995, hrsg. v. Gerhardt, Walter, Berlin (u.a.) 1995, 515.

*Langner, Thomas:* Die Problematik der Geltung der Grundrechte zwischen Privaten, Frankfurt am Main (u.a.) 1998.

*Larenz, Karl:* Methodenlehre der Rechtswissenschaft, 6. Auflage, Berlin (u.a.) 1991.

*Leithaus, Rolf:* Zu den Aufsichtsbefugnissen des Insolvenzgerichts nach § 83 KO/§ 58 I InsO, NZI 2001, 124.

*Leonhardt, Peter/Smid, Stefan/Zeuner, Mark:* Insolvenzordnung (InsO) – Kommentar, 3. Auflage, Stuttgart 2010 (zitiert: Bearbeiter, in: Leonhardt/Smid/Zeuner, InsO).

*Lepa, Manfred:* Der Inhalt der Grundrechte, 6. Auflage, Köln 1990.

*Lepa, Brita:* Insolvenzordnung und Verfassungsrecht – Eine Untersuchung der Verfassungsmäßigkeit der InsO und der Einwirkung verfassungsrechtlicher Wertungen auf die Anwendung dieses Gesetzes, Berlin 2002.

*Lerche, Peter:* Zur Bindung der Tarifnormen an Grundrechte, insbesondere an das Grundrecht der Berufsfreiheit; Festschrift für Ernst Steindorff zum 70. Geburtstag am 13. März 1990, hrsg. v. Baur, Jürgen F./Hopt, Klaus J./Mailänder, Peter K., Berlin (u.a.) 1990, 897.

*Leyerseder, Friedrich:* Zur Frage der Anwendbarkeit des § 765 a ZPO gegenüber der Zuschlagsentscheidung im Zwangsversteigerungsverfahren, MDR 1956, 644.

*Lippross, Otto-Gerd:* Zwangsvollstreckungsrecht, 10. Auflage, München 2011.

*Lippross, Otto-Gerd:* Grundlagen und System des Vollstreckungsschutzes, Bielefeld 1983.

*Lippross, Otto-Gerd:* Das Rechtsbehelfssystem der Zwangsvollstreckung, JA 1979, 9.

*Looff, Franziska:* Zur Pfändbarkeit von Grabsteinen, Rpfleger 2008, 53.

*Lüke, Wolfgang:* Probleme der Selbständigeninsolvenz am Beispiel der Insolvenz einer Arztpraxis; Humaniora: Medizin – Recht – Geschichte, Festschrift für Adolf

Laufs zum 70. Geburtstag, hrsg. v. Kern, Bernd-Rüdiger/Wadle, Elmar/Schroeder, Klaus-Peter/Katzenmeier, Christian, Berlin (u.a.) 2006, 989.

*Lüke, Wolfgang:* Zivilprozessrecht – Erkenntnisverfahren, Zwangsvollstreckung, Europäisches Zivilverfahrensrecht, 10. Auflage, München 2011.

*Mai, Vera:* Die Insolvenz des Freiberuflers – Lösungsansätze zu ausgewählten Problemkreisen, Frankfurt am Main (u.a.) 2009.

*Maunz, Theodor/Schmidt-Bleibtreu, Bruno/Klein, Franz/Bethge, Herbert:* Bundesverfassungsgerichtsgesetz – Kommentar – Band 2, München, Stand: August 2015 (zitiert: Bearbeiter, in: Maunz/Schmidt-Bleibtreu/Klein/Bethge, BVerfGG).

*Mäusezahl, Uwe:* Zur Anwendbarkeit der §§ 850 ff. ZPO in der Verbraucherinsolvenz, ZInsO 2000, 193.

*Merten, Detlef/Papier, Hans-Jürgen:* Handbuch der Grundrechte in Deutschland und Europa – Band II – Grundrechte in Deutschland: Allgemeine Lehren I, Heidelberg 2006.

*Mette, Michael:* Zur Problematik von vollstreckungserweiternden, -beschränkenden und -ausschliessenden Vereinbarungen, Passau 1991.

*Mohrbutter, Harro/Ringstmeier, Andreas:* Handbuch der Insolvenzverwaltung, 8. Auflage, Köln (u.a.) 2007.

*Mohrbutter, Jürgen:* Handbuch des gesamten Vollstreckungs- und Insolvenzrechts –achtes Buch der Zivilprozessordnung – Zwangsversteigerung, Zwangsverwaltung, Konkurs, Vergleich, 2. Auflage, Köln (u.a.) 1974.

*Münchener Kommentar* zur Insolvenzordnung, Band 1 – §§ 1–79 – Insolvenzrechtliche Vergütungsordnung (InsVV), 3. Auflage, München 2013 (zitiert: MüKoInsO/Bearbeiter).

*Münchener Kommentar* zur Insolvenzordnung, Band 2 – §§ 80–216, 3. Auflage, München 2013 (zitiert: MüKoInsO/Bearbeiter).

*Münchener Kommentar* zur Zivilprozessordnung – mit Gerichtsverfassungsgesetz und Nebengesetzen, Band 2 – §§ 355–1024, 4. Auflage, München 2012 (zitiert: MüKoZPO/Bearbeiter).

*Münchener Kommentar* zur Zivilprozessordnung – mit Gerichtsverfassungsgesetz und Nebengesetzen, Band 3 – §§ 1025–1109 – EGZPO, GVG, EGGVG, UKlaG, Internationales und Europäisches Zivilprozessrecht, 4. Auflage, München 2013 (zitiert: MüKoZPO/Bearbeiter).

*Münzberg, Wolfgang/Brehm, Wolfgang/Alisch, Herbert:* Privilegierte Sachpfändung nach französischem Vorbild, DGVZ 1980, 72.

*Musielak, Hans-Joachim/Voit, Wolfgang:* Kommentar zur Zivilprozessordnung – mit Gerichtsverfassungsgesetz, 12. Auflage, München 2015 (zitiert: Musielak/Bearbeiter, ZPO).

*Neuner, Jörg:* Grundrechte und Privatrecht aus rechtsvergleichender Sicht, Tübingen 2007.

*Nerlich, Jörg/Römermann, Volker:* Insolvenzordnung (InsO) – Kommentar, München, Stand: Januar 2015 (zitiert: Bearbeiter, in: Nerlich/Römermann, InsO).

*Noack, Wilhelm:* Warenbestände, Rohstoffe und Halbfertigfabrikate in der Pfändungsvollstreckung, DB 1977, 195.

*Noack, Wilhelm:* Allgemeine Grundsätze des Schuldnerschutzes nach § 811 ZPO, Hinweise für seine Anwendung in der Praxis des Gerichtsvollziehers, DGVZ 1969, 113.

*Noack, Wilhelm:* Die Austauschpfändung (§§ 811 a, 811 b ZPO), JurBüro 1969, 98.

*Noack, Wilhelm:* Das Verwertungsmoratorium des § 813 a ZPO, JR 1967, 369.

*Nowack (o.V.):* Das Verhältnis des § 765 a ZPO zu den §§ 30, 31 WBewG, DRiZ 1954, 3.

*Obermüller, Manfred/Hess, Harald:* InsO – Eine systematische Darstellung des neuen Insolvenzrechts, 4. Auflage, Heidelberg 2003.

*Oestreicher, Ernst:* SGB II/SGB XII – Grundsicherung für Arbeitssuchende und Sozialhilfe – mit Asylbewerberleistungsrecht – Erstattungsrecht des SGB X – Kommentar, München, Stand: März 2013 (zitiert: Bearbeiter, in: Oestreicher, SGB II/SGB XII).

*Ottersbach, Thomas W.:* Anmerkung zu LG Köln, Beschl. vom 27.7.1989, 10 T 123/89, Rpfleger 1989, 517.

*Pape, Gerhard/Uhlenbruck, Wilheim/Voigt-Salus, Joachim:* Insolvenzrecht, 2. Auflage, München 2010.

*Pardey, Frank:* Austauschpfändung bei Hausratsgegenständen, DGVZ 1989, 54.

*Pardey, Frank:* Die Wahl zwischen Hausratsgegenständen, insbesondere zwischen Fernsehern und Rundfunkgeräten, i. S. der §§ 811 Nr. 1, 812 ZPO, DGVZ 1987, 111.

*Pardey, Frank:* Der Vollstreckungsschutz des Kraftfahrzeughalters nach §§ 811, 812, 850 f ZPO, DGVZ 1987, 180.

*Pardey, Frank:* Zur Pfändbarkeit eines Fernsehgerätes, DGVZ 1978, 102.

*Paulus, Christoph G.:* Insolvenzrecht, Frankfurt 2007.

*Pawlowski, Hans-Martin:* Methodenlehre für Juristen – Theorie der Norm und des Gesetzes, 3. Auflage, Heidelberg 1999.

*Peters, Egbert:* Die richterliche Anordnung zur Zwangsvollstreckung nach § 758 ZPO – Wege und Irrwege; Festschrift für Fritz Baur, hrsg. v. Grunsky, Wolfgang/Stürner, Rolf/Walter, Gerhard/Wolf, Manfred, Tübingen 1981, 557.

*Philipp, Markus:* Zulässigkeit und Durchsetzbarkeit von Parteivereinbarungen in der Zwangsvollstreckung, Rpfleger 2010, 456.

*Pieper, Hans-Gerd:* Grundrechte, 14. Auflage, Münster 2011.

*Prütting, Hans:* Allgemeine Verfahrensgrundsätze der Insolvenzordnung; Kölner Schrift zur Insolvenzordnung, 3. Auflage, Münster 2009.

*Prütting, Hanns/Gehrlein, Markus:* ZPO – Kommentar, 6. Auflage, Köln 2014 (zitiert: PG/Bearbeiter).

*Puppe, Richard:* Ratenzahlungen an den Gerichtsvollzieher – Zugleich eine kritische Anmerkung zu dem Beitrag von Vultejus in DGVZ 1991, Seite 21, DGVZ 1991, 89.

*Quack, Friedrich R.:* Grundrechtsschutz im Konkurs, Überlegungen zu verfassungsrechtlichen Problemen des Konkursverfahrens, Rpfleger 1975, 185.

*Raatz, Johann Georg:* Vollstreckungsverträge, Berlin 1935.

*Redeker, Konrad/von Oertzen, Hans-Joachim:* Verwaltungsgerichtsordnung – Kommentar, 16. Auflage, Stuttgart (u.a.) 2014 (zitiert: Redeker/von Oertzen, VwGO).

*Riedel (o.V.):* Das Gesetz über Maßnahmen auf dem Gebiete der Zwangsvollstreckung vom 26. August 1953, JR 1953, 397.

*Ritter, Wilhelm:* Die Pfändbarmachung unpfändbarer Sachen durch Hingabe eines Ersatzgegenstandes, JW 1937, 1673.

*Röder, Hans:* Die Grabsteinpfändung nach der Entscheidung des Bundesgerichtshofes vom 20. Dezember 2005, DGVZ 2007, 17.

*Roellenbleg, Rainer R.:* Verfassungswidrigkeit der InsO? , NZI 2004, 176.

*Römermann, Volker:* Die Bestellung des Insolvenzverwalters, NJW 2002, 3729.

*Roth, Herbert:* Verfassungsrecht und Insolvenzrecht; Rechtsentwicklung unter dem Bonner Grundgesetz, hrsg. v. Mußgnug, Reinhard, Heidelberg 1990, 187.

*Roy, Rudolf/Palm, Franz:* Zur Problematik der Zwangsvollstreckung in Computer, NJW 1995, 690.

*Runkel, Hans-P:* Die Arztpraxis in der Insolvenz; Festschrift für Walter Gerhardt, hrsg. v. Schilken, Eberhard/Kreft, Gerhart/Wagner, Gerhard/Eckardt, Diederich, Köln 2004, 839.

*Rupp, Wolfgang/Fleischmann, Guntram:* Anmerkung zu LG Stuttgart, Beschl. vom 24.07.1984, 2 T 551/84, Rpfleger 1985, 71.

*Säcker, Franz-Jürgen:* Zum Streitgegenstand der Vollstreckungserinnerung, NJW 1966, 2345.

*Saenger, Ingo:* Zivilprozessordnung – FamFG – Europäisches Verfahrensrecht – Handkommentar, 6. Auflage, Baden-Baden 2015 (zitiert Hk-ZPO/Bearbeiter).

*Schellhorn, Walter/Schellhorn, Helmut/Hohm, Karl-Heinz:* SGB XII – Sozialhilfe – Ein Kommentar für Ausbildung, Praxis und Wissenschaft, 18. Auflage, Luchterhand 2010 (zitiert Bearbeiter, in: Schellhorn/Schellhorn/Hohm, SGB XII).

*Scherer, Inge:* Der Parteibegriff in der Zwangsvollstreckung, JR 1996, 45.

*Schick, Walter:* Der Konkursverwalter – berufliche und steuerliche Aspekte, NJW 1991, 1328.

*Schildt, Charlotte:* Die Insolvenz des Freiberuflers, Baden-Baden 2006.

*Schilken, Eberhard:* Zur Reform der Sachaufklärung in der Zwangsvollstreckung, Rpfleger 2006, 629.

*Schmalz, Dieter:* Methodenlehre für das juristische Studium, 4. Auflage, Baden-Baden 1998.

*Schmidt, Andreas:* Hamburger Kommentar zum Insolvenzrecht – InsO – EuInsVO – EGInsO (Auszug) – InsVV – VbrInsVV – InsOBekV – Insolvenzstrafrecht, 4. Auflage, Köln 2012 (zitiert: HambKomm/Bearbeiter).

*Schmidt, Karsten:* Insolvenzgesetze – KO/VglO/GesO, 17. Auflage, München 1997 (zitiert: Schmidt, Insolvenzgesetze).

*Schmidt, Karsten:* Das Insolvenzrecht und seine Reform zwischen Prozessrecht und Unternehmensrecht, KTS 1988, 1.

*Schmidt, Rolf:* Grundrechte – sowie Grundzüge der Verfassungsbeschwerde, 15. Auflage, Grasberg bei Bremen 2013.

*Schmidt, Stefan:* Kurzkommentar zu BGH, Beschl. vom 16.10.2008, IX ZB 77/08, EWiR 2009, 223.

*Schmidt, Thomas B./Haarmeyer, Hans/Albrecht, Achim:* Praxis und Ausbildung im Insolvenzbüro – Lehrbuch für die Insolvenzverwaltung, 2. Auflage, Münster 2010.

*Schmidt-Futterer, Wolfgang:* Die Unpfändbarkeit von Kraftfahrzeugen Körperbeschädigter, DAR 1961, 219.

*Schneider, Egon:* Problemfälle aus der Prozesspraxis Luxuswagen als Gebrechlichkeitshilfe, MDR 1986, 726.

*Schneider, Egon/Becher, Wolfgang:* Probleme der „unpfändbaren Sachen" in der Judikatur (§ 811 ZPO), DGVZ 1980, 177.

*Schumacher, Adolf:* Zum Geltungsbereich der Austauschpfändung, ZZP 1954, 255.

*Schur, Wolfgang:* Vollstreckungsschutz nach § 765 a ZPO im Insolvenzverfahren, KTS 2008, 471.

*Schuschke, Winfried:* Die besonderen Aufgaben des Gerichtsvollziehers bei der Vollstreckung gegen psychisch kranke, insbesondere suizidgefährdete Personen, DGVZ 2008, 33.

*Schuschke, Winfried:* Lebensschutz contra Eigentumsgarantie – Zu den Grenzen des § 765 a ZPO in der Räumungsvollstreckung, NJW 2006, 874.

*Schuschke, Winfried/Walker, Wolf-Dietrich:* Vollstreckung und Vorläufiger Rechtsschutz – nach dem achten und elften Buch der ZPO einschließlich der europarechtlichen Regelungen – Kommentar, 6. Auflage, Köln 2016 (zitiert: Bearbeiter, in: Schuschke/Walker, ZPO).

*Seidler, Nina-Alexandra:* Selbständige in der Insolvenz – Der Insolvenzbeschlag von Arbeitsmitteln – Die Anwendung des § 811 Abs. 1 Nr. 5 und Nr. 7 ZPO im Insolvenzverfahren, Hamburg 2008.

*Seip, Theo:* Vermögensoffenbarung als erste Maßnahme der Zwangsvollstreckung und Minderung des Schuldnerschutzes – Verbesserung oder rechtsstaatlicher Rückschritt? , ZRP 2007, 23.

*Seip, Theo:* Zum Entwurf eines Gesetzes zur Reform der Sachaufklärung in der Zwangsvollstreckung, DGVZ 2006, 1.

*Seip, Theo:* Zum Ansatz der Gebühr für die erfolglose Pfändung, DGVZ 2002, 11.

*Seuffert, Walter:* Verfassungsrechtliche Fragen zu den Reformvorschlägen der Kommission für Insolvenzrecht, ZIP 1986, 1157.

*Sinz, Ralf/Wegener, Dirk/Hefermehl, Hendrik:* Verbraucherinsolvenz, 2. Auflage.

*Smid, Stefan:* Freigabe des Neuerwerbs in der Insolvenz selbständig tätiger Schuldner, DZWiR 2008, 133.

*Smid, Stefan:* Praxishandbuch Insolvenzrecht, 5. Auflage, Berlin 2007.

*Smid, Stefan:* Freigabeerklärung des Insolvenzverwalters/Treuhänders bei selbständiger Tätigkeit des Insolvenzschuldners? , WM 2005, 625.

*Smid, Stefan:* Grundzüge des Insolvenzrechts, 4. Auflage, München 2002.

*Smid, Stefan/Wehdeking, Silke:* Arbeitseinkommen des Schuldners und die Rechtszuständigkeit des Insolvenzverwalters bzw. Treuhänders in dem über das Vermögen natürlicher Personen eröffneten Insolvenzverfahren, InVo 2000, 293.

*Stamm, Jürgen:* Anmerkung zu BGH, Beschl. vom 16.10.2008, IX ZB 77/08, LMK 2009, 274749.

*Stamm, Jürgen:* Die Prinzipien und Grundstrukturen des Zwangsvollstreckungsrechts – Ein Beitrag zur Rechtsvereinheitlichung auf europäischer Ebene, Tübingen 2007.

*Staudinger, J. v.:* Kommentar zum Bürgerlichen Gesetzbuch mit Einführungsgesetz und Nebengesetzen – Buch 2 – Recht der Schuldverhältnisse – Einleitung zum Schuldrecht; §§ 241–243 (Treu und Glauben), Neubearbeitung, Berlin 2009 (zitiert: Bearbeiter, in: Staudinger, BGB).

*Stein, Friedrich/Jonas, Martin*: Kommentar zur Zivilprozessordnung – Band 7 – §§ 704–827, 22. Auflage, Tübingen 2002 (zitiert: Bearbeiter, in: Stein/Jonas, ZPO).

*Stern, Klaus:* Insolvenzrechtsreform und verfassungsrechtlicher Schutz der Mobiliarsicherungsgläubiger; Für Recht und Staat, Festschrift für Herbert Helmrich zum 60. Geburtstag, hrsg. v. Helmrich, Herbert/Letzgus, Klaus, München 1994, 737.

*Stern, Klaus/Becker, Florian:* Grundrechte-Kommentar, Köln 2010 (zitiert: Bearbeiter, in: Stern/Becker, Grundrechte-Kommentar).

*Stöber (o.V.):* Ist § 765 a ZPO bei der Zwangsversteigerung zur Aufhebung einer Gemeinschaft anwendbar? , Rpfleger 1960, 237.

*Stürner, Rolf:* Prinzipien der Einzelzwangsvollstreckung, ZZP 1986, 291.

*Tetzlaff, Thilo:* Rechtliche Probleme in der Insolvenz des Selbständigen, ZInsO 2005, 393.

*Thomas, Heinz/Putzo, Hans:* Zivilprozessordnung – FamFG – Verfahren in Familiensachen – GVG, Einführungsgesetze, EU-Zivilverfahrensrecht – Kommentar, 36. Auflage, München 2015 (zitiert: Bearbeiter, in: Thomas/Putzo, ZPO).

*Uhlenbruck, Wilhelm:* Insolvenzordnung – Kommentar, 14. Auflage, München 2015 (zitiert: Bearbeiter, in: Uhlenbruck, InsO).

*Uhlenbruck, Wilhelm:* Insolvenzrechtliche Probleme der vertragsärztlichen Praxis, ZVI 2002, 49.

*Uhlenbruck, Wilhelm:* Mitwirkung und Verantwortlichkeit des Insolvenzrichters; Beiträge zur Reform des Insolvenzrechts, Düsseldorf 1987, 139.

*Ulrich, Simon:* Suizid als sittenwidrige Härte des § 765 a ZPO, Rpfleger 2012, 477.

*Voigt, Joachim M. E. /Gerke, Lars:* Die insolvenzfreie selbständige Arbeit, ZInsO 2002, 1054.

*Vollkommer, Max:* Verfassungsmäßigkeit des Vollstreckungszugriffs, Rpfleger 1982, 2.

*Wacke, Andreas:* Die „Grabsteinpfändung" – Pietätsrücksichten beim Schuldnerschutz im Konflikt mit dem Lieferantenkredit, DGVZ 1986, 161.

*Weber-Fas, Rudolf:* Grundrechte Lexikon – Menschen- und Bürgerrechte der deutschen Verfassung, Tübingen 2001.

*Weimar, Wilhelm:* Der Vollstreckungsschutz des Arztes, DGVZ 1978, 184.

*Weyland, Peter:* Das Verhältnismäßigkeitsgrundsatz in der Zwangsvollstreckung, Berlin 1987.

*Wieczorek, Bernhard/Schütze, Rolf A.:* Zivilprozessordnung und Nebengesetze – Großkommentar, Neunter Band – §§ 724–802l, 4. Auflage, Berlin (u.a.) 2015 (zitiert: Bearbeiter, in: Wieczorek/Schütze, ZPO).

*Wieczorek, Bernhard/Schütze, Rolf A.:* Zivilprozessordnung und Nebengesetze – Großkommentar, Zehnter Band, Teilband 1 – §§ 803–863, 4. Auflage, Berlin (u.a.) 2015 (zitiert: Bearbeiter, in: Wieczorek/Schütze, ZPO).

*Wieland, Joachim:* Verfassungsrechtliche Fragen der Auswahl des Insolvenzverwalters, ZIP 2005, 233..

*Wieser, Eberhard:* Der Grundsatz der Verhältnismäßigkeit in der Zwangsvollstreckung, Köln (u.a.) 1989.

*Wimmer, Klaus:* FK-InsO – Frankfurter Kommentar zur Insolvenzordnung – mit EuInsVO, InsVV und weiteren Nebengesetzen, 8. Auflage, Köln 2015 (Bearbeiter, in: FK-InsO).

*Wimmer, Klaus/Dauernheim, Jörg/Wagner, Martin/Gietl, Josef:* Handbuch des Fachanwalts Insolvenzrecht, 7. Auflage, Köln 2015.

*Winter, Ulrich:* Die Verwertung eines Kraftfahrzeugs im Insolvenzverfahren, ZVI 2005, 569.

*Winterstein, Bernd:* Die Zustellung und Zwangsvollstreckung gegen Einzelfirmen, DGVZ 1985, 85.

*Wischemeyer, Markus:* Freigabe einer selbständigen Tätigkeit des Schuldners gem. § 35 Abs. 2 InsO – Praxisfragen und Lösungswege, ZInsO 2009, 2121.

*Wischemeyer, Markus/Schur, Wolfgang:* Zur Reichweite der Freigabeerklärung des Insolvenzverwalters nach § 35 Abs. 2 InsO bei bereits ausgeübter selbständiger Tätigkeit des Schuldners, ZInsO 2007, 124.

*Wolf, Manfred/Neuner, Jörg:* Allgemeiner Teil des Bürgerlichen Rechts, 10. Auflage, München 2012.

*Ziege, Hans-Joachim:* Die Zulassung der Austauschpfändung: Voraussetzungen und Verfahren, NJW 1955, 48.

*Zimmermann, Franc:* Freigabe gem. § 35 Abs. 2 InsO und/oder Betriebsstilllegung gem. §§ 157, 158 InsO? , ZInsO 2011, 2057.

*Zimmermann, Walter:* Grundriss des Insolvenzrechts, 9. Auflage, Heidelberg (u.a.) 2012.

*Zimmermann, Walter:* Zivilprozessordnung – mit Gerichtsverfassungsgesetz und Nebengesetzen – Kommentar anhand der höchstrichterlichen Rechtsprechung, 8. Auflage, Münster 2008 (zitiert: Zimmermann/ZPO).

*Zippelius, Reinhold:* Juristische Methodenlehre, 11. Auflage, München 2012.

*Zöller, Richard:* Zivilprozessordnung – mit FamFG (§§ 1–185, 200–270, 433–484) und Gerichtsverfassungsgesetz, den Einführungsgesetzen, mit Internationalem Zivilprozessrecht, EU-Verordnungen, Kostenanmerkungen – Kommentar, 31. Auflage, Köln 2016 (zitiert: Bearbeiter, in: Zöller, ZPO).

# A. Einleitung

## I. Gegenstand der Untersuchung

Natürliche Schuldner in Vollstreckungsverfahren werden regelmäßig mit der Frage konfrontiert, welche Vermögensteile ihnen trotz eines Verfahrens erhalten bleiben. Das betrifft sowohl einen Schuldner, der den gegen ihn gerichteten Zahlungsanspruch eines einzelnen Gläubigers nicht erfüllt und gegen den zwecks zwangsweiser Durchsetzung die Einzelzwangsvollstreckung eingeleitet wird, als auch einen Schuldner, der nicht in der Lage ist, seine fälligen Zahlungspflichten zu erfüllen[1] und über dessen Vermögen zwecks gemeinschaftlicher Befriedigung der Gläubiger ein Insolvenzverfahren eröffnet wird. Ist dem Insolvenzverfahren die Einzelzwangsvollstreckung vorangegangen, was in der Praxis regelmäßig der Fall ist, so ist für den Schuldner bedeutend, inwieweit seine Vermögenssituation durch die Veränderung der Verfahrensart beeinflusst wird.

Naturgemäß sind in jedem Verfahren bewegliche Sachen vorhanden. Schuldner und ihre Familien sind alltäglich auf sie angewiesen. Einige Gegenstände sind von besonderem persönlichen Wert. In den meisten Vollstreckungsverfahren stellen bewegliche Sachen neben Forderungen das alleinige Vermögen dar, aus dem sich Gläubiger Befriedigung versprechen können, obgleich die Befriedigungschancen hier deutlich geringer sind als bei Immobilien und Forderungen. Dadurch gewinnt das Thema der Auswirkungen der Zwangsvollstreckung auf bewegliche Sachen für Schuldner, Angehörige und Gläubiger eine außerordentliche Bedeutung.

Eine genaue und differenzierte Untersuchung der einzelnen Aspekte der Sachpfändung und des Vollstreckungsschutzes im Rahmen der vorliegenden Arbeit sollte einerseits zur Rechtssicherheit auf der Seite des Schuldners und andererseits zu besseren Befriedigungschancen auf der Gläubigerseite beitragen.

Im Mittelpunkt der Erörterung soll dabei die Frage nach der Reichweite des gesetzlichen Pfändungsschutzes im Rahmen des § 811 Abs. 1 ZPO stehen, deren Beantwortung aus zwei Gründen eine Herausforderung darstellt. Zum einen sollte der Pfändungsschutz den Anforderungen an einen fairen und aus verfassungsrechtlichem Blickwinkel vertretbaren Ausgleich der gegensätzlichen Interessen standhalten können, zum anderen zeitgemäß, vorausblickend und anpassungsfähig sein, denn der Pfändungsschutz wird von wirtschaftlichen, sozialen und gesellschaftlichen Entwicklungen stark geprägt. Bei einer Beschränkung ausschließlich auf den gesetzlichen Pfändungsschutz wäre eine umfassende Auseinandersetzung mit dem Thema der Auswirkungen der Zwangsvollstreckung auf bewegliche Sachen kaum möglich, denn sie ist sehr facettenreich und mit anderen Themenbereichen und Instrumenten verflechtet, wie etwa Austauschpfändung (§ 811 a ZPO),

1 Oder voraussichtlich dazu nicht in der Lage sein wird (§ 18 InsO).

Verschleuderungsschutz (§§ 812, 817 a ZPO) und gerichtlicher Vollstreckungsschutz (§ 765 a ZPO). Dem Anspruch, im aktuellen Bereich zur Rechtssicherheit beizutragen, lässt sich nur mit der detaillierten Beschäftigung mit der gesamten Fülle der damit im Zusammenhang stehenden und bisher nicht oder nicht eindeutig beantworteten Fragen gerecht werden. Das gilt sowohl für die Einzelzwangsvollstreckung als auch für das Insolvenzverfahren aufgrund des in der Insolvenzordnung enthaltenen Verweises auf den Pfändungsschutz der Einzelzwangsvollstreckung gem. § 36 Abs. 1 S. 1 InsO, der damit gerechtfertigt ist, dass es sich in beiden Fällen um Zwangsvollstreckungsverfahren mit dem Zweck der Gläubigerbefriedigung handelt[2] und in beiden Verfahren die Ausgestaltung des Vollstreckungsschutzes den verfassungsmäßigen Anforderungen genügen soll[3]. Ein Rückgriff auf § 4 InsO ist hier überflüssig, denn § 36 InsO ist eine speziellere Verweisung.

Andererseits bestehen zwischen den Verfahren grundlegende Differenzen, die bereits aus den charakteristischen Termini Einzelzwangsvollstreckung und Gesamtvollstreckung deutlich werden und die dazu führen, dass es zur Anwendung der Normen der Einzelzwangsvollstreckung im Insolvenzverfahren nur dann kommen darf, wenn „der Zweck der jeweiligen zwangsvollstreckungsrechtlichen Regelung mit dem Ziel der Gesamtvollstreckung in Einklang steht“[4]. Das Vereinbarkeitserfordernis besteht trotz des ausdrücklichen, jedoch pauschalen Verweises auf den Pfändungsschutz der Einzelzwangsvollstreckung in § 36 Abs. 1 S. 1 InsO.[5]

Bei einigen zentralen und für die Praxis außerordentlich relevanten Bestimmungen des gesetzlichen Pfändungsschutzes der beweglichen Sachen, wie etwa bei § 811 Abs. 1 Nr. 5, 7 ZPO, ist die Vereinbarkeit mit der Eigenart des Insolvenzverfahrens als Gesamtvollstreckung umstritten, ebenso wie die notwendigen Modifikationen der Regelungen, die für die erforderliche Vereinbarkeit genügen könnten.

Die gleiche Problematik, jedoch im erheblich größeren Umfang, stellt sich im Bereich des gerichtlichen Vollstreckungsschutzes im Insolvenzverfahren nach § 4 InsO i.V.m. § 765 a ZPO, denn im Gegensatz zum gesetzlichen Pfändungsschutz verweist die Insolvenzordnung nicht ausdrücklich auf die Regelung des § 765 a ZPO, was den Gedanken nahelegen könnte, dass der Gesetzgeber von vornherein die Anwendbarkeit dieser Norm im Insolvenzverfahren verworfen hätte. Gerade der Bereich des gerichtlichen Vollstreckungsschutzes der beweglichen Sachen im Insolvenzverfahren wurde bisher im Fachschrifttum stiefmütterlich behandelt. Der Rückgriff auf die Erkenntnisse aus der Einzelzwangsvollstreckung erfordert zunächst die kritische Auseinandersetzung mit der grundsätzlichen Möglichkeit des Vollstreckungsschutzes im Rahmen des § 765 a ZPO in der Einzelzwangsvollstreckung

2 Henckel, in: FS Merz 65, S. 197, 199.

3 BVerfG, NJW 1979, 2607.

4 BTDrucks 14/6468, S. 17.

5 AG Köln, NJW-RR 2003, 987; MüKoInsO/Peters, § 36 Rn. 24; Runkel, in: FS Gerhardt, S. 839; Empting, ZInsO 2006, 229; Tetzlaff, ZInsO 2005, 393, 404, 405; Smid/Wehdeking, InVo 2000, 293; a.A. Voigt/Gerke, ZInsO 2002, 1054 ff.

bei der Geldvollstreckung in bewegliche Sachen, die bisher umstritten ist. Kommen zu den daraus gewonnenen Feststellungen gesamtvollstreckungsrechtliche Komponenten hinzu, so ist eine erneute Betrachtung geboten. Die Auseinandersetzung mit dem Thema des gerichtlichen Vollstreckungsschutzes der beweglichen Sachen in beiden Verfahren darf aus der Gesamtbetrachtung, trotz der relativ geringen Fallfrequenz in der Praxis, keinesfalls ausgelassen werden. Es handelt sich hier um ein Schutzinstrument, das dem Schuldner im äußersten Härtefall Abhilfe schaffen sollte, und dessen Vernachlässigung würde zur kaum vertretbaren Beschneidung der grundrechtlich gebotenen Möglichkeiten des Schuldnerschutzes führen.

Neben dem Schuldner, seinen Angehörigen und dem Gläubiger gibt es noch zwei Akteure, für die das Thema der Auswirkungen des jeweiligen Vollstreckungsverfahrens auf bewegliche Sachen des Schuldners von nicht zu unterschätzender Relevanz ist, nämlich der Gerichtsvollzieher in der Einzelzwangsvollstreckung und der Insolvenzverwalter im Insolvenzverfahren. Bereits vor fast einem halben Jahrhundert wies Noack auf die fehlende Homogenität bei der Vorgehensweise der Gerichtsvollzieher in dem Bereich aufgrund der nicht einheitlichen und überaus kasuistischen Rechtsprechung hin[6]. Bis zur Gegenwart hat sich die Situation nicht geändert. Bei Verwaltern im Insolvenzverfahren herrschen noch weit größere Differenzen bei der Vorgehensweise mit beweglichen Sachen des Schuldners, was teils auf den unterschiedlichen Ansichten beruht, zum Teil aber aus der bloßen Rechtsunsicherheit herrührt. Führt man sich darüber hinaus die Notwendigkeit der alltäglichen Beschäftigung mit der Materie in der Praxis der Einzelzwangsvollstreckung und Insolvenzverwaltung vor Augen, so erweist sich die Auseinandersetzung mit dem Thema ebenso aus dieser Perspektive als unerlässlich.

Mit dem Gesetz zur Neustrukturierung und Modernisierung des Pfändungsschutzes[7] wurde versucht die Schwächen des aktuellen Pfändungsschutzsystems zu beheben. Im Gesetzentwurf wurde ausdrücklich auf den erheblichen Aufwand für die Beteiligten in der Praxis hingewiesen und die zentrale Schutzvorschrift des Pfändungsschutzes der beweglichen Sachen in § 811 ZPO in ihrer Ausführlichkeit und Systematik als schwer überschau- und handhabbar bewertet[8]. Der Entwurf war jedoch in der 17. Legislaturperiode nicht erfolgreich.

## II. Gang der Untersuchung

Den Ausgangspunkt, mit dem die vorliegende Untersuchung im zweiten Kapitel beginnt, bildet die Betrachtung der zwei Systeme des Vollstreckungsrechts – Einzelzwangsvollstreckung und Gesamtvollstreckung, einschließlich des Vergleiches der in dem jeweiligen Verfahren geltenden Verfahrensgrundsätze. Das Ziel ist die Ableitung der Erkenntnisse, ob und inwieweit die Setzung gleicher Maßstäbe und

6 Noack, DGVZ 1969, 113, 115.
7 BTDrucks 17/2167, S. 1.
8 BTDrucks 17/2167, S. 2.

die Geltung identischer Regelungen im Bereich des Vollstreckungsschutzes der beweglichen Sachen gerechtfertigt sind sowie welche Besonderheiten der Gesamtvollstreckung ihren Niederschlag bei der Bestimmung des Pfändungsschutzes der beweglichen Sachen im Insolvenzverfahren finden sollen.

Das darauf folgende Kapitel widmet sich der Untersuchung des zugrunde liegenden Systems und der Grundregeln des gesetzlichen Pfändungsschutzes der beweglichen Sachen in der Einzelzwangsvollstreckung. Es findet eine vertiefte Auseinandersetzung mit den in dem Themenbereich bestehenden für die Praxis relevanten strittigen Fragen unter Einbeziehung wichtiger Instrumente wie Verschleuderungsschutz und Austauschpfändung statt. Ein besonderes Augenmerk wird der Problematik des Pfändungsschutzes eines Kraftfahrzeuges in der Einzelzwangsvollstreckung geschenkt.

Im vierten Kapitel wird das Thema des gerichtlichen Vollstreckungsschutzes in der Einzelzwangsvollstreckung, insbesondere unter dem Aspekt des Schutzes der beweglichen Sachen, behandelt. Unter anderem wird untersucht, ob bei den Vermögensteilen der Rückgriff auf den Vollstreckungsschutz überhaupt zulässig ist und in welchen Fällen konkret die Möglichkeit bzw. die Notwendigkeit des Rückgriffes auf die Regelung des § 765 a ZPO bestehen könnte. Zudem wird das Thema des Vollstreckungsschutzes von Grabsteinen in der Einzelzwangsvollstreckung erörtert.

Das fünfte Kapitel befasst sich mit dem gesetzlichen Pfändungsschutz der beweglichen Sachen im Insolvenzverfahren. Den Schwerpunkt des ersten Teils bilden verfassungsrechtliche Aspekte des Vollstreckungsschutzes im Insolvenzverfahren. Dem schließt sich der zweite Teil mit der Untersuchung der gesetzlichen Pfändungsschutzregelungen der beweglichen Sachen an mit besonderer Fokussierung auf den Pfändungsschutz der zur Fortsetzung oder Aufnahme der Erwerbstätigkeit erforderlichen Gegenstände bei Selbständigen und Freiberuflern und auf den Pfändungsschutz der Kraftfahrzeuge.

Im sechsten Kapitel erfolgt die Auseinandersetzung mit relevanten grundsätzlichen Fragen zum gerichtlichen Vollstreckungsschutz im Insolvenzverfahren. Im Anschluss kommt die speziell auf die beweglichen Sachen ausgerichtete Betrachtung mit Beispielen konkreter Anwendungsfälle, in denen der Vollstreckungsschutz nach § 4 InsO i.V.m. § 765 a ZPO bei beweglichen Sachen notwendig und gerechtfertigt sein könnte.

Im abschließenden Kapitel werden die Untersuchungsergebnisse zusammengefasst.

# B. Insolvenzverfahren und Einzelzwangsvollstreckung

## I. Unterschiede und Gemeinsamkeiten

Die Einzelzwangsvollstreckung ist ein Verfahren, mit dem gerichtlich festgestellte oder förmlich dokumentierte Rechte der Gläubiger im Wege staatlichen Zwanges verwirklicht werden.[9] Die zentrale Aufgabe der Einzelzwangsvollstreckung ist es, dem Gläubiger zu der ihm zustehenden Befriedigung zu verhelfen.[10] Auf welche Art und Weise die Haftung verwirklicht werden soll, liegt in seiner Hand.[11] Bei diesem Verfahren des individuellen Einzelzugriffs ist es ohne Bedeutung, ob der Schuldner noch andere Verpflichtungen hat oder inwieweit er in der Lage ist, sämtliche Verpflichtungen zu erfüllen, auf die anderen Gläubiger wird hier keine Rücksicht genommen. Das ist so lange unbedenklich, wie das Vermögen des Schuldners ausreicht, um alle Gläubiger zu befriedigen; ist das nicht der Fall, so wird die Einzelzwangsvollstreckung zum „Kampf aller gegen alle"[12].[13] Im Rahmen eines geordneten Verfahrens mit gleichmäßiger Befriedigung der Gläubiger – Insolvenzverfahren – kann das vermieden werden.[14]

Das Hauptziel des Insolvenzverfahrens ist gem. § 1 S. 1 InsO die gemeinschaftliche Befriedigung der Gläubiger, das mithilfe der darauf ausgerichteten Grundsätze erreicht werden soll. Im Insolvenzverfahren als Gesamtvollstreckung[15] vollzieht sich zwangsweise die persönliche Haftung eines Schuldners im Rahmen der Verlustgemeinschaft der Gläubiger.[16]

Aus makro-ökonomischer Perspektive betrachtet, liegt die Bedeutung des Insolvenzverfahrens darin, die optimale Produktivität des unproduktiv gewordenen Vermögens des Schuldners schnellstmöglich zu erreichen.[17]

Die zentrale Zielvorgabe des § 1 InsO impliziert, dass sämtliche Vorschriften des Insolvenzrechts, einschließlich Vorschriften, die auf das Insolvenzverfahren

9 Gaul/Schilken/Becker-Eberhard, Zwangsvollstreckungsrecht, S. 1.
10 Gaul/Schilken/Becker-Eberhard, Zwangsvollstreckungsrecht, S. 2.
11 Henckel, in: FS Merz 65, S. 201.
12 Baur/Stürner, Insolvenzrecht, Rn. 1.2.
13 Bedenken gegen das in der Einzelzwangsvollstreckung herrschende Prioritätsprinzip wurden mehrfach geäußert, darunter z. B. von Grunsky, Grundzüge des Zwangsvollstreckungs- und Insolvenzrechts, S. 11.
14 Baur/Stürner, Insolvenzrecht, Rn. 1.5.
15 Auch als General- oder Universalexekution bezeichnet. Die Begriffe heben hervor, dass im Gegensatz zur Einzelzwangsvollstreckung nach ZPO, auch Singularexekution/Spezialexekution, das gesamte Schuldnervermögen erfasst wird.
16 Obermüller/Hess, InsO, Rn. 40.
17 Paulus, Insolvenzrecht, S. 21.

entsprechend anwendbar sind, z. B. aufgrund der Verweisung auf die Normen der ZPO gem. § 4 InsO, unter dem Blickwinkel der bestmöglichen Befriedigung der Gläubiger betrachtet und interpretiert werden.[18] Der Begriff „Gesamtvollstreckung“ steht weder für die Kennzeichnung des Wesensgehaltes des Insolvenzverfahrens noch darf daraus abgeleitet werden, dass Regeln der Einzelzwangsvollstreckung auf ihn unbesehen übertragen werden dürfen.[19] Seinem Wesen nach gehört das Insolvenzrecht zwar zum Zwangsvollstreckungsrecht[20] und bildet eine Ergänzung des Rechtes der Einzelzwangsvollstreckung,[21] unterscheidet sich jedoch grundlegend von ihm[22]. Zum einen ist es kein reines Vollstreckungsrecht mit gesamtvollstreckungsrechtlicher Verteilungsordnung, weil seine Wirkungen weit über den eigentlichen Vollstreckungszweck hinausreichen,[23] und zum anderen sind das die wesentlichen Besonderheiten, die das Insolvenzrecht von der Einzelzwangsvollstreckung deutlich abheben. Neben mehreren abweichenden Verfahrensgrundsätzen, auf die in den folgenden Kapiteln ausführlicher eingegangen wird, sind das z. B.: die Möglichkeit der Verfahrenseröffnung auf Antrag des Schuldners, mit dem weder die Anspruchsverwirklichung der berechtigten noch die Abwehr der unberechtigten Forderungen angestrebt wird, sondern allein die auf Sozialstaatsgedanken (Art. 20 Abs. 1, 28 Abs. 1 S. 1 GG) gestützte Befreiung des Schuldners von seinen Restverbindlichkeiten (§§ 286 ff. InsO);[24] die Möglichkeit eines Gläubigerantrages und die Teilnahme der Gläubiger am Insolvenzverfahren auch ohne Vollstreckungstitel;[25] die Entscheidung hinsichtlich der Beteiligung der Forderungen an der Masseverteilung wird dem Insolvenzverwalter und den Gläubigern überlassen; die Verteilung erfolgt im Gegensatz zur Einzelzwangsvollstreckung nicht durch staatliche Organe, sondern durch einen eigenverantwortlich handelnden Insolvenzverwalter, der vom Insolvenzgericht bestellt wird;[26] es können nur vermögensrechtliche Ansprüche und nicht wie in der Einzelzwangsvollstreckung grundsätzlich alle[27] durchgesetzt werden;[28] es findet die freie Veräußerung der Massegegenstände und nicht wie in der Einzelzwangsvollstreckung die formgebundene Verwertung statt[29].

Zwingende Voraussetzung für die Eröffnung eines Insolvenzverfahrens über das Vermögen der natürlichen Personen ist die (drohende) Zahlungsunfähigkeit des Schuldners (§§ 17, 18 InsO). Hier wird folglich im Gegensatz zur

18 Paulus, Insolvenzrecht, S. 39.
19 Baur/Stürner, Insolvenzrecht, Rn. 1.5.
20 Hess, Insolvenzrecht, Rn. 1.
21 BTDrucks 12/2443, S. 108.
22 Hess/Pape, InsO und EGInsO – Grundzüge des neuen Insolvenzrechts, A I Rn. 3, 5.
23 Hess/Pape, InsO und EGInsO – Grundzüge des neuen Insolvenzrechts, A I Rn. 3, 5.
24 Becker, Insolvenzrecht, Rn. 18.
25 Schmerbach, in: FK-InsO, § 1 Rn. 3.
26 Hess/Pape, InsO und EGInsO – Grundzüge des neuen Insolvenzrechts, A I Rn. 8.
27 Zum Beispiel das Verfahren auf Herausgabe eines Kindes (§ 1632 BGB).
28 Grunsky, Grundzüge des Zwangsvollstreckungs- und Insolvenzrechts, S. 32.
29 Ausnahmen §§ 825, 844 ZPO.

Einzelzwangsvollstreckung, in der nicht die Leistungsfähigkeit, sondern die Leistungsbereitschaft des Schuldners von Relevanz ist, vorausgesetzt, dass der Schuldner Gläubiger nicht befriedigen kann.

Die Normen des Insolvenzrechts sind teils zum Privatrecht und teils zum öffentlichen Recht zuzuordnen. Das Insolvenzverfahren vereinigt in sich Elemente der streitigen und der freiwilligen Zivilgerichtsbarkeit.[30] Die Einzelzwangsvollstreckung wird dem öffentlichen Recht zugeordnet[31] und sie ist ausschließlich die Betätigung der streitigen Zivilgerichtsbarkeit[32].

## II. Gläubigergleichbehandlungsgrundsatz versus Prioritätsprinzip

Das zentrale Leitprinzip und Charakteristikum des Insolvenzrechts ist der Grundsatz der Gläubigergleichbehandlung (par conditio creditorum). Demnach sollen alle Gläubiger, die einen Vermögensanspruch gegen den Schuldner haben (Insolvenzgläubiger), in gleichem Maße befriedigt werden. Somit findet in einem Insolvenzverfahren grundsätzlich keine Klassen- oder Rangbildung statt.[33] Durchbrochen wird das durch die Klassifizierung der Gläubiger, z. B. nachrangige Insolvenzgläubiger (§ 39 InsO, ferner §§ 327, 331 Abs. 1 InsO), privilegierte Massegläubiger (§§ 53–55, 324 InsO), aus- und absonderungsberechtigte Gläubiger (§§ 47, 49–52, 165 ff. InsO), oder indem die Neugläubiger unberücksichtigt bleiben.[34] Damit kommt das Differenzierungsgebot als unverzichtbarer Teil der par conditio creditorum zum Ausdruck – Gleiches soll gleich, aber Ungleiches ungleich behandelt werden.[35] Die Privilegierung muss jedoch durch besondere sachliche Gesichtspunkte gerechtfertigt sein und nicht wie bei dem Prioritätsprinzip in der Einzelzwangsvollstreckung nach dem Zufallsprinzip erfolgen.[36]

Da das Vermögen des Schuldners nicht zur Befriedigung aller berechtigten Gläubiger ausreicht, wird es als Zugriffsmasse zur quotalen Erfüllung ihrer Ansprüche zur Verfügung gestellt. Das stellt nur für einen Teil der Gläubiger, und zwar diejenigen, die keinen Vollstreckungstitel haben oder nicht rechtzeitig vollstrecken konnten,

---

30 Baur/Stürner, Insolvenzrecht, Rn. 1.11; Foerste, Insolvenzrecht, Rn. 40; mit ausführlicher Begründung Häsemeyer, Insolvenzrecht, Rn. 3.05; a.A. Henckel, in: Jaeger, InsO, § 2 Rn. 13; Obermüller/Hess, InsO, Rn. 41: begründen die Zuordnung zur streitigen Gerichtsbarkeit mit der Möglichkeit der Haftungsverwirklichung auch gegen den Willen des Schuldners sowie der Regelung des § 4 InsO, die die entsprechende Anwendung der ZPO-Vorschriften anordnet.

31 Schuschke, in: Schuschke/Walker, ZPO, Einführung Buch 8, Rn. 5.

32 Jauernig/Berger, Zwangsvollstreckungs- und Insolvenzrecht, § 1 I.

33 Becker, Insolvenzrecht, Rn. 38.

34 Becker, Insolvenzrecht, Rn. 38, 212.

35 Baur/Stürner, Insolvenzrecht, Rn. 5.37.

36 Baur/Stürner, Insolvenzrecht, Rn. 5.37.

eine befriedigende Lösung dar.[37] Anderen Gläubigern, die bessere Befriedigungschancen im Wege der Einzelzwangsvollstreckung hätten, kann das dagegen zum Verhängnis werden, weil der Wettlauf der Gläubiger damit abgebrochen wird, ihre Ansprüche in der Regel zum größten Teil unerfüllt bleiben und es gegebenenfalls zur rückwirkenden Gleichbehandlung kommt.[38] Aus der Gläubigergleichbehandlung folgt somit auch die Partizipierung an den Verlusten – Verlustgemeinschaft der Gläubiger.[39]

Das Einzelzwangsvollstreckungsverfahren wird von einem Prioritäts- oder Präventionsgrundsatz (prior tempore, potior iure) geleitet (§§ 804 Abs. 3, 930 Abs. 1 ZPO, § 11 ZVG). Das an der zeitlichen Reihenfolge des Vollstreckungszugriffs orientierte Prinzip spiegelt das materiellrechtliche Verteilungsprinzip wider und ist das Gegenmodell zum insolvenzrechtlichen Grundsatz der Gläubigergleichbehandlung.[40] Ein durch Priorität begründeter Rang kann weder aufgrund von Billigkeitserwägungen noch wegen der materiellen Gleichwertigkeit der Forderungen beeinflusst werden, eine gewisse Einschränkung ist nur in § 850 d ZPO normiert.[41]

In der Praxis der Einzelzwangsvollstreckung wird das Prioritätsprinzip in bestimmten Konstellationen im Sinne eines Gruppenprinzips eingeschränkt.[42] Bei der Pfändung der beweglichen Sachen ist das bei der gleichzeitigen Pfändung durch mehrere Gläubiger der Fall. Gemäß § 117 Abs. 1 GVGA muss ein Gerichtsvollzieher, der von mehreren Gläubigern gegen denselben Schuldner mit der Pfändung beauftragt wird, alle Aufträge, die bis zur Durchführung einer Pfändung bei ihm eingehen, ungeachtet der Reihenfolge des Eingangs, als gleichzeitige behandeln und die Pfändung für alle beteiligten Gläubiger zugleich bewirken.[43] Der Erlös wird verhältnismäßig nach dem Umfang der Forderungen oder bei Streitigkeiten im Verteilungsverfahren gem. §§ 872 ZPO verteilt. Eine vergleichbare Regelung findet sich im Bereich der Forderungspfändung in § 121 Abs. 1 S. 5 GVGA.[44] Die Regelungen wurden im Schrifttum wegen der „Verwässerung des Prioritätsgrundsatzes“[45] vielfach kritisiert[46].

Zur Frage der Gleichbehandlung der Gläubiger bei den zu realisierenden Ansprüchen in den Gesamt- und Einzelvollstreckungsverfahren führt Grunsky aus,

37 Foerste, Insolvenzrecht, Rn. 11.
38 Foerste, Insolvenzrecht, Rn. 11.
39 Hess, Insolvenzrecht, Rn. 1.
40 Baur/Stürner/Bruns, Zwangsvollstreckungsrecht, Rn. 6.40.
41 Walker, in: Schuschke/Walker, ZPO, § 804 Rn. 5.
42 Baur/Stürner/Bruns, Zwangsvollstreckungsrecht, Rn. 6.39.
43 Hk-ZV/Kindl, § 804 Rn. 13.
44 Hk-ZV/Kindl, § 804 Rn. 13.
45 Baur/Stürner/Bruns, Zwangsvollstreckungsrecht, Rn. 6.39.
46 So Walker, in: Schuschke/Walker, ZPO, § 804 Rn. 4; Knoche/Biersack, NJW 2003, 476; Baur/Stürner/Bruns, Zwangsvollstreckungsrecht, Rn. 6.39; Gaul/Schilken/Becker-Eberhard, Zwangsvollstreckungsrecht, S. 954; MüKoZPO/Gruber, § 804 Rn. 33.

es sei grundsätzlich[47] von einer unterschiedslosen Gleichbehandlung auszugehen, denn in der Einzelzwangsvollstreckung habe jeder Gläubiger gleichermaßen die Möglichkeit, als erster auf das Vermögen des Schuldners zuzugreifen und in der Gesamtvollstreckung werden alle Ansprüche gleichermaßen befriedigt, besser gesagt gekürzt[48]. Dem ist nicht zuzustimmen, denn die theoretische Möglichkeit des Erstzugriffs allein bedeutet noch keine Chancengleichheit. Sie schließt nämlich die gleichen Start- und Befriedigungschancen im Laufe und vor allem zum Abschluss des Verfahrens ein.

Es bleibt festzuhalten, dass in der Einzelzwangsvollstreckung grundsätzlich der Gegensatz des gesamtvollstreckungsrechtlichen Prinzips der gleichmäßigen Befriedigung – das auf Konkurrenz basierende Prioritätsprinzip – herrscht.[49]

## III. Verfahrensgrundsätze im Insolvenzrecht und Einzelzwangsvollstreckungsrecht

Die Auseinandersetzung mit den maßgeblichen besonderen Verfahrensgrundsätzen[50] mit Fokussierung auf deren Differenzen bei der Geltung im Insolvenzrecht und der Einzelzwangsvollstreckung ist im Kontext der vorliegenden Arbeit für die zusammenhängende Betrachtung und Untersuchung der einzelnen konkreten Fragen unerlässlich. Denn die Betrachtung der Verfahrensgrundsätze kann nicht nur zur Verdeutlichung der gesetzgeberischen Grundentscheidungen bei der Ausgestaltung des jeweiligen Verfahrens beitragen, sondern ebenfalls zum besseren Verständnis des Wesens des jeweiligen Vollstreckungsrechts, das mit deren Struktur in direktem Zusammenhang steht, beisteuern.[51]

Im Insolvenzverfahren herrscht der mit der par conditio creditorum eng zusammenhängende Grundsatz – Einheitlichkeit des Verfahrens. Er kommt hier in drei Ausprägungen zum Ausdruck: der Zusammenfassung des Vermögens, den Gläubigern und den Verfahrensalternativen.[52] Der Beschlag des schuldnerischen Vermögens zur Befriedigung der Gläubiger ist in der Gesamtvollstreckung universell

47 Regelungen des Gläubiger- und Schuldnerschutzes ausgenommen.

48 Grunsky, Grundzüge des Zwangsvollstreckungs- und Insolvenzrechts, S. 109.

49 So auch Becker, Insolvenzrecht, Rn. 26. Die faktische Geltung des Prinzips wurde im Schrifttum mehrfach in Frage gestellt: so z.B. von Knoche/Biersack, die von der faktischen Erledigung des zwangsvollstreckungsrechtlichen Prioritätsgrundsatzes in der Praxis angesichts der Regelung der § 168 Abs. 1 GVGA – § 117 Abs. 1 GVGA n.F. sprechen. Knoche/Biersack, NJW 2003, 476. Von der weitgehenden Entwertung des Prioritätsprinzips spricht auch Eickmann. Eickmann, DGVZ 1977, 103, 109.

50 Die allgemeinen Verfahrensgrundsätze (Prozessmaximen), wie z.B. Dispositionsmaximen, Konzentrationsmaximen, Untersuchungsgrundsatz, Grundsatz des Amtsbetriebs, werden aufgrund der eingeschränkten Relevanz für die vorliegende Untersuchung ausgelassen.

51 Ähnlich Prütting in: Kölner Schrift zur Insolvenzordnung, S. 3.

52 Becker, Insolvenzrecht, Rn. 202–209.

(§ 80 Abs. 1 InsO) und ergreift, außerhalb der Pfändungsfreiheit (§ 36 InsO), jedes Gut des Schuldners, unabhängig davon, um welche Art von Vermögenswerten es sich handelt.[53] Körperliche und unkörperliche Vermögensteile sind genauso erfasst wie bewegliche und unbewegliche, und zwar unabhängig von ihrem Standort.[54]

Im Gegensatz zum insolvenzrechtlichen Gesamtbeschlag greifen in der Einzelzwangsvollstreckung einzelne Gläubiger auf einzelne Teile des schuldnerischen Vermögens zu – Singular- bzw. Spezialexekution[55] – und nicht auf das gesamte Vermögen.[56]

Die Zusammenfassung des Vermögens korrespondiert mit der vermögensrechtlichen Fremdbestimmtheit des Schuldners. Mit der Eröffnung des Insolvenzverfahrens wird die Verwaltungs- und Verfügungsbefugnis des Schuldners über das zur Insolvenzmasse gehörende Vermögen auf den Insolvenzverwalter übertragen (§ 80 Abs. 1 InsO). Zeitgleich geht die Empfangszuständigkeit zur Annahme geschuldeter Leistungen oder Entgegennahme von Willenserklärungen betreffend die zur Insolvenzmasse gehörenden Gegenstände auf den Insolvenzverwalter über und gem. § 81 InsO tritt die Unwirksamkeit der schuldnerischen Verfügungen ein.[57] Durch die vermögensrechtliche, auf das gesamte dem Insolvenzbeschlag unterliegende schuldnerische Vermögen erstreckte Fremdbestimmtheit wird der Schuldner im Insolvenzverfahren stark berührt.

Im Gegensatz zur Gesamtvollstreckung führt die Einzelzwangsvollstreckung zum Verlust der schuldnerischen Verfügungsmacht über einzelne Teile seines Vermögens.[58]

Die personelle Universalität,[59] als weiterer Unterpunkt der Einheitlichkeit, drückt sich in der Zusammenfassung der Gläubiger aus, unabhängig von dem Betrag der Forderung oder von dem Ursprung der Forderung – hierdurch wird die gewohnte Einteilung nach Rechtswegen umgangen.[60] Eine derartige Bündelung führt z.B. dazu, dass alle Gläubiger, unabhängig von dem Beteiligungswunsch an dem Verfahren, eine nur quotale Befriedigung (bei der Anmeldung der Forderung) ebenso wie das Verbot der Einzelzwangsvollstreckung (§§ 87, 89 InsO) hinnehmen müssen. Die

53 Becker, Insolvenzrecht, Rn. 207–209.

54 Becker, Insolvenzrecht, Rn. 208.

55 Baur/Stürner/Bruns sprechen in dem Zusammenhang von einem „Grundsatz der Spezialität von Vollstreckungsmaßnahmen". Baur/Stürner/Bruns, Zwangsvollstreckungsrecht, Rn. 22.4.

56 Von der Einzelzwangsvollstreckung wird aber das gesamte schuldnerische Vermögen erfasst.

57 Keller, Insolvenzrecht, Rn. 828.

58 Damit im Zusammenhang steht auch das Verbot der Überpfändung (§ 803 Abs. 1 S. 2 ZPO), das für die Einzelzwangsvollstreckung von ausschlaggebender Relevanz ist.

59 Prütting, in: Kölner Schrift zur Insolvenzordnung, S. 242.

60 Becker, Insolvenzrecht, Rn. 204–206.

personelle Universalität erfährt zum Teil Einschränkung durch die Sonderbildungen der Gläubiger,[61] wird aber dadurch nicht durchbrochen[62].

In der Einzelzwangsvollstreckung findet eine derartige Zusammenfassung der Gläubiger nur statt in der Konstellation des § 117 Abs. 1 GVGA, des § 121 Abs. 1 S. 5 GVGA, des § 11 Abs. 2 ZVG und wird häufig als unerwünschte Durchbrechung des in der Einzelzwangsvollstreckung herrschenden Prioritätsprinzips betrachtet.[63]

Der dritte Gesichtspunkt der Einheitlichkeit ist die verfahrensmäßige Einheit des Insolvenzverfahrens. Demnach sind nach der Insolvenzordnung trotz mehrerer Gestaltungsmöglichkeiten nur ein einheitlicher Antrag und ein einheitliches Insolvenzverfahren möglich, unabhängig davon, welche der Alternativen – Liquidation oder Sanierung – vorgezogen wird und wann diese Entscheidung fällt.[64]

Eine derartige Einheitlichkeit existiert in der Einzelzwangsvollstreckung nicht.

Ähnlich wie der Grundsatz der Einheitlichkeit hängt ein weiterer insolvenzspezifischer Verfahrensgrundsatz mit der par conditio creditorum eng zusammen – der Grundsatz der Geldliquidation, mit dem Gleichheit und Verfahrensvereinfachung im Insolvenzverfahren erreicht werden soll und ohne den die Gläubigergleichbehandlung nicht verwirklichbar wäre[65]. Hiernach werden bei der Vollstreckung von Ansprüchen alle Forderungen, auch Naturalforderungen, liquid gestellt, so dass bei einer Forderung, die keine Geldforderung ist, sich folglich der Anspruchsinhalt ändert.[66]

Im Gegensatz zum Insolvenzverfahren können in der Einzelzwangsvollstreckung Ansprüche mit ihrem genauen Inhalt, ohne Änderung der Natur – Grundsatz der Naturalvollstreckung – oder wie in der Gesamtvollstreckung als Geldvollstreckung durchgesetzt werden[67].

Von besonderer Bedeutung ist für das Insolvenzverfahren der Grundsatz der Gläubigerautonomie. Hiernach wird Gläubigern die Möglichkeit eingeräumt, im Wege der Mitwirkung und Mitsprache in der Gläubigerversammlung (§§ 74 ff. InsO) und im (fakultativen) Gläubigerausschuss (§§ 67 ff. InsO) auf das Verfahren erheblichen Einfluss zu nehmen,[68] so z.B. bei der Auswahl oder Entlassung des Insolvenzverwalters (§§ 57, 59 InsO), bei der Festlegung des Unterhaltes für den Schuldner und seiner Familie (§ 100 InsO), bei der Sicherung der Insolvenzmasse

---

61 Becker, Insolvenzrecht, Rn. 205.

62 Ausführliche Begründung bei Prütting, in: Kölner Schrift zur Insolvenzordnung, S. 242, 243; a.A. Haarmeyer/Pape/Stephan/Nickert, Formularbuch Insolvenzrecht, Rn. 16.

63 Baur/Stürner/Bruns, Zwangsvollstreckungsrecht, Rn. 6.39; Knoche/Biersack, NJW 2003, 476.

64 Prütting, in: Kölner Schrift zur Insolvenzordnung, S. 247.

65 Baur/Stürner, Insolvenzrecht, Rn. 5.43, 5.45.

66 Baur/Stürner, Insolvenzrecht, Rn. 5.43.

67 Baur/Stürner/Bruns, Zwangsvollstreckungsrecht, Rn. 6.45.

68 Bielau in: Schmidt/Haarmeyer/Albrecht, Praxis und Ausbildung im Insolvenzbüro, B II 2, Rn. 38.

(§ 149 InsO), bei den besonders bedeutsamen Rechtshandlungen des Verwalters (§§ 157, 158, 160 ff. InsO).[69]

In der Einzelzwangsvollstreckung trägt jeder Titelinhaber allein und eigenständig die Verantwortung für das Verfahren.[70]

Die Restschuldbefreiung, die gem. § 1 S. 2 InsO zu einem eigenständigen Verfahrensziel erhoben wurde, stellt gleichzeitig einen zentralen speziellen insolvenzrechtlichen Verfahrensgrundsatz in der Gesamtvollstreckung dar.[71] Mit der Aufhebung des Insolvenzverfahrens haftet der Schuldner mit seinem ganzen Vermögen für alle noch offenen Forderungen. Der Nachhaftung der natürlichen und redlichen Person (§ 1 S. 2 InsO) kann nur im Wege der Restschuldbefreiung im Rahmen des speziellen, auf Antrag des Schuldners eingeleiteten Verfahrens unter explizit normierten Voraussetzungen (§§ 1, 286 ff. InsO) entgangen werden. Eine derartige hoheitliche Vermögensumverteilung kann sowohl pragmatisch[72] als auch rechtsethisch mit der Menschenwürde (Art. 1 Abs. 1 GG) gerechtfertigt werden.[73] Die Argumentation gleicht hier der für das Einräumen des Vollstreckungsschutzes vorgebrachten.

Die Einzelzwangsvollstreckung kennt den Schuldenerlass in irgendeiner Form nicht. Ohne verfahrens- oder materiellrechtlich rechtswidrig zu werden, endet sie spätestens mit der vollständigen Befriedigung des titulierten Anspruchs einschließlich der Kosten der Einzelzwangsvollstreckung.[74]

## IV. Vermögen im Insolvenzverfahren und in der Einzelzwangsvollstreckung

Vollstreckungsverbote führen zur Einschränkung des Umfanges des beschlagsfähigen Vermögens in der Gesamtvollstreckung und des zugriffsfähigen Vermögens in der Einzelzwangsvollstreckung wegen Geldforderungen. Im Kontext der Arbeit ist somit vor der Auseinandersetzung mit dem Thema des Vollstreckungsschutzes eine Beschäftigung mit dem Thema des beschlagsfähigen Vermögens in der Gesamt- und Einzelvollstreckung sinnvoll. Die besondere Fokussierung soll dabei auf den Differenzen in den beiden Verfahren und auf den jeweiligen Eigenarten, die für die zentrale Fragestellung der Arbeit relevante Anhaltspunkte liefern können, liegen.

### 1. Insolvenzmasse

Das von der Gesamtvollstreckung erfasste Vermögen, dessen Eigentümer/Inhaber weiterhin Schuldner bleibt,[75] ist haftungsrechtlich ausschließlich den Gläubigern

69 Henckel, in: Jaeger, InsO, § 2 Rn. 26.
70 Lackmann, Zwangsvollstreckungsrecht, Rn. 779.
71 Prütting, in: Kölner Schrift zur Insolvenzordnung, S. 26.
72 Eingeschränkte Teilnahme am Arbeits- und Wirtschaftsleben.
73 Baur/Stürner, Insolvenzrecht, Rn. 5.57.
74 Lackmann, Zwangsvollstreckungsrecht, Rn. 8.
75 Becker, Insolvenzrecht, Rn. 378.

zugewiesen, wodurch die Eigentumsbefugnisse des Schuldners verdrängt werden[76]. Die Gläubiger erlangen das Recht, ihre Forderungen im Rahmen des Insolvenzverfahrens zu verfolgen (§ 87 InsO), werden aber nicht dinglich berechtigt.[77] Die Verwaltungs- und Verfügungsbefugnis betreffend wird das Vermögen dem Schuldner entzogen und auf den Insolvenzverwalter übertragen.

Gegenstand des Insolvenzverfahrens, der zum Zweck der Gläubigerbefriedigung (§§ 1, 38 InsO) durch Geldzahlung während des Verfahrens eingesetzt werden soll, ist grundsätzlich das gesamte schuldnerische Vermögen, das dem Schuldner zur Zeit der Eröffnung des Verfahrens gehört samt dem, das er während der Verfahrensdauer erlangt (§ 35 Abs. 1 InsO). In der Insolvenzordnung wird dafür der Begriff Insolvenzmasse[78] verwendet.[79] Die erforderliche Konkretisierung der Insolvenzmasse erfolgt durch §§ 36, 37 InsO, für die genaue Festlegung ihres Umfanges ist aber ebenfalls die Berücksichtigung der §§ 1, 38 InsO, die die Funktion der Insolvenzmasse beschreiben, sinnvoll.[80] Die Insolvenzmasse ist ein Rechtsobjekt und ist folglich nicht rechtsfähig. Als Partei kraft Amtes ist der Insolvenzverwalter für die Masse prozessführungsbefugt.[81]

Die Zugehörigkeit eines Gegenstandes zur Insolvenzmasse i.S.v. § 35 Abs. 1 InsO kann an fünf kumulative Voraussetzungen geknüpft werden.[82]

Die Insolvenzmasse umfasst nur die dem Schuldner zugeordneten subjektiven Rechte. Die haftungsrechtliche Zuordnung ist grundsätzlich auf die dingliche Zuordnung ausgerichtet.[83] Die Zugehörigkeit zur Insolvenzmasse können sowohl Alleinberechtigungen des Schuldners wie sein Alleineigentum, seine Mitberechtigungen sowie die Inhaberschaft z. B. an Forderungen und Rechten begründen[84] als auch Gestaltungsrechte des Schuldners, die sich auf massezugehörige Rechte beziehen bzw. sie zum Entstehen bringen, wie z. B. Rücktrittsrechte oder Kündigungsrechte.[85] Eine Ausnahme von dem geschilderten Grundsatz ist zunächst in § 37 InsO normiert: In einer ehelichen Gütergemeinschaft unterliegt das Gesamtgut dem Insolvenzbeschlag, wenn der es zu verwaltende Ehegatte Insolvenzschuldner ist.

---

76 Henckel, in: Jaeger, InsO, § 35 Rn. 5.

77 Lackmann, Zwangsvollstreckungsrecht, Rn. 794.

78 Die von der Legaldefinition erfasste Insolvenzmasse wird auch als Soll-Masse bezeichnet.

79 Problematisch ist in dem Zusammenhang die Formulierung in § 86 Abs. 1 Nr. 1 InsO. Unter der Insolvenzmasse ist hier die Ist-Masse zu verstehen.

80 HambKomm/Lüdtke, § 35 Rn. 2.

81 BGHZ 88, 331, 335: zur uneingeschränkten Prozessführungsbefugnis des Konkursverwalters.

82 HambKomm/Lüdtke, § 35 Rn. 11: die Ausführungen in diesem Abschnitt orientieren sich an dem Grundgerüst von Lüdtke.

83 Häsemeyer, Insolvenzrecht, Rn. 9.14.

84 Häsemeyer, Insolvenzrecht, Rn. 9.14, 9.15.

85 Schmidt, Insolvenzgesetze, § 1 KO 2 D.

Die Zuordnung bestimmter Gegenstände zur Masse ist aber auch über die Grenzen der Zugehörigkeit eines Gegenstandes zum Schuldner hinaus möglich, z. B. bei der Insolvenzanfechtung (§§ 129 ff. InsO).

Die nächste Voraussetzung für die Zugehörigkeit zur Insolvenzmasse ist, dass es sich bei dem Gegenstand um einen Vermögensgegenstand handelt. Die Definition des Vermögens kann hier in Anlehnung an das Straf- und Zivilrecht auf die wirtschaftlich-faktische Betrachtung – rein „wirtschaftlicher" Vermögensbegriff[86] – gestützt werden.[87] Demnach fallen darunter alle geldwerten Güter einer Person[88] sowohl im Inland als auch im Ausland:[89] körperliche wie unkörperliche Gegenstände, Mobilien wie Immobilien, unabhängig von der tatsächlichen Werthaltigkeit[90] und Verwertbarkeit. Nicht diesem Vermögensbegriff unterliegen Rechte, die dem höchstpersönlichen Rechtskreis des Schuldners zugewiesen sind, wie z. B. Familienrechte, die Persönlichkeit des Schuldners, seine Arbeitskraft,[91] sowie Persönlichkeitsrechte[92]. Auch beim Fehlen des Vermögenswertes, wie das beispielsweise bei Mitgliedsrechten ohne Vermögenswert oder Einziehungsermächtigung der Fall ist, handelt es sich nicht um Vermögen i.S.v. § 35 Abs. 1 InsO.[93]

Der der Insolvenzmasse zugeordnete Gegenstand darf weiterhin nicht durch die Unpfändbarkeitsregelung des § 36 Abs. 1, 3 InsO von dem Insolvenzbeschlag ausgenommen sein. Die Einschränkung dient in erster Linie dem Schuldnerschutz. Mit einigen Ausnahmen wird hier auf die Unpfändbarkeitsregelungen in der Einzelzwangsvollstreckung abgestellt.[94]

Des Weiteren sind mit gewissen Einschränkungen[95] massefern:[96] nicht übertragbare Forderungen (§ 36 Abs. 1 S. 1 InsO, § 851 Abs. 1 ZPO), der Pflichtteilsanspruch (§ 2303 BGB) und der Zugewinnausgleichsanspruch (§ 1378 Abs. 3 BGB). Im Falle des Anfalles der Erbschaft dem Insolvenzschuldner (§§ 1942 ff. BGB) vor oder nach der Verfahrenseröffnung, fällt die Erbschaft in die Insolvenzmasse nur, wenn der

---

86 Der Rückgriff auf den juristischen Vermögensbegriff, der das Vermögen einer Person mit ihren subjektiven Rechten gleichsetzt, würde im Insolvenzrecht weniger Klarheit schaffen.

87 Graf-Schlicker/Kexel, in: Graf-Schlicker, InsO, § 35 Rn. 7.

88 Henckel, in: Jaeger, InsO, § 35 Rn. 8: Laut Henckel sind Vermögensrechte alle Rechte, die einen von der Rechtsordnung anerkannten Geldwert haben können.

89 BGH, ZIP 1997, 39, 42.

90 HambKomm/Lüdtke, § 35 Rn. 34.

91 Henckel, in: Jaeger, InsO, § 35 Rn. 19.

92 Baur/Stürner/Bruns, Zwangsvollstreckungsrecht, Rn. 22.3.

93 Bornemann, in: FK-InsO, § 36 Rn. 55, 58.

94 Die Voraussetzung wird im weiteren Verlauf der Arbeit ausführlicher behandelt.

95 So z. B. wenn der Pflichtteilsanspruch oder der Zugewinnausgleichsanspruch eingeklagt oder vertraglich anerkannt und damit entpersönlicht werden. Zimmermann, Grundriss des Insolvenzrechts, S. 22.

96 Missverständlich dazu Becker, Insolvenzrecht, Rn. 383.

Schuldner sie annimmt (§ 83 Abs. 1 S. 1 InsO).[97] Entscheidet er sich für die Ausschlagung – eine Einflussnahme des Insolvenzverwalters ist ausgeschlossen[98] –, so fällt die Erbschaft nicht in die Masse, sondern dem nächstberufenen Erben an.[99] Die Nachlassgläubiger werden zu Insolvenzgläubigern nur,[100] wenn der Insolvenzschuldner die Erbschaft angenommen hat.[101] In Abweichung von § 38 InsO ist es in dem Fall irrelevant, ob der Erbanfall vor oder nach der Insolvenzeröffnung erfolgt ist.[102] Bei einer Schenkung verhält es sich genauso, sie fällt in die Insolvenzmasse nur, wenn der Schuldner sie freiwillig annimmt.[103] Die Zuordnung eines Gegenstandes zur Insolvenzmasse hängt ferner von dem Zeitpunkt des Vermögenserwerbs ab. Hier sind zwei Zeitpunkte entscheidend: der im Eröffnungsbeschluss angegebene Zeitpunkt der Verfahrenseröffnung (§ 27 Abs. 2 Nr. 3 InsO) und der im Aufhebungs- oder Einstellungsbeschluss angegebene Zeitpunkt des Abschlusses des Insolvenzverfahrens.[104] Alle pfändbaren Sachen, die zum Zeitpunkt der Eröffnung vorhanden waren und nach der Eröffnung und vor der Beendigung des Insolvenzverfahrens erworben wurden, fallen automatisch in die Insolvenzmasse.[105]

Weiterhin darf der Gegenstand der Insolvenzmasse nicht aus dem Insolvenzbeschlag freigegeben werden.[106] In der Praxis wird ein Insolvenzverwalter dann die Freigabe erklären können, wenn der Gegenstand nicht verwertbar ist, die Verwertung nicht zur Bereicherung der Insolvenzmasse führt[107] oder die Durchsetzung von Forderungen Risiken birgt.[108] Es wird zwischen echter, unechter, modifizierter und erkaufter Freigabe unterschieden. Die Entlassung eines Vermögenswertes aus der Insolvenzmasse mit der Verringerung ihres Umfanges, der Aufhebung des Insolvenzbeschlages und der Rückgabe der Verfügungsbefugnis an den Schuldner erfolgt bei der echten Freigabe, die durch die konstitutive Wirkung gekennzeichnet ist.[109] Ähnliche Wirkung entfaltet die Erklärung des Insolvenzverwalters nach § 35 Abs. 2

---

97 Wimmer-Amend, in: FK-InsO, § 83 Rn. 12.

98 Auch wenn der Schuldner bei der Ausschlagung ganz eindeutig die Benachteiligung seiner Gläubiger beabsichtigte. LG Mainz, ZInsO 2003, 525.

99 Wimmer-Amend, in: FK-InsO, § 83 Rn. 13.

100 Alternativ ist die Trennung der beiden Vermögensmassen entweder durch Anordnung einer Nachlassverwaltung (§§ 1981 ff. BGB) oder durch Eröffnung eines Nachlassinsolvenzverfahrens (§ 1980 BGB, §§ 315–331 InsO) möglich.

101 Kalkmann, InsbürO 2005, 130, 135.

102 Kalkmann, InsbürO 2005, 130, 135.

103 MüKoInsO/Peters, § 35 Rn. 48.

104 Bornemann, in: FK-InsO, § 35 Rn. 11.

105 Bornemann, in: FK-InsO, § 35 Rn. 10.

106 BGH, ZInsO 2001, 165.

107 Huhnold in: Haarmeyer/Wutzke/Förster, InsO, § 35 Rn. 18.

108 RG RGZ 122, 51: zum Schadensersatzanspruch.

109 Huhnold in: Haarmeyer/Wutzke/Förster, InsO, § 35 Rn. 18.

S. 1 InsO bezüglich der Nichtzugehörigkeit des Vermögens aus der selbständigen Tätigkeit des Schuldners zur Insolvenzmasse, die häufig als Freigabe bezeichnet wird.[110]

Absonderungsgut zählt zur Insolvenzmasse, trotz seiner Zweckbestimmung, die daraus erwächst, dass es für einzelne Gläubiger reserviert ist. Lediglich nach der Verwertung des Gegenstandes werden die gesicherten Forderungen bevorzugt bedient (§§ 49 ff., 165 ff. InsO).[111] Aussonderungsgut – ein fremder Vermögensgegenstand im Besitz des Insolvenzschuldners – gehört dagegen nicht zur Insolvenzmasse i.S.v. § 35 Abs. 1 InsO, ist somit beschlagsfrei und ist außerhalb des Insolvenzverfahrens auszusondern (§§ 47 ff. InsO).[112]

Zur Insolvenzmasse gehören ferner Gegenstände, die in das Vermögen des Insolvenzschuldners im Wege der erfolgreichen Anfechtung zurückgeflossen sind (§§ 129 ff. InsO). Die Anfechtung liegt in der Hand des Insolvenzverwalters und er ist verpflichtet, anfechtungsrelevante Sachverhalte aufzudecken,[113] denn im Insolvenzverfahren sind Interessen der gesamten Gläubigergemeinschaft betroffen und nicht wie in der Einzelzwangsvollstreckung eines einzigen Gläubigers, der allein in seinem Interesse den Zugriff begehrt. Außerdem soll mit dem Anfechtungsrecht im Insolvenzverfahren bereits vor der Verfahrenseröffnung dem Grundsatz par conditio creditorum Geltung verschafft werden.[114]

Liegen Meinungen der Beteiligten eines Insolvenzverfahrens oder eines Dritten bezüglich der Massezugehörigkeit eines Gegenstandes auseinander, so kann der Insolvenzschuldner die materiellrechtliche Frage der Massezugehörigkeit nur im Wege der Feststellungs-, Leistungs- oder Unterlassungsklage vom ordentlichen Prozessgericht klären lassen.[115] Ebenso kann ein Dritter seine Aus- und Absonderungsansprüche gegen den Verwalter durch Klage beim Prozessgericht geltend machen.[116] Bei Widerstand des Schuldners gegen die Inbesitznahme eines Massegegenstandes kann der Insolvenzverwalter mit dem Eröffnungsbeschluss als Vollstreckungstitel die Herausgabe der Sache mit Unterstützung des Gerichtsvollziehers durchsetzen (§ 148 InsO). Genauso kann der Insolvenzverwalter im Falle des Besitzes des Gegenstandes durch einen Dritten vorgehen, allerdings erst nach dem Erstreiten eines entsprechenden Titels im Zivilprozess,[117] wie es auch der Schuldner gegen den Dritten selbst tun müsste[118].

Im Gegensatz zur Einzelzwangsvollstreckung kann sich der Schuldner, dessen Gegenstand der Insolvenzverwalter ohne seinen Widerstand in Besitz nimmt, im Falle des Bestreitens der Massezugehörigkeit nicht mit der Vollstreckungserinnerung

110 HambKomm/Lüdtke, § 35 Rn. 56.
111 Becker, Insolvenzrecht, Rn. 852.
112 Becker, Insolvenzrecht, Rn. 856.
113 Dauernheim, in: FK-InsO, § 129 Rn. 1.
114 Dauernheim, in: FK-InsO, § 129 Rn. 1.
115 Henckel, in: Jaeger, InsO, § 35 Rn. 129.
116 Graf-Schlicker/Kexel, in: Graf-Schlicker, InsO, § 35 Rn. 34.
117 LG Trier, ZInsO 2005, 780.
118 Becker, Insolvenzrecht, Rn. 884 ff.

nach § 766 ZPO wehren, denn im Vergleich zum Gerichtsvollzieher ist der Insolvenzverwalter kein mit Zwangsbefugnissen ausgestattetes staatliches Vollzugsorgan.[119]

## 2. Das von der Einzelzwangsvollstreckung erfasste Vermögen

Im Vergleich zur Gesamtvollstreckung steht im Rahmen der Einzelzwangsvollstreckung wegen Geldforderungen genauso regelmäßig das gesamte Vermögen des Schuldners dem Zugriff der Gläubiger zur Verfügung[120]. Der Gegenstand der Vollstreckung ist aber nicht das gesamte schuldnerische Vermögen, sondern es sind deren einzelne Teile, auf die allein sich auch der Verlust der schuldnerischen Verfügungsmacht beschränkt.[121] Innerhalb des vollstreckungsfähigen Vermögens steht es dem Gläubiger im Einzelzwangsvollstreckungsverfahren grundsätzlich frei, auf welchen Gegenstand er zugreift.[122] Dem Zugriffsrecht der Gläubiger stehen hier Gebrauchs- und Verfügungsrechte des Schuldners gegenüber und es kommt zu einer dinglich wirksamen haftungsrechtlichen Zuweisung einer Sache dem Gläubiger erst mit der dem Schuldner durch die Pfändung entzogenen Verfügungs- und Verbrauchsbefugnis.[123]

Die Zugehörigkeit des dem Vollstreckungszugriff des Gläubiges in der Einzelzwangsvollstreckung unterliegenden schuldnerischen Vermögens,[124] aus dem der Gläubiger durch Pfändung, Eintragung einer Sicherungshypothek für die Forderung, Zwangsversteigerung oder Zwangsverwaltung der einzelnen Vermögensteile befriedigt werden kann, lässt sich beim Vorliegen folgend dargestellter Voraussetzungen bejahen.

Zunächst muss es sich, vergleichbar mit der Gesamtvollstreckung, um das Vermögen des Schuldners handeln. Die Zugehörigkeit des Vollstreckungsgegenstandes zum Schuldnervermögen ist in der Einzelzwangsvollstreckung summarisch zu prüfen[125] und sie ist an äußere Merkmale geknüpft[126]. Bei der Zwangsvollstreckung in bewegliche Sachen reicht schon der Gewahrsam des Schuldners aus (§ 808 Abs. 1 ZPO) – der unmittelbare Eigen- oder Fremdbesitz (i.S.v. §§ 854 ff. BGB) –, nicht

---

119 Henckel, in: Jaeger, InsO, § 35 Rn. 129.

120 RGZ 70, 226, 227: „Denn die Zwangsvollstreckung des Klägers ... richte sich gegen das ganze Geschäft".

121 Gegenstand der Einzelzwangsvollstreckung ist i.d.R. das an einer Sache bestehende Eigentumsrecht. Grunsky, Grundzüge des Zwangsvollstreckungs- und Insolvenzrechts, S. 79.

122 Henckel, in: Jaeger, InsO, § 35 Rn. 5.

123 Henckel, in: Jaeger, InsO, § 35 Rn. 5.

124 Die Ausführungen beziehen sich auf die Einzelzwangsvollstreckung wegen Geldforderungen, Realvollstreckung. Personalvollstreckung (z. B. §§ 888, 890, 933 ZPO) ist nicht miterfasst.

125 Gemäß § 119 Nr. 1 GVGA soll der Gerichtsvollzieher im Allgemeinen keine Prüfung vornehmen, ob eine im Gewahrsam des Schuldners befindliche Sache zu dessen Vermögen gehört.

126 Gaul/Schilken/Becker-Eberhard, Zwangsvollstreckungsrecht, S. 588.

jedoch mittelbarer Besitz i.S.v. § 868 BGB oder ein schlichter Mitbesitz i.S.v. § 866 BGB, es sei denn, es liegt der Fall des gleichzeitigen Mitgewahrsams vor.[127] Befindet sich der schuldnerische Gegenstand im Gewahrsam des Gläubigers oder eines zur Herausgabe bereitwilligen Dritten (§ 809 ZPO), so ist ebenfalls die Zugehörigkeit zum schuldnerischen Vermögen gegeben. Bei Zwangsvollstreckung in Forderungen und sonstige Vermögensrechte wird die Zuordnung zum Vermögen des Schuldners allein auf die Behauptung des Gläubigers gestützt.[128]

Bei der Einzelzwangsvollstreckung in das Gesamtgut wird das Gesamtgut der Gütergemeinschaft des verwaltenden Ehegatten, wie in der Gesamtvollstreckung auch, als ausschließlich sein Vermögen behandelt (§ 740 ZPO).

Vergleichbar mit der Gesamtvollstreckung kann in der Einzelzwangsvollstreckung der Kreis der dem Zugriff der Gläubiger unterliegenden Objekte durch die Anfechtung ausgedehnt werden. Erwähnenswert ist, dass in der Einzelzwangsvollstreckung jeder einzelne Gläubiger mit einem vollstreckbaren Titel anfechtungsbefugt ist, die Geltendmachung bzw. Nichtgeltendmachung seines Anfechtungsrechts somit in seiner Entscheidung liegt und der Anfechtungsempfänger durch die Anfechtung gezwungen wird, die Vollstreckung zu dulden und nicht gem. § 771 ZPO zu intervenieren[129].

Wie in der Gesamtvollstreckung soll in der Einzelzwangsvollstreckung in den Vermögensgegenstand vollstreckt werden. Hinsichtlich des Vermögensbegriffs sind grundsätzlich keine Abweichungen zur Gesamtvollstreckung zu verzeichnen. Die Vollstreckung darf keiner der gesetzlichen Regelungen entgegenstehen. Neben den Regelungen des Vollstreckungsschutzes gibt es noch weitere Normen, die einschränkend wirken:[130] Während des Insolvenzverfahrens ist das gesamte Vermögen des Schuldners dem Zugriff der Insolvenzgläubiger entzogen (§ 89 InsO) und die Einzelzwangsvollstreckung in den Nachlass wegen der Verbindlichkeiten des Erben ist gem. § 778 Abs. 2 ZPO nicht zulässig, solange er die Erbschaft nicht angenommen hat. Das Gleiche gilt für die Vollstreckung in das Vermögen des Erben wegen Nachlassverbindlichkeiten vor der Erbschaftsannahme gem. § 778 Abs. 1 ZPO. Nicht übertragbare Forderungen (§ 851 Abs. 1 ZPO) und Nichtvermögensrechte, wie allgemeine Persönlichkeitsrechte, unterliegen nicht der Einzelzwangsvollstreckung.[131] Das Gleiche gilt für bestimmte übertragbare Ansprüche, wie beispielsweise bei dem Anspruch eines Ehegatten auf Zugewinnausgleich (§ 852 Abs. 2 ZPO) oder dem Anspruch des Schenkers gem. § 528 BGB (§ 852 Abs. 2 ZPO)[132]. Für unveräußerliche Vermögensrechte gilt das mit Einschränkungen des § 857 Abs. 3 ZPO.[133]

---

127 Gaul/Schilken/Becker-Eberhard, Zwangsvollstreckungsrecht, S. 946.
128 Baumbach/Lauterbach/Albers/Hartmann, ZPO, § 808 Rn. 10 ff.
129 Becker, Insolvenzrecht, Rn. 620.
130 Gaul/Schilken/Becker-Eberhard, Zwangsvollstreckungsrecht, S. 597–598.
131 Hk-ZV/Koch, § 857 Rn. 4.
132 Baur/Stürner/Bruns, Zwangsvollstreckungsrecht, Rn. 25.11.
133 Baur/Stürner/Bruns, Zwangsvollstreckungsrecht, Rn. 25.11.

Die Einzelzwangsvollstreckung erstreckt sich auf das gegenwärtige und nur bei Anfechtungen auf das frühere schuldnerische Vermögen. Künftiges Vermögen, abgesehen von einigen Ausnahmen wie z.B. die Pfändung der fortlaufenden Bezüge gem. § 832 ZPO, unterliegt nicht der Einzelzwangsvollstreckung.[134]

## V. Verbot der Einzelzwangsvollstreckung während des Insolvenzverfahrens

Mit der Eröffnung des Insolvenzverfahrens wird die Insolvenzmasse den Insolvenzgläubigern zur gemeinschaftlichen Befriedigung haftungsrechtlich zugewiesen.[135] Einzelrechte an den zur Masse gehörenden Gegenständen können weder rechtsgeschäftlich (§§ 81, 91 InsO) noch im Wege der Einzelzwangsvollstreckung (§ 89 InsO) erworben werden.[136] Die Einzelzwangsvollstreckung in das insolvenzfreie Vermögen – Gegenstände, die aufgrund der gesetzlichen Vorschriften unpfändbar sind (§ 36 Abs. 1,3 InsO) oder durch den Insolvenzverwalter freigegeben wurden – bleibt den Insolvenzgläubigern gleichermaßen verwehrt (§ 89 Abs. 1 InsO)[137].[138]

Mit dem Vollstreckungsverbot des § 89 InsO wird die Sicherstellung der gleichmäßigen Befriedigung der Gläubiger in der Gesamtvollstreckung bezweckt.[139] Gläubiger, die neben dem Insolvenzverfahren im Rahmen der Einzelzwangsvollstreckung versuchen, sich Sondervorteile zu verschaffen, sollen daran gehindert werden. Ergänzt wird das Vollstreckungsverbot durch die Beschränkungen der Zwangsvollstreckung zu Lasten der Massegläubiger für die Dauer von sechs Monaten (§ 90 InsO) und der absonderungsberechtigten Gläubiger, denen zum Teil der Zugriff auf ihre Sicherheiten verwehrt wird (§§ 166 ff. InsO).[140]

Bei der Sachpfändung ist für die Zulässigkeit der Einzelzwangsvollstreckung die Inbesitznahme durch den Gerichtsvollzieher (§ 808 Abs. 1 ZPO) vor der Eröffnung des Insolvenzverfahrens erforderlich, gegebenenfalls vor dem Vollstreckungsverbot nach § 21 Abs. 2 Nr. 3 InsO und vor der Sperrfrist für Sicherungen nach § 88 InsO.[141] Sind die Voraussetzungen erfüllt, so steht dem Gläubiger ein Absonderungsrecht zu. Das während des Insolvenzverfahrens geltende Vollstreckungsverbot nach § 89 InsO wird mit Beginn der Treuhandphase durch das Vollstreckungsverbot nach

134 Gaul/Schilken/Becker-Eberhard, Zwangsvollstreckungsrecht, S. 597.
135 Bork, Einführung in das Insolvenzrecht, Rn. 128.
136 Bork, Einführung in das Insolvenzrecht, Rn. 128.
137 BGH, NJW-RR 2009, 923.
138 Auch beim Verzicht auf die Teilnahme am Insolvenzverfahren können Insolvenzgläubiger nicht auf das insolvenzfreie Vermögen des Schuldners zugreifen (§ 87 InsO).
139 Von dem Vollstreckungsverbot sind alle Arten der Zwangsvollstreckung wegen Geldforderungen und wegen Individualforderungen erfasst. Außerdem Zwangszugriffe im Wege einstweiligen Rechtsschutzes, Arreste und einstweilige Verfügungen. Vgl. Häsemeyer, Insolvenzrecht, Rn. 10.35.
140 Häsemeyer, Insolvenzrecht, Rn. 10.34.
141 Häsemeyer, Insolvenzrecht, Rn. 10.36.

§ 294 Abs. 1 InsO abgelöst. Das Verbot umfasst auch den Zeitraum zwischen dem Ende der Wohlverhaltensperiode und der Rechtskraft der Entscheidung über die Restschuldbefreiung[142]. Gegen unzulässige Zwangsvollstreckung steht dem Schuldner die Erinnerung nach § 766 ZPO zu.

Das Vollstreckungsverbot des § 89 InO könnte man auch als ein Schutzinstrument betrachten, und zwar sowohl aus der Perspektive der Insolvenzgläubiger – denn damit wird gewährleistet, dass die Insolvenzmasse von den Zugriffen außerhalb des Insolvenzverfahrens verschont bleibt – als auch aus der Perspektive des Schuldners, dem dadurch nervenaufreibende Vollstreckungsversuche weitgehend erspart bleiben[143] und eine gewisse Sicherheit bezüglich des eingleisigen Ablaufes im Rahmen der Gesamtvollstreckung vermittelt wird.

Gem. § 89 Abs. 1, 2 S. 2 InsO wird den Gläubigern, die nicht Insolvenzgläubiger sind, in bestimmten Fällen die Möglichkeit der Einzelzwangsvollstreckung eingeräumt. Als Beispiel hier ist die Pfändung der beweglichen Sachen, die nicht zur Insolvenzmasse gehören, durch die Neugläubiger (§ 89 Abs. 1 InsO) zu nennen. In der Literatur wird häufig darauf hingewiesen, dass das Thema aufgrund der Einbeziehung des Neuerwerbs in die Insolvenzmasse und der Tatsache, dass die vom Insolvenzverwalter freigegebenen Sachen i.d.R. unverwertbar sind, ohne praktische Relevanz sei[144]. Seit der Einfügung des § 35 Abs. 2, 3 InsO trifft das nicht immer zu, denn die Freigabe kann zur Folge haben, dass der Schuldner mit Einkünften aus der freigegebenen Tätigkeit bestimmte Sachen erwirbt, in die Neugläubiger unter Umständen vollstrecken können.

## VI. Zusammenfassung

Die Einzelzwangsvollstreckung weist im Vergleich zur Gesamtvollstreckung folgende grundlegende Differenzen auf, die für die Ausgestaltung des gesetzlichen Pfändungsschutzes der beweglichen Sachen in dem jeweiligen Verfahren von Einfluss sein könnten:

- Einzelzwangsvollstreckung als Spezialexekution und Gesamtvollstreckung als Generalexekution. Das drückt sich in Differenzen beim Gegenstand der Verfahren und bei den Positionen der Gläubiger aus. Die Gesamtvollstreckung erfasst grundsätzlich das gesamte schuldnerische Vermögen, worauf sich auch der Entzug der Verwaltungs- und Verfügungsbefugnisse des Schuldners bezieht, in der Einzelzwangsvollstreckung sind nur die einzelnen Vermögensteile betroffen, und nur auf diese erstreckt sich der Verlust der Verfügungsmacht des Schuldners.

142 Ahrens, in: FK-InsO, § 294 Rn. 10, 33.

143 Die Regelung verhindert z.B., dass die Bemühungen des Schuldners um einen neuen Arbeitsplatz und somit um seine wirtschaftliche Reintegration gefährdet werden, da die Arbeitgeber sich häufig nur ungern mit den Gehaltspfändungen als Drittschuldner belasten.

144 So z.B. Lackmann, Zwangsvollstreckungsrecht, Rn. 799.

- In der Gesamtvollstreckung gilt der Grundsatz der Gleichbehandlung mit der Partizipierung an Verlusten und in der Einzelzwangsvollstreckung das Prioritätsprinzip, nach dem der Vollstreckungserfolg vom rechtzeitigen Vollstreckungseingriff abhängt und zur Konkurrenz der Gläubiger im Gegensatz zur Gemeinschaft der Gläubiger in der Gesamtvollstreckung führt.
- Neben den Unterschieden in Bezug auf den Gegenstand der Verfahren sind auch Differenzen betreffend den zeitlichen Faktor für die Zuordnung des beschlagsfähigen Vermögens zu verzeichnen – in der Einzelzwangsvollstreckung grundsätzlich das gegenwärtige Vermögen und nur ausnahmsweise im Falle der Anfechtung das frühere Vermögen[145] und in der Gesamtvollstreckung das Vermögen, das dem Schuldner zur Zeit der Eröffnung des Verfahrens gehört und das er während des Verfahrens erlangt (§ 35 Abs. 1 InsO).
- Nicht die Leistungsfähigkeit des Schuldners, wie es in der Gesamtvollstreckung der Fall ist, sondern die Leistungsbereitschaft ist für die Einzelzwangsvollstreckung entscheidend.
- Keine Öffentlichkeit der Einzelzwangsvollstreckung, solange der Schuldner nicht ins Schuldnerverzeichnis eingetragen wird (§§ 882 c ff. ZPO), im Gegensatz zum Insolvenzverfahren[146].
- Die Einzelzwangsvollstreckung wird ausschließlich durch den Gläubiger initiiert, denn dem Schuldner bringt das Verfahren keinerlei Vorteile, in der Gesamtvollstreckung erfolgt die Einleitung des Verfahrens vielfach durch den Schuldner, der die Restschuldbefreiung begehrt.
- Im Gegensatz zur Einzelzwangsvollstreckung werden im Insolvenzverfahren die Gläubigerrechte durch das Haftungsrecht eingeschränkt: Befriedigung mit gleichen Quoten, Zurücksetzung bestimmter Forderungen (§§ 38, 39 InsO), Verwehrung der Einzelzwangsvollstreckung (§ 89 Abs. 1 InsO)[147].
- Unterschiedliche, teilweise gegensätzliche Verfahrensgrundsätze in der Einzelzwangsvollstreckung und Gesamtvollstreckung bzw. die Geltung der Verfahrensgrundsätze in einem Verfahren, die in einem anderen in der Form nicht existieren, z. B. Grundsätze wie Einheitlichkeit des Verfahrens oder vermögensrechtliche Fremdbestimmtheit.

145 Nur bei der Pfändung der Bezüge i.S.v. § 832 ZPO ebenfalls das künftige Vermögen.
146 Becker, Insolvenzrecht, Rn. 31.
147 Häsemeyer, Insolvenzrecht, Rn. 1.16, 2.03, 2.05, 2.07.

# C. Gesetzlicher Vollstreckungsschutz der beweglichen Sachen in der Einzelzwangsvollstreckung wegen Geldforderung

In der Einzelzwangsvollstreckung wie auch in der Gesamtvollstreckung haften Schuldner grundsätzlich mit ihrem gesamten Vermögen.[148] Dieser Grundsatz erfährt in beiden Verfahren durch die Regelungen des Vollstreckungsschutzes bestimmte Einschränkungen. Das zentrale Problem ist in dem Zusammenhang die Ausbalancierung der gegensätzlichen Interessen – das ist eine der größten Herausforderungen für das gesamte Vollstreckungsrecht[149].

## I. Grundsätzliches

In der Einzelzwangsvollstreckung steht die Befriedigung der Gläubiger im Vordergrund. Eine unbeschränkte Vollstreckung in das Vermögen des Schuldners, die zur Vernichtung der wirtschaftlichen Existenz des Schuldners und seiner Familienangehörigen führen würde, ist dennoch nicht zulässig, denn das würde faktisch die Personalvollstreckung bedeuten und dem heutigen Verständnis einer Zivilrechtspflege widersprechen[150]. Dem soll mit dem Vollstreckungsschutz entgegengetreten werden. Der aktuelle Pfändungsschutz der körperlichen Sachen gem. § 811 Abs. 1 ZPO greift auf § 715 CPO[151] zurück[152]. Geschichtlich betrachtet waren das wachsende soziale Bewusstsein in der Gesellschaft und die öffentlichen Interessen der Grund für die Schaffung des Vollstreckungsschutzes und der Antrieb für seine Weiterentwicklung.[153]

148 Nach Henckel entspricht eine derartige Definition allein der materiellrechtlichen Betrachtungsweise. In dem Zusammenhang soll von der Haftung mit dem ganzen pfändbaren Vermögen gesprochen werden. Henckel, Prozessrecht und materielles Recht, S. 352.

149 So auch Jauernig/Berger, Zwangsvollstreckungs- und Insolvenzrecht, § 31 I.

150 Gaul/Schilken/Becker-Eberhard, Zwangsvollstreckungsrecht, S. 959.

151 Civilprozessordnung von 1877: § 715 CPO begann mit den gleichen Worten wie § 811 Abs. 1 ZPO: „Folgende Sachen sind der Pfändung nicht unterworfen".

152 Gesetzliche Vorläufer des § 765 a ZPO – sog. richterlicher Vollstreckungsschutz – waren das Vollstreckungsmissbrauchsgesetz aus dem Jahre 1934 und zuletzt Art. 6 SchutzVO von 04.12.1943. §§ 850 ff. ZPO greifen auf Regeln des Lohnbeschlagnahmegesetz aus dem Jahr 1869 und § 749 CPO zurück. Gaul/Schilken/Becker-Eberhard, Zwangsvollstreckungsrecht, S. 959.

153 Lippross, Grundlagen und System des Vollstreckungsschutzes, S. 118.

Die Regelungen des Vollstreckungsschutzes bezwecken im Interesse des Schuldners und seiner Familienangehörigen die Erhaltung der wirtschaftlichen Existenz durch das Belassen der Mittel, um ein bescheidenes, menschenwürdiges Leben führen zu können.[154] Die Beschaffung des Lebensunterhaltes und der Aufbau der Lebensgrundlage sollen durch den Einsatz der eigenen Arbeitskraft, von Sozialleistungen unabhängig,[155] ermöglicht werden, und zwar sowohl im Interesse des Schuldners selbst – Förderung des Erwerbslebens, als auch im öffentlichen Interesse[156]. Entgegen Henckel soll das jedoch nicht dahingehend verstanden werden, als sei es die zentrale und alleinige Aufgabe des sozialpolitisch ausgerichteten Vollstreckungsschutzes, die öffentliche Fürsorge zu entlasten[157]. Vielmehr geht es um die grundrechtliche Verpflichtung des Staates zur Hilfe im Falle existenzieller sozialer Not. Die positive Verpflichtung schließt jedes negative Einwirken des Staates auf die soziale Existenz des Schuldners aus.[158]

Laut Henckel grenzt der Vollstreckungsschutz die subjektiven Privatrechte des Schuldners und des Gläubigers voneinander ab.[159] [160] Der Gedanke wird von Jauernig/Berger aufgegriffen: im Mittelpunkt stehe hier die Frage, ob und inwieweit das im Titel verbriefte materielle Recht des Gläubigers durch die Verweigerung des Zugriffs auf Schuldnerrechte beeinträchtigt werden darf oder soll[161]. Bei derartiger Betrachtungsweise werden jedoch einige wichtige Elemente des Vollstreckungsschutzes vernachlässigt, so z. B. die öffentlichen Interessen, die mit der Einschaltung des staatlichen Vollstreckungsapparats hinzutreten,[162] die Pauschalierung des Pfändungsschutzes und die Berücksichtigung der Schutzvorschriften von Amts wegen (in den meisten Fällen).

Lippross[163] und Bruns/Peters[164] sprechen im Zusammenhang mit dem Vollstreckungsschutz von dem ausgewogenen Ausgleich der Gläubiger- und Schuldnerinteressen, die gegebenenfalls mittels Begrenzung des Vollstreckungszugriffs

---

154 BGH, NJW-RR 2011, 1366.

155 BGH, NJW-RR 2011, 1366.

156 BGH, NJW 1998, 1058.

157 Henkel spricht sich gegen das öffentliche Interesse aus und begründet dies einseitig damit, dass es nicht Aufgabe des Schuldnerschutzes sein könne, die öffentliche Fürsorge zu entlasten. Henckel, Prozessrecht und materielles Recht, S. 359.

158 Die aus dem Vollstreckungsschutz des Schuldners resultierende soziale Notsituation des Gläubigers muss der Staat durch positive staatliche Hilfe, nicht durch Existenzgefährdung des Schuldners ausgleichen. Behr, KJ 1980, 156, 160.

159 Henckel, Prozessrecht und materielles Recht, S. 357.

160 Als rechtspolitische Aufgabe des Rechts der Einzelzwangsvollstreckung sieht Henckel die Erreichung des für die Gläubiger größtmöglichen Ertrags unter Berücksichtigung legitimer Interessen des Schuldners. Henckel, in: FS Merz 65, S. 202.

161 Jauernig/Berger, Zwangsvollstreckungs- und Insolvenzrecht, § 31 I.

162 Lippross, Grundlagen und System des Vollstreckungsschutzes, S. 189.

163 Lippross, Grundlagen und System des Vollstreckungsschutzes, S. 191.

164 Bruns/Peters, Zwangsvollstreckungsrecht, § 22 II.

gewährleistet werden müssen. Ebenfalls laut Gaul hat der Vollstreckungsschutz die Funktion einer Schranke zur Vollstreckung als Ziel[165]. Dem schließt sich auch Hartmann an, der Vollstreckungsschutz diene der Begrenzung der grundsätzlich vollen Zugriffsmöglichkeit des Gläubigers auf das gesamte schuldnerische Vermögen[166]. Auch Behr spricht dem Schuldnerschutz eine Schrankenfunktion zu[167].

Tatsächlich stellt der Vollstreckungsschutz eine Schranke der staatlichen Vollstreckungsgewalt dar,[168] schränkt den grundsätzlich freien Zugriff des Gläubigers auf das Vermögen des Schuldners ein[169] und soll damit der Herbeiführung eines Ausgleichs der Gläubiger- und Schuldnerinteressen[170] dienen[171]. Beim Vollstreckungsschutz wird in das Eigentum des Gläubigers eingegriffen, dessen Recht nicht durchgesetzt wird – das Eigentum i.S.v. Art. 14 Abs. 1 S. 1 GG (bei nichtvermögensrechtlichen Ansprüchen – Art. 2 Abs. 1 GG).[172]

Die dogmatische Einordnung der Normen des Vollstreckungsschutzes ist ebenfalls umstritten. In der Einzelzwangsvollstreckung erscheinen Vollstreckungsschutzvorschriften nach ihrer Stellung im Gesetz als prozessuale Normen. Nach Henckel darf daraus die Orientierung der Voraussetzungen des Vollstreckungsschutzes an den prozessualen Wertmaßstäben nicht abgeleitet werden, denn inhaltsmäßig seien dies materielle Rechte, die von dem Vollstreckungszugriff ausgenommen werden, woraus folge, dass die Voraussetzungen des Vollstreckungsschutzes an materiell-privatrechtlichen Wertmaßstäben orientiert sein müssen[173]. Lippross charakterisiert dagegen die Bestimmungen als prozessuale Normen des öffentlichen Rechts,[174] da sie die Zwangsbefugnisse der Vollstreckungsorgane begrenzen[175]. Er lehnt die Orientierung an materiell-privatrechtlichen Wertmaßstäben mit der Begründung ab, der Vollstreckungsschutz nehme zwar materielle Rechte vom Vollstreckungszugriff aus, es gehe jedoch z.B. in § 811 ZPO nicht um den Schutz klassischer Privatrechte wie Besitz und Eigentum, sondern um vom Schuldner „benutzte" Gegenstände, die ohne Rücksicht auf die daran bestehenden Rechtsverhältnisse geschützt werden. Auch entspreche die Einbeziehung der Familienangehörigen in den Schutzbereich der Normen nicht dem typischen Modell der schuldrechtlichen Beziehungen zwischen Gläubiger und Schuldner. Stamm geht hinsichtlich der Vollstreckungsschutznormen

---

165 Gaul/Schilken/Becker-Eberhard, Zwangsvollstreckungsrecht, S. 2.
166 Baumbach/Lauterbach/Albers/Hartmann, ZPO, § 811 Rn. 1.
167 Behr, KJ 1980, 156, 160.
168 BTDrucks 13/341, S. 24.
169 BGH, Rpfleger 1999, 336.
170 Unter Berücksichtigung der öffentlichen Interessen, die im Fall des Schuldnerschutzes den Interessen des Schuldners gleichen.
171 So auch Musielak/Becker, ZPO, § 811 Rn. 1.
172 Weyland, Das Verhältnismäßigkeitsgrundsatz in der Zwangsvollstreckung, S. 207.
173 Henckel, Prozessrecht und materielles Recht, S. 349.
174 Von der Zuordnung zum öffentlichen Recht oder Privatrecht hängt die Intensität/Art der Einwirkung der Grundrechte ab.
175 Lippross, Grundlagen und System des Vollstreckungsschutzes, S. 113, 189.

als Ausfluss der Grundrechte von deren materiell-öffentlich-rechtlicher Natur aus, denn sie gelte unmittelbar im Verhältnis zwischen dem staatlichen Vollstreckungsorgan auf der einen Seite und dem Schuldner sowie auch dem Gläubiger auf der anderen Seite[176]. Die prozessrechtliche Natur der Normen lehnt er mit einer nicht besonders überzeugenden Argumentation ab, dagegen spreche der Vergleich mit anderen Gebieten des Verwaltungsrechts, bei denen die grundrechtsrelevanten Fragen aus guten Gründen (ebenfalls) im materiellen Recht angeordnet sind.

Tatsächlich knüpfen einzelne Vollstreckungsschutzvorschriften zum Teil an materiell-privatrechtliche Rechtsverhältnisse an. Die meisten aber wie §§ 811, 850 ff. ZPO gehen weit darüber hinaus,[177] was z. B. durch die Berücksichtigung der Angehörigen des Schuldners und in erster Linie durch die Leitidee des Vollstreckungsschutzes – Ausgleich der Interessen der Gläubiger und des Schuldners mit Unterstützung der staatlichen Rechtspflegeorgane sowie Schutz aus sozialpolitischen Gründen – klar zum Ausdruck kommt. Die gesetzlichen Pfändungsverbote stellen prozessuale öffentlich-rechtliche Schranken der staatlichen Vollstreckungsgewalt dar.[178]

## II. Grundrechte und Vollstreckungsschutz

In der Einzelzwangsvollstreckung finden regelmäßig Eingriffe in grundrechtlich geschützte Rechtspositionen des Schuldners statt:[179] [180] in erster Linie in sein Eigentum (Art. 14 GG),[181] in das Grundrecht auf Unverletzlichkeit der Wohnung (Art. 13 GG),[182] in die allgemeine Handlungsfreiheit (Art. 2 Abs. 1 GG), in die Unverletzlichkeit der Freiheit der Person[183] (Art. 2 Abs. 2 S. 2 GG, Art. 104 GG[184] – Rechtsgarantie bei Freiheitsentziehung)[185]. Der Grundrechtseingriff im Rahmen der Einzelzwangsvollstreckung ist Ausdruck des staatlichen Gewaltmonopols.[186] Der Gesetzgeber bei der Gestaltung und die Vollstreckungsorgane bei der Durchführung

176 Stamm, Die Prinzipien und Grundstrukturen des Zwangsvollstreckungsrechts, S. 75.

177 Bruns/Peters, Zwangsvollstreckungsrecht, § 22 II.

178 BTDrucks 13/341, S. 24.

179 Kritisch zu den Grundrechtseingriffen in der Einzelzwangsvollstreckung Fischer, Vollstreckungszugriff als Grundrechtseingriff, S. 55 ff.

180 Unmittelbar aus Art. 14 GG folgt die Pflicht, bei Eingriffen in dieses Grundrecht einen effektiven Rechtsschutz zu gewähren. BVerfGE 46, 325.

181 Die zwangsweise Eigentumsentziehung und Eigentumsverwertung muss von dem Schuldner im Interesse der Gläubigerbefriedigung hingenommen werden, nicht jedoch eine Wertvernichtung/Eigentumsverschleuderung. Vollkommer, Rpfleger 1982, 6.

182 Der Schutzbereich des Art. 13 Abs. 2 GG wurde mit der Entscheidung des Bundesverfassungsgerichts (BVerfG 51, 97) auf die Einzelzwangsvollstreckung erstreckt.

183 Unter diesem Recht ist die körperliche Bewegungsfreiheit zu verstehen. Lepa, Der Inhalt der Grundrechte, S. 68.

184 Sog. Verfahrensgrundrecht.

185 Vollkommer, Rpfleger 1982, 2.

186 Stamm, Die Prinzipien und Grundstrukturen des Zwangsvollstreckungsrechts, S. 75.

der Einzelzwangsvollstreckung sind an die Grundrechte als unmittelbar geltendes Recht gebunden. Dies folgt daraus, dass die staatliche Rechtspflege im Rahmen der Einzelzwangsvollstreckung die hoheitliche Tätigkeit des Staates ist, und nach Art. 1 Abs. 3 GG sind die Grundrechte für Gesetzgebung, vollziehende Gewalt und Rechtsprechung unmittelbar verbindlich[187]. Das führt zur umfassenden Bindung der staatlichen Gewalt.[188] Ebenso müssen von den Akteuren die auf dem Rechtsstaatsprinzip basierenden Verfassungsprinzipien zwingend berücksichtigt werden, und zwar sowohl betreffend die Rechtssphäre des Schuldners wie auch die des Gläubigers.[189]

Aus einigen Grundrechten allein oder im Zusammenhang mit bestimmten verfahrensrechtlichen Verfassungsgrundsätzen wurden vom Bundesverfassungsgericht konkrete Folgerungen für das Zwangsvollstreckungsrecht gezogen,[190] so z.B. aus der Eigentumsgarantie des Art. 14 GG Folgerungen für die Ausgestaltung der Zwangsvollstreckung[191].

Der Vollstreckungsschutz kann als ein Instrumentarium zum Gewahren der Verfassungsmäßigkeit des Vollstreckungszugriffs betrachtet werden. Durch die Regelungen des Vollstreckungsschutzes soll in erster Linie dem Schutze der Menschenwürde (Art. 1 Abs. 1 GG) Rechnung getragen werden. Der Staat muss dem Bedürftigen die Führung eines Lebens ermöglichen, das der Würde des Menschen entspricht.[192] Gewährleistet wird das dadurch, dass dem Schuldner und seinen Familienangehörigen trotz der Zwangsvollstreckung durch die Verhinderung der Existenzvernichtung und durch das Belassen der für die Beschaffung des Lebensunterhalts erforderlichen Mittel ein menschenwürdiges Dasein ermöglicht wird.[193] Eine weitere verfassungsrechtliche Verknüpfung zum Vollstreckungsschutz ist im Sozialstaatsprinzip (Art. 20 Abs. 1, 28 GG) zu finden.[194] Durch die Sozialstaatsklausel (Art. 20 Abs. 1 GG) wird der Staat verpflichtet, für eine gerechte Sozialordnung im Wege eines Ausgleiches der sozialen Gegensätze zu sorgen,[195] z.B. durch die sozialrechtlichen Regelungen, aber auch durch die Normen des Vollstreckungsschutzes in der Einzelzwangsvollstreckung.

Betrachtet man speziell die einzelnen Vorschriften des Pfändungsschutzes der beweglichen Gegenstände, so finden hier noch weitere Grundrechte ihren Niederschlag: Art. 6 Abs. 1 GG – Schutz für Ehe und Familie des Schuldners in § 811 Abs. 1 Nr. 1–4a ZPO; Art. 4 Abs. 2 GG – die Freiheit der Religionsausübung in § 811 Abs. 1

---

187 Lippross, Grundlagen und System des Vollstreckungsschutzes, S. 117.
188 Lepa, Der Inhalt der Grundrechte, S. 46.
189 Lippross, Grundlagen und System des Vollstreckungsschutzes, S. 117.
190 BVerfGE 42, 64; BVerfGE 46, 325; BVerfGE 49, 220.
191 Prütting, in: Kölner Schrift zur Insolvenzordnung, S. 13.
192 BVerwGE 14, 294, 297.
193 Vollkommer, Rpfleger 1982, 2.
194 BTDrucks 13/341, S. 24.
195 Soll in erster Linie im Wege der Gesetzgebung erreicht werden. So BVerfG 22, 120, 204.

Nr. 10 ZPO; Art. 5 Abs. 1 GG – die Informationsfreiheit in § 811 Abs. 1 Nr. 1 ZPO (bei der Unpfändbarkeit von Rundfunk- und Fernsehgeräten); Art. 14 Abs. 1 S. 1 GG – Eigentumsgarantie in den §§ 812, 817 a ZPO (Schutz des Schuldners vor einer Eigentumsverschleuderung); Art. 2 Abs. 1 GG – das allgemeine Persönlichkeitsrecht in § 811 Abs. 1 Nr. 11 ZPO[196].

Der Vollstreckungsschutz ist folglich aus verfassungsrechtlichen Gründen geboten,[197] und das, obwohl der Vollstreckungsschutz älter als die Grundrechte ist, wodurch es sich zum Teil als schwierig erweist, den verfassungsrechtlichen Anknüpfungspunkt für den Vollstreckungsschutz eindeutig zu bestimmen[198].

Als Konsequenz aus der Verfassungsrelevanz ergibt sich für die Auslegung des Vollstreckungsrechts im Allgemeinen und für die Auslegung der Regelungen des Vollstreckungsschutzes im Besonderem, dass bei mehreren Auslegungsmöglichkeiten diejenige zu wählen ist, die es dem Gericht ermöglicht, die Grundrechte der an dem Verfahren Beteiligten am wirksamsten durchzusetzen und zu verwirklichen[199].

## III. Wandel im Bereich des Vollstreckungsschutzes

Die Entwicklung des Vollstreckungsschutzes in der Einzelzwangsvollstreckung verlief inkonstant. Von einer stetigen Aufwärtsentwicklung kann in Anschluss an Stürner nicht gesprochen werden,[200] denn allein in den letzten zwanzig Jahren gab es mehrere neue Vorschriften, die eindeutig dem Gläubigerschutz zugeordnet werden können[201]. Die Tendenz in die Richtung der Stärkung des Schuldnerschutzes, wie dies Grunsky zutreffend ausdrückt,[202] kann dagegen nicht geleugnet werden.

Bei den beweglichen Sachen ist die kontinuierliche Ausweitung des Kreises der unpfändbaren Sachen eindeutig, denn die Überzeugung, was zum Existenzminimum gehört, verändert sich generell nach oben hin[203]. Die Veränderungen der Bedeutung des Gemeinwesens und der Lebensbedingungen führen zur Verpflichtung

196 Lippross, Grundlagen und System des Vollstreckungsschutzes, S. 191.

197 BFH, NJW 1990, 1971.

198 Lippross, Grundlagen und System des Vollstreckungsschutzes, S. 118 ff.

199 BVerfGE 49, 252, 257.

200 Stürner, ZZP 1986, 291, 321.

201 Zum Beispiel 2. Gesetz zur Änderung des Sozialgesetzbuchs vom 13.06.1994 mit dem Wegfall der Billigkeitsprüfung bei der Pfändung laufender Sozialgeldleistungen; Inkrafttreten der zweiten Zwangsvollstreckungsnovelle vom 17.12.1997 am 01.01.1999 mit der fristabhängigen Anwendung des § 765 a ZPO und dem Inkrafttreten des § 811 Abs. 2 ZPO. Keip, Umfang und Grenzen eines sozialen Schuldnerschutzes in der Zwangsvollstreckung, S. 10–16.

202 Grunsky spricht in dem Zusammenhang zutreffenderweise von einer „Tendenz ... in Richtung auf eine Verstärkung dieses Schutzes“. Grunsky, Grundzüge des Zwangsvollstreckungs- und Insolvenzrechts, S. 110. So auch Gerhardt, Grundbegriffe des Vollstreckungs- und Insolvenzrecht, Rn. 11.

203 Baumann, Zwangsvollstreckung, § 5 II 2.

des Gesetzgebers, die zu erbringenden Leistungen des Existenzminimums stetig zu aktualisieren,[204] was wiederum zur entsprechenden Dynamik im Bereich des Vollstreckungsschutzes führt. Bei den für die Fortsetzung oder Aufnahme der Erwerbstätigkeit notwendigen Gegenständen könnte die Ausweitung des Vollstreckungsschutzes ebenfalls mit der Aufwertung des Stellenwertes der Erwerbsintegration in Politik und Gesellschaft zusammenhängen.

Jauernig und Berger gehen von der Abhängigkeit der Entwicklung des Vollstreckungsschutzes von der allgemeinen wirtschaftlichen Lage aus[205]. Sie begründen dies damit, dass in einer gesunden Wirtschaft erfüllungsunwillige oder erfüllungsunfähige Schuldner weniger Schutz der wirtschaftlichen Existenz als in Wirtschaftskrisen verdienen.

Der Zusammenhang zwischen den bisherigen Veränderungen der Gesetzgebung im Bereich des Vollstreckungsschutzes und der Wirtschaftslage[206] ist zwar eindeutig,[207] die Koppelung wurde aber nicht immer konsequent durchgehalten, wie folgendes Beispiel zeigt: Inkrafttreten der §§ 54, 55 SGB I am 01.01.1976 mit der Regelung zugunsten der Gläubiger, die auch nicht privilegierten Gläubigern die Pfändung von Sozialleistungsansprüchen ermöglichen soll, und nur zwei Jahre später die Ausdehnung des Schuldnerschutzes durch § 85 a ZVG und die Neufassung des § 30 a ZVG mit dem Gesetz zur Änderung zwangsvollstreckungsrechtlicher Vorschriften vom 01.02.1979.

Grundsätzlich ist festzustellen, dass Art und Umfang des erlaubten Zugriffs im Rahmen der Zwangsvollstreckung und somit das Maß des dem Schuldner eingeräumten Vollstreckungsschutzes von einem Bündel von Faktoren beeinflusst werden, unter anderem von Entwicklungen im Bereich des Sozialschutzes, allgemeinen kulturellen und gesellschaftlichen Veränderungen,[208] der aktuellen wirtschaftlichen und politischen Situation und dem technischen Fortschritt. Dies wird beispielsweise bei der Betrachtung der Diskussionen und der Entscheidungen zur Frage

---

204 BVerfG, NJW 2010, 505.

205 Jauernig/Berger, Zwangsvollstreckungs- und Insolvenzrecht, § 31 II.

206 Ausführlich zur geschichtlichen Entwicklung des Vollstreckungsschutzes Lippross, Grundlagen und System des Vollstreckungsschutzes, S. 6 ff. und Keip, Umfang und Grenzen eines sozialen Schuldnerschutzes in der Zwangsvollstreckung, S. 10–16.

207 Zum Beispiel die Erweiterung des Vollstreckungsschutzes mit dem Vollstreckungsmissbrauchsgesetz vom 13.12.1934; gewisse Einschränkungen des Pfändungsschutzes, wie z.B. zeitliche Begrenzung des Vollstreckungsaufschubs (§ 813 a ZPO) und des Schutzes im Rahmen der Zwangsversteigerung und die Einführung des Antragsprinzips (§ 30 a ZVG) mit dem Vollstreckungsmaßnahmengesetz von 1953.

208 So auch Lippross, Grundlagen und System des Vollstreckungsschutzes, S. 79.

der Unpfändbarkeit von Fernsehern,[209] [210] Waschmaschinen, Kühlschränken und Computern deutlich.

## IV. Gläubiger und der Vollstreckungsschutz

Bemerkenswert ist, dass der Vollstreckungsschutz auch für den Gläubiger bestimmte Vorteile mit sich bringen kann. So könnte ein schonender Umgang mit dem vertrauenswürdigen Schuldner unter Umständen zur Erreichung des von dem Gläubiger angestrebten Ziels mehr beitragen als eine rücksichtslose Anspruchsdurchsetzung,[211] beispielsweise im Falle des § 802 b Abs. 1 ZPO. Denkbar sind ebenfalls bessere Befriedigungschancen für den Gläubiger bei dem späteren Pfändungszugriff in das Arbeitseinkommen aufgrund der gestärkten Schuldnermotivation durch die Erweiterung der Pfändungsfreigrenzen.

Die möglichen Vorteile für den Gläubiger sollen aber kein Argument für die Rechtfertigung des Schuldnerschutzes sein,[212] denn durch den Vollstreckungsschutz wird die Vollstreckung eingeschränkt und somit werden Gläubigerrechte verringert[213]. Für den Gläubiger hätte das letztendlich die Entwertung seiner materiellen Rechte zur Folge,[214] und er wäre aufgrund des Verbotes der Selbsthilfe völlig machtlos.

## V. Ausformungen des Vollstreckungsschutzes

Der gesetzliche Vollstreckungsschutz der Einzelzwangsvollstreckung beschränkt sich auf Geldforderungen und kommt in diversen Ausformungen zum Tragen: Unpfändbarkeit der beweglichen Sachen nach § 811 ZPO und des Hausrats nach § 812 ZPO, Unpfändbarkeit der Haustiere nach § 811 c ZPO, Unpfändbarkeit des dem Schuldner bei einer Austauschpfändung zur Beschaffung des Ersatzes überlassenen Geldbetrages nach § 811 a Abs. 3 ZPO, Unpfändbarkeit bzw. eingeschränkte Pfändbarkeit der Forderungen nach §§ 850 ff. ZPO[215]. Die Wirkung des Schuldnerschutzes

---

209 Walker, in: Schuschke/Walker, ZPO, § 811 Rn. 2.

210 Während im Jahr 1962 ein Fernseher als pfändbar galt (LG Aurich, NJW 1962, 1779; ähnlich LG Limburg DGVZ 1973, 119), sprach sich das LG Augsburg im Jahr 1993 für die Unpfändbarkeit eines Farbfernsehers aus, unabhängig vom Wert und vom Vorhandensein eines Rundfunkgerätes. LG Augsburg, DGVZ 1993, 55. DasAG Wuppertal sprach sich für die Unpfändbarkeit eines Farbfernsehers sogar beim Vorhandensein eines internetfähigen Computers aus. AG Wuppertal, DGVZ 2008, 163.

211 Henckel, in: FS Merz 65, S. 201.

212 Behr, KJ 1980, 156 160.

213 Jauernig/Berger, Zwangsvollstreckungs- und Insolvenzrecht, § 1 X.

214 Jauernig/Berger, Zwangsvollstreckungs- und Insolvenzrecht, § 1 X.

215 Daneben gibt es noch den Schuldnerschutz bei der Räumungsvollstreckung nach §§ 721, 794 a ZPO und die allgemeine Härteklausel zum Schuldnerschutz gem. § 765 a ZPO für jeder Art von Vollstreckung.

entfaltet sich außerdem durch die Regelungen gegen Verschleuderung der beweglichen Sachen nach § 817 a ZPO[216]. Des Weiteren zum Tragen kommt der Schuldnerschutz in der Einzelzwangsvollstreckung wegen Geldforderungen in Gestalt des Verbotes der Überpfändung (§ 803 Abs. 1 S. 2 ZPO),[217] der notwendig ist, weil in der Einzelzwangsvollstreckung mehrere Vollstreckungsmaßnahmen gegen den Schuldner parallel laufen können, und in Gestalt des Verbotes der zwecklosen Pfändung (§ 803 Abs. 2 ZPO)[218].

In der Einzelzwangsvollstreckung wird unterschieden zwischen dem gesetzlichen Vollstreckungsschutz, z.B. §§ 811, 850 c Abs. 1–3 ZPO, und dem gerichtlichen Vollstreckungsschutz[219] nach §§ 765 a, 850 c Abs. 4, 850 d, 850 f Abs. 1 ZPO, 30 a ff. ZVG.[220]

Auf die Zusammenfassung der Pfändungsverbote der Zivilprozessordnung in mehrere generelle Verbote hat der Gesetzgeber verzichtet, um der Gefahr einer unabsehbaren Ausdehnung des Vollstreckungsschutzes vorzubeugen.[221]

Bei der Sachpfändung und in der Regel bei der Forderungspfändung sind die Normen des gesetzlichen Pfändungsschutzes zwingendes Recht und von Amts wegen zu beachten.[222] Ausnahmsweise wird der schuldnerische Antrag z.B. im Falle des § 850 i Abs. 1 ZPO vorausgesetzt.[223] Die Gewährung des gerichtlichen Vollstreckungsschutzes setzt dagegen die Antragsstellung des Schuldners voraus.

## VI. Pfändungsschutz im Rahmen des § 811 Abs. 1 ZPO

Die wichtigste Vorschrift des gesetzlichen Pfändungsschutzes der körperlichen Sachen in der Einzelzwangsvollstreckung wegen Geldforderungen ist § 811 Abs. 1 ZPO – unpfändbare Sachen. Der persönliche Schutzbereich der Norm erstreckt sich bei einigen Gegenständen neben dem Schuldner auf dessen Familie und andere im Haushalt des Schuldners lebende Personen (§ 811 Abs. 1 Nr. 1, 2, 3, 4, 4a, 5, 10, 11, 12, 13 ZPO). Bei einem Teil der Schutzvorschriften sind die Angestellten des Schuldners in den persönlichen Anwendungsbereich miteinbezogen (§ 811 Abs. 1 Nr. 1–4, 6 ZPO). In den Fällen ist bei der Prüfung der Unpfändbarkeit auf die Bedürfnisse der Personen abzustellen.[224]

Entsprechend dem ausdrücklichen Wortlaut der einzelnen Nummern des § 811 Abs. 1 ZPO oder dem Schutzzweck gelten die meisten Pfändungsverbote des

216 Bei Immobilien schützen §§ 30 c, 74 a, 85, 85 a ZVG gegen die Verschleuderung.
217 Die Anwendung in der Einzelzwangsvollstreckung in das unbewegliche Vermögen ist umstritten. Zum Meinungsstreit Walker, in: Schuschke/Walker, ZPO, § 803 Rn. 9.
218 Lippross, Grundlagen und System des Vollstreckungsschutzes, S. 132.
219 Im Schrifttum häufig als richterlicher Vollstreckungsschutz bezeichnet.
220 Lippross, Grundlagen und System des Vollstreckungsschutzes, S. 140.
221 BTDrucks 1/3284, S. 18.
222 Baumbach/Lauterbach/Albers/Hartmann, ZPO, § 811 Rn. 1.
223 Baur/Stürner/Bruns, Zwangsvollstreckungsrecht, § 23 II 3, § 24 VI.
224 Walker, in: Schuschke/Walker, ZPO, § 811 Rn. 11.

§ 811 Abs. 1 ZPO für natürliche Personen. Bei § 811 Abs. 1 Nr. 5 ZPO kommt der Pfändungsschutz bei Personengesellschaften dann in Frage, wenn alle Gesellschafter ihren Erwerb aus der persönlichen Tätigkeit bei der Gesellschaft ziehen.[225]

Die bei der Bestimmung des Umfanges der einzelnen Pfändungsbeschränkungen des § 811 Abs. 1 ZPO gebotene Abwägung zwischen Gläubigerrechten und Schuldnerrechten unter Berücksichtigung der öffentlichen Interessen darf nicht dazu führen, dass der in § 811 Abs. 1 ZPO zum Ausdruck kommende Wille des Gesetzgebers überspielt oder ersetzt wird.[226] Die verfassungsrechtlich geschützten Rechtspositionen sollen in erster Linie durch den Gesetzgeber und nicht durch die höchstrichterliche Rechtsprechung erfolgen.[227]

Die Pfändungsbeschränkungen des § 811 Abs. 1 ZPO greifen nur in der Einzelzwangsvollstreckung wegen Geldforderungen in bewegliche Sachen, die nach §§ 808, 809 ZPO durchgesetzt werden[228] und nicht in der Einzelzwangsvollstreckung zur Erwirkung der Herausgabe von Sachen nach § 883 ZPO. Der sachliche Anwendungsbereich des § 811 ZPO ist ebenso bei der Anschlusspfändung (§ 826 ZPO), bei der Vollstreckung von Arrestansprüchen (§ 930 ZPO) und Zahlungsansprüchen aus einstweiligen Verfügungen (§§ 935, 940 ZPO) eröffnet.[229]

Aus der Berücksichtigung der Interessen der Allgemeinheit folgt der Grundsatz: keine Pfändung zu Lasten öffentlicher Mittel[230]. Bei der Zwangsvollstreckung sollen dem Schuldner im Rahmen des § 811 Abs. 1 ZPO zumindest die Gegenstände gelassen werden, die ihm anderenfalls der Staat aus sozialen Gründen mit Leistungen der Sozialhilfe wieder zur Verfügung stellen müsste.[231] Damit können offensichtliche Fehlgewichtungen bei der Beurteilung der Unpfändbarkeit vermieden werden.[232] Den Besonderheiten des Einzelfalls bei der Anwendung der einzelnen Bestimmungen des § 811 Abs. 1 ZPO soll mithilfe der ausfüllungsbedürftigen Tatbestandsmerkmale wie „angemessen, erforderlich, unentbehrlich, notwendig, bescheiden" Rechnung getragen werden. Die notwendige Auslegung verbietet starre Anwendung der Schutzbestimmungen als Ausnahmevorschrift.[233]

Bei der Auslegung müssen je nach der Bestimmung ständiger gesellschaftlicher Wandel (Wandel der Bedürfnisse und Betrachtungsweisen im Laufe der Zeit),[234]

---

225 Hk-ZV/Kindl, § 811 Rn. 21.
226 MüKoZPO/Gruber, § 811 Rn. 13.
227 MüKoZPO/Gruber, § 811 Rn. 5.
228 Musielak/Becker, ZPO, § 811 Rn. 1.
229 PG/Flury, § 811 Rn. 3.
230 BTDrucks 13/341, S. 24.
231 BGH, NJW-RR 2004, 789.
232 Baur/Stürner/Bruns, Zwangsvollstreckungsrecht, § 23 II 1.
233 LG Berlin, NJW-RR 1992, 1038, 1039; a.A. Hilzinger, in: Dierck/Morvilius/Vollkommer, Rn. 341; Seiler, in: Thomas/Putzo, ZPO, § 811 Rn. 1.
234 BFH, NJW 1990, 1871; LG Berlin, NJW-RR 1992, 1038.

aktuelle wirtschaftliche Umstände sowie technischer Fortschritt,[235] der allgemeine Lebensstandard[236] und individuelle Lebensumstände des Schuldners und seiner Familie berücksichtigt werden.

Ohne Relevanz für die Beurteilung des Pfändungsschutzes sind subjektive Interessen und Wünsche, individuelle Überzeugungen und Einschätzungen aller Beteiligten.[237]

Im Hinblick darauf, dass die einzelnen Nummern des § 811 Abs. 1 ZPO die Fortsetzung der beruflichen Tätigkeit des Schuldners und seiner Familie zur Beschaffung des Lebensunterhalts ermöglichen sollen, ist gegebenenfalls die Beurteilung des Arbeitsverhältnisses oder einer selbständigen Tätigkeit sowie damit im Zusammenhang stehenden besonderen Umständen des Einzelfalls erforderlich.[238]

Im Mittelpunkt des § 811 Abs. 1 ZPO steht die Erhaltung der materiellen Güter, die für die Existenz des Schuldners und anderen von der Norm erfassten Personen notwendig sind: Neben der Sicherung des Existenzminimums, z.B. durch den Pfändungsschutz von Lebensmitteln, Bekleidung, Unterkunft, Hausrat (§ 811 Abs. 1 Nr. 1–3, 12 ZPO) sowie der Erhaltung der Erwerbstätigkeit (§ 811 Abs. 1 Nr. 4–7, 9 ZPO) soll mit § 811 Abs. 1 Nr. 8 ZPO auch der Schutz existenzsichernder Einkünfte gewährleistet werden. Pfändungsschutz erstreckt sich weiterhin auf das ideelle Existenzminimum, z.B. Trauringe, Orden und Ehrenzeichen nach § 811 Abs. 1 Nr. 11 ZPO.[239] Es handelt sich hier vor allem um Sachen, die für den Schuldner einen subjektiven Wert haben, der den objektiven Wert der Sache in der Regel übersteigt.[240] Aus Pietätsgründen sind die zur unmittelbaren Verwendung für die Bestattung bestimmten Gegenstände nach § 811 Abs. 1 Nr. 13 ZPO unpfändbar.

§ 811 Abs. 1 ZPO dient der Sicherung der Gebrauchsmöglichkeit der Sachen, nicht dem Schutz des Eigentums des Schuldners.[241] Unter den Schutzbereich der Regelung fallen folglich auch Sachen, dessen Eigentümer unstreitig oder offenkundig nicht der Schuldner ist.[242] Das kann einerseits dazu führen, dass, wenn dem Schuldner fremde Sachen zur Verfügung stehen, seine eigenen gepfändet werden.[243] Andererseits kann sich der Schuldner, ohne dass ihm vorgeworfen wird, er handele arglistig,

---

235 Zum Beispiel bei der Frage nach angemessener und bescheidender Lebens- und Haushaltsführung gem. § 811 Abs. 1 Nr. 1 ZPO sollen der aktuelle Standard der Technik und gegenwärtige gesellschaftliche Anschauungen in die Beurteilung miteinbezogen werden. BFH, NJW 1990, 1871.

236 Musielak/Becker, ZPO, § 811 Rn. 1.

237 Pardey spricht in dem Zusammenhang nur von der Irrelevanz hinsichtlich des Schuldners. Pardey, DGVZ 1987, 111.

238 PG/Flury § 811 Rn. 33.

239 Lippross, Grundlagen und System des Vollstreckungsschutzes, S. 151.

240 Lippross, Grundlagen und System des Vollstreckungsschutzes, S. 151.

241 Musielak/Becker, ZPO, § 811 Rn. 5.

242 Hk-ZV/Kindl, § 811 Rn. 4; a.A. LG Köln, DGVZ 1999, 42; AG Bad Neuenahr, DGVZ 2004, 159; Baumbach/Lauterbach/Albers/Hartmann, ZPO, § 811 Rn. 6.

243 AG Landau, DGVZ 1991, 14.

auf § 811 Abs. 1 ZPO ebenso dann berufen, wenn dem Gläubiger ein Herausgabeanspruch zusteht.[244] Gerechtfertigt wird dies mit dem öffentlichen Interesse an der Verhinderung der Kahlpfändung[245]. Privilegiert werden dagegen gem. § 811 Abs. 2 ZPO Gläubiger, die eine in § 811 Abs. 1 Nr. 1, 4, 5–7 ZPO bezeichnete Sache unter Eigentumsvorbehalt an den Schuldner verkauft haben. Sie können eine an sich nach § 811 Abs. 1 Nr. 1, 5, 6 ZPO (in Orientierung an § 811 a ZPO) und nach § 811 Abs. 1 Nr. 4, 7 ZPO (wegen der Vergleichbarkeit mit der von § 811 Abs. 1 Nr. 5 ZPO erfassten Sachen) unpfändbare Sache pfänden und verwerten lassen. Mit der Regelung soll eine rasche und effektive Vollstreckung des Vorbehaltsverkäufers in eine Sache, die er dem Schuldner ohnehin im Wege der Herausgabevollstreckung entziehen könnte, gewährleistet werden.[246] Die Privilegierung greift nur bei dem einfachen oder „weitergegebenen“ (einfachen), nicht bei dem erweiterten Eigentumsvorbehalt,[247] denn hier muss der Gedanke von § 811 Abs. 1 ZPO zum Schutz des Besitzes und der Gebrauchsmöglichkeit des Schuldners weiterhin Geltung beanspruchen[248].

Der für die Entscheidung bezüglich der Unpfändbarkeit einer Sache maßgebliche Zeitpunkt ist der während der Pfändung. Nachträgliche Veränderungen bleiben unbeachtet, d.h., was zum Zeitpunkt der Pfändung pfändbar war, wird durch eine Veränderung der tatsächlichen Verhältnisse nach der Pfändung nicht unpfändbar werden[249]. Denn zum einen hat der Gläubiger bereits ein Pfandrecht erworben[250] und zum anderen soll damit verhindert werden, dass der Schuldner die Unpfändbarkeit absichtlich, z. B. durch Verkauf oder Zerstörung,[251] herbeiführt. In Härtefällen kann auf den Schutz des § 765 a ZPO zurückgegriffen werden.[252]

Ist eine Sache während der Pfändung unpfändbar gewesen und haben sich nach der Pfändung die tatsächlichen Verhältnisse insoweit verändert, als dass die Sache pfändbar wird, so kann sie gepfändet werden.[253] Für die Beurteilung ist der Zeitpunkt der Entscheidung über die Vollstreckungserinnerung des Gläubigers nach § 766 ZPO relevant.[254]

244 OLG Hamm, MDR 1984, 855; a.A. LG Bonn, NJW 1961, 367.
245 AG Werne a. d. Lippe, DGVZ 1968, 155; Walker, in: Schuschke/Walker, ZPO, § 811 Rn. 3; Noack, DGVZ 1969, 113, 115.
246 Stöber, in: Zöller, ZPO, § 811 Rn. 39.
247 Musielak/Becker, ZPO, § 811 Rn. 29.
248 BTDrucks 13/341, S. 24, 25.
249 So h.M.: LG Bochum DGVZ 1980, 37; LG Berlin, Rpfleger 1977, 262; Seiler, in: Thomas/Putzo, ZPO, § 811 Rn. 3a; Hk-ZPO/Kemper, § 811 Rn. 8; Zimmermann/ZPO, § 811 Rn. 2; a.A. Musielak/Becker, ZPO, § 811 Rn. 7.
250 LG Bochum DGVZ 1980, 37; LG Berlin, Rpfleger 1977, 262.
251 LG Berlin, Rpfleger 1977, 262 (nachträgliche Zerstörung eines Radiogerätes).
252 Seiler, in: Thomas/Putzo, ZPO, § 811 Rn. 3a.
253 PG/Flury, § 811 Rn. 7.
254 Münzberg, in: Stein/Jonas, ZPO, § 811 Rn. 17.

Bei einer Sache, die momentan unpfändbar ist, demnächst aber offensichtlich pfändbar wird, steht dem Gläubiger die Möglichkeit der Vorwegpfändung nach § 811 d ZPO offen.[255]

Ob eine bewegliche Sache dem Pfändungsschutz unterliegt oder nicht, hängt von dem Ergebnis der von dem Gerichtsvollzieher getroffenen Feststellungen ab, nicht von seiner Entschließung.[256] Besteht ein Pfändungsverbot, so hat der Gerichtsvollzieher ihn von Amts wegen zu beachten, anderenfalls gebiete es seine Amtspflicht, die Sache zu pfänden.[257]

Bei einem Verstoß gegen § 811 Abs. 1 ZPO wird eine Pfändung anfechtbar, jedoch nicht unwirksam.[258] Es ist dem Schuldner und gegebenenfalls anderen Personen, die in den Schutzbereich der Bestimmungen fallen, vorbehalten, die Erinnerung nach § 766 ZPO bis zur Beendigung der Zwangsvollstreckung, auch dann, wenn die gepfändete Sache bereits versteigert wurde, einzulegen[259]. Der Gerichtsvollzieher ist nicht befugt, die Pfändung zu beseitigen oder die Verwertung zu inhibieren, auch nicht im Falle eines nachträglich festgestellten Verstoßes gegen die Regelungen des Pfändungsschutzes.[260]

### 1. Pfändungsschutz der dem persönlichen Gebrauch oder dem Haushalt dienenden Sachen gem. § 811 Abs. 1 Nr. 1 ZPO

Die Unpfändbarkeit nach § 811 Abs. 1 Nr. 1 ZPO lässt sich beim Vorliegen der folgenden Voraussetzungen bejahen: Die Sache soll dem persönlichen Gebrauch oder dem Haushalt[261] des von der Bestimmung erfassten Personenkreises dienen und zur angemessenen und bescheidenen Lebens- und Haushaltsführung benötigt werden. In den Schutzbereich der Regelung fallen ebenfalls die zu Wohnzwecken dienenden Einrichtungen, wenn sie der Zwangsvollstreckung in bewegliches Vermögen unterliegen.

Unproblematisch ist die Zuordnung der Sachen anhand des ersten Kriteriums. Bei der Beurteilung soll auf die Zweckbestimmung abgestellt werden. Welche Sachen dem persönlichen Gebrauch oder dem Haushalt dienen, wird in der Regelung exemplarisch aufgezählt. Zum Teil kommt es zu Überschneidungen zwischen den Gegenständen des persönlichen Gebrauchs – das sind die Sachen der individuellen Lebensführung des Schuldners, wie z.B. Heizkissen oder eine Uhr – mit den

255 Hk-ZV/Kindl, § 811 d, Rn. 2.
256 Seip, DGVZ 2002, 11, 12.
257 Seip, DGVZ 2002, 11, 12.
258 Walker, in: Schuschke/Walker, ZPO, § 811 Rn. 13.
259 Damit könnte erreicht werden, dass der Erlös der versteigerten Sachen, der aus der entsprechenden Anwendung des § 811 a Abs. 2 ZPO unpfändbar wäre, ausgekehrt wird. Noack, DGVZ 1969, 119.
260 LG Berlin, DGVZ 1962, 47.
261 Der Schutz greift auch bei vorübergehender Obdachlosigkeit des Schuldners. LG München, DGVZ 1983, 93.

Gegenständen des Haushaltes, die zur Führung des Hausstandes benutzt werden.[262] Die genaue Differenzierung ist nur dann erforderlich, wenn der Schuldner selbst die Erinnerung nach § 766 Abs. 1 ZPO unterlässt und eine in den Schutzbereich miteinbezogene Person eine Erinnerung nach § 766 Abs. 1 ZPO erheben möchte.[263] Ist die betroffene Sache dem Haushalt zuzuordnen, so ist die Person erinnerungsbefugt.[264] Anders verhält sich bei den Sachen des persönlichen Gebrauchs des Schuldners, denn hier ist allein der Schuldner befugt, eine Erinnerung nach § 766 Abs. 1 ZPO einzulegen.[265]

Als problematischer kann sich die Beurteilung des Vorliegens der Voraussetzung „soweit der Schuldner ihrer zu einer seiner Berufstätigkeit und seiner Verschuldung angemessenen, bescheidenen Lebens- und Haushaltsführung bedarf" erweisen. Es gibt allerdings eine Art Grundbestand an beweglichen Sachen, der dem Schuldner unabhängig von der Eigenart des Einzelfalles sowie den Veränderungen des allgemeinen Lebensstandards wegen deren Unpfändbarkeit gelassen werden muss, denn sie sind regelmäßig erforderlich zu einer bescheidenen Lebens- und Haushaltsführung. Als Beispiele sind hier Bett, Wäsche, Geschirr oder Herd zu nennen (bei Luxusgegenständen bleibt dem Gläubiger die Möglichkeit der Austauschpfändung nach § 811 a ZPO)[266]. Die Berücksichtigung der Besonderheiten des Einzelfalles ist hier grundsätzlich nur bezüglich der Anzahl der dem Schuldner zu belassenen Sachen denkbar. Von den Fällen abgesehen ist bei § 811 Abs. 1 Nr. 1 ZPO eine an den Besonderheiten des Einzelfalls ausgerichtete Auslegung erforderlich,[267] um eine den Umständen des Einzelfalls gerecht werdende Entscheidung treffen zu können. Eine starre Anwendung der Schutzbestimmungen wäre nicht zweckgemäß. Dabei sollen zum einen die individuellen Verhältnisse des Schuldners und seiner Familie Berücksichtigung finden, wie z. B. Alter, Gesundheit, Zahl der Familienangehörigen,[268] Familienstruktur (Kinder oder allein erziehender Elternteil), besondere Belastungen und Umstände, Schicksalsschläge, Behinderungen, Wohnverhältnisse sowie berufliche und örtliche Verhältnisse[269]. Zum anderen soll der allgemeine Lebensstandard in die Beurteilung miteinbezogen werden.[270] Die Veränderungen des Lebensstandards spielen bei der Bewertung der Unpfändbarkeit eine so große Rolle, dass die Rechtskraft einer einige Jahre zurückliegenden Entscheidung nach §§ 766, 811 Abs. 1 Nr. 1 ZPO einer erneuten Prüfung der Pfändbarkeit aufgrund der veränderten Sachlage

---

262 MüKoZPO/Gruber, § 811 Rn. 13.
263 Münzberg, in: Stein/Jonas, ZPO, § 811 Rn. 31.
264 Münzberg, in: Stein/Jonas, ZPO, § 811 Rn. 31.
265 Lüke, in: Wieczorek/Schütze, § 811 Rn. 18.
266 Insoweit ist Henze/Hagemann, die zur größten Vorsicht beim Rückgriff auf die Kommentierungen zu § 811 Abs. 1 ZPO appellieren, nur bedingt zu folgen. Henze/Hagemann, Zwangsvollstreckungsrecht, Rn. 54.
267 BGH NJW-RR 2004, 789.
268 Stöber, in: Zöller, ZPO, § 811 Rn. 3.
269 Schneider/Becher, DGVZ 1980, 177, 179.
270 Musielak/Becker, ZPO, § 811 Rn. 1.

wegen des Wandels des allgemeinen Lebensstandards nicht entgegensteht[271]. Nicht zu folgen ist insoweit Pardey, nach dessen Meinung es bei der Beurteilung keine Rolle spielen soll, ob nach den augenblicklichen Verhältnissen in Deutschland eine Sache zum durchschnittlichen Lebensstandard oder den durchschnittlichen Lebensgewohnheiten gehört oder nicht[272].

Nach dem Wortlaut der Norm „seiner Verschuldung angemessenen" sollen auch konkrete finanzielle Verhältnisse des Schuldners bei der Qualifizierung der Lebens- und Haushaltsführung als angemessen und bescheiden mitberücksichtigt werden.[273] Wie Lüke zutreffend angemerkt, ist das gerade die Verschuldung, die die Lebensumstände prägt[274]. Von Relevanz soll bei der Beurteilung nicht nur die Höhe der Verschuldung sein, sondern auch die Möglichkeit, die Schuld abzutragen.[275]

Weiterhin kann bei der Beurteilung die Miteinbeziehung der Vermögenslage des Gläubigers geboten sein. In dem Fall könnte die Unangemessenheit dann zu bejahen sein, wenn als Folge des Schuldnerschutzes der Gläubiger bescheidener leben müsste als sein Schuldner.[276] In den Fällen, wenn der Gläubiger von den Leistungen des Schuldners in einem hohen Maße abhängt, könnte für die Entscheidung auch die Miteinbeziehung des Grundes des zu vollstreckenden Anspruches in die Gesamtbetrachtung sinnvoll sein.[277]

Unter Bescheidenheit i.S.v. § 811 Abs. 1 Nr. 1 ZPO ist zu verstehen, dass der Schuldner keinen Anspruch auf eine standesgemäße Führung des Lebens und des Haushalts hat.[278] [279] Die Einschränkungen aufgrund der Zwangsvollstreckung müssen von jedem Schuldner, von seiner sozialen Stellung unabhängig, hingenommen

---

271 LG Braunschweig, NdsRpfl. 1955, 54.

272 Pardey, DGVZ 1987, 111, 118; Pardey, DGVZ 1978, 102.

273 So auch Pardey, DGVZ 1987, 111, 115; a.A. Stöber, in: Zöller, ZPO, § 811 Rn. 13; MüKoZPO/Gruber, § 811 Rn. 5: mit der Begründung, die Berücksichtigung der Verschuldung könne dazu führen, dass die in § 811 ZPO getroffenen gesetzgeberischen Entscheidungen durch eine freie Abwägung zwischen den Gläubiger- und Schuldnerinteressen überspielt werden. Die Gefahr besteht in der Tat, wie eine Entscheidung des LG Berlin deutlich macht (LG Berlin, DGVZ 1967, 148).

274 Lüke, in: Wieczorek/Schütze, § 811 Rn. 18.

275 Baumbach/Lauterbach/Albers/Hartmann, ZPO, § 811 Rn. 16. Somit kann auch die Höhe der Forderung unter bestimmten Umständen relevant sein. a.A. Stöber, in: Zöller, ZPO, § 811 Rn. 3.

276 Jauernig/Berger, Zwangsvollstreckungs- und Insolvenzrecht, § 32 I.

277 Lüke, in: Wieczorek/Schütze, ZPO, § 811 Rn. 18; a.A. Münzberg, in: Stein/Jonas, ZPO, § 811 Rn. 26; Stöber, in: Zöller, ZPO, § 811 Rn. 3.

278 AG Essen, DGVZ 1998, 30.

279 Einige Beispiele aus den letzten Jahren, was heutzutage einer bescheidenen Lebens- und Haushaltsführung dient: ein Fernsehgerät, auch wenn dem Schuldner daneben ein Radio und ein internetfähiger PC zur Verfügung steht (AG Wuppertal, DGVZ 2008, 163); eine Polstergarnitur, ein Couchtisch, Sideboard, nicht dagegen ein Geschirrschrank, ein Glasschrank, ein Teppich (AG Itzehoe, DGVZ 1998, 63); auch nicht eine Videokamera und ein Klavier (AG Essen, DGVZ 1998, 30).

werden.[280] Verlust an Bequemlichkeit ist in dem Kontext ebenfalls irrelevant.[281] Auf den Stand der äußersten Dürftigkeit darf allerdings der Schuldner nicht herabgesetzt werden,[282] denn mit § 811 Abs. 1 Nr. 1 ZPO soll genau das verhindert werden[283]. Bei der Auslegung des § 811 Abs. 1 Nr. 1 ZPO soll eine Orientierung an den Vorschriften des Sozialrechts ausschließlich im Hinblick auf die unterste Grenze erfolgen, die keinesfalls unterschritten werden darf. Den direkten Bezugsrahmen dürfen sie dagegen nicht bilden,[284] denn bei sozialrechtlichen Normen finden die im Rahmen der Interessenabwägung zu berücksichtigenden Aspekte, die für die zwangsvollstreckungsrechtlichen Pfändungsschutznormen vordergründig sind, keine Beachtung.

## 2. Pfändungsschutz der zur Fortsetzung der Erwerbstätigkeit benötigten Gegenstände gem. § 811 Abs. 1 Nr. 5 ZPO

Dem Pfändungsschutz nach § 811 Abs. 1 Nr. 5 ZPO unterliegen Sachen, die natürliche Personen, die ihren Erwerb aus körperlicher oder geistiger Arbeit oder anderen persönlichen Leistungen ziehen, zur Fortsetzung der Erwerbstätigkeit benötigen, beispielsweise Arbeitsmittel und -geräte, Dienst- und Arbeitskleidung.[285] Das gilt uneingeschränkt für Personen in abhängiger Arbeit, für Freiberufler wie Architekten, Künstler, Schriftsteller, Lektoren, Journalisten, Regisseure und für Selbständige wie Handwerker,[286] die selbst handwerklich mitarbeiten. Für Ärzte, Rechtsanwälte und Notare greift der Pfändungsschutz nach § 811 Abs. 1 Nr. 7 ZPO und für Apotheker nach § 811 Abs. 1 Nr. 9 ZPO.

Bei Kaufleuten und sonstigen Gewerbetreibenden kommt es auf das Gewicht der persönlichen Arbeitsleistung an.[287] Denn im Vordergrund der Regelung steht die persönliche Tätigkeit, die das wirtschaftlich Wesentliche ausmachen soll.[288] Der persönliche Arbeitseinsatz steht im Vordergrund, z. B. bei Handelsvertretern, wenn sie nicht mehrere Untervertreter beschäftigen,[289] und bei Gastwirten, die selbst bedienen[290]. Hier greift folglich der Schutz nach § 811 Abs. 1 Nr. 5 ZPO.

Eine überwiegend kapitalistische Arbeitsweise wie die Ausnutzung von Sach- und Kapitalmitteln oder die die persönliche Leistung überragende fremde Arbeitskraft

---

280 AG Essen, DGVZ 1998, 30.
281 LG Kiel, DGVZ 1978, 115.
282 LG Heilbronn, DGVZ 1993, 12.
283 MüKoZPO/Gruber, § 811 Rn. 26.
284 Andere Ansicht Baur/Stürner/Bruns, Zwangsvollstreckungsrecht, § 23 II 1.
285 Stöber, in: Zöller, ZPO, § 811 Rn. 28.
286 Unabhängig von der Eintragung in die Handwerksrolle. LG Bielefeld, MDR 1954, 426.
287 LG Lübeck, DGVZ 2002, 185; so auch Stöber, in: Zöller, ZPO, § 811 Rn. 24a.
288 OLG Düsseldorf, DGVZ, 1968, 73; LG Lüneburg, MDR 1955, 748.
289 Musielak/Becker, ZPO, § 811 Rn. 17a.
290 Hilzinger, in: Dierck/Morvilius/Vollkommer, Rn. 360.

ist dagegen grundsätzlich nicht geschützt.[291] Das wäre z.B. beim Autohändler mit Kfz-Werkstatt und Abschleppdienst der Fall.[292] Dennoch führt der Einsatz von Kapital, Mitarbeitern, sachlichen Betriebsmitteln und technischen Hilfsmitteln nicht automatisch zum Ausschluss bzw. zur Verringerung des Pfändungsschutzes. Das würde nämlich dazu führen, dass der selbständige Schuldner in vielen Fällen wettbewerbsunfähig und langfristig nicht in der Lage wäre, den Unterhalt aus eigenen Kräften zu erwirtschaften, was dem Zweck der Norm zuwiderlaufen würde. Im Zweifel soll geprüft werden, ob die Arbeitsleistung oder die Nutzung eines Kapitals für den Erwerb die größere Bedeutung hat.[293]

Bei Warenkaufleuten sind die geringfügigen Einrichtungsgegenstände, die zur Fortführung des Geschäftsbetriebes benötigt werden, wie auch das Wechselgeld nach § 811 Abs. 1 Nr. 5 ZPO unpfändbar, vorausgesetzt, es handelt sich um ein kleines Ladengeschäft, das überwiegend selbst betrieben wird[294].

Der Pfändungsschutz des Warenbestands bei Warenkaufleuten ist umstritten. Nach Münzberg soll zwischen Materialvorräten, die zur Fortführung des Unternehmens erforderlich und unpfändbar sind, und verkaufsbereiten Waren unterschieden werden[295]. Bei Letzteren soll grundsätzlich kein gesetzlicher Pfändungsschutz gewährt werden, es sei denn, ihr Wert tritt gegenüber der persönlichen Arbeitsleistung des Schuldners klar zurück,[296] was laut dem Amtsgericht Gießen dann der Fall ist, wenn die Arbeitsleistung darin besteht, den Wert der Vorräte durch persönliche Leistung zu erhöhen[297]. Problematisch ist eine derartige Differenzierung insoweit, als dass hier die Gruppe der zur unmittelbaren Fortführung des Geschäftes erforderlichen Warenbestände unberücksichtigt bleibt bzw. unter die verkaufsbereiten Waren fallen würde. Der Pfändungsschutz darf aber in dem Fall nicht ohne weiteres abgelehnt werden, denn die Pfändung würde die Fortführung des Geschäftes unmöglich machen.

Eine andere Ansicht, wonach dem Einzelhändler ein Warenbestand in dem Umfang belassen werden soll, den der Schuldner benötigt, um die Einnahmen in Höhe des unpfändbaren Einkommens gem. §§ 850 ff. ZPO zu erzielen,[298] ist abzulehnen. Denn dies würde in der Regel voraussetzen, dass dem Schuldner ein hohes Kapital überlassen werden müsste, wodurch kein Ausgleich der Gläubiger- und Schuldnerinteressen, sondern eine nicht zumutbare und nicht zu rechtfertigende

291 Hk-ZV/Kindl, § 811 Rn. 18.
292 LG Augsburg, DGVZ 1997, 27, 28.
293 OLG Neustadt a. d. Hdt., NJW 1951, 80; LG Augsburg, NJW-RR 1989, 1536.
294 LG Lübeck, DGVZ 2002, 185.
295 Münzberg, in: Stein/Jonas, ZPO, § 811 Rn. 53.
296 Andere Ansicht OLG Celle, DGVZ 1999, 26 (Unpfändbarkeit der Zierfische eines Zierfischhändlers); Baumbach/Lauterbach/Albers/Hartmann, ZPO, § 811 Rn. 44; Lippross, Grundlagen und System des Vollstreckungsschutzes, S. 165.
297 AG Gießen, DGVZ 1998, 30.
298 So z.B. OLG Frankfurt/Main, DGVZ 1960, 125; LG Thübingen, DGVZ, 1976, 28; AG Köln, DGVZ 1992, 47.

Benachteiligung des Gläubigers stattfinden würde[299]. Auf ähnliche Bedenken stoßen die vereinzelten Entscheidungen, in denen der Pfändungsschutz des Warenbestandes dann pauschal angenommen wurde, wenn Waren zur unmittelbaren, sinnvollen Fortführung des Geschäfts erforderlich waren[300].

Als sinnvoll bietet sich bei der Problematik folgende Lösung. Zunächst soll mit dem bewährten Rückgriff auf die Gewichtung der persönlichen Leistung festgestellt werden, ob der Pfändungsschutz bei dem betroffenen Warengeschäft grundsätzlich greifen könnte. Wird ein Warengeschäft überwiegend persönlich betreut und spielt die Beratung eine zentrale Rolle, wird also der Wert der Sache durch die persönliche Leistung erhöht, so könnte § 811 Abs. 1 Nr. 5 ZPO Anwendung finden. In einem weiteren Schritt soll geprüft werden, ob und welcher Warenbestand zur unmittelbaren Fortführung des Geschäftes[301] und somit zur Fortsetzung der Arbeit des Schuldners erforderlich ist. Die Beurteilung soll dabei auf die konkreten einzelnen Gegenstände bezogen werden und nicht pauschal erfolgen. Liegen die genannten Voraussetzungen vor, so greift nur bei den entsprechenden Warenbeständen der Schutz nach § 811 Abs. 1 Nr. 5 ZPO.

Juristische Personen fallen in der Regel nicht in den Anwendungsbereich der Norm, denn sie können nicht aus körperlicher oder geistiger Arbeit oder sonstigen persönlichen Leistungen ihren Erwerb ziehen. Ausnahmen sind nur denkbar bei Einmanngesellschaften,[302] wenn der alleinige Gesellschafter und Geschäftsführer seinen Unterhalt überwiegend aus der Tätigkeit für die Gesellschaft zieht[303] und seine persönliche Leistung im Vordergrund steht, oder bei anderen juristischen Personen, wenn offensichtlich der persönliche Einsatz aller Gesellschafter im Vordergrund steht[304]. Bei Personenhandelsgesellschaften ist der Pfändungsschutz nach § 811 Abs. 1 Nr. 5 ZPO nur eingeschränkt möglich. Hier ist auf die Gewichtung des persönlichen Einsatzes abzustellen. So kann der Pfändungsschutz bei einer OHG oder KG dann z. B. greifen, wenn der Gegenstand der Gesellschaft kein kaufmännischer Warenumsatz ist und alle Gesellschafter ihren Erwerb aus körperlicher Arbeit im Gewerbebetrieb ziehen.[305] Bei Gesellschaften des bürgerlichen Rechts müssen für die Geltung der Norm die gleichen Voraussetzungen wie bei natürlichen Personen erfüllt sein.[306]

---

299 AG Hannover, DGVZ 1999, 26.

300 So z. B. LG Lübeck, DGVZ 2002, 185; OLG Celle, DGVZ 1999, 27.

301 AG Köln, DGVZ 1992, 47 stellt auf die sinnvolle Fortführung des Geschäfts ab.

302 Die Geltung könnte ausnahmsweise und nur unter bestimmten Umständen für Einmanngesellschaften in Frage kommen. MüKoZPO/Gruber, § 811 Rn. 38; so auch Bruckmann, Die Praxis der Zwangsvollstreckung, § 2 4 b; a.A. Lackmann, Zwangsvollstreckungsrecht, Rn. 135.

303 Münzberg, in: Stein/Jonas, ZPO, § 811 Rn. 43.

304 OLG Oldenburg, NJW 1964, 505; a.A. Musielak/Becker, ZPO, § 811 Rn. 18.

305 OLG Oldenburg, NJW 1964, 505.

306 Lüke, in: Wieczorek/Schütze, ZPO, § 811 Rn. 33.

Eine derartige Bestimmung des geschützten Personenkreises und der geschützten Sachen ist auf den Zweck der Bestimmung zurückzuführen. Die Vorschrift dient der Sicherung des Familienunterhalts – dem Schuldner soll die Möglichkeit belassen werden, den Lebensunterhalt für sich und seine Familienangehörigen durch persönlichen Arbeitseinsatz zu erwirtschaften[307] – und nicht der Möglichkeit, das in Sachwerten investierte Kapital zu erzielen[308]. Was im Speziellen die Einschränkungen des einem Unternehmer gewährten Schutzes betrifft, so sind sie darauf zurückzuführen, dass in der Marktwirtschaft, in der die Freiheit einer unternehmerischen Tätigkeit gewährt wird, auch das Risiko des Zusammenbruches des Unternehmens hingenommen werden soll.[309]

Entsprechend dem Zweck des § 811 Abs. 1 Nr. 5 ZPO – die Sicherung des Lebensunterhalts des Schuldners und seiner Familie – sind in den Schutzbereich der Norm neben dem Schuldner auch seine im Haushalt lebenden Familienangehörigen einzubeziehen[310]. Die Sachen, die sich im Besitz des Schuldners befinden und die die anderen Familienangehörigen oder der Ehegatte für die Erwerbstätigkeit benötigen, genießen ebenfalls Pfändungsschutz, und zwar unabhängig davon, ob sie ausschließlich von der nicht schuldenden Person[311] oder gemeinsam mit dem Schuldner benutzt werden[312]. Die Ablehnung des Pfändungsschutzes bei Familienmitgliedern würde zur Existenzgefährdung der Familie in gleicher Weise führen wie bei einer Pfändung beim Schuldner selbst.[313]

Unter Erwerbstätigkeit im Sinne des § 811 Abs. 1 Nr. 5 ZPO sind neben den gegenwärtig ausgeübten Tätigkeiten ebenfalls Erwerbstätigkeiten in der Vorbereitung erfasst. Hierunter fallen z. B. Berufsvorbereitungen des Schuldners in Ausbildung, Schule, Referendariat oder Studium[314] oder eine sich in der Gründungsphase befindliche Gewerbeausübung[315]. Das ist die einzig denkbare Auslegung, mit der die Erwerbsintegration des Schuldners gefördert wird, was einem der Zwecke der Regelung entspricht. Zu Sachen, die regelmäßig für die Berufsvorbereitung erforderlich sind, zählt nach heutigem Verständnis regelmäßig ein Computer.[316]

307 AG Essen, DGVZ 1998, 30.

308 Noack, DGVZ 1969, 113, 116.

309 Henckel, Prozessrecht und materielles Recht, S. 392.

310 BGH, NJW-RR 10, 642, 643; OLG Hamm, MDR 1984, 855; LG Siegen, DGVZ 1985, 153; Lackmann, Zwangsvollstreckungsrecht, Rn. 131; Münzberg, in: Stein/Jonas, ZPO, § 811 Rn. 55; Musielak/Becker, ZPO, § 811 Rn. 17a.

311 Andere Ansicht Münzberg, der in dem Fall nur von der Möglichkeit des Widerspruches des nicht schuldenden Ehegatten nach § 809 ZPO ausgeht. Münzberg, in: Stein/Jonas, ZPO, § 811 Rn. 55.

312 So auch MüKoZPO/Gruber, § 811 Rn. 39.

313 BGH, NJW-RR 2010, 642, 643.

314 Münzberg, in: Stein/Jonas, ZPO, § 811 Rn. 48; Walker, in: Schuschke/Walker, ZPO, § 811 Rn. 36; Seiler, in: Thomas/Putzo, ZPO, § 811 Rn. 24.

315 Hk-ZV/Kindl, § 811 Rn. 19.

316 AG Essen, DGVZ 1998, 94.

Abzulehnen ist die Ansicht des Amtsgerichtes Essen, wonach sich die Unpfändbarkeit von unverzichtbaren Studienmitteln jedenfalls aus einer analogen Anwendung des § 811 Abs. 1 Nr. 10 ZPO ergebe[317]. Die analoge Anwendung würde dazu führen, dass der Pfändungsschutz der Sachen der Berufsvorbereitung ohne Prüfung ihrer Erforderlichkeit zu gewähren wäre, vergleichbar mit den Büchern, die nach § 811 Abs. 1 Nr. 10 ZPO auch dann geschützt sind, wenn sie nicht notwendig gebraucht werden.[318] Die Sachen der Berufsvorbereitung würden somit höheren Schutz genießen als die der Berufsausübung, was nicht zu rechtfertigen wäre.

Eine vorübergehende Nichtausübung der Tätigkeit führt nicht automatisch zur Ablehnung des Vorliegens der Erwerbstätigkeit als Tatbestandsvoraussetzung.[319] Es obliegt jedoch dem Schuldner, zu beweisen, dass es sich um einen zeitweiligen und nicht dauerhaften Zustand handelt.[320] Grundsätzlich ist bei der Beurteilung entscheidend, ob eine konkrete Aussicht auf die Realisierung der Beschäftigung besteht[321]. Bei einer nur theoretischen Möglichkeit, dass die Tätigkeit zu einem späteren Zeitpunkt aufgenommen werden könnte, greift der Pfändungsschutz nicht.

Dem Normenzweck entsprechend soll es sich bei der Tätigkeit im Sinne des § 811 Abs. 1 Nr. 5 ZPO um eine Tätigkeit handeln, durch die der Lebensunterhalt finanziert werden kann.[322] Bei unentgeltlichen Tätigkeiten greift folglich der Pfändungsschutz nicht, deswegen sind z. B. Freizeitbeschäftigungen ohne Erwerbsziel nicht geschützt.[323] Ob der Schuldner mit der Tätigkeit ausreichend für seine Lebensführung verdient oder ob wirtschaftlich gesehen die Aufgabe der Tätigkeit sinnvoller wäre, ist für die Frage der Unpfändbarkeit irrelevant, denn die entsprechende Beurteilung gehört weder zum Aufgabenbereich des Vollstreckungsrechts[324] noch kann sie dem Gerichtsvollzieher zugemutet werden. Auch bei einer geringen Auftragslage, beim Vorliegen der übrigen Voraussetzungen, greift der Pfändungsschutz nach § 811 Abs. 1 Nr. 5 ZPO.[325] Geschützt sind ebenfalls saisonbedingte Tätigkeiten.[326] Dient ein Nebenberuf auch nur teilweise zur Sicherung des Lebensunterhalts, so greift hier entsprechend dem Zweck des § 811 Abs. 1 Nr. 5 ZPO ebenfalls der Pfändungsschutz.[327] Nicht dem Pfändungsschutz unterliegen dagegen

---

317 AG Essen, DGVZ 1998, 94.

318 Ähnlich PG/Flury, § 811 Rn. 42.

319 OLG Köln, DGVZ 1956, 138; LG Düsseldorf, DGVZ 1962, 110.

320 OLG Köln, DGVZ 1956, 138.

321 LG Hannover, NJW 1953, 1717: „... wenn nach den getroffenen Anstalten mit alsbaldiger Eröffnung eines neu aufgezogenen Betriebes ernstlich zu rechnen ist."

322 So wurde der Schutz bei einer Schuldnerin, die unentgeltlich Klavierkonzerte gegeben hat, abgelehnt. AG Essen, DGVZ 1998, 30.

323 Stöber, in: Zöller, ZPO, § 811 Rn. 26.

324 Walker, in: Schuschke/Walker, ZPO, § 811 Rn. 36; a.A. KG, DGVZ 1956, 89, 91.

325 AG Neuwied, DGVZ 1998, 174.

326 Noack, DGVZ 1969, 113, 118.

327 LG Rottweil, DGVZ 1993, 57, 58; FG Köln, DGVZ 2001, 10; LG Düsseldorf, DGVZ 1962, 100.

Gegenstände, die dem Schuldner bei einer ausreichenden Erwerbsquelle zusätzliches Einkommen ermöglichen.[328] In dem Fall wäre der Pfändungsschutz weder mit der Sicherung des Lebensunterhalts noch mit der Abwendung der Existenzvernichtung zu rechtfertigen und würde somit dem Regelungszweck des § 811 Abs. 1 Nr. 5 ZPO widersprechen und einen nicht zu rechtfertigenden Eingriff in das Grundrecht des Gläubigers (Art. 14 Abs. 1 GG) darstellen.

In den sachlichen Anwendungsbereich der Norm fallen die beweglichen Sachen, die zur persönlichen, körperlichen oder geistigen Erwerbstätigkeit erforderlich sind.[329] Grundsätzlich sind die Grenzen der Unpfändbarkeit nach den Bedürfnissen des Schuldners auszurichten.[330] Den Ausgangspunkt für die Beurteilung der Erforderlichkeit sollen gegenwärtige wirtschaftliche und technische Standards bilden.[331] Weiterhin sollen die Branchenüblichkeit[332] sowie der Stellenwert der Sache für die Wettbewerbsfähigkeit der schuldnerischen Tätigkeit[333] in die Betrachtung miteinbezogen werden. Aus der Gleichartigkeit des Berufes darf aber nicht automatisch auf die Erforderlichkeit der gleichartigen Gegenstände geschlossen werden.[334]

Für die Beurteilung der Erforderlichkeit sind bei einem Betrieb solche Faktoren wie die Lage, Größe und wirtschaftliche Situation bzw. sein Umsatz, und bei einem Arbeitnehmer die Art der Tätigkeit und die Anforderungen des Arbeitgebers von Bedeutung[335]. Darüber hinaus ist vergleichbar mit § 811 Abs. 1 Nr. 1 ZPO auch bei § 811 Abs. 1 Nr. 5 ZPO gegebenenfalls die persönliche Situation des Schuldners in die Betrachtung einzubeziehen, z. B. Alter, Schwerbehinderung[336].

Für die Praxis bietet sich bei der Prüfung der Erforderlichkeit im Rahmen des § 811 Abs. 1 Nr. 5 ZPO folgende Vorgehensweise bei Selbständigen an. Zunächst soll die Bedeutung des betreffenden Gegenstandes für die entsprechende Art der Erwerbstätigkeit im Allgemeinen bestimmt werden: Ist der Gegenstand von der Art der Tätigkeit ausgehend generell erforderlich? Wird die Frage bejaht, so soll dem die Feststellung folgen, ob und inwieweit der Gegenstand bei Wettbewerbern vorhanden ist. Im letzten Schritt soll untersucht werden, welche Rolle der Gegenstand

---

328 So zutreffend LG Regensburg, DGVZ 1978, 45; zustimmend auch Baumbach/Lauterbach/Albers/Hartmann, ZPO, § 811 Rn. 38; a.A. FG Köln, DGVZ 2001, 10.

329 Ablehnung der Unpfändbarkeit einer Videokamera aufgrund der fehlenden Erforderlichkeit zur Ausübung des Berufes bei einer Komponistin. AG Essen, DGVZ 1998, 30.

330 Münzberg, in: Stein/Jonas, ZPO, § 811 Rn. 50.

331 LG Frankfurt DGVZ, 1994, 28.

332 LG Frankfurt DGVZ, 1994, 28.

333 AG Melsungen, DGVZ 1978, 92.

334 Noack, DGVZ 1969, 113, 118.

335 Lüke, in: Wieczorek/Schütze, ZPO, § 811 Rn. 35.

336 LG Kiel, SchlHA 1984, 75: Dem Behinderten sei im Rahmen des Pfändungsschutzes dasjenige zu belassen, „was ihm bei Anlegung eines nicht zu engen Maßstabes als Kompensation seiner Behinderung dient".

im konkreten vorliegenden Fall für die Erwerbstätigkeit des Schuldners bzw. seiner Familienangehörigen spielt.[337]

Die alte Fassung des § 811 Abs. 1 Nr. 5 ZPO setzte die Unentbehrlichkeit des Gegenstandes für deren Unpfändbarkeit voraus. Mit dem Gesetz zur Änderung von Vorschriften über die Zwangsvollstreckung vom 24.10.1934[338] wurde Unentbehrlichkeit durch Erforderlichkeit ersetzt. Denn die Einschränkung des Schutzes nur auf die einfachsten Gegenstände, die der Schuldner unbedingt benötigt, um die Existenz zu erhalten, war nicht mehr zeitgemäß.[339] Wird die Sache benötigt und dient sie mittelbar dem Zweck der Norm, so greift der Pfändungsschutz.[340] Nicht geschützt sind allerdings die Gegenstände, die die Tätigkeit bequemer machen sollen[341].

Mit der Bestimmung des § 811 Abs. 1 Nr. 5 ZPO soll dem Schuldner die Fortsetzung der Erwerbstätigkeit in der bisherigen Weise ermöglicht werden.[342] Nicht maßgebend sind folglich objektive Merkmale[343] wie beispielsweise: Der Schuldner könnte mit einem billigeren Gegenstand den gleichen Erfolg erzielen; der Betrieb könnte eingeschränkt werden;[344] die Neuorganisation wäre die zwingend erforderliche Maßnahme bzw. wirtschaftlich sinnvoller[345]. Denn die Einschätzung des Umfangs einer geschäftsunschädlichen Einschränkung würde gleichermaßen dem Gerichtsvollzieher und dem Richter schwerfallen, die die nachfolgenden Entwicklungen in der Regel nicht vorhersehen können.

Neben dem § 811 Abs. 1 Nr. 5 ZPO dienen ebenfalls die Bestimmungen der §§ 850 a Nr. 3, 850 f Abs. 1 lit. b ZPO dem Schutz der Erwerbstätigkeit.[346] Nach § 850 a Nr. 3 ZPO sollen von der Lohnpfändung die Aufwandsentschädigungen und ähnliche Zulagen wie z.B. Reisespesen, Berufsbekleidungszulagen ausgenommen werden.[347] Gemäß § 850 f Abs. 1 lit. b ZPO können dem Schuldner besondere Mehraufwendungen aus beruflichen Gründen wie beispielsweise erhöhte Aufwendungen für die Arbeitsbekleidung, Aufwendungen durch die Unterhaltung eines Büros oder aufgrund der notwendigen Führung des doppelten Haushaltes auf seinen Antrag von dem pfändbaren Teil seines Arbeitseinkommens belassen werden.[348]

Weitere im Zusammenhang mit der Regelung stehende Einschränkungen der Einzelzwangsvollstreckung finden sich in den §§ 113–119 UrhG – Berücksichtigung

---

337 Ähnliches Prüfungsschema für einen Betrieb bei Noack. Noack, DGVZ 1969, 113, 117.
338 RGBl I 1934, S. 1070.
339 Noack, DGVZ 1969, 113, 116.
340 MüKoZPO/Gruber, § 811 Rn. 40.
341 KG, DGVZ 1967, 181, 182.
342 Stöber, in: Zöller, ZPO, § 811 Rn. 27.
343 Noack, DGVZ 1969, 113, 116.
344 Baumbach/Lauterbach/Albers/Hartmann, ZPO, § 811 Rn. 34.
345 Lüke, in: Wieczorek/Schütze, ZPO, § 811 Rn. 35.
346 Lippross, Grundlagen und System des Vollstreckungsschutzes, S. 163.
347 Kessal-Wulf/Lorenz, in: Schuschke/Walker, ZPO, § 850 f Rn. 7.
348 Kessal-Wulf/Lorenz, in: Schuschke/Walker, ZPO, § 850 f Rn. 7.

der Weiterführung der künstlerischen Tätigkeit.[349] Beispielsweise nach § 114 UrhG ist die Zwangsvollstreckung wegen Geldforderungen gegen den Urheber in die ihm gehörenden Originale seiner Werke grundsätzlich nur mit seiner Einwilligung zulässig (Einschränkung § 114 Abs. 2 UrhG).

## 3. Konkretisierung des Pfändungsschutzes nach § 811 Abs. 1 Nr. 5 ZPO durch § 811 Abs. 1 Nr. 7 ZPO

§ 811 Abs. 1 Nr. 7 ZPO konkretisiert § 811 Abs. 1 Nr. 5 ZPO, indem er die Dienstkleidung und Dienstausrüstungsgegenstände, die zum Gebrauch des Schuldners bestimmt sind, sowie die zur Ausübung bestimmter Berufe erforderlichen Gegenstände und angemessene Kleidung für unpfändbar erklärt[350]. Dienstkleidung und Dienstausrüstung erfassen die durch Gesetze oder vom Arbeitgeber im öffentlichen Dienst vorgeschriebene Bekleidung und Ausrüstung.[351] Die für die aufgezählten Personengruppen erforderlichen Gegenstände und Kleidung lassen sich nach den gleichen Grundsätzen wie bei § 811 Abs. 1 Nr. 5 ZPO bestimmen.[352] Nicht erforderlich wären z. B. Orientteppiche, Originalgemälde,[353] Kaffeemaschinen oder Geschirrspüler in der Kanzlei eines Rechtsanwaltes oder in einer Arztpraxis, denn auch ohne diese Gegenstände könnte die Tätigkeit mit demselben Erfolg und in derselben Art und Weise wie bisher fortgesetzt werden.

Der Kreis der in § 811 Abs. 1 Nr. 7 ZPO ausdrücklich aufgeführten Berufe[354] ist auf vergleichbare Berufsgruppen wie beispielsweise Richter, Schiedsmänner,[355] Steuerberater, Wirtschaftsprüfer und Arzthelferinnen auszudehnen[356]. Seit der Novellierung von 1934 erstreckt sich § 811 Abs. 1 Nr. 5 ZPO auf die „Personen, die aus ihrer körperlichen und geistigen Arbeit oder sonstigen persönlichen Leistung ihren Erwerb ziehen", so dass die von § 811 Abs. 1 Nr. 7 ZPO erfassten Schuldner ebenfalls in den Anwendungsbereich des § 811 Abs. 1 Nr. 5 ZPO fallen[357]. Bei der angemessenen Kleidung könnte darüber hinaus § 811 Abs. 1 Nr. 1 ZPO mit gewisser Einschränkung greifen.[358] Somit hat § 811 Abs. 1 Nr. 7 ZPO ausschließlich im Hinblick auf die Austauschpfändung nach § 811 a Abs. 1 ZPO eigenständige Bedeutung.[359]

349 Baumann, Zwangsvollstreckung, § 5 II 2.
350 Münzberg spricht in dem Zusammenhang von der genaueren Inhaltsbestimmung. Münzberg, in: Stein/Jonas, ZPO, § 811 Rn. 58.
351 Walker, in: Schuschke/Walker, ZPO, § 811 Rn. 48.
352 MüKoZPO/Gruber, § 811 Rn. 43.
353 Weimar, DGVZ 1978, 184.
354 Beamte, Geistliche, Rechtsanwälte, Notare, Ärzte und Hebammen.
355 Münzberg, in: Stein/Jonas, ZPO, § 811 Rn. 59.
356 Weimar, DGVZ 1978, 184.
357 Das LG Berlin sprach in dem Zusammenhang von der „im sachlichen Regelungsgehalt identischen Vorschrift". LG Berlin, DGVZ 1985, 142.
358 Lippross, Grundlagen und System des Vollstreckungsschutzes, S. 161, 162.
359 Hk-ZV/Kindl, § 811 Rn. 25.

Nach dem Gesetzeswortlaut ist die Möglichkeit der Austauschpfändung ausdrücklich nur für § 811 Abs. 1 Nr. 1, 5, 6 ZPO als Ausnahme von dem Pfändungsverbot vorgesehen.[360] Nach herrschender Meinung ist eine entsprechende Anwendung auf andere, in § 811 a Abs. 1 ZPO nicht aufgeführte Fälle aufgrund des Ausnahmecharakters der Bestimmung nicht zulässig[361]. Die numerische Aufzählung des § 811 a Abs. 1 ZPO hat zur Folge, dass den Veränderungen der wirtschaftlichen Gegebenheiten nicht Rechnung getragen werden kann.[362]

Was speziell die Zulässigkeit der Austauschpfändung bei § 811 Abs. 1 Nr. 7 ZPO betrifft, so wäre überlegenswert, ob bei der Betrachtung des § 811 Abs. 1 Nr. 7 ZPO lediglich als Konkretisierung des § 811 Abs. 1 Nr. 5 ZPO und nicht als eine selbständige Bestimmung die Austauschpfändung auch hier in Betracht käme. Wünschenswert wäre es, denn Gründe, die die Privilegierung der Berufsgruppen nach § 811 Abs. 1 Nr. 7 ZPO gegenüber denen nach § 811 Abs. 1 Nr. 5 ZPO durch die Nichtgeltung der §§ 811 a, 811 b ZPO rechtfertigen könnten, sind nicht ersichtlich.[363] Dennoch ist eine derartige Vorgehensweise bis zur lang ersehnten Korrektur durch den Gesetzgeber abzulehnen,[364] denn das würde dem unzweideutigen Wortlaut der Bestimmung widersprechen. Nach dem Entwurf eines Gesetzes zur Neustrukturierung und Modernisierung des Pfändungsschutzes (GNeuMoP) sollten in dem § 811 Abs. 1 Nr. 4 ZPO-E die bisherigen Regelungen von § 811 Abs. 1 Nr. 4, 5, 6, 7, 9 ZPO zusammengefasst werden und die Regelung des § 811 a ZPO entsprechend angepasst werden[365]. Damit wäre die Austauschpfändung ebenso bei Sachen möglich, die bisher dem Pfändungsschutz nach § 811 Abs. 1 Nr. 7 ZPO unterliegen, und das Problem der ungerechtfertigten Besserstellung des von § 811 Abs. 1 Nr. 7 ZPO erfassten Personenkreises und der ungerechtfertigten Benachteiligung der Gläubiger behoben. Bedauerlicherweise wurde dies bisher nicht umgesetzt, so dass die Austauschpfändung der relevanten Sachen aktuell nicht möglich ist.

## 4. Pfändungsschutz für die Eigen- und Pachtapotheke nach § 811 Abs. 1 Nr. 9 ZPO

In § 811 Abs. 1 Nr. 9 ZPO ist der Pfändungsschutz der zum Betrieb einer Eigen- und Pachtapotheke[366] unentbehrlichen Geräte, Gefäße und Waren geregelt. Im Gegensatz zu § 811 Abs. 1 Nr. 5 ZPO wird hier nicht auf die Erwerbstätigkeit einer Person

360 Ausführlicher zum Anwendungsbereich der §§ 811 a, 811 b ZPO im Kapitel „Austauschpfändung in der Einzelzwangsvollstreckung".

361 Walker, in: Schuschke/Walker, ZPO, § 811 a Rn. 1; Lüke, in: Wieczorek/Schütze, ZPO, § 811 a Rn. 2; Stöber, in: Zöller, ZPO, § 811 a Rn. 2; Weimar, DGVZ 1978, 184.

362 Pardey, DGVZ 1987, 180, 183.

363 So auch Walker, in: Schuschke/Walker, ZPO, § 811 Rn. 47; Lüke, in: Wieczorek/Schütze, ZPO, § 811 Rn. 40; Münzberg, in: Stein/Jonas, ZPO, § 811 Rn. 59.

364 Bereits 1953 wurde von Schumacher die Streichung der Beschränkung gefordert. Schumacher, ZZP 1954, 255.

365 BTDrucks 17/2167, S. 16.

366 Stöber, in: Zöller, ZPO, § 811 Rn. 33.

abgestellt, sondern auf den Betrieb als solchen.[367] In den persönlichen Geltungsbereich der Bestimmung fallen ebenfalls Personengesellschaften.[368]

Ursprünglich sollte § 811 Abs. 1 Nr. 9 ZPO neben der Verhinderung einer Kahlpfändung im Interesse des Schuldners und seiner Angehörigen dem Interesse der Allgemeinheit an einer Versorgung der Bevölkerung mit Arzneimitteln dienen.[369] Nach Walker soll das bei der Beurteilung der Unentbehrlichkeit neben den wirtschaftlichen Aspekten gegebenenfalls Berücksichtigung finden[370]. Die mit dem Interesse der Bevölkerung begründete Sonderstellung gegenüber allen anderen Bestimmungen in § 811 Abs. 1 ZPO äußert sich darin, dass unentbehrliche Waren ausdrücklich dem Schutz unterliegen.[371] Der Pfändungsschutz, der sich nicht nur auf die Stoffe erstreckt, die erst nach der Bearbeitung als Arzneimittel vertrieben werden, sondern auch auf verkaufsbereite Fertigarzneimittel, geht hier folglich weit über den Pfändungsschutz hinaus, der anderen Gewerbetreibenden gewährt wird[372]. Bei näherer Betrachtung des deutschen Apothekenrechts, das nach wie vor vom Leitbild „der Apotheker in seiner Apotheke"[373] geprägt ist, wird deutlich, wodurch dies bedingt ist.[374] Die Privilegierung ist nicht zeitgemäß. Dem Gesetzgeber ist dies deutlich geworden. Nach dem Entwurf des Gesetzes zur Neustrukturierung und Modernisierung des Pfändungsschutzes (GNeuMoP) sollte der Sonderschutz abgeschafft werden. Nach der neuen Regelung wären nur die Gegenstände, die der Aufrechterhaltung der geistigen oder körperlichen Erwerbsarbeit des Schuldners dienen, von der Pfändung ausgenommen[375]. Die vorgeschlagene Änderung hätte nicht dazu geführt, dass alle Waren- und Gerätebestände von Apotheken dem Pfändungsschutz nicht unterliegen würden, denn gem. § 15 ApBetrO hat der

367 PG/Flury, § 811 ZPO, Rn. 41.

368 Eine Apotheke kann nicht in der Rechtsform einer juristischen Person betrieben werden (§ 8 ApoG), somit stellt sich die Frage diesbezüglich beim Schutz nach § 811 Abs. 1 Nr. 9 ZPO nicht. Münzberg, in: Stein/Jonas, ZPO, § 811 Rn. 65. Andere Ansicht Hilzinger, in: Dierck/Morvilius/Vollkommer, Rn. 369; So ebenfalls Seiler, in: Thomas/Putzo, ZPO, § 811 Rn. 33.

369 OLG Köln, NJW 1961, 975.

370 Walker, in: Schuschke/Walker, ZPO, § 811 Rn. 51.

371 OLG Köln, NJW 1961, 975.

372 Auch Warenvorräte fallen darunter, jedoch müssen sie unentbehrlich sein. Hier gelten die gleichen Voraussetzungen wie bei den anderen von der Bestimmung erfassten Gegenständen. Baumbach/Lauterbach/Albers/Hartmann, ZPO, § 811 Rn. 49; a.A. Noack, der davon spricht, dass der Pfändungsschutz auf andere Waren als Arzneimittel, die zur Veräußerung bestimmt sind, nicht erweitert werden kann. Noack, DB 1977, 195.

373 BVerfGE 17, 232, 240.

374 Im Jahre 2009 hat der EuGH das deutsche Fremdbesitzverbot für europarechtskonform erklärt. Rechtssachen C-171/07, C-172/07. Auf das Thema der Zeitgerechtigkeit des deutschen Apothekenrechts soll in der Arbeit nicht näher eingegangen werden.

375 BTDrucks 17/2167, S. 7, 16.

Apothekenleiter die Arzneimittel und die apothekenpflichtigen Medizinprodukte wie Verbandstoffe, Einwegspritzen, Katheter usw. in einer Menge vorrätig zu halten, die mindestens dem durchschnittlichen Bedarf für eine Woche entspricht. Dem Apotheker würden folglich die Sachen in den vorgeschriebenen Mengen gelassen werden müssen. Bisher ist das Gesetz nicht umgesetzt worden, so dass der besondere Pfändungsschutz nach § 811 Abs. 1 Nr. 9 ZPO weiterhin besteht.

## 5. Unpfändbarkeit von Kraftfahrzeugen in der Einzelzwangsvollstreckung

Zum Jahr 2013 wurden in Deutschland 60,8 Millionen Kraftfahrzeuge registriert, davon ca. 50 Millionen Personenkraftwagen.[376] Die Relevanz der Frage nach dem Pfändungsschutz von Kraftfahrzeugen wird aufgrund der Statistik und des Stellenwertes des Kraftfahrzeuges für die Betroffenen deutlich. Ein Pkw gehört für viele Schuldner und ihre Familien zum festen Bestandteil der Lebensführung, auf den sie nicht verzichten möchten, und ist außerdem in vielen Fällen zur Ausübung des Gewerbes oder des Berufes erforderlich.

Die Möglichkeit des Pfändungsschutzes eines Kraftfahrzeuges ist nach § 811 Abs. 1 Nr. 1, 5, 7 ZPO gegeben. Außerdem kann ein Kraftfahrzeug eines behinderten Schuldners oder eines behinderten Familienangehörigen[377] nach § 811 Abs. 1 Nr. 12 ZPO vor der Pfändung geschützt sein, wenn das Fahrzeug zur Kompensierung der Behinderung und der Eingliederung in das öffentliche Leben notwendig ist[378].

Bei einem Kraftfahrzeug ist die Betrachtung der einzelnen Umstände des konkreten Einzelfalls in besonderem Maße geboten. Grundtendenzen lassen sich aufgrund der Rechtsprechung aufzuzeigen. Zu berücksichtigen ist jedoch der begrenzte Aussagewert der Kasuistik.[379] Es obliegt immer dem Schuldner, in substantiierter Weise darzulegen, weshalb er oder seine Familienmitglieder auf das Kraftfahrzeug angewiesen sind.[380]

Die Unpfändbarkeit eines Kraftfahrzeuges steht der Pfändung seiner zur Funktionsfähigkeit des Fahrzeuges nicht erforderlichen Bestandteile bzw. von Zubehör wie etwa Autotelefone oder Musikwiedergabegeräte nicht entgegen.[381]

---

376 Pressemitteilung des Kraftfahrt-Bundesamtes. Nr. 8/2013 – Der Fahrzeugbestand am 1. Januar 2013.

377 LG Berlin, Beschl. v. 15.04.2013, Az.: 51 T 227/13.

378 BGH, NJW-RR 2011, 1367; BGH, NJW-RR 2004, 789; LG Göttingen, ZVI 2013, 159; a.A. Hintzen, Vollstreckung durch den Gerichtsvollzieher, Rn. 233.

379 Pardey, DGVZ 1987, 180.

380 LG Hagen, DGVZ 1995, 40.

381 App, DAR 2000, 294, 298.

### a) Pfändungsschutz eines Kraftfahrzeuges nach § 811 Abs. 1 Nr. 1 ZPO

Der Pfändungsschutz eines Kraftfahrzeuges nach § 811 Abs. 1 Nr. 1 ZPO ist grundsätzlich abzulehnen,[382] denn es fällt nicht unter die Sachen, die der Schuldner zur „bescheidenen Lebensführung" benötigt.

Nur in ganz besonderen Ausnahmefällen, wenn die Wohnlage des Schuldners derart ungünstig ist, dass er und seine Angehörige auf öffentliche Verkehrsmittel nicht verwiesen werden können und auch der Einsatz eines Fahrrads unzumutbar wäre, könnte der Pfändungsschutz eines Kraftfahrzeuges nach § 811 Abs. 1 Nr. 1 ZPO in Frage kommen[383]. Die Anforderungen sind sehr hoch zu setzen.

### b) Pfändungsschutz eines zur Ausübung der Erwerbstätigkeit erforderlichen Kraftfahrzeuges nach § 811 Abs. 1 Nr. 5 ZPO

Zur besseren Strukturierung können hier drei Fallgruppen gebildet werden, in denen von der Erforderlichkeit und somit der Unpfändbarkeit eines Kraftfahrzeuges i.S.v. § 811 Abs. 1 Nr. 5 ZPO ausgegangen werden könnte: Kraftfahrzeuge, die als reines Beförderungsmittel benötigt werden, Kraftfahrzeuge, die als sachliches Betriebsmittel an der Ausführung der Erwerbstätigkeit beteiligt sind, und Kraftfahrzeuge, die sowohl zur Fortsetzung der Erwerbstätigkeit als auch aus sozialen Gründen erforderlich sind[384].

In der ersten Gruppe sind Fälle erfasst, in denen ein Kraftfahrzeug, z.B. ein Pkw oder ein Motorrad, als reines Beförderungsmittel benötigt wird. Als Beispiele sind hier zu nennen die Erforderlichkeit eines Kraftfahrzeuges für die Fahrten eines Arbeitnehmers zur Arbeitsstelle, eines Selbständigen zu wechselnden Arbeitsstätten oder eines Selbständigen aufgrund der Tätigkeit, die Flexibilität der Beförderung verlangt. Die Unpfändbarkeit setzt hier zwingend Erforderlichkeit voraus, die sich entweder aus der Entfernung oder dem Zeitaufwand oder aus der Art der Tätigkeit herleiten lässt. Die Notwendigkeit könnte demnach vorliegen, wenn ein Fußweg wegen der Länge der Strecke[385] dem Schuldner oder seinen Familienangehörigen[386] nicht zugemutet werden kann und wenn auch die Benutzung öffentlicher Verkehrsmittel nicht möglich ist. Die Unzumutbarkeit des täglichen Fußweges

---

382 So auch Walker, in: Schuschke/Walker, ZPO, § 811 Rn. 26.

383 Nicht zu folgen ist insoweit Pardey, der bei besonderen gegenwärtigen Lebensbedürfnissen (als Gegenstand des durchschnittlichen Lebensstandards) auf die Möglichkeit des Pfändungsschutzes eines Kraftfahrzeuges verweist. Pardey, DGVZ 1987, 180, 184.

384 Pardey schlägt eine Drei-Kategorien-Unterscheidung in Beförderung von Personen zu Arbeitsstellen, Transport von Material/Waren und Kundenkontakte i.w.S. vor. Diese Differenzierung berücksichtigt jedoch bestimmte relevante Konstellationen nicht. Pardey, DGVZ 1987, 180.

385 Walker, in: Schuschke/Walker, ZPO, § 811 Rn. 40.

386 LG Siegen, DGVZ 1985, 153.

zur Arbeitsstelle wurde von Gerichten bei einer 5 km bis 10 km langen Strecke angenommen[387]. Beim Fahrradeinsatz wäre je nach Jahreszeit die Zumutbarkeit bis maximal 10 km zu bejahen.[388] Bei der Beurteilung soll besonderes Augenmerk auf Alter, körperliche Konstitution und gesundheitlichen Zustand der betroffenen Person gelegt werden.

In einer seiner Entscheidungen weist der Bundesgerichtshof darauf hin, dass die Frage, inwieweit die Nutzung von öffentlichen Verkehrsmitteln zumutbar ist, eine Frage des Einzelfalls sei, die unter Berücksichtigung der Verhältnisse des Schuldners, der öffentlichen Verkehrsanbindung und des Arbeitsverhältnisses zu entscheiden sei[389]. Dabei könne es auch eine Rolle spielen, dass es dem Schuldner nach Beendigung der Arbeit in der Regel nicht zuzumuten sei, ungewöhnlich lange auf Bus oder Bahn für den Weg nach Hause zu warten. In der Entscheidung ist nur von der Unzumutbarkeit beim stundenlangen Warten auf ein öffentliches Verkehrsmittel die Rede. Hilfsweise könnte bei der Beurteilung von Wegezeit die Orientierung an § 140 Abs. 4 SGB III genommen werden. Demnach ist einem Arbeitslosen eine Beschäftigung nicht zumutbar bei mehr als zweieinhalb Stunden Pendelzeiten täglich bei einer Arbeitszeit von mehr als sechs Stunden[390].

Die außerordentliche Diskrepanz zwischen der Wegezeit mit einem Kraftfahrzeug und mit öffentlichen Verkehrsmitteln darf bei der Beurteilung der Erforderlichkeit eines Kraftfahrzeuges nach § 811 Abs. 1 Nr. 5 ZPO keine Rolle spielen, beispielsweise wenn die Arbeitsstelle mit einem Pkw in 15 Minuten und mit öffentlichen Verkehrsmitteln in einer Stunde erreicht werden könnte. Denn die Bequemlichkeit des Schuldners darf der Befriedigung des Gläubigers nicht entgegenstehen. Von Bedeutung sollte dagegen der Arbeitszeitbeginn sein.[391] Die Möglichkeit der Bildung von Fahrgemeinschaften mit Arbeitskollegen ist grundsätzlich belanglos.[392] Die Fortführung der Erwerbstätigkeit könnte z.B. aufgrund von Krankheiten, Urlaub oder Arbeitsplatzwechsel der Arbeitskollegen gefährdet werden, was der Erwerbsintegration des Schuldners entgegenstehen würde. Für Familienfahrgemeinschaften gilt etwas anderes. In einer Familie ist es zumutbar, mehrere erwerbstätige Personen auf eine Absprache untereinander zu verweisen, damit alle mit einem Fahrzeug ihren

387 OLG Hamm, MDR 1984, 855: Für unzumutbar wurde ebenfalls erachtet, für die täglichen Fahrten das in der Familie vorhandene Fahrrad zu benutzen. Andere Ansicht Pardey, DGVZ 1987, 180, 184: Bis 10 km je Strecke sei meist ein anderes Fortbewegungsmittel einzusetzen; OLG Oldenburg, MDR 1962, 486: begründet die Unpfändbarkeit des Mopeds eines Bauarbeiters bei einer Entfernung zur Arbeitsstelle von 5 bis 10 km mit der Zugehörigkeit zum üblichen und angemessenen Lebensaufwand.

388 Pardey, DGVZ 1987, 180, 182: geht pauschal von 10 km aus.

389 BGH, Rpfleger 2010, 274.

390 Nicht, wenn mit einem Pkw der Zeitaufwand unerheblich geringer wäre.

391 LG Siegen, DGVZ 1985, 153.

392 OLG Hamm, MDR 1984, 855; LG Siegen, DGVZ 1985, 153.

Arbeitsplatz erreichen können.[393] Eine Familie ist eine Einstandsgemeinschaft, in der alle Mitglieder wechselseitig Verantwortung tragen. Bei Urlaub oder Krankheit eines Familienangehörigen kann das Kraftfahrzeug in der Regel von anderen Familienmitgliedern genutzt werden, so dass auf diesem Wege dauerhaft eine stabile Erwerbsausübung gewährleistet werden kann.

Bei einem Selbständigen kann der Pfändungsschutz eines Kraftfahrzeuges ebenfalls dann greifen, wenn das Umsteigen auf öffentliche Verkehrsmittel dazu führen würde, dass die Tätigkeit aufgrund der mangelnden Flexibilität nicht wie bisher ausgeführt werden könnte, was z.B. bei der Pfändung eines Kraftfahrzeuges bei einem Handelsvertreter der Fall sein könnte[394].

Von der Rechtsprechung wurde die Unpfändbarkeit in folgenden Fällen, die sich in die erste Fallgruppe zusammenfassen lassen, bejaht: bei einer Schuldnerin, die zu wechselnden Zeiten 12 km zur Arbeit fahren muss und deren „Erreichbarkeit der Arbeitsstelle mit öffentlichen Verkehrsmitteln nicht gewährleistet erscheint“[395]; bei einem Dienstleistungsunternehmer, der seinen Pkw als Beförderungsmittel für Kundenbesuche benötigt;[396] bei dem Pkw eines Immobilienmaklers;[397] bei einem Gewerbetreibenden, der auftragsmäßig auf dem Gebiet des Bautenschutzes tätig ist, aufgrund der Vermutung, dass künftige wechselnde Arbeitsstätten möglicherweise mit öffentlichen Verkehrsmitteln nicht erreicht werden könnten;[398] bei einem Schuldner ohne Führerschein, der von der Ehefrau mit einem Pkw zum Arbeitsplatz gebracht wurde, der mit öffentlichen Verkehrsmitteln nicht rechtzeitig erreicht werden könnte[399].

Die zweite Fallgruppe umfasst Kraftfahrzeuge, die als sachliche Betriebsmittel an der Ausführung der Erwerbstätigkeit beteiligt sind. Hier sind zwei Untergruppen zu unterscheiden. Es kann sich um eine Tätigkeit handeln, für die ein Kraftfahrzeug, in der Regel eine bestimmte Art, unentbehrlich ist, oder um eine Tätigkeit, deren Art

393 Pardey, DGVZ 1987, 180, 182.

394 LG Stuttgart, DGVZ 1986, 78.

395 AG Waldbröhl, DGVZ 1998, 158. Die Schuldnerin ist Mutter von zwei minderjährigen Kindern. Aus der Entscheidung folgt nicht, ob dies eine Rolle bei der Beurteilung der Unpfändbarkeit gespielt hat. Wäre auch ohne diesen Umstand die Unpfändbarkeit zu bejahen, so lässt sich der Fall unter der ersten Fallgruppe einordnen. Anderenfalls wäre die Entscheidung unter der Fallgruppe drei einzuordnen, in der soziale Umstände für die Gewährung des Pfändungsschutzes von Relevanz sind.

396 FG Köln, DGVZ 2001, 10. Vom Amtsgericht Augsburg wurde dagegen der Pfändungsschutz eines Pkws eines im Betrieb der Ehefrau arbeitenden Schuldners abgelehnt, obwohl er und seine Ehefrau das Kraftfahrzeug für die Kundenbesuche benötigten. AG Augsburg, DGVZ 1992, 190.

397 LG Koblenz, JurBüro 1989, 1470.

398 AG Neuwied, DGVZ 1998, 174. Es ist zu bezweifeln, ob die Wahrscheinlichkeit der künftigen Erforderlichkeit für das Bejahen der Unpfändbarkeit eines Kraftfahrzeuges nach § 811 Abs. 1 Nr. 5 ZPO ausreichend sein sollte.

399 LG Siegen, DGVZ 1985, 153.

an sich den Einsatz eines Kraftfahrzeuges zwar nicht automatisch voraussetzt, ein Kraftfahrzeug aber zur Unterstützung der Tätigkeit eingesetzt wird. In der ersten Konstellation greift der Pfändungsschutz nicht, wenn die Ausnutzung sachlicher Betriebsmittel oder die Leistung anderer Personen und nicht die persönliche Tätigkeit des Schuldners eine überwiegende Bedeutung für den Erwerb des Schuldners haben[400].

Bei einer Autovermietung[401] oder einem Gebrauchtwagenhandel wäre die Unpfändbarkeit von Kraftfahrzeugen abzulehnen, denn hier würde der Kapitaleinsatz die persönliche Leistung des Schuldners überwiegen[402]. Greifen würde dagegen der Pfändungsschutz bei einem Transportunternehmer oder Taxiunternehmer, die selbst transportieren oder fahren[403] und nicht mehr als zwei Mitarbeiter haben,[404] oder bei einem Abschleppfahrzeug eines Gewerbetreibenden mit Abschleppdienst und Kfz-Werkstatt, der die Unfallfahrzeuge selbst abschleppt, herrichtet und verkauft[405].

Bei der zweiten Untergruppe – ein Kraftfahrzeug wird unterstützend eingesetzt – wurde die Unpfändbarkeit von der Rechtsprechung zum Beispiel bejaht: bei dem Pkw eines im Gewerbebetrieb der Ehefrau beschäftigten Schuldners, der den Wagen für den Transport von Computern und für Reparatur- und Serviceleistungen vor Ort brauchte;[406] bei dem Pkw und dem Kleinbus eines Schuldners, der ein Elektrogewerbe betrieb;[407] bei dem Lastkraftwagen eines auf dem Lande wohnenden Ferkelhändlers;[408] bei der Zugmaschine eines Schaustellers, der sie als Transportmittel für den zerlegten Ringwurfpavillon und für den Packwagen benutzte[409].

Abzulehnen wäre die Erforderlichkeit, wenn die Ausführung der Tätigkeit ohne einen Pkw zwar unbequemer, aber grundsätzlich mit dem bisherigen Erfolg möglich wäre. Denn § 811 Abs. 1 Nr. 5 ZPO wie auch die anderen Nummern des § 811 Abs. 1 ZPO schützen nicht vor Unbequemlichkeit.[410]

---

400 Stöber, in: Zöller, ZPO, § 811 Rn. 25; LG Augsburg, NJW-RR 1989, 1536.

401 Zur Pfändbarkeit eines zur Vermietung bestimmten Fahrzeuges: LG Lüneburg, MDR 1955, 748.

402 LG Augsburg, DGVZ 1997, 27.

403 LG Bonn, MDR 1960, 770, 771; a.A. OLG Neustadt a. d. Hdt., NJW 1951, 80.

404 AG Gießen, DGVZ 1997, 189; so auch Hilzinger, in: Dierck/Morvilius/Vollkommer, Rn. 369.

405 LG Augsburg, DGVZ 1997, 27: bejaht die Unpfändbarkeit für zwei Abschleppfahrzeuge mit der Begründung, der Nutzwert des Kapitals (der beiden Pkws) ohne Arbeitsleistung sei gleich null.

406 LG Hagen, DGVZ 1995, 121

407 AG Brühl DGVZ 2000, 127.

408 LG Kiel, JW 1930, 2996.

409 AG Köln, JurBüro 1965, 931, 932.

410 LG Kiel, DGVZ 1978, 115.

In der letzten Gruppe können Sonderfälle zusammengefasst werden, in denen bei der Beurteilung der Unpfändbarkeit neben der Erforderlichkeit eines Kraftfahrzeuges zur Fortsetzung der Erwerbstätigkeit persönliche Gründe Berücksichtigung finden. Das könnten z.B. außerordentliche familiäre Umstände, Behinderung, gesundheitliche Probleme oder unter Umständen das Alter des Schuldners sein. Wegen des besonderen Stellenwerts sozialer Gesichtspunkte sollen hier die Anforderungen an die Erforderlichkeit, z.B. bei der Beurteilung im Hinblick auf das Kriterium des Zeitaufwands oder der Entfernung im Vergleich zu den anderen Fallgruppen, herabgesetzt sein. So wurde der Pkw einer allein erziehenden Schuldnerin für unpfändbar erklärt, die, um ihren Beruf ausüben zu können, täglich vor der Arbeit ihr Kind zum Tagesheim fahren musste,[411] genauso wie die Kraftwagen der Schuldner, die wegen mangelnder Gesundheit die Tätigkeit ohne ihre Kraftfahrzeuge hätten nicht ausführen können[412].

Die drei Fallgruppen können nur zur Orientierung dienen, denn es sind vielfach Konstellationen denkbar, die keiner der drei Fallgruppen zugeordnet werden können und in denen dennoch die Unpfändbarkeit eines Kraftfahrzeuges im Rahmen des § 811 Abs. 1 Nr. 5 ZPO zu bejahen wäre. Umso mehr ist in dem Bereich eine auf die Besonderheiten des Einzelfalles ausgerichtete Entscheidung gefragt.

Uneinheitlich ist die Rechtsprechung bei der Frage des Pfändungsschutzes eines Kraftfahrzeuges in den Fällen der Geringfügigkeit der Tätigkeiten. So wurde die Unpfändbarkeit eines Kfz nach § 811 Abs. 1 Nr. 5 ZPO bei einem Kauf- und Verkaufsvermittler, der mit seiner Tätigkeit monatlich ca. 600,00 €/700,00 € verdiente, vom Amtsgericht Mannheim abgelehnt, unter anderem mit der Begründung, es handele sich um eine geringfügige Gelegenheitsarbeit,[413] dagegen vom Amtsgericht Neuwind bei einer geringen Auftragslage eines Gewerbetreibenden bejaht,[414] ebenso wie vom Finanzgericht Köln bei einem Schuldner, der seinen Pkw als Beförderungsmittel für Kundenbesuche im Rahmen seines nicht existenznotwendigen, nebenberuflich betriebenen Dienstleistungsunternehmens genutzt hat[415].

Hinsichtlich des Pfändungsschutzes bei Unterbrechung der Tätigkeit gilt für ein Kraftfahrzeug das Gleiche wie für die anderen nach § 811 Abs. 1 Nr. 5 ZPO geschützten Sachen. Wird die Erwerbstätigkeit vorübergehend unterbrochen, so besteht der Pfändungsschutz für ein Kraftfahrzeug fort[416]. Bei einer längeren Unterbrechung, einem Berufswechsel oder der Aufgabe der Tätigkeit tritt Pfändbarkeit ein[417] bzw. es wird eine erneute Prüfung der für den Pfändungsschutz erforderlichen Voraussetzungen notwendig sein.

---

411 LG Tübingen, DGVZ 1992, 137.

412 OLG Jena JW 1930, 2880 (Beschl v. 29.12.1928, 3 W 1234/28; Beschl. v. 20.12.1928, 3 W 1234/28).

413 AG Mannheim, DGVZ 2003, 124.

414 AG Neuwied, DGVZ 1998, 174.

415 FG Köln, DGVZ 2001, 10.

416 OLG Köln, DGVZ 1956, 138.

417 Pardey, DGVZ 1987, 180, 181.

Vergleichbar mit den anderen nach § 811 Abs. 1 Nr. 5 ZPO geschützten Gegenständen ist nicht nur ein Kraftfahrzeug, das der Schuldner selbst für seine Erwerbstätigkeit benötigt, unpfändbar, sondern ebenfalls das Kraftfahrzeug, auf das sein Ehegatte[418] oder seine Abkömmlinge zur Ausübung der Erwerbstätigkeit angewiesen sind[419].

### *c) Pfändungsschutz eines Kraftfahrzeuges nach § 811 Abs. 1 Nr. 7 ZPO*

Die Unpfändbarkeit eines Kraftfahrzeuges nach § 811 Abs. 1 Nr. 7 ZPO ist nach vergleichbaren Maßstäben wie die Unpfändbarkeit nach § 811 Abs. 1 Nr. 5 ZPO zu beurteilen. Der Pfändungsschutz des Kraftfahrzeuges nach § 811 Abs. 1 Nr. 7 ZPO bei dem von der Bestimmung erfassten Personenkreis ist in den folgenden Konstellationen denkbar: Ein Kraftfahrzeug wird als Beförderungsmittel zum Arbeitsort benötigt oder der Einsatz eines Kraftfahrzeuges ist für das Ausführen der Tätigkeit unerlässlich oder die Tätigkeit kann in der bisherigen Art und Weise ohne ein Kraftfahrzeug nicht fortgesetzt werden bzw. das Umsteigen auf öffentliche Verkehrsmittel würde zum Verlust der für die Ausführung der Tätigkeit notwendigen Flexibilität führen. Darüber hinaus könnte der Pfändungsschutz greifen beim Bestehen besonderer sozialer Gründe bzw. besonderer relevanter persönlicher Verhältnisse neben der Erforderlichkeit eines Kraftfahrzeuges zur Ausübung des Berufes. Der Gesundheitszustand könnte einer solcher Gründe sein, vorausgesetzt, er wirkt sich auf die Leistungsfähigkeit in dem Beruf aus und die Pfändung des Kraftfahrzeuges würde zur erheblichen Einschränkung der Erwerbstätigkeit führen.[420]

Der Pfändungsschutz eines Pkw nach § 811 Abs. 1 Nr. 7 ZPO wäre bei einem Landarzt, einem viel beschäftigten Stadtarzt[421] oder einer Hebamme, die regelmäßig Hausbesuche machen, genauso zu bejahen wie bei einem Architekten, der regelmäßig mehrere Baustellen außerhalb des Ortes, in dem sein Büro liegt, zu überwachen hat[422]. Abzulehnen dagegen die Unpfändbarkeit des Pkw eines Arztes, der die Behandlung der Patienten in der Regel in den Praxisräumen durchführt, wie das regelmäßig bei einem Hautarzt[423] oder einem Zahnarzt[424] der Fall ist, oder des Pkw eines Rechtsanwaltes, der ein Kraftzeug für den Besuch von Mandaten, die er vereinzelt auswärts betreut, und für die Wahrnehmung der Gerichtstermine vor Ort braucht. Anders wäre es jedoch zu beurteilen, wenn sie das Kraftfahrzeug als Beförderungsmittel zum eigenen Arbeitsort zwingend benötigt würden. In dem Fall wäre die Unpfändbarkeit nach den zur ersten Fallgruppe aufgezeigten Maßstäben zu beurteilen.

---

418 BGH, Rpfleger 2010, 274; OLG Hamm, MDR 1984, 855.
419 Pardey, DGVZ 1987, 180, 182.
420 LG Hildesheim, DGVZ 1950, 42.
421 Stöber, in: Zöller, ZPO, § 811 Rn. 31; a.A. LG Hildesheim, DGVZ 1950, 42.
422 AG Mannheim, BB 1952, 301.
423 FG Bremen, DGVZ 1994, 14.
424 AG Sinzig, NJW-RR 1987, 508.

Bei einem nach § 811 Abs. 1 Nr. 7 ZPO geschützten Kraftfahrzeug, das unverkennbar ein Gegenstand ist, der im Wege der Austauschpfändung zur Befriedigung der Gläubiger eingesetzt werden sollte, wird der aktuell unbefriedigende Zustand, zu dem es aufgrund der Beschränkung der Austauschpfändung auf die Nummern 1, 5, 6 des § 811 Abs. 1 ZPO kommt, besonders deutlich. Entgegen Noack[425] ist nicht ersichtlich, welche Gründe es rechtfertigen könnten, dass beispielsweise der Mehrwert eines Sportwagens im Wert von 150.000,00 € nicht durch die Austauschpfändung abgeschöpft werden dürfte, wenn ein zahlungsunwilliger Arzt damit regelmäßig seine Patienten besucht[426]. Die aktuelle Regelung führt zur Vernachlässigung der berechtigten Gläubigerbelange[427] und erfordert baldmöglichst eine Korrektur. Der im Entwurf eines Gesetzes zur Neustrukturierung und Modernisierung des Pfändungsschutzes (GNeuMoP) enthaltene Änderungsvorschlag,[428] der bisher nicht umgesetzt wurde, trägt dem genügend Rechnung.

### *d) Pfändungsschutz eines Kraftfahrzeuges einer körperbeschädigten Person nach § 811 Abs. 1 Nr. 12 ZPO*

Bei einem körperlich behinderten Schuldner oder bei der Behinderung eines seiner Familienangehörigen[429] kann der Pfändungsschutz eines Kraftfahrzeuges nach § 811 Abs. 1 Nr. 12 ZPO gewährt werden[430].

Mit § 811 Abs. 1 Nr. 12 ZPO sollen alle Hilfsmittel Pfändungsschutz genießen, die notwendig sind. Das sind die Mittel, die geeignet und bestimmt sind, um den betroffenen Personen einen Ausgleich derart zu verschaffen, dass sie sich im Rahmen des Möglichen eines gesunden Menschen betätigen können. Ein Kraftfahrzeug kann ein solches „notwendiges Hilfsmittel" im Sinne des § 811 Abs. 1 Nr. 12 ZPO sein[431]. Die Ansicht, wonach der Pfändungsschutz nach § 811 Abs. 1 Nr. 12 ZPO ausschließlich bei einem Kraftfahrzeug, das ebenfalls zur Ausübung der Erwerbstätigkeit benötigt wird, gewährt werden soll, ist abzulehnen.[432] Nicht zu folgen ist auch der Meinung, wonach für die Unpfändbarkeit eines nicht speziell für die Behinderung gerüsteten Fahrzeuges die Erwerbstätigkeit nach § 811 Abs. 1 Nr. 5 ZPO vorausgesetzt wird[433].

---

425 So z.B. Noack, DGVZ 1969, 118.

426 Beispiel von Schneider, MDR 1986, 726.

427 So auch Schumacher, ZZP 1954, 255.

428 BTDrucks 17/2167, S. 16.

429 LG Berlin, Beschl. v. 15.4.2013, Az.: 51 T 227/13, VuR 2013, 433.

430 BGH, NJW-RR 2011, 1367; BGH, NJW-RR 2004, 789; LG Göttingen, ZVI 2013, 159; a.A. OLG Köln, NJW-RR 1986, 488; AG Waldbröl DGVZ 1991, 119; AG Neuwied, DGVZ 1998, 31.

431 BGH, NJW-RR 2011, 1367; BGH, DGVZ 2004, 71; andere Ansicht LG Düsseldorf, DGVZ 1989, 14.

432 Andere Ansicht OLG Köln, NJW-RR 1986, 488.

433 So z.B. Münzberg, in: Stein/Jonas, ZPO, § 811 Rn. 70.

Sowohl die gänzliche Ablehnung des Pfändungsschutzes eines Kraftfahrzeuges nach § 811 Abs. 1 Nr. 12 ZPO[434] wie auch die Anerkennung als „notwendiges Hilfsmittel" bei einem nicht erwerbstätigen Schuldner[435] wurden mit der Abwägung zwischen Gläubiger- und Schuldnerinteressen begründet. Das Schutzinteresse eines Schuldners, dessen aufgrund der Behinderung vorhandenen Nachteile durch die Benutzung eines Kraftfahrzeuges ausgeglichen oder verringert werden können, soll in der Regel das Befriedigungsinteresse des Gläubigers überwiegen.[436] Schmidt-Futterer spricht im Zusammenhang mit einer Entscheidung, in der von der Möglichkeit der Unpfändbarkeit eines Kraftfahrzeuges eines Schwerbehinderten nach § 811 Abs. 1 Nr. 12 ZPO ausgegangen wird, von der bereits vom Gesetzgeber vorgenommenen Interessenabwägung zugunsten der Körperbehinderten[437]. Andererseits darf aber die Berücksichtigung des Interesses des Gläubigers nicht außer Acht gelassen werden. Dies könnte nur im Wege der Austauschpfändung nach §§ 811 a, 811 b ZPO erreicht werden, die jedoch bei § 811 Abs. 1 Nr. 12 ZPO aktuell gesetzlich nicht zugelassen ist. Von daher sind die Beweggründe des Oberlandesgerichts Köln, das die analoge Anwendung des § 811 a ZPO auf § 811 Abs. 1 Nr. 12 ZPO bejaht,[438] gut nachvollziehbar, die Analogiefähigkeit des § 811 a ZPO ist dennoch nach der in vorliegender Arbeit vertretenen Ansicht abzulehnen. Die in dem Zusammenhang von Pardey vorgebrachte Argumentation überzeugt ebenfalls nicht[439]. Er geht davon aus, dass die entsprechende Anwendung des § 811 a Abs. 1 ZPO auf § 811 Abs. 1 Nr. 12 ZPO sich daraus ergebe, dass § 811 Abs. 1 Nr. 12 ZPO bei Kraftfahrzeugen als Sonderlage des § 811 Abs. 1 Nr. 1 ZPO zu verstehen ist. Dem ist, neben der grundsätzlichen Ablehnung der Erweiterung des Geltungsbereiches des § 811 a ZPO über dessen Wortlaut hinaus, Folgendes entgegenzuhalten. Zunächst ist § 811 Abs. 1 Nr. 12 ZPO eine selbständige Bestimmung und keinesfalls die Sonderlage des § 811 Abs. 1 Nr. 1 ZPO. Die Regelung des § 811 Abs. 1 Nr. 12 ZPO schützt zwar in einigen Fällen die gleichen beweglichen Sachen, die auch in den Anwendungsbereich des § 811 Abs. 1 Nr. 1 ZPO fallen könnten, aber es geht bei dem Schutz ganz konkret um den Schutz der leiblichen Existenz und der Gesundheit[440] und nicht um den Schutz des Haushalts und persönlicher Gebrauchsgegenstände.

---

434 AG Waldbröl, DGVZ 1991, 119; AG Neuwied, DGVZ 1998, 31.

435 BGH, NJW-RR 2004, 789; Schmidt-Futterer, DAR 1961, 219.

436 So auch BGH, NJW-RR 2004, 789; a.A. AG Waldbröl, DGVZ 1991, 119.

437 Schmidt-Futterer, DAR 1961, 219.

438 Vom OLG Köln wird die Analogiefähigkeit des § 811 a ZPO wie folgt begründet: Wendete man § 811 Abs. 1 Nr. 12 ZPO die eine Ausnahmevorschrift sei, über ihren Wortlaut hinaus auf Personenkraftwagen an, dann müsse die erweiternde und analoge Anwendung zu einer entsprechenden Erweiterung des Anwendungsbereiches des § 811 a ZPO führen. OLG Köln, NJW-RR 1986, 488.

439 Pardey, DGVZ 1987, 180, 183.

440 Lippross, Grundlagen und System des Vollstreckungsschutzes, S. 143.

Darüber hinaus ist ein Kraftfahrzeug unter dem Aspekt des § 811 Abs. 1 Nr. 1 ZPO grundsätzlich pfändbar[441].

Die grundsätzliche Pfändbarkeit eines Pkw nach § 811 Abs. 1 Nr. 12 ZPO wurde vom Oberlandesgericht Köln damit begründet, mit der Entstehungsgeschichte der Regelung sei der Pfändungsschutz eines Kraftfahrzeuges schwerlich zu vereinbaren, denn bei der Schaffung des § 811 Abs. 1 Nr. 12 ZPO sei ein derartiger Schutz nicht in Frage gekommen, zu dem Zeitpunkt wurde höchstens darüber diskutiert, ob auch Fahr- oder Rollstühle, die einem Kranken dienen, unter die Vorschrift fielen[442]. Dem kann zunächst erwidert werden, dass bereits im Jahre 1935 von dem Oberlandesgericht Jena darauf hingewiesen wurde, dass der Begriff der Hilfsmittel der Krankenpflege im Sinne des § 811 Abs. 1 Nr. 12 ZPO weit zu fassen sei, so dass auch ein gewöhnlicher Personenkraftwagen notwendiges Hilfsmittel im Sinne der Bestimmung sein könne[443]. Außerdem ist bei § 811 Abs. 1 Nr. 12 ZPO, ebenso wie bei den anderen Ziffern des § 811 Abs. 1 ZPO, eine der sozialen, gesellschaftlichen und wirtschaftlichen Entwicklung gerechte Auslegung unverzichtbar. Nur so ist die grundrechtkonforme Anwendung der Regelung möglich. Was speziell die Stellung behinderter Menschen in der Gesellschaft betrifft, so lässt sich die gegenwärtige Situation mit der zu den Zeiten der Entstehung des § 811 ZPO nicht vergleichen[444]. Die Einfügung des Art. 3 Abs. 3 S. 2 GG, wonach niemand wegen seiner Behinderung benachteiligt werden darf, zeigte, wie stark das Thema der Gleichstellung der Menschen mit Behinderungen mit nicht behinderten Menschen in das öffentliche Bewusstsein gerückt ist[445]. Nach heutigem Verständnis inhuman und nicht überzeugend wäre beispielsweise die Ablehnung des Pfändungsschutzes eines Kraftfahrzeuges eines zu 100 Prozent schwerbehinderten Schuldners, der seinen Pkw unter anderem für die Fahrten zum Krankenhaus bzw. zum Arzt wegen einer schweren Nieren- und Lungenerkrankung braucht, mit der Rechtfertigung, ein Kraftfahrzeug sei nach seiner Beschaffenheit typischerweise kein Hilfsmittel für Kranke und falle somit nicht unter die Vorschrift des § 811 Abs. 1 Nr. 12 ZPO.[446] Dem Schuldner bleibt damit nämlich verwehrt, angemessen am öffentlichen Leben teilnehmen zu können und gegebenenfalls ein der Würde des Menschen entsprechendes Leben zu führen.[447] Keine akzeptable Alternative bietet auch der in der Entscheidung des Amtsgerichts Waldbröl enthaltene Verweis, dem Schuldner stehe die Inanspruchnahme einer

441 Die einzige Ausnahme ist, wenn der Schuldner abgelegen wohnt und keine öffentlichen Verkehrsmittel nutzen kann. Brox/Walker, Zwangsvollstreckungsrecht, Rn. 278.

442 OLG Köln, NJW-RR 1986, 488.

443 OLG Jena, JW 1935, 1105.

444 BGH, NJW-RR 2004, 789.

445 Regelungen zum Nachteilsausgleich bei Behinderungen finden sich ebenfalls im Steuerrecht, Sozialrecht und Arbeitsrecht.

446 Andere Ansicht AG Waldbröl, DGVZ 1991, 119.

447 BGH, NJW-RR, 2004, 789.

Taxe zu[448]. Denn wie vom Bundesgerichtshof angemerkt, würde das zu erheblichen finanziellen Belastungen für den Schuldner führen, die in der schwierigen finanziellen Situation für ihn möglicherweise nicht tragbar wären, und die Übernahme der Kosten durch die Krankenversicherung oder die Sozialhilfe ginge zu Lasten öffentlicher Mittel[449].

Die Möglichkeit der Gewährung des Pfändungsschutzes eines Kraftfahrzeuges einer behinderten Person nach § 811 Abs. 1 Nr. 12 ZPO wurde höchstrichterlich bejaht[450].

Als Auslegungshilfe zu § 811 Abs. 1 Nr. 12 ZPO können Regelungen der §§ 53, 54, 60 SGB XII i.V.m. § 8 Verordnung nach § 60 des Zwölften Buches Sozialgesetzbuch (Eingliederungshilfe-Verordnung) und bei der Teilhabe am Arbeitsleben § 2 KfzHV sowie § 90 Abs. 3 SGB XII herangezogen werden[451]. Nach § 90 Abs. 3 SGB XII besteht für einen Hilfe suchenden behinderten Menschen die Möglichkeit, sein Kraftfahrzeug nicht als Vermögen zur Deckung des Sozialhilfebedarfs einsetzen zu müssen,[452] unabhängig davon, ob das Kraftfahrzeug für seine Erwerbstätigkeit oder aus einem anderen Grund erforderlich ist[453].

Die konkrete Bewertung der Notwendigkeit eines Kraftfahrzeuges im Sinne des § 811 Abs. 1 Nr. 12 ZPO lässt sich anhand von zwei Kriterien bestimmen: Art und Grad der Behinderung[454] und Erforderlichkeit für die Kompensierung behinderungsbedingter Nachteile[455]. Letzteres ist z. B. dann der Fall, wenn dem Schuldner die Benutzung der öffentlichen Verkehrsmittel beispielsweise für die Fahrten für Arztbesuche und Einkäufe oder zwecks Pflege sozialer Kontakte oder Teilnahme am kulturellen Leben nicht zumutbar ist.[456]

Im Hinblick auf den Grad der Behinderung ist erwähnenswert, dass der Pfändungsschutz eines Kraftfahrzeuges nicht ausschließlich bei einer außergewöhnlich schweren Gehbehinderung gewährt werden kann,[457] denn ebenfalls bei weniger schwer Behinderten kann ein Fahrzeug zur Eingliederung und Teilhabe am

---

448 AG Waldbröl, DGVZ 1991, 119. Ähnlich die Begründung in der Entscheidung des AG Neuwied, DGVZ 1998, 31, mit dem Verweis auf die Möglichkeit der Kostenübernahme durch die Krankenkasse und das Sozialamt.

449 BGH, NJW-RR 2004, 789.

450 BGH, NJW-RR 2011, 1367; BGH, NJW-RR 2004, 789.

451 In seiner Entscheidung verweist der BGH ausdrücklich auf die sozialrechtlichen Regelungen. BGH NJW-RR, 2004, 789.

452 Geiger, in: LPK-SGB XII, § 90 Rn. 77.

453 BayObLG, FamRZ 2004, 566: Berücksichtigung von persönlichen, aus dem Krankheitsbild des Betroffenen folgenden Umständen im Rahmen des § 88 Abs. 3 S. 1 BSHG.

454 LG Berlin, Beschl. v. 15.4.2013, Az.: 51 T 227/13, VuR 2013, 433.

455 BGH, NJW-RR 2011, 1367.

456 BGH, NJW-RR 2011, 1367; BGH NJW-RR, 2004, 789; LG Göttingen ZVI 2013, 159, 160.

457 BGH, NJW-RR 2011, 1367.

öffentlichen Leben erforderlich sein. Hier ist die Würdigung der konkreten Umstände jedes Einzelfalls geboten.[458]

Nach dem ausdrücklichen Wortlaut des § 811 Abs. 1 Nr. 12 ZPO fallen Familienangehörige in den Geltungsbereich der Regelung, so dass ein Gegenstand, der im Falle einer Behinderung eines Familienangehörigen zur Kompensierung der Behinderung als Hilfsmittel benötigt wird, Pfändungsschutz nach § 811 Abs. 1 Nr. 12 ZPO genießt. Somit kann ebenfalls ein Fahrzeug des Schuldners von der Pfändung nach § 811 Abs. 1 Nr. 12 ZPO dann geschützt sein, wenn einer seiner Angehörigen es aufgrund der Behinderung benötigt.[459]

Scheidet der Pfändungsschutz eines Kraftfahrzeuges einer behinderten Person nach § 811 Abs. 1 Nr. 12 ZPO aufgrund mangelnder Notwendigkeit aus, so kann der Schuldner beim Vorliegen außerordentlicher Umstände, die nicht zwingend mit der Notwendigkeit im Sinne des § 811 Abs. 1 Nr. 12 ZPO korrespondieren, den Vollstreckungsschutz nach § 765 a ZPO beantragen.[460]

## VII. Pfändungsschutz des Hausrats nach § 812 ZPO

Die von § 812 ZPO erfassten Sachen sind grundsätzlich pfändbar, dürfen aber beim Vorliegen bestimmter Voraussetzungen nicht gepfändet werden. Die Bestimmung ist als eine Sollvorschrift formuliert, es bestehen jedoch keine sachlichen Abweichungen zu einer Mussvorschrift.[461] Der Gerichtsvollzieher hat die Norm vergleichbar mit § 811 Abs. 1 ZPO vom Amts wegen zu beachten und das Vollstreckungsgericht soll dann tätig werden, wenn ein Beteiligter einen Fehler seitens des Gerichtsvollziehers rügt.[462] Die Eigentumsverhältnisse an den betroffenen Gegenständen sind ohne Bedeutung.[463]

Im Vordergrund der Regelung steht die Verhinderung der zwangsweisen Veräußerung der Hausratsgegenstände, deren (subjektiver) Wert für den betroffenen Haushalt[464] zu dem Erlös, der bei einer Verwertung erzielt werden könnte, außer allem Verhältnis steht. Hier wird folglich auf die Zweck-Mittel-Relation abgestellt[465] – das Mittel muss in einem angemessenen Verhältnis zu dem angestrebten

---

458 In dem Sinne auch Kiesow, VuR 2012, 272, 273.

459 LG Berlin, Beschl. v. 15.04.2013, Az.: 51 T 227/13.

460 BGH, NJW-RR 2011, 1367: Der BGH verwies kurz auf die Schutzmöglichkeit nach § 765 a ZPO; LG Lübeck, Rpfleger 1994, 174, 175: zu der Möglichkeit der parallelen Prüfung von § 811 Abs. 1 Nr. 12 ZPO und § 765 a ZPO.

461 Andere Ansicht Gerhardt, der § 812 ZPO als eine Sollvorschrift bezeichnet. Gerhardt, Vollstreckungsrecht, S. 84. Hoche/Wiener sprechen von einer Sollvorschrift, die jedoch von Amts wegen zu beachten ist. Hoche/Wiener, Zwangsvollstreckung, Rn. 175.

462 Baumbach/Lauterbach/Albers/Hartmann, ZPO, § 812 Rn. 1.

463 Lüke, in: Wieczorek/Schütze, ZPO, § 812 Rn. 3.

464 OVG Saarlouis, NVwZ-RR 2006, 756: zu § 45 V SaarlVwVG und § 812 ZPO.

465 Vollkommer, Rpfleger 1982, 1, 8.

Zweck stehen. Die Bestimmung stellt die gesetzliche Ausprägung des Grundsatzes der Verhältnismäßigkeit dar.[466]

Mit § 812 ZPO soll die Vermögensverschleuderung verhindert werden.[467] Ein Eingriff in das Vermögen des Vollstreckungsschuldners zur Befriedigung der begründeten Geldforderungen des Gläubigers im Rahmen der Einzelzwangsvollstreckung ist zwar gerechtfertigt, eine unverhältnismäßige Verschleuderung darf aber nicht zugelassen werden.[468] Der Gesetzgeber hat in der Einzelzwangsvollstreckung wegen Geldforderungen in körperliche Sachen eine Verschleuderung von Vermögenswerten im weitgehenden Umfang neben § 812 ZPO mit § 817 a Abs. 1 ZPO vorgebeugt.[469] Demnach darf der Zuschlag nur auf ein Gebot erteilt werden, das mindestens die Hälfte des gewöhnlichen Verkaufswertes der Sache erreicht.[470] Bei § 812 ZPO ist es aber bereits die Pfändung, die unzulässig ist, und nicht die Verwertung wie bei § 817 a Abs. 1 ZPO.

Die Schätzung des gewöhnlichen Verkaufswertes der betroffenen Sachen durch einen Gerichtsvollzieher oder einen Sachverständigen ist in § 813 ZPO geregelt und spielt sowohl bei § 817 a Abs. 1 ZPO als auch bei § 812 ZPO eine zentrale Rolle. Die vom Gesetzgeber akzeptierte Quote des Verkehrwertes des Pfandgutes als Mindesterlös wird in § 817 a Abs. 1 ZPO gesetzlich ausdrücklich normiert, bei § 812 ZPO wird dies dagegen der Rechtsprechung überlassen.

Hartmann geht davon aus, dass die Regelung des § 812 ZPO ebenfalls im Interesse des Gläubigers liegt, mit der Begründung, dass unnütze Aufwendungen und Wertverluste unterbleiben sollen und der Wertverlust, vor dem § 812 ZPO schützt, meist einem Dritten (dem Erwerber) und nicht dem Gläubiger zugutekommt[471]. Daraus leitet er seine Empfehlung ab, eine Unverhältnismäßigkeit nicht erst in allzu krassen Fällen anzunehmen. Dem ist zuzustimmen, jedoch nicht seiner Behauptung betreffend das Interesse des Gläubigers. Denn zum einen schließt das Profitieren eines Dritten nicht automatisch die Befriedigung des Gläubigers aus und zum anderen würde der Befriedigung der Gläubiger auch im Falle eines hohen Wertverlustes

---

466 So auch Baumbach/Lauterbach/Albers/Hartmann, ZPO, § 812 Rn. 2; Lippross, Grundlagen und System des Vollstreckungsschutzes, S. 131; a.A. Jauernig/Berger, die davon ausgehen, dass sich die Begrenzungen der Pfändbarkeit aus dem Zweck der Zwangsvollstreckung ergeben und nicht Ausdruck des Verhältnismäßigkeitsprinzips sind. Jauernig/Berger, Zwangsvollstreckungs- und Insolvenzrecht, § 32 I.

467 Vollkommer, Rpfleger 1982, 1, 5.

468 BVerfGE 46, 325, 335

469 Lippross, Grundlagen und System des Vollstreckungsschutzes, S. 130.

470 BVerfGE 46, 325, 332. a.A. Behr, der im Zusammenhang mit der Zwangsverwertung in der Mobiliarvollstreckung von der Versagung des Sozialschutzes und der Verschleuderung von Schuldnervermögen spricht: „... wird darüber hinaus durch die Versteigerung zum Mindestgebot von der Hälfte des gewöhnlichen Verkaufswertes gemäß § 817 a ZPO *das angebliche Verbot in ein Verschleuderungsgebot umgewandelt.*“ Behr, KJ 1980, 165.

471 Baumbach/Lauterbach/Albers/Hartmann, ZPO, § 812 Rn. 2.

Rechnung getragen, wenn auch nur in Form einer Teilbefriedigung. Sie würde ihn zweifelsohne besser als beim völligen Ausfall seiner Forderung stellen, vorausgesetzt, es gäbe einen Überschuss über die Kosten der Zwangsvollstreckung hinaus[472].

In der Zwangsvollstreckung hat die Pfändung, den normierten wertunabhängigen Pfändungsschutz ausgenommen, grundsätzlich nur dann zu unterbleiben, wenn dadurch die Gläubigerbefriedigung in keiner Weise gewährleistet wird. § 812 ZPO ist eine Ausnahme von der Regel, dass der Gläubiger beim Nichtvorhandensein einer anderen Alternative seine Befriedigung auch in kleinen Schritten erlangen soll.[473] Somit ist § 812 ZPO keine spezielle Ausprägung des § 803 Abs. 2 ZPO[474]. Im Übrigen ist § 812 ZPO auch keine besondere Ausprägung des § 811 Abs. 1 Nr. 1 ZPO, was bereits dadurch deutlich wird, dass der wertabhängige Sonderschutz für Hausrat nicht der Sicherung des Existenzminimums des Einzelnen dient. Das soll besonders dann berücksichtigt werden, wenn § 812 ZPO neben der Berufung auf § 811 Abs. 1 Nr. 1 ZPO als weitere ergänzende Begründung der Ablehnung der Pfändbarkeit vorgebracht wird[475].

Geschützt sind nach § 812 ZPO die im Haushalt des Schuldners im Rahmen der gewöhnlichen Lebensführung benötigten Hausratsgegenstände. Somit fallen Gegenstände, die nur wegen der Eigenheit des Schuldners im Haushalt benutzt werden, an sich jedoch keine Haushaltsgegenstände sind,[476] wie auch reine Luxusgegenstände[477] aus dem Anwendungsbereich der Norm heraus[478]. Die Sachen des persönlichen Gebrauchs, wie z.B. Kleider, Wäsche und Schuhe, sind dagegen über den Wortlaut des § 812 ZPO hinaus miterfasst.[479]

Die Gegenstände im Sinne des § 812 ZPO werden im Unterschied zu den Gegenständen i.S.v. § 811 Abs. 1 Nr. 1 ZPO nicht für eine angemessene, bescheidene Lebens- und Haushaltsführung benötigt, denn die Regelung wäre sonst überflüssig, es würde der Pfändungsschutz des § 811 Abs. 1 Nr. 1 ZPO greifen.

In der Praxis werden nach § 812 ZPO der Pfändung die Gegenstände entzogen, die für die Errichtung des Hausstandes (nicht des Gewerbes und auch nicht die Sachen, die hauptsächlich beruflich benutzt werden)[480] oder für die persönliche Lebensführung des Schuldners einen erheblichen Stellenwert haben, sich aber in

---

472 Sonst würde aber ohnehin § 803 Abs. 2 ZPO greifen.

473 Walker, in: Schuschke/Walker, ZPO, § 812 Rn. 6.

474 So aber Hilzinger zu den §§ 803 Abs. 2, 812 ZPO. Hilzinger, in: Dierck/Morvilius/Vollkommer, Rn. 321.

475 So z.B. AG Itzehoe, DGVZ 1998, 63; AG Fürth, DGVZ 1974, 126; LG Essen, DGVZ 1973, 24.

476 Hk-ZPO/Kemper, § 812 Rn. 1.

477 Walker, in: Schuschke/Walker, ZPO, § 812 Rn. 3.

478 Hk-ZPO/Kemper, § 812 Rn. 3.

479 LG Darmstadt, MDR 1958, 345. Mittlerweile h.M., z.B. MüKoZPO/Gruber, § 811 Rn. 2.

480 Andere Ansicht Münzberg, in: Stein/Jonas, ZPO, § 812 Rn. 1.

einem älteren bzw. abgenutzten Zustand befinden und daher einen geringen Veräußerungswert haben[481].

Des Weiteren müssen die nach § 812 ZPO von der Pfändung ausgenommenen Sachen „im Haushalt des Schuldners gebraucht werden". Gemeint ist die tatsächliche, wenn auch nur gelegentliche Verwendung, nicht jedoch eine Vorrats- oder Ersatzhaltung, auch nicht für eine Nutzung bereitgestellte Reservestücke.[482] Durch die Formulierung „gebraucht werden" kommt zum Ausdruck, dass bei § 812 ZPO, vergleichbar mit § 811 Abs. 1 ZPO, die Zweckbestimmung der Sachen eine der Tatbestandsvoraussetzungen ist und die betreffenden Sachen somit gegenwärtig und unmittelbar den gesetzlich bestimmten Zwecken dienen müssen.[483] Nicht von Bedeutung ist, ob die betroffene Sache exakt zum Zeitpunkt der Pfändung benutzt wird, ebenso wenig, ob sie objektiv betrachtet unentbehrlich ist.[484]

Eine weitere Voraussetzung der Unpfändbarkeit im Rahmen des § 812 ZPO ist, dass durch die Verwertung der Sache nur ein Erlös erzielbar wäre, der zu dem Wert der Sache außer allem Verhältnis steht[485]. Die Formulierung der Norm deutet darauf hin, dass eine offensichtliche – eindeutig voraussehbare und erkennbare[486] – und außerordentlich beträchtliche Diskrepanz[487] zwischen dem voraussichtlichen niedrigeren Erlös und dem hohen konkreten Gebrauchswert der Sache für den Schuldner oder seinen Haushalt bestehen soll. Beide Größen, Erlös und Gebrauchswert, sind gleichermaßen ausschlaggebend.[488] Das Gesetz beinhaltet keine Definition der Wertrelation. Wichtige Anhaltspunkte für die Schätzung des Nutzwertes einer Sache können solche Faktoren liefern wie: Anzahl der Sachen – der subjektive Wert einer in Einzahl verfügbaren Sache würde in den meisten Fällen höher sein als der Wert einer Sache beim Vorhandensein von mehreren identischen oder vergleichbaren Sachen; Notwendigkeit der Sache; mögliche Zusatzkosten; Zunahme des Zeitaufwandes für den Schuldner beim Nichtvorhandensein des Gegenstandes. Bei der Prüfung der Voraussetzung, ob die Sache im Haushalt des Schuldners gebraucht wird, sind dagegen die Anzahl und die Notwendigkeit der Gegenstände irrelevant.[489]

---

481 Stöber, in: Zöller, ZPO, § 812 Rn. 1.

482 So auch MüKoZPO/Gruber, § 812 Rn. 4; Walker, in: Schuschke/Walker, ZPO, § 812 Rn. 3; a.A. Lüke, in: Wieczorek/Schütze, ZPO, § 812 Rn. 3; Münzberg, in: Stein/Jonas, ZPO, § 812 Rn. 1.

483 Lippross, Grundlagen und System des Vollstreckungsschutzes, S. 166.

484 PG/Flury, § 812 ZPO, Rn. 3.

485 Nicht zutreffend insoweit der Leitsatz des LG Coburg, indem allein auf den Sachwert abgestellt wird: „Ob Gegenstände ... gepfändet werden können, hängt von ihrem Wert ab ...". LG Coburg, DGVZ 1990, 89.

486 MüKoZPO/Gruber, § 811 Rn. 6.

487 Becker spricht in dem Zusammenhang zutreffend von einem „auffälligen Missverhältnis". Musielak/Becker, ZPO, § 812 Rn. 2.

488 Baumbach/Lauterbach/Albers/Hartmann, ZPO, § 812 Rn. 5.

489 Baumbach/Lauterbach/Albers/Hartmann, ZPO, § 812 Rn. 4.

Für das Vorliegen der beträchtlichen Diskrepanz zwischen dem voraussichtlichen Erlös und dem Gebrauchswert der Sache führt Münzberg ein Beispiel zur Orientierung an[490]. Demnach ist eine jahrelang gebrauchte Sache unpfändbar, wenn ihre Veräußerung voraussichtlich einen Erlös in Höhe von weniger als 50,00 € einbringen würde und der Neuwert einer vergleichbaren Sache ein Vielfaches des zu erwartenden Erlöses betragen würde. Welcher Anhaltspunkte sich Münzberg bei der Festlegung des Betrages bediente, ist unklar. Pardey führt in dem Zusammenhang aus, dass bei einem geschätzten gewöhnlichen Verkaufswert von 30,00 € und einem sich daraus ergebenden Mindestgebot von 15,00 € der zu erwartende Versteigerungserlös in keinem Verhältnis zu dem Wert des Gerätes für den Schuldner stehen würde[491]. In der Rechtsprechung wurden die Voraussetzungen des § 812 ZPO bejaht: bei einem seit sechs Jahren in Gebrauch befindlichen Schlafzimmer und Radiogerät;[492] einem für ca. 75,00 € angeschafften vier Jahre alten Esstisch und einem Stereo-Radio-Kassettenrecorder „im guten Zustand", mit der Begründung, der voraussichtliche Versteigerungserlös würde nicht annähernd den Besitzwert erreichen;[493] mit ähnlicher Begründung bei einem zehn Jahre alten Farbfernseher mit einem möglichen Reinerlös von 15,00 €;[494] bei einem zwölf Jahre alten Videogerät und Stereoturm mit einem geschätzten Verwertungserlös von 50,00 €, mit der Begründung, die Geräte seien für den Schuldner noch von großem objektiven Wert, z. B. zur Sicherung seines Informationsbedürfnisses, der zu dem Erlös außer Verhältnis stünde;[495] bei einer Waschmaschine mit der Argumentation, ein Käufer wäre zu einem Erwerb von technischen Haushaltsgeräten auf dem Wege der Versteigerung nur bereit, wenn der zu zahlende Preis deutlich niedriger liegen würde als im Gebrauchswarenhandel, was zur Verschleuderung führen würde, die mit § 812 ZPO verhindert werden sollte[496].

Eine generelle Ablehnung der Pfändbarkeit von technischen Haushaltsgeräten, wie die vom Landgericht Coburg vorgenommene, überzeugt nicht, ebenso wenig wie die darauf gestützte Begründung, dass bei der Versteigerung in der Regel geringere Erlöse als im Handel erwirtschaftet werden[497]. Um den Interessen des Gläubigers in gebotener Weise Rechnung zu tragen, muss bei der Prüfung des Vorliegens der Voraussetzungen des § 812 ZPO ein einzelfallbezogener Wertvergleich stattfinden.

Das Maß der Befreiung von den Verbindlichkeiten im Falle der Verwertung soll in die Betrachtung des § 812 ZPO nicht einbezogen werden.[498] Dies würde zur Abhängigkeit des Schutzniveaus von der Höhe der gesamten Verbindlichkeiten führen,

---

490 Münzberg, in: Stein/Jonas, ZPO, § 812 Rn. 3.
491 Pardey, DGVZ 1978, 102, 104.
492 AG Werner a. d. Lippe, DGVZ 1968, 155.
493 LG Coburg, DGVZ 1990, 89.
494 LG Essen, DGVZ 1973, 24.
495 LG Hannover, DGVZ 1990, 60.
496 LG Coburg, DGVZ 1990, 89.
497 So LG Coburg, DGVZ 1990, 89.
498 Andere Ansicht Pardey, DGVZ 1978, 102.

was dem Sinn und Zweck des § 812 ZPO widersprechen würde. Ein Schuldner mit hoher Schuld würde mit dem zu erwartenden Erlös einen kleineren Anteil der Forderung begleichen können als der Schuldner mit geringerer Verbindlichkeit. Das Maß der Befreiung des Schuldners mit höherer Verbindlichkeit würde somit geringer ausfallen, was bei der Berücksichtigung der Restverbindlichkeiten im Rahmen des § 812 ZPO im Ergebnis dazu führen würde, dass Hausratssachen des Schuldners mit hoher Verbindlichkeit eher von der Pfändung ausgenommen würden als die des Schuldner mit geringerer Verbindlichkeit. Das würde wiederum zur Benachteiligung der Gläubiger mit höheren Forderungen im Vergleich zu Gläubigern mit niedrigeren Forderungen führen. Somit wäre ebenfalls aus Gläubigersicht die Beachtung der Verbindlichkeiten nicht sinnvoll.

Die Entscheidung im Rahmen des § 812 ZPO obliegt dem Gerichtsvollzieher, die er resultierend aus dem Wertvergleich, der sich auf seine Prognose hinsichtlich des Verwertungserlöses und des Besitzwertes stützen soll, treffen muss. Im Zweifel soll gepfändet werden,[499] denn allein die Gefahr der Verschleuderung könnte die Verwehrung der Chance auf Befriedigung des Gläubigers nicht rechtfertigen.

Wegen ihrer prinzipiellen Pfändbarkeit unterliegen Gegenstände i.S.v. § 812 ZPO dem Vermieterpfandrecht nach §§ 562 Abs. 1 S. 1, 704 BGB.[500]

## VIII. Austauschpfändung

Die wertunabhängige Unpfändbarkeit nach § 811 Abs. 1 ZPO[501] führt dazu, dass dem Schuldner eine wertvolle Sache zu belassen wäre, auch wenn für den gleichen Verwendungszweck ein weniger wertvoller Gegenstand ausreichend wäre[502]. Das Ergebnis ist im Hinblick auf die Beschneidung der Interessen des Gläubigers unbillig[503]. Mit der Austauschpfändung, die dem Vollstreckungsinteresse des Gläubigers dient, ohne den Schuldnerschutz nach § 811 Abs. 1 ZPO zu entwerten, wird die Schaffung des Ausgleiches zwischen Schuldner- und Gläubigerinteressen angestrebt.[504] Denn der Gläubiger hat ein anzuerkennendes Interesse, dass der Schuldner sich sowohl in seiner Lebensführung wie auch in der Berufsausübung mit solchen Sachen begnügt, die nach dem Gesetz dem geschützten Verwendungszweck dienen.

Mit der Regelung des § 811 a ZPO wird der Vollstreckungszugriff auf eine hochwertige an sich unpfändbare bewegliche Sache unter der Voraussetzung zugelassen, dass dem Schutzzweck der betroffenen Bestimmung des § 811 Abs. 1 ZPO durch die Bereitstellung eines Ersatzes Rechnung getragen wird.

499 So auch Musielak/Becker, ZPO, § 812 Rn. 2.
500 Haase, JR 1971, 323 (zu § 559 BGB a. F.); a.A. Gottwald, ZPO-Lexikon, Rn. 15.
501 Nur im Falle des § 811 Abs. 1 Nr. 5 ZPO kann der Wert einer Sache unter Umständen in die Beurteilung miteinbezogen werden, und zwar dann, wenn es um die Frage nach der kapitalistischen Arbeitsweise geht. Noack, JurBüro 1969, 98.
502 BTDrucks 1/3284, S. 21.
503 BTDrucks 1/3284, S. 21.
504 Noack, JurBüro 1969, 98.

In der Praxis führt häufig allein schon die Vollziehung der Austauschpfändung zur steigenden Bereitschaft des Schuldners, die Forderung des Gläubigers zu befriedigen, und zwar noch vor der Durchführung des Austausches.[505]

## 1. Geltungsbereich der Austauschpfändung

Der Geltungsbereich des § 811 a ZPO ist nach dem Wortlaut der Vorschrift auf die Sachen, die gem. § 811 Abs. 1 Nr. 1, 5, 6 ZPO unpfändbar sind, beschränkt, was zu Recht vielfach kritisiert wurde[506]. Die Streichung der Aufzählung wurde bereits 1954 gleich nach der Einfügung der §§ 811 a, 811 b ZPO gefordert.[507] In der Begründung zum Entwurf des Gesetzes über Maßnahmen auf dem Gebiete der Zwangsvollstreckung vom 20.08.1953 fehlt jegliche Erklärung zu der Einschränkung[508]. Das ist auch verständlich, denn überzeugende Gründe, die die Geltung der Regelung ausschließlich bei Sachen im Sinne des § 811 Abs. 1 Nr. 1, 5, 6 ZPO als zweckmäßig und sinnvoll rechtfertigen könnten, sind nicht erkennbar. Zutreffend ist diesbezüglich die Beurteilung von Schneider, dass der Gesetzgeber mit der Regelung bereits geschaffenes Richterrecht legalisieren wollte, die bestehende Praxis aber in ihrer Reichweite verkannt hat[509]. Unumstritten besteht der Zweck der gesetzlichen Regelung der Austauschpfändung darin, in den Fällen, in denen das zur Unbilligkeit führen würde, zu verhindern, dem Schuldner eine wertvolle Sache zu belassen, vorausgesetzt, dass für den mit § 811 Abs. 1 ZPO geschützten Verwendungszweck ein weniger wertvolles Stück ausreichend wäre[510]. Bei den nach § 811 Abs. 1 Nr. 4, 7, 9, 12 ZPO geschützten Sachen könnte dem angestrebten Zweck mit der Austauschpfändung im gleichen Maße Rechnung getragen werden wie bei denen nach § 811 Abs. 1 Nr. 1, 5, 6 ZPO.

Der Katalog der Sachen, die unter Pfändungsschutz fallen, wurde in den letzten Jahrzehnten kontinuierlich erweitert, unter anderem aus verfassungsrechtlichen Erwägungen. Zum Zeitpunkt der Einfügung des § 811 a ZPO im Jahre 1953 wurde das vom Gesetzgeber offensichtlich nicht oder nicht in dem Maße vorausgesehen[511]. Die Ausweitung des Kreises der unpfändbaren beweglichen Sachen nach § 811 Abs. 1 ZPO im Interesse des Schuldners und der Allgemeinheit muss konsequenterweise die Anpassung der dem Gläubigerschutz dienenden Vorschriften nach sich ziehen.

505 Noack, JurBüro 1969, 98.

506 Zum Beispiel von: Hoche/Wiener, Zwangsvollstreckung, Rn. 177; Böhle-Stamschräder, NJW 1953, 1449,1450; Lüke, in: Wieczorek/Schütze, ZPO, § 811 a Rn. 2; Gaul/Schilken/Becker-Eberhard, Zwangsvollstreckungsrecht, S. 968–969; Stöber, in: Zöller, ZPO, § 811 a Rn. 2; Noack, JurBüro 1969, 98; Münzberg, in: Stein/Jonas, ZPO, § 811 a Rn. 1; Schneider, MDR 1986, 726.

507 Schumacher, ZZP 1954, 255.

508 BTDrucks 1/3284, S. 22.

509 Schneider, MDR 1986, 726.

510 BTDrucks 1/3284, S. 21.

511 Trotz der Entscheidungen wie z. B. des OLG Jena, JW 1935, 1105.

Warum soll beispielsweise ein bestimmter Gegenstand, der für die berufliche Betätigung im Sinne des § 811 Abs. 1 Nr. 7 ZPO erforderlich ist, unabhängig von seinem Wert dem Schuldner gelassen werden, und zwar auch dann, wenn mit einer erheblich günstigeren Ersatzsache der mit der Bestimmung angestrebte Zweck genauso erreicht werden und gleichzeitig der Gläubiger befriedigt werden könnte? Das ist weder zum Schutz der Schuldner notwendig noch sollte es dem Gläubiger zugemutet werden.

Mit der Besserstellung des unter § 811 Abs. 1 Nr. 7 ZPO fallenden Personenkreises gegenüber dem des von § 811 Abs. 1 Nr. 5 ZPO erfassten, zu der es aufgrund der differenzierten Geltung des § 811 a ZPO kommt, wurde offensichtlich der Abwägung zwischen Schuldner- und Gläubigerinteressen nicht Genüge getan. Bei Lehrern werden die Diskrepanzen der aktuellen Rechtslage besonders offensichtlich. Die zur Ausübung des Berufes erforderlichen Gegenstände eines verbeamteten Lehrers sind nach § 811 Abs. 1 Nr. 7 ZPO geschützt, seine Gläubiger können folglich keine Befriedigung im Wege der Austauschpfändung erlangen. Bei einem Lehrer im Angestelltenverhältnis (Pfändungsschutz nach § 811 Abs. 1 Nr. 5 ZPO) verhält es sich anders, hier kann dem Vollstreckungsinteresse des Gläubigers durch die Anwendung des § 811 a Abs. 1 ZPO Rechnung getragen werden. Bei der gleichen Tätigkeit ist das Schutzniveau deutlich unterschiedlich[512]. So könnte, falls ein Pkw erforderlich ist, etwa ein verbeamteter Lehrer einen Luxuswagen fahren ohne Befürchtung einer Austauschpfändung, die zumindest zur anteiligen Befriedigung der Gläubiger führen würde. Sein Kollege im Angestelltenverhältnis würde sich dagegen nach der Austauschpfändung mit einem kleineren Gebrauchtwagen begnügen müssen, wodurch die Forderung der Gläubiger geringstenfalls zum Teil beglichen wäre.

Die Begünstigung der von § 811 Abs. 1 Nr. 7 ZPO erfassten Berufsgruppen lässt sich auch nicht mit dem besonderen Interesse der Allgemeinheit am Vollstreckungsschutz rechtfertigen, denn die Austauschpfändung wird nur dann zugelassen, „wenn sie nach Lage der Verhältnisse angemessen ist" (§ 811 a Abs. 1 S. 2 ZPO). Somit wäre es ohne weiteres möglich, den Besonderheiten des Einzelfalls entsprechend zu selektieren und gegebenenfalls die Austauschpfändung aus besonderen Gründen abzulehnen. Bei der Dienstkleidung käme es in aller Regel ebenfalls nicht zur Austauschpfändung, denn es würde in den meisten Fällen an der fehlenden Erheblichkeit der Wertdifferenz zwischen dem Vollstreckungserlös und dem Wert des Ersatzstückes und somit an der Angemessenheit des Austausches scheitern[513].

Entgegen der Meinung von Noack entspricht es in keiner Weise dem Zweck des Pfändungsschutzes, wenn einem Arzt, der zahlungsunfähig ist oder beharrlich die

---

512 Wesentlich Gleiches wird hier ungleich behandelt, und zwar sowohl aus Perspektive des Schuldners als auch des Gläubigers („Der allgemeine Gleichheitssatz des Art. 3 I GG gebietet es, wesentlich Gleiches gleich und wesentlich Ungleiches ungleich zu behandeln." BVerfGE 112, 268, 279).

513 Bei wertvollen Dienstkleidungsstücken, wie z. B. bei Talaren/Roben der Richter, der Rechtsanwälte, der Geistlichen, wäre die Austauschpfändung dagegen zuzulassen. So auch Schumacher, ZZP 1954, 255.

Leistung verweigert, allein vorbehalten bleiben soll, wie er seine Praxis ausstatten und führen möchte und welches Fahrzeug er fährt[514]. Ebenso wenig darf einem Rechtsanwalt in der gleichen Lage allein die Entscheidung über die Büroausstattung seiner Kanzlei überlassen werden[515].

Zu einem nicht zu rechtfertigenden Ergebnis führt die geltende Einschränkung des Anwendungsbereiches des § 811 a ZPO ebenfalls bei § 811 Abs. 1 Nr. 12 ZPO[516]: Bei einem unpfändbaren Kraftfahrzeug der Luxusklasse[517] oder bei einer Brille mit einer Goldeinfassung[518] dem Gläubiger den Zugriff auf den hohen Mehrwert zu versagen, widerspricht jeglichem Gerechtigkeitsempfinden[519].

Vereinzelt wurde versucht, § 811 a ZPO analog anzuwenden[520]. Dies ist jedoch abzulehnen, denn es handelt sich hier offensichtlich um eine echte Ausnahmevorschrift zu § 811 Abs. 1 ZPO, die eng auszulegen ist.[521] Zwar können auch Ausnahmevorschriften im Rahmen ihres gesetzlichen Zweckes ausdehnend ausgelegt werden,[522] doch die numerische Aufzählung in § 811 a Abs. 1 S. 1 ZPO steht dem entgegen. Aber auch von der Aufzählung abgesehen ist nicht zu bezweifeln, dass die Austauschpfändung kein Regelfall bei jedem nach § 811 Abs. 1 InsO geschützten Gegenstand sein sollte. Beispielsweise bei Sachen, die aufgrund eines besonderen persönlichen Wertes Pfändungsschutz genießen, wäre die Austauschpfändung strikt abzulehnen. Es ist allein die Erweiterung des Geltungsbereiches auf die Sachen im Sinne des § 811 Abs. 1 Nr. 4, 7, 9, 12 ZPO sinnvoll.

Das Problem kann nur im Wege einer Gesetzesänderung gelöst werden, beispielsweise in der Art und Weise, wie dies im Entwurf eines Gesetzes zur Neustrukturierung und Modernisierung des Pfändungsschutzes (GNeuMoP)[523] vorgeschlagen wurde. Allerdings muss entgegen dem Vorschlag in dem Entwurf die Austauschpfändung nicht nur bei Sachen im Sinne des § 811 Abs. 1 Nr. 4, 7, 9 ZPO ermöglicht werden, sondern ebenso bei Hilfsmitteln nach § 811 Abs. 1 Nr. 12 ZPO.

---

514 Noack, DGVZ 1969, 118.

515 Zu der grundsätzlichen Möglichkeit der Pfändbarkeit der Büroausstattung einer Rechtsanwaltskanzlei, z.B. eines Fotokopiergerätes LG Berlin, DGVZ 1985, 142.

516 So OLG Köln, NJW-RR 1986, 488.

517 Nach der in der vorliegenden Arbeit vertretenen Ansicht ist der Pfändungsschutz eines Kraftfahrzeuges nach § 811 Abs. 1 Nr. 12 ZPO möglich.

518 Schumacher, ZZP 1954, 255.

519 So auch Schneider, der von der Möglichkeit der Austauschpfändung bei einem nach § 811 Abs. 1 Nr. 12 ZPO unpfändbaren Kraftfahrzeug ausgeht. Schneider, MDR 1986, 726.

520 So z.B. OLG Köln, NJW-RR 1986, 488; Pardey, DGVZ 1987, 180, 183; Schneider, MDR 1986, 726.

521 Nach h.M.: AG Bremen, DGVZ 1984, 157; Hoche/Wiener, Zwangsvollstreckung, Rn. 177; Walker, in: Schuschke/Walker, ZPO, § 811 a Rn. 16; Böhle-Stamschräder, NJW 1953, 1449, 1450; Lüke, in: Wieczorek/Schütze, ZPO, § 811 a Rn. 2; Noack, JurBüro 1969, 98.

522 Pawlowski, Methodenlehre für Juristen, Rn. 489a.

523 BTDrucks 17/2167, S. 16.

## 2. Voraussetzungen für die Austauschpfändung

Die Austauschpfändung kann nur dann zugelassen werden, wenn die betreffende Sache noch zum Zeitpunkt der gerichtlichen Entscheidung über die Zulassung der Austauschpfändung unpfändbar ist.[524] Anderenfalls wäre die Austauschpfändung überflüssig, denn wenn die Unpfändbarkeit während des Verfahrens wegfallen würde, könnte das pfändbare Kompetenzstück auf dem üblichen Wege gepfändet werden.[525]

Stellt der Gläubiger einen Antrag auf Zulassung der Austauschpfändung beim Vollstreckungsgericht,[526] so entscheidet das Gericht durch den Rechtspfleger (§ 20 Nr. 17 RPflG),[527] und es ergeht ein die Austauschpfändung zulassender oder ablehnender Beschluss[528]. In den Fällen, in denen der Vollstreckungserfolg dadurch voraussichtlich nicht gefährdet wird,[529] muss dem Schuldner rechtliches Gehör gewährt werden[530].

Die Austauschpfändung soll nur zugelassen werden, wenn der Austausch nach Lage der Verhältnisse angemessen ist, was nach dem Gesetzeswortlaut insbesondere dann der Fall ist, wenn zu erwarten ist, dass der Vollstreckungserlös den Wert des Ersatzstückes erheblich übersteigt (§ 811 a Abs. 2 S. 2 ZPO). Unter dem Vollstreckungserlös ist der voraussichtliche Versteigerungserlös zu verstehen.[531]

Wann die erforderliche „Erheblichkeit" gegeben ist, ist umstritten. So lehnt beispielsweise das Landgericht Mainz die Austauschpfändung eines Farbfernsehers gegen einen Schwarz-Weiß-Fernseher wegen der fehlenden Erheblichkeit des zu erwartenden Versteigerungserlöses ab, der sich nach dem Abzug der Kosten der Vollstreckung voraussichtlich auf 125,00 € belaufen würde[532]. Die Austauschpfändung sei nur dann zuzulassen, wenn zu erwarten ist, dass der Gläubiger durch die Austauschpfändung nennenswert befriedigt wird. In einigen Fällen wurde von

---

524 Ziege, NJW 1955, 48, 49.

525 Ziege, NJW 1955, 48, 49.

526 Hier gelten allgemeine Grundsätze des Verfahrens im Zivilprozess.

527 Missverständlich ist diesbezüglich die Aussage von Noack, über die Zulässigkeit einer Austauschpfändung entscheide das Vollstreckungsgericht und nicht der Rechtspfleger. Noack, JurBüro 1969, 98.

528 Hier gilt der Grundsatz der fakultativen mündlichen Verhandlung.

529 Keine vorherige Anhörung, wenn der Vollstreckungserfolg gefährdet wäre, denn sonst wäre die Zulassung der Austauschpfändung eine Fiktion. In allen anderen Fällen ist die Anhörung erforderlich, denn das Gericht hat die Verhältnisse zu untersuchen und die Angemessenheit festzustellen, was vielfach die Anhörung des Schuldners erfordert. So auch Stöber, in: Zöller, ZPO, § 811 a Rn. 8; Ziege, NJW 1955, 48, 50; a.A. Walker, in: Schuschke/Walker, ZPO, § 811 a Rn. 8.

530 Entscheidung durch den Rechtspfleger. BVerfGE 101, 397, 404.

531 OLG Hamm, JMBl.NW 1958, 267. Irrelevant ist der Schätz- oder Marktwert der Sache. Stöber, in: Zöller, ZPO, § 811 a Rn. 4.

532 LG Mainz, NJW-RR 1988, 1150.

der Rechtsprechung bereits der Wertunterschied von 50,00 € bzw. 132,00 €[533] und 100,00 € (Kompetenzstück: Musiktruhe)[534] als erheblich angesehen[535].

Nach Kemper reicht für die Angemessenheit auch ein minimaler, über den Kosten liegender Betrag aus, das ergebe sich gerade daraus, dass der Schuldner alle Kräfte anspannen müsse, um seine Schuld zu reduzieren[536].

Pardey vertritt die Auffassung, die ziffernmäßige Festlegung eines Mindestwertes für die Bestimmung der Erheblichkeit der Wertdifferenz würde der Rechtssicherheit sowohl im Schuldner- wie im Gläubigerinteresse dienen und sei geeignet, die beiderseitigen Interessen im Ansatz auszugleichen[537]. Dabei bestimmt er, dass der Austausch zuzulassen sei, wenn der Mindestwert[538] beispielsweise bei Fernsehern und Rundfunkgeräten mehr als 50,00 € beträgt und bei Kraftfahrzeugen mehr als 100,00 €. Es ist zweifelhaft, ob eine derartige Festlegung der Maßstäbe tatsächlich zu mehr Rechtssicherheit in dem Bereich führen würde und sich aufgrund der mangelnden Flexibilität nicht eher als Hindernis herausstellt. Außerdem fehlt es an jeglicher Begründung, wie die Zahlen zustande gekommen sind bzw. worauf sie zurückzuführen sind. Das Fehlen der logischen Grundlage ermöglicht es kaum, bei den betreffenden Sachen die einzelfallabhängigen Faktoren im Verhältnis zu den vorgegebenen Werten adäquat zu berücksichtigen oder für die anderen beweglichen Sachen die Mindestwerte zu errechnen. Schließlich ist fraglich, ob selbst eine begründete Bezifferung bzw. eine Formel sowohl den Gesamtumständen des Einzelfalls aus der Perspektive des Schuldners wie auch denen des Gläubigers gerecht werden könnte. Die Tatsache, dass der Gesetzgeber sich auf einen Mindestwert ziffernmäßig nicht festgelegt hat, spricht ebenfalls für dessen Ablehnung[539]. Pardey ist zuzustimmen, dass die Wertdifferenz nicht absolut – ohne Unterscheidung nach der Art des Gegenstandes – sein soll, zu widersprechen dagegen ist seiner Zusammenfassung aller Gegenstände einer Art mit der Geltung der gleichen Maßstäbe. Richtigerweise soll der Wertunterschied bei einem konkreten Vollstreckungsobjekt bedeutsam sein,[540] denn nur bei der Vorgehensweise kann gesetzlich geforderter Angemessenheit „nach Lage der Verhältnisse“, und zwar in jedem einzelnen konkreten Fall, Rechnung getragen werden.

Neben der Erheblichkeit sind es noch ideelle Kriterien, die unter dem Gesichtspunkt der Angemessenheit für die Zulässigkeit der Austauschpfändung von

---

533 LG Köln, DGVZ 1982, 62, 63.

534 OLG Hamm, JMBl.NW 1958, 267.

535 Abgelehnt dagegen bei der Wertdifferenz von: 22,00 € (AG Düsseldorf, DGVZ 1995, 28) bzw. bei mehr als 50,00 € (LG Düsseldorf, DGVZ 1995, 43).

536 Hk-ZPO/Kemper, § 811 a, Rn. 5.

537 Pardey, DGVZ 1989, 54, 55.

538 Nach Pardey ist das die Differenz zwischen dem voraussichtlichen Mindesterlös und den Kosten der Vollstreckung einschl. des Betrags für das Ersatzstück und der Austauschkosten. Pardey, DGVZ 1989, 54, 55.

539 So auch LG Mainz, NJW-RR 1988, 1150; Noack, JurBüro 1969, 98, 101.

540 So auch Ziege, NJW 1955, 48, 49.

Relevanz sein können. So könnte es geboten sein, z.B. den Neigungswert, den die Sache für den Schuldner bzw. seine Familienangehörigen hat, zu berücksichtigen,[541] vorausgesetzt, es würden besondere Gründe vorliegen, die den Vorrang des Interesses des Schuldners gegenüber denen des Gläubigers rechtfertigen könnten[542]. Bei reinem Liebhaberinteresse muss unzweifelhaft das Befriedigungsinteresse der Gläubiger Vorrang haben.[543] Das gilt auch für Erinnerungs- oder Erbstücke.[544]

Die Unangemessenheit der Austauschpfändung könnte weiterhin daraus resultieren, dass der Schuldner durch sie so benachteilig wird, dass das Interesse der Gläubiger an der Austauschpfändung bei objektiver Betrachtung der Gesamtsituation als unverhältnismäßig gering einzuschätzen ist.[545] Die Beweislast für derartige Umstände liegt beim Schuldner.[546]

Fraglich ist, ob die wirtschaftliche Lage der Parteien in die Beurteilung des Einzelfalls miteinbezogen werden soll.[547] Die Höhe der Forderung soll bei der Beurteilung der Angemessenheit grundsätzlich nicht berücksichtigt werden.[548] Anders verhält es sich bei Minimalforderungen. Hier wäre die Austauschpfändung nicht gerechtfertigt, denn das Gläubigerinteresse würde in einem krassen Missverhältnis zu dem Nachteil stehen, den der Austausch für den Schuldner mit sich bringen würde. Unerheblich ist ebenfalls, zu welchem Teil die Gesamtforderung des Gläubigers durch die Austauschpfändung gedeckt wird. Denn Gegenteiliges würde dazu führen, dass Gläubiger mit hohen Forderungen, die durch die Austauschpfändung nur geringfügig befriedigt werden, ihre Interessen im Wege der Austauschpfändung nach § 811 a ZPO vielfach nicht durchsetzen könnten, und dass deren Schuldner besser gestellt wären als die Schuldner, gegen die wegen einer geringeren Forderung vollstreckt wird. Somit darf die Erheblichkeit der Befriedigung des Gläubigers weder mit der Erheblichkeit des Wertunterschiedes im Sinne des § 811 a Abs. 2 S. 2 ZPO gleichgesetzt werden noch im Regelfall in die Beurteilung miteinbezogen werden.

541 BTDrucks 1/3284, S. 22.

542 Wenn es sich zum Beispiel um eine der wenigen Sachen handelt, die jemand aus einer Katastrophe gerettet hat. Baumbach/Lauterbach/Albers/Hartmann, ZPO, § 811 a Rn. 4.

543 So auch jedoch weniger einschränkend zugunsten des Schuldners Pardey, DGVZ 1989, 54, 55.

544 Andere Ansicht Noack, der davon ausgeht, dass ein Erinnerungs- oder Erbstück dem Schuldner grundsätzlich zu belasse sei. Noack, JurBüro 1969, 98, 99.

545 Noack, JurBüro 1969, 98, 99. So geht beispielsweise Ritter von der Unangemessenheit der Austauschpfändung eines Bettes aus einer gesamten Schlafzimmereinrichtung aus, was jedoch bezweifelt werden kann. Ritter, JW 1937, 1673, 1675.

546 Münzberg, in: Stein/Jonas, ZPO, § 811 a Rn. 11.

547 Befürwortend Ritter, JW 1937, 1673, 1675.

548 So auch Noack, JurBüro 1969, 98, 102; a.A. LG Mainz, NJW-RR 1988, 1150; Ritter, JW 1937, 1673, 1675.

Keine Berücksichtigung sollten bei der Beurteilung die Kriterien finden, die bereits bei der Prüfung der Unpfändbarkeit einer Sache verwendet worden sind[549] – die Umstände, die den Pfändungsschutz des Gegenstandes begründeten, sind belanglos. So darf die Unangemessenheit beispielsweise nicht darauf gestützt werden, dass es sich bei dem Farbfernsehgerät um eine Sache handelt, die zu einer bescheidenen Lebensführung nicht außer Verhältnis steht[550]. Das sind nämlich keine Verhältnisse im Sinne des § 811 a Abs. 2 S. 2 ZPO. Eine andere Vorgehensweise wäre unlogisch und würde die Regelung der Austauschpfändung vollständig entwerten. Denn die Austauschmöglichkeit ist nur bei unpfändbaren Sachen gegeben und die Zulässigkeit der Argumentation mit derselben Unpfändbarkeit, die gerade die Voraussetzung für die Anwendung des § 811 a ZPO ist, würde dazu führen, dass die Austauschpfändung immer wegen der Unangemessenheit für unzulässig erklärt werden könnte.

Die Angemessenheit der Austauschpfändung setzt weiterhin voraus, dass dem Gläubiger keine anderen pfändbaren körperlichen Sachen als Vollstreckungsobjekte zur Verfügung stehen, mit denen er eine vergleichbare Befriedigung wie durch die beabsichtigte Austauschpfändung erlangen könnte.[551] Das unterstreicht erneut, dass die Austauschpfändung als Ausnahmeregelung nur dort zur Anwendung kommen darf, wo die Stärkung des Vollstreckungsinteresses des Gläubigers in Ermangelung an anderen Befriedigungsalternativen durch den Zugriff auf die pfändbaren körperlichen Sachen des Schuldners aus Billigkeitserwägungen geboten ist. Das Vorhandensein des sonstigen Vermögens des Schuldners ist unerheblich.[552] Bei der Bewertung der Angemessenheit ist immer die Betrachtung der Gesamtlage unter Berücksichtigung der Besonderheiten des Einzelfalls geboten. Dabei ist bei der Beurteilung auf den Zeitpunkt der sonst unzulässigen Pfändung abzustellen.[553]

Die Austauschpfändung setzt die Leistung eines Ersatzes, der den geschützten Verwendungszweck erfüllt, an den Schuldner durch den Gläubiger voraus. Das ist in dreifacher Weise möglich:[554] Übereignung des Ersatzstückes, Bereitstellung des zur Beschaffung des geeigneten Ersatzes erforderlichen Geldbetrages und ausnahmsweise die Überlassung des zur Ersatzbeschaffung erforderlichen Geldbetrages aus dem Vollstreckungserlös (§ 811 a Abs. 1 ZPO)[555]. Entscheidend ist, dass durch den Austausch die Tauglichkeit des geschützten Gebrauches nicht gemindert wird, und

549 Insoweit übereinstimmend mit Pardey, DGVZ 1989, 54, 55.

550 LG Mainz, NJW-RR 1988, 1150.

551 So auch Lüke, in: Wieczorek/Schütze, ZPO, § 811 a Rn. 8; Walker, in: Schuschke/Walker, ZPO, § 811 a Rn. 9; nicht zutreffend dagegen Ziege, der vom fehlenden Rechtsschutzbedürfnis ausgeht. Denn Rechtsschutzbedürfnis ist die Zulässigkeitsvoraussetzung, es geht aber hier um die Begründetheit. Ziege, NJW 1955, 48, 49.

552 Noack, JurBüro 1969, 98; Lüke, in: Wieczorek/Schütze, ZPO, § 811 a Rn. 8; Walker, in: Schuschke/Walker, ZPO, § 811 a Rn. 9.

553 OLG Düsseldorf, MDR 1961, 62.

554 Die drei Alternativen wurden bereits 1934 in der Entscheidung des LG Dresden vorgeschlagen. LG Dresden, JW 1934, 3307.

555 BTDrucks 1/3284, S. 22.

zwar sowohl bei der Stellung des Ersatzes wie auch bei der Überlassung des entsprechenden Geldbetrages durch den Gläubiger. Im letzten Fall muss für den Betrag der Erwerb des geeigneten Gegenstandes möglich sein. Der Austausch setzt folglich die sachlich-technische Adäquanz des auszutauschenden Gegenstandes in ihrem Gebrauchswert voraus.[556] Das vom Gläubiger vorgeschlagene Ersatzstück muss ebenfalls zur Sicherung des gleichen Zwecks wie der zu pfändende Gegenstand geeignet, d.h. nach technischer und wirtschaftlicher Betrachtungsweise[557] zur Erreichung des jeweils geschützten Verwendungszwecks genügend sein (§ 811 a Abs. 1 1 Hs. ZPO). Das ist zum Beispiel der Fall beim Austausch einer teils goldenen, teils vergoldeten Armbanduhr mit Lederarmband durch eine einfache,[558] bei der Austauschpfändung eines Plasma-Farbfernsehgerätes gegen Überlassung eines einfachen Farbfernsehgerätes oder eines Hi-Fi-Gerätes gegen ein sehr einfaches Radiogerät[559].

Problematisch könnte im Hinblick auf die Bereitstellung eines geeigneten Ersatzstückes die Austauschpfändung einer Computeranlage sein, da die Anforderungen, die Nutzer an einen Computer stellen, sehr individuell sind und in erster Linie davon abhängen, zu welchem Zweck sich der Schuldner eines PC bedient. Das erfordert die Berücksichtigung vieler technischer Nuancen. Entgegen Roy und Palm[560] wird aber eine Austauschpfändung im Regelfall nicht an einem im Sinne des § 811 a Abs. 1 ZPO passenden Ersatzstück scheitern, denn der Gläubiger kann sich der zweiten Alternative der Ersatzleistung bedienen, der Bereitstellung des Geldbetrages zur Beschaffung des Ersatzes durch den Schuldner.

Das entscheidende Kriterium bezüglich der Geeignetheit des Ersatzstückes ist die Erreichbarkeit des angestrebten Zwecks. Ist dies gewährleistet, so muss es nicht gleicher Art wie der bisher unpfändbare Gegenstand sein, auch wenn die Zweckerreichung damit umständlicher ist als mit der Kompetenzsache.[561]

Des Weiteren ist der Zustand des Ersatzstückes von Relevanz: Es muss eine ähnliche Haltbarkeit und Lebensdauer wie der zu pfändende Gegenstand haben.[562] Dem steht jedoch der Ersatz eines neuen Gegenstandes durch einen gebrauchten nicht entgegen.[563] Geht es um die Austauschpfändung einer der Sachen nach § 811 Abs. 1 Nr. 1 ZPO, so darf der Schuldner durch die Austauschpfändung, ebenso wie bei § 811 Abs. 1 Nr. 1 ZPO, nicht auf den Stand äußerster Dürftigkeit und völliger Ärmlichkeit herabgedrückt werden[564] oder sozial deklassiert werden[565]. Das wäre

---

556 Münzberg, in: Stein/Jonas, ZPO, § 811 a Rn. 1.
557 Gaul/Schilken/Becker-Eberhard, Zwangsvollstreckungsrecht, S. 968–969.
558 OLG München, DGVZ 1983, 140.
559 LG Essen, NJW 1970, 570.
560 Roy/Palm, NJW 1995, 690, 697.
561 OLG Hamm, JR 1954, 423.
562 BGH, NJW-RR 2011, 1366.
563 Walker, in: Schuschke/Walker, ZPO, § 811 a Rn. 4.
564 LG Heilbronn, MDR 1992, 1001.
565 Walker, in: Schuschke/Walker, ZPO, § 811 a Rn. 4.

z. B. dann der Fall, wenn der Gläubiger dem Schuldner Gartenmöbel als Ersatzstück für die Wohnzimmereinrichtung überlassen würde.[566]

Bei der Austauschpfändung einer nach § 811 Abs. 1 Nr. 5, 6 ZPO unpfändbaren Sache sind an das Ersatzstück die gleichen Anforderungen zu stellen wie die bei der Beurteilung der Erforderlichkeit eines Gegenstandes für die Fortsetzung der Erwerbstätigkeit nach § 811 Abs. 1 Nr. 5, 6 ZPO[567]. Die gleiche Tätigkeit muss mit dem Ersatzstück mit demselben Erfolg wie mit der bisher unpfändbaren Sache fortgesetzt werden können. Der Betrieb des Schuldners muss folglich nach dem Austausch genauso konkurrenzfähig und rentabel wie vor der Austauschpfändung sein.[568] Bei der Beurteilung ist von der sachlichen Gestaltung des Betriebes im Augenblick der sonst unzulässigen Pfändung auszugehen.[569] Der Mindestschutz, den die Bestimmungen des § 811 Abs. 1 ZPO gewähren, darf auf keinen Fall unterlaufen werden.[570]

## 3. Vorläufige Austauschpfändung

Die gerichtliche Zulassung der Austauschpfändung nach § 811 a ZPO erfordert eine gewisse Zeit, so dass der Schuldner auch in den Fällen, in denen seine Anhörung vor der Zulassung nicht stattfindet, von der bevorstehenden Austauschpfändung Kenntnis erlangen kann. Das könnte zur Folge haben, dass der betroffene, bisher unpfändbare Gegenstand vom Schuldner fortgeschafft wird, so dass die Zulassung praktisch illusorisch wird[571] und die zugelassene Austauschpfändung wirkungslos bleibt. Mit der vorläufigen Austauschpfändung nach § 811 b ZPO kann das verhindert werden.

Im Gegensatz zur regulären Austauschpfändung, bei der die Pfändung der Kompetenzsache erst nach der Zulassung durch das Gericht erfolgen darf, pfändet hier der Gerichtsvollzieher die bisher unpfändbare Sache bereits während des fruchtlosen Pfändungsversuches. Hier obliegt es zunächst dem Gerichtsvollzieher, die Erheblichkeit der Wertdifferenz zwischen dem Vollstreckungserlös und dem Wert des Ersatzgegenstandes[572] sowie das Vorliegen der übrigen Voraussetzungen des § 811 a ZPO zu prüfen und die Wahrscheinlichkeit der Antragstellung durch den Gläubiger

566 Walker, in: Schuschke/Walker, ZPO, § 811 a Rn. 4.

567 Die Erforderlichkeit i.S.v. § 811 Abs. 1 Nr. 6 ZPO deckt sich mit der nach § 811 Abs. 1 Nr. 5 ZPO.

568 Noack, JurBüro 1969, 98, 100.

569 OLG Celle, NdsRpfl. 68, 228; LG Berlin DGVZ 1965, 29.

570 Lüke, in: Wieczorek/Schütze, ZPO, § 811 a Rn. 5.

571 So Ziege, NJW 1955, 48, 50.

572 Die Beurteilung der Erheblichkeit des Wertunterschiedes durch den Gerichtsvollzieher nach den gleichen Maßstäben wie durch das Gericht nach § 811 a ZPO. Es ist somit die Betrachtung des voraussichtlichen Versteigerungserlöses als Ganzes geboten. Was vom Versteigerungserlös nach Abzug des Wertes des Ersatzstückes und anderen Belastungen auf den Gläubiger entfällt, ist dagegen unerheblich. Andere Ansicht. LG Düsseldorf, DGVZ 1995, 43.

sowie die Zulassung der Austauschpfändung durch das Gericht nach pflichtgemäßem Ermessen zu beurteilen.[573] Die endgültige Prüfung und Entscheidung bleibt aber dem Vollstreckungsgericht vorbehalten.[574] Die negative Voraussetzung ist bei der vorläufigen Austauschpfändung, vergleichbar mit der Austauschpfändung nach § 811 a ZPO, dass keine anderen beweglichen Sachen vorhanden sind, die gepfändet werden könnten.[575] Sind die Voraussetzungen erfüllt, so soll der Gerichtsvollzieher nur bei erheblichen Zweifeln über die Erfolgsaussichten von der vorläufigen Austauschpfändung absehen.[576]

Die gepfändete Sache soll vorerst im Besitz des Schuldners gelassen werden,[577] die Wegnahme richtet sich nach § 811 a Abs. 1 ZPO[578]. Die Pfändung nach § 811 b ZPO führt zu der Verstrickung der bisher unpfändbaren Sache ohne Zeitverlust und bietet somit dem Gläubiger die Gewähr, dass ihm die Kompetenzsache zur Verwertung erhalten bleibt.[579] Da aber die Prüfung und die Zulassung durch das Gericht hier nachträglich erfolgen, hat die Austauschpfändung nur einen vorläufigen Charakter und setzt den Zulassungsantrag nach § 811 a ZPO durch den Gläubiger innerhalb von zwei Wochen voraus, nachdem er vom Gerichtsvollzieher über die vorläufige Austauschpfändung benachrichtigt wurde (§ 811 b Abs. 2 ZPO).[580] Versäumt der Gläubiger die Frist oder wird die Zulassung rechtskräftig abgelehnt, so wird die Pfändung aufgehoben.[581]

In Einvernehmen mit Hartmann lässt sich feststellen, dass das gesetzlich vorgesehene Verhältnis der beiden Bestimmungen zueinander – der Austauschpfändung nach § 811 a ZPO und der vorläufigen Austauschpfändung nach § 811 b ZPO – der Realität nicht Rechnung trägt[582]. Das für den Gläubiger angestrebte Ergebnis kann im Regelfall nur im Wege der vorläufigen Austauschpfändung nach § 811 b ZPO erreicht werden. Denn aufgrund des in § 811 a ZPO geregelten Ablaufes mit der Pfändung erst nach der gerichtlichen Zulassung wird förmlich initiiert, dass die vom

---

573 Walker, in: Schuschke/Walker, ZPO, § 811 b Rn. 2.

574 BTDrucks 1/3284, S. 22.

575 Ziege, NJW 1955, 48, 49.

576 So zutreffend Münzberg, in: Stein/Jonas, ZPO, § 811 b Rn. 2. Das gilt auch für die Gegenstände mit besonderem ideellen Wert. Andere Ansicht Noack, JurBüro 1969, 98: „... nur wenn besondere Gründe den Zugriff gebieten ... ist die Austauschpfändung durchzuführen."

577 Hk-ZV/Kindl, § 811 b Rn. 3.

578 Damit soll genau wie in § 811 a ZPO verhindert werden, dass der Schuldner auf den erforderlichen Gegenstand auch nur vorübergehend verzichten muss (anders nur bei der Zurverfügungstellung des Ersatzgegenstandes durch Überlassung des erforderlichen Geldbetrages aus dem Vollstreckungserlös, die als eine Ausnahme vorgesehen ist).

579 Hartmann, NJW 1953, 1856.

580 Baumbach/Lauterbach/Albers/Hartmann, ZPO, § 811 b, Rn. 6.

581 PG/Schneider/Flury, § 811 b Rn. 3.

582 So Hartmann, NJW 1953, 1856.

Gläubiger angestrebte Befriedigung in vielen Fällen nicht erreicht wird. Gesetzlich ist jedoch die vorläufige Austauschpfändung als Sonderfall vorgesehen und die Austauschpfändung nach § 811 a ZPO hat vor ihr Vorrang, obwohl sie nur in Ausnahmefällen zweckmäßig ist. Hinzu kommt, dass die vorläufige Austauschpfändung im Rahmen der mündlichen Verhandlung es dem Vollstreckungsgericht ermöglicht, die Verhältnisse und die Angemessenheit der Austauschpfändung genauer zu prüfen, ohne den Erfolg der Austauschpfändung zu gefährden und die Tauglichkeit des Ersatzgegenstandes festzustellen.[583] Demzufolge wäre es konsequent und sinnvoll, wenn die vorläufige Pfändung der Kompetenzsache vor der gerichtlichen Zulassung mit dem anschließenden Antrag des Gläubigers und der anschließenden Prüfung und Entscheidung durch das Gericht vorrangig vor der Austauschpfändung nach § 811 a ZPO gesetzlich geregelt wäre.

## 4. Austauschpfändung eines Kraftfahrzeuges

Kraftfahrzeuge, die nach § 811 Abs. 1 Nr. 1, 5 ZPO vor Pfändung geschützt sind, unterliegen der Austauschpfändung nach § 811 a Abs. 1 ZPO. Laut dem Oberlandesgericht Köln ist ein Kraftfahrzeug eine typische bewegliche Sache, die einer Austauschpfändung zugänglich ist[584].

Bei der Austauschpfändung eines Kraftfahrzeuges findet eine Pfändung eines hochwertigen Kraftfahrzeuges mit der Überlassung eines Geldbetrages für ein einfacheres Kraftfahrzeug oder direkt die Überlassung eines günstigen Kraftfahrzeuges statt. Zum Beispiel wird ein Pkw mit einem Wert von 2.500,00 € durch einen anderen Pkw mit einem Wert von 500,00 € ausgetauscht[585] oder ein Pkw mit einem Wert zwischen 5.000 € bis 6.000,00 € durch einen anderen mit einem Wert von 1.850,00 €[586].

Wird die Austauschpfändung eines nach § 811 Abs. 1 Nr. 5 ZPO unpfändbaren Kraftfahrzeugs vorgenommen, so muss mit dem Ersatzfahrzeug nicht nur die Fortsetzung der Erwerbstätigkeit in der Gegenwart, sondern ebenso für die Zukunft gewährleistet werden.[587] Dabei soll zur zeitlichen Orientierung das der Austauschpfändung unterliegende Fahrzeug dienen. Das Ersatzfahrzeug muss eine ähnliche Lebensdauer wie das zu pfändende haben.[588]

583 Ziege, NJW 1955, 48, 50.
584 OLG Köln, DGVZ 1986, 13.
585 AG Mosbach, DGVZ 1968, 141, 142.
586 OLG Köln, DGVZ 1986, 13.
587 BGH, NJW-RR 2011, 1366.
588 BGH, NJW-RR 2011, 1366.

## IX. Einschränkungen und Erweiterungen des Pfändungsschutzes

Im Zusammenhang mit dem Thema des Vollstreckungsschutzes stellt sich die Frage nach der Zulässigkeit der vertraglichen Einschränkungen und Erweiterungen im Rahmen der Einzelzwangsvollstreckung, darunter insbesondere die Wirksamkeit der Vereinbarungen, die die Beschränkung der Vollstreckung zum Gegenstand haben, sowie derjenigen Vereinbarungen, die den Pfändungsschutz bei der Vollstreckung in körperliche Sachen gem. § 811 Abs. 1 Nr. 1–13 ZPO einschränken sollen.

### 1. Vollstreckungsbeschränkende Vereinbarungen

Vollstreckungsbeschränkende Vereinbarungen – modale, zeitliche und gegenständliche Beschränkungen[589] – sind nach herrschender Meinung zulässig,[590] nicht so die Änderungen der Vollstreckungsart oder der einzuhaltenden Verfahren[591]. Unter vollstreckungsbeschränkenden Vereinbarungen fallen nicht die Vereinbarungen, die sich auf das materielle Recht auswirken sollen.[592]

Die Wirksamkeit der die Vollstreckungsbefugnis der Gläubiger beschränkenden Vereinbarungen wird einerseits damit begründet, dass das Vollstreckungsverfahren selbst von der Dispositionsmaxime beherrscht wird und der Gläubiger freie Entscheidungen über die Einleitung und das Ausmaß der Zwangsvollstreckung trifft,[593] und andererseits damit, dass zwingende prozessrechtliche Normen derartigen Verträgen nicht entgegenstehen[594]. Philipp argumentiert zudem mit dem fehlenden öffentlichen Interesse an der unbeschränkten Betreibung der Forderung des Gläubigers[595].

Grundsätzlich ist der Zulässigkeit derartiger Vereinbarungen zuzustimmen. Vereinzelt kann dies allerdings zu unbefriedigenden Ergebnissen führen, nämlich

589 Modale Beschränkungen liegen vor, wenn der Gläubiger auf die Geltendmachung von bestimmten im Gesetz normierten Vollstreckungsmöglichkeiten verzichtet. Zeitliche Beschränkungen, wenn die Vollstreckung aus einem Urteil, für bestimmte Zeit oder gar endgültig, ausgeschlossen wird. Raatz, Vollstreckungsverträge, S. 6, 7. Einschränkungen hinsichtlich des Gegenstandes liegen z. B. vor, wenn der Gläubiger in bestimmte pfändbare Gegenstände des Schuldners nicht vollstrecken darf. Emmerich, ZZP 1969, 413, 427.

590 BGH NJW-RR 1995, 576; BGH, NJW 1991, 2295; BGH, NJW 1968, 700; OLG Hamm, Rpfleger 1999, 231; Emmerich, ZZP 1969, 413, 427.

591 Unwirksam sind somit die Vereinbarungen bezüglich der Modifikation des Numerus clausus der Vollstreckungsarten bzw. des vollstreckungsrechtlichen Typenzwangs. Baur/Stürner/Bruns, Zwangsvollstreckungsrecht, § 6 I 3.

592 Hier richtet sich die Beurteilung nach dem materiellen Recht (§§ 134, 138 BGB). Baur/Stürner/Bruns, Zwangsvollstreckungsrecht, § 10 II 2.

593 Emmerich, ZZP 1969, 413, 429.

594 Brox/Walker, Zwangsvollstreckungsrecht, Rn. 203.

595 Philipp, Rpfleger 2010, 456, 460.

in der Konstellation, in der ein im Vergleich zum Schuldner wirtschaftlich schwächerer Gläubiger, beispielsweise ein kleiner Zulieferbetrieb, von einem mächtigen Schuldner, etwa einem Großunternehmen, praktisch gezwungen wird, einen vollstreckungsbeschränkenden Vertrag abzuschließen. Ähnlich begründet Grunsky seine Bedenken hinsichtlich der uneingeschränkten Zulässigkeit der Verträge, die die Einzelzwangsvollstreckung über die Grenzen der normierten Vollstreckungsschutzbestimmungen hinaus gegenständlich beschränken: Ein wirtschaftlich schwacher Gläubiger könne seinem Schuldner genauso ausgesetzt sein wie ein schwacher Schuldner einem Gläubiger. Somit dürfe der Schuldner nicht immer als sozial Schwächerer behandelt werden[596]. In solchen Fällen könnte die vertragliche Einschränkung der Vollstreckung zur ungerechtfertigten Benachteiligung der Gläubiger führen. Letztlich wäre die Herbeiführung gerechter gesetzgeberischer Entscheidungen,[597] die ihren Ausdruck in Normen der Zwangsvollstreckung haben, welche dem Gläubiger zur Verwirklichung seiner Rechte verhelfen sollen, gefährdet. Entgegen Philipp[598] könnte das sehr wohl öffentlichen Interessen entgegenstehen und somit die Beschränkung der Parteidisposition rechtfertigen.

Da eine gesetzlich festgelegte Einschränkung der vollstreckungsbeschränkenden Verträge wegen der Komplexität bei der Festlegung der Rahmenbedingungen kaum vorstellbar ist, könnte das Problem durch die Schaffung einer Härteklausel für den Gläubiger entschärft werden. Auf diesem Wege könnten ebenfalls andere Probleme im Zusammenhang mit der ungerechtfertigten Benachteiligung des Gläubigers besser gelöst werden.

Eine Vollstreckungsvereinbarung, die den völligen Ausschluss der Vollstreckung zum Gegenstand hat, ist unwirksam, denn hier würde die Dispositionsfreiheit aus den oben geschilderten Erwägungen im gesteigerten Maße an ihre Grenze stoßen.[599]

## 2. Vollstreckungserweiternde Vereinbarungen

### *a) Einschränkungen des Pfändungsschutzes des § 811 Abs. 1 ZPO*

Umstritten ist die Zulässigkeit der vollstreckungserweiternden Verträge. Das sind z.B. Verträge, in denen der Schuldner auf den Vollstreckungsschutz insgesamt oder der einzelnen unpfändbaren Gegenstände verzichtet, Verträge, die einen Verzicht auf die Titelzustellung als Voraussetzung der Zwangsvollstreckung zum Gegenstand

---

596 Grunsky, Grundzüge des Zwangsvollstreckungs- und Insolvenzrechts, S. 115–116.
597 BVerfG, Rpfleger 1978, 296.
598 Philipp, Rpfleger 2010, 456, 460.
599 So ebenfalls Baur/Stürner/Bruns, Zwangsvollstreckungsrecht, § 10 II 1; Lüke, Zivilprozessrecht, Rn. 579. a.A. Brox/Walker, Zwangsvollstreckungsrecht, Rn. 202; Philipp, Rpfleger 2010, 456, 460; a.A. Gaul/Schilken/Becker-Eberhard, Zwangsvollstreckungsrecht, S. 579.

haben, oder Verträge, die den Ersatz eines bestimmten gesetzlich vorgesehenen Verfahrens durch ein anderes zum Gegenstand haben[600].[601]

Was speziell die Wirksamkeit eines Verzichtes auf den Pfändungsschutz des § 811 Abs. 1 ZPO betrifft,[602] so ist hier das Spektrum der Meinungen besonders breit, es reicht von der Zulässigkeit des Vorausverzichtes bei bestimmten Nummern des § 811 Abs. 1 ZPO[603] bis hin zur generellen Unwirksamkeit, unabhängig vom Zeitpunkt des Zustandekommens der Vereinbarung[604].

Die grundsätzliche Ablehnung der Wirksamkeit der vollstreckungserweiternden Verträge wird beispielsweise mit der öffentlich-rechtlichen Bindung der Vollstreckungsgewalt an das Sozialstaatsprinzip begründet, die dazu führe, dass die entsprechenden Regelungen nicht zur Disposition des Schuldners stehen[605]. Dem ist entgegenzuhalten, dass aus der Bindung der Vollstreckungsgewalt an das Sozialstaatsprinzip sich die Ablehnung der Disposition des Schuldners hinsichtlich der Beschränkung des Vollstreckungsschutzes nicht generell ableiten lässt. Zu Recht führt Lippross dazu aus, dass die mit der Zustimmung des Schuldners erfolgte Einschränkung nicht zwingend den aus dem Sozialstaatsprinzip abzuleitenden Wertmaßstäben widerspricht[606]. Zu dem gleichen Schluss kommt man bei der Betrachtung des § 46 SGB I, wonach es zur freien Disposition des Schuldners steht, auf Sozialleistungsansprüche, die die Konkretisierung des Sozialstaatsprinzips darstellen, gegenüber dem Leistungsträger zu verzichten.

600 Zum Beispiel § 887 ZPO durch den § 888 ZPO.

601 Emmerich, ZZP 1969, 413, 414.

602 Im Zusammenhang mit dem Thema der Wirksamkeit der vollstreckungserweiternden Verträge ist von besonderer Relevanz die Frage nach der Zulässigkeit des schuldnerischen Verzichtes auf den Pfändungsschutz der körperlichen Sachen nach § 811 Abs. 1 ZPO. Das liegt daran, dass es im materiellen Recht keine Vorschriften gibt, die inhaltlich § 811 Abs. 1 ZPO entsprechen, so dass es dem Schuldner grundsätzlich freisteht, über seine Habe in den Grenzen des § 138 BGB rechtsgeschäftlich zu verfügen. Nicht so bei der Forderungspfändung, denn im materiellen Recht existieren Verfügungsverbote (§§ 400, 1274 Abs. 2 BGB), die mit den Pfändungseinschränkungen nach §§ 850 ff. ZPO verknüpft sind und aus denen die Unwirksamkeit eines Verzichtes bei Forderungen gefolgert wird. OLG Köln, JW 1933, 535; Lippross, Grundlagen und System des Vollstreckungsschutzes, S. 182.

603 So Emmerich, ZZP 1969, 413, 426; Bartels, Rpfleger 2008, 397, 402.

604 So z. B. PG/Flury, § 811 Rn. 10, 11; Seiler, in: Thomas/Putzo, ZPO, § 811 Rn. 5; Hk-ZPO/Kemper, § 811 Rn. 5; Musielak/Becker, ZPO, § 811 Rn. 9; Baumbach/Lauterbach/Albers/Hartmann, ZPO, § 811 Rn. 5; Stöber, in: Zöller, ZPO, § 811 Rn. 10; Philipp, Rpfleger 2010, 456.

605 So z. B. Münzberg, in: Stein/Jonas, ZPO, § 811 Rn. 8.

606 Lippross, Grundlagen und System des Vollstreckungsschutzes, S. 185.

Ablehnende Stimmen fügen hinzu, dass der Vollstreckungsschutz dem öffentlichen Interesse und nicht nur dem des Schuldners dient – mit dem Schuldnerschutz soll verhindert werden, dass der Schuldner durch die Vollstreckung auf die Unterstützung des Staates angewiesen ist[607]. Im Hinblick darauf solle das Einzelinteresse des Gläubigers dem Staatsinteresse nachgehen.[608] Walker als einer der Befürworter der Wirksamkeit von vollstreckungserweiternden Vereinbarungen hinsichtlich des Vollstreckungsschutzes nach § 811 Abs. 1 ZPO, die bei der Pfändung zustande gekommen sind,[609] entgegnet dem: Der Schuldner könne zu dem Zeitpunkt bereits einschätzen, welches Risiko er auf sich nimmt, und er hätte in dem Fall gem. § 26 Abs. 1 SGB XII keinen Anspruch auf Sozialhilfe zur Wiederbeschaffung der gepfändeten Sachen, so dass das öffentliche Interesse dem nicht entgegenstehen würde[610]. Laut Peters kann der Schuldner über die nach § 811 Abs. 1 ZPO unpfändbaren Sachen materiellrechtlich frei verfügen, so dass nicht einzusehen ist, warum sein Verzicht bei der Vollstreckung unwirksam sein sollte[611]. Laut Kleffner belasse sogar die Rechtsordnung dem Schuldner ein Wahlrecht, ob er auf eine der nach § 811 Abs. 1 ZPO geschützten Sachen verzichten will oder nicht[612]. Dies schließt er daraus, dass es dem Schuldner freisteht, ob er bei dem Verstoß gegen § 811 Abs. 1 ZPO die Erinnerung einlegt oder nicht.

Die Argumente stoßen auf folgende Bedenken. Zum einen trifft die Behauptung, dass der Schuldner sich während der Pfändung über die Folgen im Klaren ist, vielfach nicht zu. Für viele Schuldner ist die Zwangsvollstreckung eine psychisch äußerst belastende Situation, in der einige Schuldner sehr wohl bereit sein können, einen Verzicht zu erklären, damit „endlich Schluss ist". Zum anderen entfällt das öffentliche Interesse an dem Vollstreckungsschutz nicht, nur weil fiskalische Nachteile für den Staat ausbleiben,[613] Was die Argumentation von Kleffner in Bezug auf die Disposition im Rahmen des § 766 ZPO betrifft, so lässt er unberücksichtigt, dass auch wenn der Schuldner auf die Einlegung der Erinnerung verzichtet, so können dies seine Angehörigen nachholen. Bei einem Verzicht durch den Schuldner stehen seine Angehörigen dagegen ungeschützt da.

607 So z. B. MüKoZPO/Gruber, § 811 Rn. 13; Lüke, in: Wieczorek/Schütze, ZPO, § 811 Rn. 13.

608 OLG Köln, JW 1933, 535.

609 Für die Zulässigkeit OLG Celle, OLGRsp 17, 196; OLG Karlsruhe, OLGRsp 14, 174; LG Bonn, MDR 1965, 303; LG Bremen, MDR 1951, 752; KG, NJW 1960, 682; AG Essen, DGVZ 1978, 175; Kleffner, DGVZ 1991, 108 (einschränkend); Grunsky, Grundzüge des Zwangsvollstreckungs- und Insolvenzrechts, S. 115; Jauernig/Berger, Zwangsvollstreckungs- und Insolvenzrecht, § 32 I; Zimmermann/ZPO, § 811 Rn. 4.

610 Walker, in: Schuschke/Walker, ZPO, § 811 Rn. 15.

611 MüKoInsO/Peters, § 36 Rn. 58; ähnlich Henckel, in: Jaeger, InsO, § 36 Rn. 6.

612 Kleffner, DGVZ 1991, 108, 110.

613 Musielak/Becker, ZPO, § 811 Rn. 9.

Einen Mittelweg schlägt Emmerich vor. In jedem Einzelfall soll eine sorgfältige und umfassende Interessenabwägung vorgenommen werden, um so feststellen zu können, welchen Interessen die betroffene Regelung in erster Linie dient und ob das öffentliche Interesse an der Einhaltung der Vorschrift den vertraglichen Dispositionen der Parteien entgegenstehen würde[614]. Auch Bartels spricht sich dafür aus und kommt nach der entsprechend dem Konzept vorgenommenen Bewertung zum Entschluss, dass der Verzicht auf § 811 Abs. 1 Nr. 10, 11, 13 ZPO wirksam sei[615]. Der Lösungsvorschlag würde in der Tat der Tatsache Rechnung tragen, dass unterschiedliche Arten von vollstreckungserweiternden Verträgen möglich sind und ebenfalls die einzelnen Vollstreckungsschutzvorschriften von unterschiedlichem Gewicht sind,[616] so dass nicht bei allen Regelungen von dem gleich hohen Interesse der Allgemeinheit an deren Einhaltung auszugehen ist. Zum einen jedoch stellt sich die Frage, inwieweit eine Einzelfallklärung praktikabel und effektiv wäre und sich mit dem formalisierten Ablauf des Vollstreckungsverfahrens vertragen würde. Hierzu ist auszuführen, dass z. B. bei § 811 Abs. 1 ZPO die Beurteilung dem Gerichtsvollzieher obliegen würde, der voraussichtlich nicht in der Lage wäre, die Entscheidung zweifelsfrei zu treffen,[617] besonders im Hinblick auf die Frage, ob durch einen Verzicht auf den Vollstreckungsschutz die Menschenwürde des Schuldners oder gegebenenfalls seiner Angehörigen verletzt werden könnte (Art. 1 GG)[618]. Zum anderen ist zu hinterfragen, ob bei grundsätzlicher Betrachtung dem Interesse der Parteien an einer derartigen Vereinbarung so viel Gewicht beigemessen werden soll, dass es gegebenenfalls Vorrang haben dürfe vor Rechtssicherheit, die durch die Zulassung der Verträge gefährdet sein könnte. Bei Verträgen, die einen Verzicht auf den Schuldnerschutz nach § 811 Abs. 1 ZPO zum Gegenstand haben, wären die beiden Fragen zu verneinen und die Möglichkeit jeglicher Einschränkung des Vollstreckungsschutzes abzulehnen[619]. Denn eine derartige Interessenabwägung würde bereits an der Klassifikation der einzelnen Bestimmungen in Gruppen, die überwiegend dem öffentlichen oder dem privaten Interesse dienen, scheitern. Außerdem sind kaum Konstellationen denkbar, in denen das Interesse des Schuldners an einer solchen Vereinbarung die Entwertung der Schutzvorschriften durch die Zulassung derartiger Vereinbarungen rechtfertigen könnte. Aufgrund der geschilderten Erwägungen ist die von Emmerich vorgeschlagene Vorgehensweise zur

---

614 Emmerich, ZZP 1969, 413, 422–428.

615 Bartels, Rpfleger 2008, 397, 402.

616 Emmerich, ZZP 1969, 413, 423.

617 Philipp versucht eine derartige Differenzierung vorzunehmen und kommt zu dem Entschluss, dass ein zwingendes Individualinteresse im gleichen Maße einem Verzicht auf den Schutz nach § 811 Abs. 1 ZPO entgegensteht wie das öffentliche Interesse. Philipp, Rpfleger 2010, 456, 463.

618 Lippross, Grundlagen und System des Vollstreckungsschutzes, S. 185.

619 So ebenfalls LG Heidelberg, WuM 1993, 397: einschränkend auf Verzicht im Voraus; LG Osnabrück, WuM 1980, 256.

Beurteilung der Wirksamkeit bestimmter Verzichtsvereinbarungen abzulehnen.[620] Einer Vereinbarung mit der der Pfändungsschutz nach § 811 Abs. 1 Nr. 1–6, 10, 11 ZPO eingeschränkt werden sollte, würden außerdem die von den Regelungen geschützten Interessen der Angehörigen des Schuldners entgegenstehen. Die von Philipp vorgebrachte mögliche Lösung des Problems – die Einholung der Zustimmung der betroffenen Personen[621] – scheidet aus, denn es ist vielfach nicht genau feststellbar, welche Personen von der Vereinbarung gegenwärtig oder künftig betroffen sein werden.

Auf den Pfändungsschutz nach § 811 Abs. 1 ZPO kann auch nicht in Form einer Erklärung verzichten werden, eine bestimmte Sache werde zu einer bescheidenen Lebens- oder Haushaltsführung nicht benötigt (§ 811 Abs. 1 Nr. 1 ZPO)[622] oder ein Pkw eines außergewöhnlich gehbehinderten Schuldners, der bei Benutzung öffentlicher Verkehrsmittel ständige Begleitung braucht,[623] sei nicht mehr erforderlich (§ 811 Abs. 1 Nr. 12 ZPO). Anderenfalls würden derartige Erklärungen zur gängigen Praxis werden und in einer Vielzahl von Fällen zur Voraussetzung für den Abschluss von Verträgen oder für die Vergabe von Krediten, wodurch der Schuldner regelmäßig gezwungen wäre, seinen Schutz aufzugeben.[624]

Somit ist die Wirksamkeit eines schuldnerischen Verzichtes auf die einzelnen Nummern des § 811 Abs. 1 Nr. 1–13 ZPO abzulehnen, und zwar unabhängig von dem Zeitpunkt der entsprechenden Vereinbarung.

### *b) Verzicht auf die Einlegung der Erinnerung nach § 766 ZPO*

Eine Vereinbarung zwischen Schuldner und Gläubiger, wonach der Schuldner sich verpflichtet, keine Erinnerung nach § 766 ZPO einzulegen, ist aus den in den vorangegangenen Kapiteln vorgebrachten Erwägungen ebenfalls nichtig (§ 134 BGB).[625] Etwas anderes wäre auch im Hinblick auf die dem Schuldner versagte Disposition hinsichtlich des Vollstreckungsschutzes nach § 811 Abs. 1 ZPO inkonsistent, denn der Verzicht auf den Rechtsbehelf würde auf die Umgehung des zwingenden Pfändungsschutzes hinauslaufen.[626] Die Verwirkung der Erinnerungsmöglichkeit nach § 811 Abs. 1 ZPO kann nur dann eintreten, wenn der Schuldner den Verzicht vor der Pfändung mit dem Vorsatz erklärt hat, den Gläubiger davon abzuhalten, alternative Vollstreckungsmaßnahmen zu ergreifen. Denn in einem solchen Fall wird dem Vertrauen des Gläubigers auf Redlichkeit im Rechtsverkehr der Vorzug gewährt.[627]

---

620 So ebenfalls Lippross, Grundlagen und System des Vollstreckungsschutzes, S. 185.
621 Philipp, Rpfleger 2010, 456, 463.
622 Brox/Walker, Zwangsvollstreckungsrecht, Rn. 302.
623 BGH, DGVZ 2004, 71.
624 Brox/Walker, Zwangsvollstreckungsrecht, Rn. 302.
625 So auch Lüke, in: Wieczorek/Schütze, ZPO, § 811 Rn. 14.
626 Sinngemäß Philipp, Rpfleger 2010, 456, 464.
627 Bay ObLG, NJW, 1950, 697, 699; Münzberg, in: Stein/Jonas, ZPO, § 811 Rn. 9.

### c) *Verzicht auf den Pfändungsschutz nach § 812 ZPO*

Was den Verzicht auf den Schutz des § 812 ZPO betrifft, so ist hier von der Wirksamkeit eines Verzichts auszugehen. Das ist darauf zurückzuführen, dass der Sonderschutz für Hausrat – es sind Gegenstände geschützt, die für eine angemessene, bescheidene Lebens- und Haushaltsführung nicht benötigt werden – weder der Sicherung des Existenzminimums des Einzelnen noch einem anderen sozialpolitischen Zweck dient.[628]

628 Andere Ansicht Lippross, Grundlagen und System des Vollstreckungsschutzes, S. 188.

# D. Gerichtlicher Vollstreckungsschutz der beweglichen Sachen in der Einzelzwangsvollstreckung wegen einer Geldforderung

Im Unterschied zum Pfändungsschutz nach §§ 811, 812, 850 ff. ZPO – der automatisch greift und dazu führt, dass beim Vorliegen bestimmter Voraussetzungen gewisse Teile des Vermögens jedes Schuldners und gegebenenfalls seiner Angehörigen vom Vollstreckungszugriff des Gläubigers grundsätzlich ausgenommen werden – wird der gerichtliche Vollstreckungsschutz nur im Wege einer abwägenden Entscheidung im Rahmen eines kontradiktorischen Verfahrens gewährt[629]. Vorausgesetzt werden hier ein Antrag des Schuldners sowie die Würdigung der Umstände des Einzelfalls. In der Einzelzwangsvollstreckung in bewegliche Sachen kommt der Vollstreckungsschutz, wie auch im gesamten Zwangsvollstreckungsrecht, in Gestalt des § 765 a ZPO – Generalklausel des Schuldnerschutzes.[630] Der hierfür in der juristischen Literatur häufig verwendete Begriff „richterlicher" Vollstreckungsschutz,[631] unter den neben § 765 a ZPO die Bestimmungen der §§ 850 c Abs. 4, 850 f Abs. 1 ZPO, §§ 30 a ff. ZVG, § 54 Abs. 2 SGB I fallen, hebt die Eigenart der Normengruppe nicht deutlich hervor[632]. Außerdem ist er irreführend, denn funktionell zuständig ist z.B. bei § 765 a ZPO in der Regel[633] der Rechtspfleger (§ 20 Nr. 17 RPflG)[634].[635] Gaul schlägt die Differenzierung zwischen „gerichtlichem" Vollstreckungsschutz und „gesetzlichem" Vollstreckungsschutz[636] vor[637]. Die Begrifflichkeiten bringen die Eigenart der Regelungen am genauesten zum Ausdruck.

629 Schmalz, Methodenlehre, Rn. 293–295.
630 Nowack, DRiZ 1954, 3.
631 So z.B. Henckel, Prozessrecht und materielles Recht, S. 349; Behr, KJ 1980, 156, 157.
632 Lippross, Grundlagen und System des Vollstreckungsschutzes, S. 140.
633 Wurde der Antrag nach § 765 a ZPO zusammen mit dem Antrag nach § 766 ZPO gestellt, so soll der Richter die gesamte Angelegenheit bearbeiten (§ 6 RpflG).
634 Gaul/Schilken/Becker-Eberhard, Zwangsvollstreckungsrecht, S. 855.
635 Die Verwendung des Begriffes bei Henckel ist möglicherweise darauf zurückzuführen, dass Henckel sein Werk (Henckel, Prozessrecht und materielles Recht) 1968/1969 schrieb. Zur Zuständigkeit des Rechtspflegers bei § 765 a ZPO kam es dagegen erst mit dem Rechtspflegergesetz von 1969 mit dem Änderungsgesetz von 1970 (§ 20 Nr. 17 RpflG).
636 Der Begriff „gesetzliche Pfändungsschutzbestimmungen" wird auch vom BGH verwendet. BGH, Rpfleger 2008, 374.
637 Gaul/Schilken/Becker-Eberhard, Zwangsvollstreckungsrecht, S. 855.

## I. Generalklausel des Vollstreckungsschutzes

§ 765 a ZPO ist die Generalklausel des Schuldnerschutzes[638] in der Einzelzwangsvollstreckung. Nach der Rechtsnorm kann auf Antrag des Schuldners eine Maßnahme der Einzelzwangsvollstreckung vom Vollstreckungsgericht dann ganz oder teilweise aufgehoben, untersagt oder einstweilen einstellt werden, wenn die Maßnahme unter voller Würdigung des Schutzbedürfnisses des Gläubigers wegen ganz besonderer Umstände eine Härte bedeutet, die mit den guten Sitten nicht vereinbar ist und sie mit Hilfe der anderen Vorschriften nicht abgemildert werden kann.

Die Generalklausel ist eine ausdrückliche Ausnahmebestimmung für besondere Fälle,[639] die eng auszulegen ist und bei deren Anwendung große Zurückhaltung geboten ist[640]. Die Aufweichung des § 765 a ZPO würde zu seiner Entwertung führen, wie es bei jeder anderen Generalklausel ebenfalls der Fall wäre.[641] Zutreffend weist Bloedhorn in dem Zusammenhang darauf hin, die aktuelle Formulierung sei kein Spiel mit Worten, sie zeige deutlich, dass die Verwirklichung des Vollstreckungsanspruchs grundsätzlich Vorrang haben solle[642]. Nach der Vorstellung des Gesetzgebers sollte mithilfe der aktuellen Formulierung der Gefahr einer zu weiten Auslegung vorgebeugt werden[643]. Dem sollte in der heutigen Zeit bei der Anwendung und Auslegung der Norm Beachtung geschenkt werden. Die Regelung des § 765 a ZPO ist ein Korrektiv, das nur äußerst zurückhaltend angewendet werden darf,[644] nur so kann eine Diskreditierung des Erkenntnisverfahrens und eine Rechtsverweigerung für den Gläubiger vermieden werden[645].

Besondere Sorgfalt bei der Anwendung des § 765 a ZPO ist ebenfalls deswegen geboten, weil sich die Entscheidungsorgane aufgrund der unbestimmten Rechtsbegriffe, auf denen der Schutz inhaltlich basiert, zu Gesetzeskorrekturen verleiten lassen können.[646] Dies würde auf die Verweisung des Rechtsanwenders auf außerrechtliche Ordnung hinauslaufen[647] und die Rechtssicherheit in Frage stellen[648]. Die Rechtssicherheit wäre ebenfalls dann in Frage gestellt, wenn die Generalklausel zur Beseitigung eines Vollstreckungstitels angewandt wäre.[649] Die wiederholte Auseinandersetzung mit dem materiellen Anspruch des Gläubigers im Rahmen

---

638 Nowack, DRiZ 1954, 3.
639 BTDrucks 1/3284, S. 13.
640 Münzberg, in: Stein/Jonas, ZPO, § 765 a Rn. 2.
641 Bloedhorn, DGVZ 1976, 104, 106.
642 Bloedhorn, DGVZ 1976, 104, 105.
643 BTDrucks 1/3284, S. 13.
644 Grund, NJW 1956, 126, 128.
645 Baur/Stürner/Bruns, Zwangsvollstreckungsrecht, § 47 III 1.
646 Behr, KJ 1980, 156, 157.
647 Behr, KJ 1980, 156, 157.
648 Lippross, Grundlagen und System des Vollstreckungsschutzes, S. 177.
649 KG FamRZ 1966, 155, 157.

der Generalklausel würde außerdem zum Verstoß gegen Grundregeln des Vollstreckungsrechts führen.[650] [651]

Die Härteklausel des § 765 a ZPO birgt unter dem Gesichtspunkt der Rechtssicherheit die übliche Gefahr einer Generalklausel, nämlich problematische Berechenbarkeit und Voraussehbarkeit. Dennoch sind die aus der Fähigkeit zur Anpassung an die zahlreichen unterschiedlichen Lebensumstände und Rechtsprobleme sowie an einen gesellschaftlichen Wandel und insbesondere an sozialethische Vorstellungen resultierenden Vorteile so umfassend,[652] dass der Schuldnerschutz im Rahmen der Generalklausel des § 765 a ZPO in der Einzelzwangsvollstreckung zweifellos gerechtfertigt ist. Wird zudem berücksichtigt, dass gerade das Vollstreckungsverfahren durch einen stark formalen Einschlag gekennzeichnet ist und kaum die Beachtung aller Umstände des Einzelfalls gestattet,[653] so kann sogar von der Unentbehrlichkeit einer derartigen Ausgleichsnorm wie die des § 765 a ZPO in der Zwangsvollstreckung gesprochen werden[654].

## 1. Besondere Rolle der Generalklausel

Nach dem Bundesverfassungsgericht dient das Verfahrensrecht „der Herbeiführung gesetzmäßiger und unter diesem Blickpunkt richtiger, aber auch gerechter Entscheidungen, so dass die verfassungsrechtliche Gewährleistung nicht nur die Ausgestaltung des materiellen Rechts beeinflusst, sondern auch auf das dazugehörige Verfahrensrecht sich auswirkt“[655]. Schuschke weist zutreffend darauf hin, dass die Zwangsvollstreckung hoheitliches Handeln par excellence sei, bei dem jeder Schritt in hohem Maße grundrechtsrelevant ist[656].

Bei der Untersuchung des Pfändungsschutzes wurde bereits darauf hingewiesen, dass sowohl die vollziehende Gewalt wie auch die Rechtsprechung in der Einzelzwangsvollstreckung an die Grundrechte und an die Wertentscheidungen des Grundgesetzes als unmittelbar geltendes Recht gebunden sind[657]. Das gilt im

650 Bloedhorn, DGVZ 1976, 104, 105.

651 Nennenswert ist in dem Zusammenhang die Entscheidung des AG Uelzen, DGVZ 1971, 175: Das Gericht setzt sich ausführlich mit der materiellen Rechtslage auseinander und stützt seine Entscheidung neben §§ 766 Abs. 2, 767 ZPO, §§ 2, 5 AbzG auf die Regelung des § 765 a ZPO.

652 Zippelius, Juristische Methodenlehre, § 9 II.

653 Jonas/Pohle, Zwangsvollstreckungsnotrecht, S. 30.

654 So auch Mohrbutter, Handbuch des gesamten Vollstreckungs- und Insolvenzrechts, § 12, XI, 1; Grunsky, Grundzüge des Zwangsvollstreckungs- und Insolvenzrechts, S. 119–120; vgl. ebenfalls Baumgärtel, der § 765 a ZPO als notwendige Ausgleichsnorm bezeichnet. Baumgärtel, ZZP 1956, 89.

655 BVerfG, Rpfleger 1978, 296.

656 Schuschke, DGVZ 2008, 33, 34.

657 So ausdrücklich auch Lippross, Grundlagen und System des Vollstreckungsschutzes, S. 135.

besonderen Maße für den Vollstreckungsschutz nach § 765 a ZPO.[658] Der Generalklausel des § 765 a ZPO wird in der Zwangsvollstreckung aber nicht nur eine zentrale, sondern auch eine besondere Rolle beigemessen. Sie ist der Ansatzpunkt[659] der Geltung der verfassungsrechtlichen Gewährleistung der Grundrechte und der aus dem Rechtsstaatsprinzip herzuleitenden Verfassungsprinzipien, vor allem des Grundsatzes der Verhältnismäßigkeit[660] im Rahmen der Zwangsvollstreckung.[661] [662]

Nicht zuzustimmen ist somit Gerhard und Jauernig, dass im Vollstreckungsrecht für eine Berücksichtigung des Grundsatzes der Verhältnismäßigkeit unter Abwägung der konkreten Gläubiger- und Schuldnerinteressen kein Raum ist[663] bzw. dass der Verhältnismäßigkeitsgrundsatz in der Zwangsvollstreckung keine Geltung hat, denn es gehe hier nicht um die Durchsetzung staatlicher Rechte[664].

In der Zwangsvollstreckung wegen Geldforderungen in bewegliche Sachen, neben der vom Gesetz bereits konkret vorgesehenen Berücksichtigung des Grundsatzes der Verhältnismäßigkeit in Gestalt des Verbotes der Überpfändung, des Verbotes einer zwecklosen Pfändung sowie der Verschleuderungsschutzregelung nach § 812 ZPO, ist der Grundsatz bei der Anwendung des § 765 a ZPO von außerordentlicher Relevanz. Dies kommt besonders durch die erforderliche Abwägung der widerstreitenden Interessen des Schuldners und des Gläubigers zum Ausdruck.[665] Wiegen

---

658 BVerfG, Rpfleger 2010, 383.

659 So zutreffend Walker, der nicht von der Einbruchstelle, sondern lediglich von dem Ansatzpunkt spricht. Walker, in: Schuschke/Walker, ZPO, § 765 a Rn. 1.

660 „...der sich bereits aus dem Wesen der Grundrechte selbst ergibt und dem als Element des Rechtsstaatsprinzips Verfassungsrang zukommt". BVerfGE 19, 342, 347 ff. Fischer weist in dem Zusammenhang darauf hin, dass der Grundsatz der Verhältnismäßigkeit im zivilprozessualen Vollstreckungsrecht, lange bevor es das Grundgesetz überhaupt gab, galt. Fischer, Vollstreckungszugriff als Grundrechtseingriff, S. 112.

661 BVerfGE 52, 214–223.

662 Gleiche Ansicht Wieser, der von der Berücksichtigung der Verhältnismäßigkeit im Rahmen des § 765 a ZPO ausgeht. Wieser, Der Grundsatz der Verhältnismäßigkeit in der Zwangsvollstreckung, S. 86; Ebenso Peters, Die richterliche Anordnung zur Zwangsvollstreckung nach § 758 ZPO – Wege und Irrwege, S. 557; sinngemäß Lippross, Grundlagen und System des Vollstreckungsschutzes, S. 137, 174, 177. Schuschke bejaht die Geltung des Grundsatzes im Vollstreckungsverfahren. Schuschke, DGVZ 2008, 33, 34. Nach Brehm tragen sogar alle Schuldnerschutzvorschriften dem Grundsatz der Verhältnismäßigkeit Rechnung. Brehm, Rpfleger 1982, 125, 127.

663 Gerhardt, ZZP 1982, 467, 483, 484.

664 Jauernig/Berger, Zwangsvollstreckungs- und Insolvenzrecht, § 1 X.

665 Nach der Rechtsprechung des BVerfG liegt die Verletzung des Grundsatzes der Verhältnismäßigkeit dann vor, wenn „die dem Eingriff entgegenstehenden Interessen im konkreten Fall ersichtlich wesentlich schwerer wiegen als diejenigen Belange, deren Wahrung die staatliche Maßnahme dienen soll" BVerfG, NJW 1979, 2607; BVerfG, NJW 1977, 1490.

z. B. unmittelbar der Erhaltung von Leben und Gesundheit dienende Interessen des Schuldners (Lebensschutz, Art. 2 Abs. 2 GG) im konkreten Fall offensichtlich wesentlich schwerer als die Belange, deren Wahrung die Vollstreckungsmaßnahmen dienen sollen (Eigentumsschutz, Art. 14 GG; wirksamer Rechtsschutz, Art. 19 Abs. 4 GG), so muss Schutz nach § 765 a ZPO gewährt werden. Anderenfalls würden staatliche Eingriffe das Prinzip der Verhältnismäßigkeit und Grundrechte des Schuldners aus Art. 2 Abs. 2 S. 2 GG verletzen.[666] Somit können mithilfe des § 765 a ZPO unzulässige Grundrechtsbeeinträchtigungen im Zwangsvollstreckungsverfahren vermieden werden, indem bei der Auslegung und Anwendung der Norm die Wertentscheidungen des Grundgesetzes und die dem Schuldner in der Zwangsvollstreckung gewährleisteten Grundrechte berücksichtigt werden.[667] [668] Das Recht auf Leben und körperliche Unversehrtheit aus Art. 2 Abs. 2 S. 1 GG hat dabei als vitale Basis der Menschenwürde und als Voraussetzung aller anderen Grundrechte[669] oberste Priorität und verpflichtet Gerichte zur entsprechenden Gestaltung des Verfahrens,[670] z. B. indem Gerichte den Beweisangeboten seitens des Schuldners vor allem dann besonders sorgfältig nachgehen, wenn er vorbringt, ihm drohten schwerwiegende Beeinträchtigungen des Rechts auf Leben und körperliche Unversehrtheit[671]. Ebenfalls muss die Gefährdung der Menschenwürde (Art. 1 Abs. 1 GG) des Schuldners durch eine Zwangsvollstreckungsmaßnahme mit § 765 a ZPO verhindert werden können.[672]

Bei jeder Anwendung der Generalklausel muss das Rechtsstaatsprinzip des Art. 20 Abs. 3 GG sowohl zugunsten des Schuldners als auch des Gläubigers berücksichtigt werden.[673] Die Gerichte müssen in ihrer Gestaltung der Verfahren „alle erforderlichen Vorkehrungen treffen, damit Verfassungsverletzungen durch Zwangsvollstreckungsmaßnahmen tunlichst ausgeschlossen werden“[674]. Grund merkte dazu an, kaum eine richterliche Entscheidung verlange eine so sorgfaltige Begründung[675] wie die Anwendung des § 765 a ZPO[676]. Die Vielzahl der Verfassungsbeschwerden

666 BVerfG, DGVZ 2007, 171; BVerfG, DGVZ 2006, 88; BVerfG, NJW-RR 2001, 1523–1524; BVerfG, NJW 1994, 1719; BVerfG, NJW 1991, 3207; BVerfG, NJW 1998, 295.

667 BVerfG, Rpfleger 1979, 450.

668 In dem Zusammenhang spricht Fischer von der „dogmatisch-systematisch kaum befriedigend zu beantwortenden Frage der Art und Weise dieser Berücksichtigung materiellen Verfassungsrechts im Rahmen einfachrechtlichen Verfahrensrechts“. Fischer, Vollstreckungszugriff als Grundrechtseingriff, S. 123.

669 Lepa, Der Inhalt der Grundrechte, S. 65.

670 BVerfG, Rpfleger 2005, 614.

671 BVerfG, DGVZ 2007, 171; BVerfG, Rpfleger 2005, 614; BVerfG, DGVZ 1994, 71.

672 Lippross, JA 1979, 9, 13.

673 Schuschke, DGVZ 2008, 33, 34.

674 BVerfGE 52, 214–223.

675 Und ebenso sorgfältige und umfassende Prüfung und Würdigung aller relevanten Umstände des konkreten Sachverhaltes.

676 Grund, NJW 1956, 126 ff.

im Zusammenhang mit dem Vollstreckungsschutz nach § 765 a ZPO bestätigt dies[677]. Behr spricht in dem Zusammenhang von der „verfassungsrechtlichen Aufwertung" des § 765 a ZPO durch die Rechtsprechung des Bundesverfassungsgerichts.[678]

Vereinzelt wurde dem Risiko der Verfassungsverletzung durch die Zwangsvollstreckung mit der Einstellung auf unbestimmte Zeit nach § 765 a ZPO begegnet.[679] Im Schrifttum wurde das zu Recht vielfach kritisiert,[680] weil dies praktisch die vollständige Entwertung des Titels bedeutet[681]. Auch viele Gerichte haben sich dagegen ausgesprochen.[682] Das Landgericht Gießen wies dabei zutreffend darauf hin, dass das Fehlen der zeitlichen Beschränkung zur Aushöhlung des Rechtes des Gläubigers führe[683]. In einer seiner letzten Entscheidungen spricht sich der Bundesgerichtshof grundsätzlich einzig für die Möglichkeit einer befristeten Einstellung im Rahmen des § 765 a ZPO aus, auch wenn die Aussichten für die Veränderung der gegenwärtigen Situation gering sind, denn das Interesse des Gläubigers an der Fortsetzung des Verfahrens verbiete eine dauerhafte Einstellung, weil die staatliche Aufgabe, das Leben des Schuldners zu schützen, durch ein Vollstreckungsverbot nicht auf unbegrenzte Zeit gelöst werden könne[684].

Kritik wurde ebenfalls am einseitig auf die Grundrechtsposition des Schuldners gelenkten Blick in der Rechtsprechung des Bundesverfassungsgerichts zum § 765 a ZPO geübt. Laut Gaul sei in den Entscheidungen häufig verkannt worden, dass dem Schuldnerrecht – im Sinne einer „Grundrechtskollision" – das gleichfalls grundrechtlich geschützte Gläubigerrecht aus Art. 14 Abs. 1 GG gegenüberstehe[685]. Einige Entscheidungen des Bundesverfassungsgerichts deuten tatsächlich darauf hin.[686]

Neben verfassungsrechtlichen Aspekten spielt die Generalklausel des § 765 a ZPO noch aus einem weiteren Grund eine besondere Rolle in der Zwangsvollstreckung: § 765 a ZPO ist eine vollstreckungsrechtliche Konkretisierung des

677 BVerfG, NJW-RR 2013, 626; BVerfG, NJW 2013, 290; BVerfG, NJW-RR 2012, 393, BVerfG 2010, 383; BVerfG, DGVZ 2008, 123; BVerfG, NJW-RR 2007, 228; BVerfG, DGVZ 2006, 88; BVerfG, NJW-RR 2001, 1523–1524; BVerfG, NJW 1994, 1719; BVerfG, NJW 1991, 3207; BVerfG, NJW 1998, 295.

678 Behr, Rpfleger 1989, 13, 14.

679 Die Möglichkeit der Einstellung auf unbestimmte Zeit/auf Dauer wurde bejaht von: BVerfG, DGVZ 2006, 88; 90. BVerfG, NJW 1998, 295; BVerfG, Rpfleger 1979, 450; BGH, DGVZ 2008, 43; ablehnend dagegen: BGH, DGVZ 2010, 149; LG Gießen, DGVZ 2002, 121.

680 Zum Beispiel Ottersbach, Rpfleger 1989, 517; Lippross, Grundlagen und System des Vollstreckungsschutzes, S. 181; Münzberg, in: Stein/Jonas, ZPO, § 765 a Rn. 8.

681 Gaul, Rpfleger 1971, 81, 92; LG Frankenthal, Rpfleger 1984, 68.

682 Zum Beispiel OLG Koblenz, NJW 1957, 1197; LG Frankenthal, Rpfleger 1984, 68.

683 LG Gießen, DGVZ 2002, 121.

684 BGH, DGVZ 2010, 149, 150.

685 Gaul/Schilken/Becker-Eberhard, Zwangsvollstreckungsrecht, S. 856.

686 Entscheidungen wie: BVerfGE 52, 214–223, BVerfG 1994, 1719; eher das Gegenteil bei der Entscheidung des OLG Köln, NJW 1993, 2248.

Rechtsmissbrauchsgedankens[687]. Stöber kennzeichnet die Generalklausel als einen vor missbräuchlicher Rechtsausübung schützenden Rechtsbehelf[688]. Es geht hier um die Rüge des Missbrauchs der Vollstreckungsform[689]. Die Art und Weise des Vollstreckungsvorgehens kann damit beanstandet werden.[690] Damit steht § 765 a ZPO der Vollstreckungserinnerung nach § 766 ZPO nahe.[691] Sowohl die Erinnerung nach § 766 ZPO, mit der formelle Voraussetzungen und das Vollstreckungsverfahren selbst gerügt werden können (darunter z. B. der Verstoß gegen den Pfändungsschutz nach § 811 Abs. 1 ZPO, gegen das Pfändungsverbot nach § 812 ZPO oder Verfahrensfehler im Rahmen des § 811 a ZPO), als auch die Härteklausel können sog. „vollstreckungsinternen Rechtsbehelfen" zugeordnet werden.[692] Aber im Unterschied zur Erinnerung nach § 766 ZPO und ebenfalls zu den anderen dem Schuldner gewährten Behelfen, die außerhalb des eigentlichen Vollstreckungsverfahrens stehen und die wegen materieller Einwendungen erhoben werden können,[693] bringt § 765 a ZPO wie bereits beschrieben einen übergeordneten Gesichtspunkt – den Gedanken der Unzulässigkeit einer missbräuchlichen Rechtsausübung – zum Ausdruck[694]. Außerdem hängt der Vollstreckungsschutz des § 765 a ZPO nicht von der Verletzung bestimmter Vorschriften ab[695] und ist das Instrument des billigen und nicht des strengen Rechts[696]. Für eine Anwendung der Generalklauseln des Bürgerlichen Rechts (§§ 138, 162, 226, 242, 826 BGB) ist im Bereich des Vollstreckungsschutzes in der Einzelzwangsvollstreckung kein Raum.[697]

---

687 Henckel, Prozessrecht und materielles Recht, S. 369; Walker, in: Schuschke/Walker, ZPO, § 765 a Rn. 1; Gaul, in: FS Baumgärtel 70, S. 75, 91; auch nach OLG Hamm, NJW 1958, 834 liegt der Generalklausel der Gedanke der Unzulässigkeit einer missbräuchlichen Rechtsausübung zugrunde.

688 Stöber, Rpfleger 1960, 237, 239.

689 Nach Bettermann, liegt gerade darin der Sinn der Generalklausel des Vollstreckungsschutzes (zwar zum Vollstreckungsmissbrauchsgesetz, lässt sich aber auch auf § 765 a ZPO übertragen). Der Verhütung des Missbrauches materieller Rechte dienen dagegen §§ 138, 226, 242, 826 BGB, deren Verletzung nach § 767 ZPO zu rügen ist. Vgl. Bettermann, SJZ 1947, 173, 176.

690 Missverständlich dazu OLG Hamm, NJW 1958, 834.

691 Gaul, ZZP 1972, 251, 256.

692 Gaul, ZZP 1972, 251, 256.

693 Beispielsweise die Vollstreckungsabwehrklage (§ 767 ZPO), die Drittwiderspruchsklage (§ 771 ZPO) oder die Klage auf vorzugsweise Befriedigung Dritter (§ 805 ZPO).

694 OLG Hamm, NJW 1958, 834; Stöber, Rpfleger 1960, 237, 239.

695 Hk-ZV/Bendtsen, § 765 a Rn. 7.

696 Gaul, Rpfleger 1971, 81, 92.

697 Baumgärtel, ZZP 1956, 89, 90; a.A. OLG Koblenz, Rpfleger 1985, 499.

## 2. Antrag nach § 765 a ZPO

Ein Antrag nach § 765 a ZPO kann im Zeitraum nach Beginn und bis zur vollständigen Beendigung der einzelnen Vollstreckungsmaßnahmen gestellt werden,[698] und wenn die Vollstreckungsmaßnahme noch fortwirkt, ebenfalls nach der Beendigung der Zwangsvollstreckung[699]. Bei der Zwangsvollstreckung wegen Geldforderungen in bewegliche Sachen könnte der Antrag folglich nach der ersten Vollstreckungshandlung des Gerichtsvollziehers, z. B. ab Erscheinen des Gerichtsvollziehers zum Zwecke der Zwangsvollstreckung und Aufforderung zur Zahlung oder Gestattung der Wohnungsdurchsuchung[700] und bis zur Auszahlung des Versteigerungserlöses an den Gläubiger,[701] gestellt werden[702]. Der Antrag ist ausnahmsweise bereits dann zulässig, wenn die Vollstreckungsmaßnahme hinreichend sicher droht.[703] Der maßgebliche Zeitpunkt für die Zulässigkeit des Antrages nach § 765 a ZPO weicht somit von dem der Erinnerung nach § 766 ZPO nicht ab.[704]

Die einzige Befristung der Antragstellung ist in § 765 a Abs. 3 ZPO für Räumungssachen vorgesehen – grundsätzlich spätestens zwei Wochen vor dem Räumungstermin.

Den Vollstreckungsschutz kann nur der Schuldner selbst beantragen, nicht ein Dritter, selbst wenn er ein berechtigtes Interesse daran hat.[705]

### *a) Begründetheit des Antrages nach § 765 a ZPO*

Mit § 765 a ZPO kann nur der Vollstreckungsschutz gegen eine konkrete Vollstreckungsmaßnahme begehrt werden.[706] Das Vollstreckungsgericht darf sich im Rahmen der Entscheidung nach § 765 a ZPO nicht auf die materiellrechtliche Ebene begeben, weil das zur Verwischung der grundlegenden Unterscheidung im zivilen

---

698 Nach Seiler bis zum Ende der Zwangsvollstreckung. Seiler, in: Thomas/Putzo, ZPO, § 765 a Rn. 7.

699 KG, NJW-RR 1986, 1510, 1511.

700 LG Berlin, DGVZ 1991, 9.

701 RG Rottweil, DGVZ 1993, 57: zur Erinnerung nach § 766 ZPO.

702 In der Immobiliarvollstreckung ist die Beantragung des Schutzes nach § 765 a ZPO bereits nach der Anordnung der Zwangsversteigerung möglich. OLG Hamm, NJW-RR 2001, 1303, 1304; OLG Brandenburg, Rpfleger 2001, 91. Walker, in: Schuschke/Walker, ZPO, § 765 a Rn. 36; a.A. OLG Köln, NJW 1994, 1743.

703 Musielak/Lackmann, ZPO, § 765 a Rn. 21; LG Heilbronn geht noch weiter, es genüge eine grundsätzlich drohende Zwangsvollstreckung. LG Heilbronn, DGVZ 1993, 140.

704 Heßler spricht in dem Zusammenhang von der entsprechenden Anwendung der Vorschriften über Erinnerung nach § 765 a ZPO. MüKoZPO/Heßler, § 765 a Rn. 73.

705 LG Rostock, DGVZ 2003, 75. Dagegen muss laut Scherer die Möglichkeit nach § 765 a ZPO jedem Antragssteller gegeben sein, gleichgültig, ob er urkundlich Verpflichteter ist oder nicht. Scherer, JR 1996, 45, 46, 48.

706 OLG Köln, NJW 1994, 1743.

Rechtsschutzsystem führen würde.[707] Bei Einwendungen gegen festgestellte materielle Leistungsansprüche soll die Vollstreckungsabwehrklage nach § 767 ZPO erhoben werden.[708]

Eine bereits rechtskräftige Entscheidung, wie z. B. ein rechtskräftiger Zuschlagsbeschluss, kann mit der Generalklausel nicht angegriffen werden.[709]

Der Vollstreckungsschutz nach § 765 a ZPO setzt eine aufgrund der Vollstreckungsmaßnahme durch ganz besondere Umstände begründete, mit den guten Sitten unvereinbare Härte für den Schuldner voraus, die an einem entgegenstehenden Schutzbedürfnis des Gläubigers zu messen ist.[710]

### *b) Ganz besondere Umstände und sittenwidrige Härte*

Das Erfordernis der ganz besonderen Umstände betont den Ausnahmecharakter des Vollstreckungsschutzes nach § 765 a ZPO.[711] Bildlich äußert sich hierzu Drischler, die Härteklausel des § 765 a ZPO sei eine sehr scharfe Waffe, die nur zur Vermeidung wirklicher Härten gebraucht werden sollte, da sie sonst leicht stumpf werde und ihren Wert verliere[712].

Die Tatbestandsvoraussetzung – das Vorliegen ganz besonderer Umstände – bringt weiterhin zum Ausdruck, dass die mit jeder Zwangsvollstreckung verbundenen Nachteile keine Berücksichtigung im Rahmen des § 765 a ZPO finden dürfen,[713] so dass der Schuldner sich ebenfalls mit einem erheblichen Eingriff in seinen Lebenskreis abfinden muss[714]. Bei allgemeinen wirtschaftlichen oder sozialen Erwägungen wird deswegen das Vorliegen der sittenwidrigen Härte grundsätzlich verneint, wie beispielsweise bei Inanspruchnahme von Sozialleistungen als Folge der Vollstreckung[715].

---

707 Ähnlich Bettermann zur der Generalklausel in Gestalt des Vollstreckungsmissbrauchsgesetzes. Bettermann, SJZ 1947, 173, 174.

708 Hk-ZV/Bendtsen, § 765 a, Rn. 14.

709 BVerfG, Rpfleger 2010, 383; BGH, NZI 2010, 38.

710 MüKoZPO/Heßler, § 765 a ZPO, Rn. 41.

711 Riedel, JR 1953, 397.

712 Drischler, Rpfleger 1956, 91, 93.

713 Man spricht in dem Zusammenhang auch von „zwangsläufigen" oder „typischen" Folgen der Zwangsvollstreckung.

714 LG Dresden, DGVZ 2003, 57.

715 OLG Düsseldorf, NJW-RR 1986, 1512; Hintzen/Wolf, Die Mobiliarzwangsvollstreckung in der Praxis, Rn. 1279; Ausnahme von diesem Grundsatz ist die Pfändung von dem Schuldner zustehenden Sozialleistungen. BGH, DGVZ 2008, 44, 45. Ähnlich BGH, DGVZ 2008, 104. Dazu auch Kohte, VuR 2008, 29; Kohte, VuR 2008, 274.

Die besonderen Umstände i.S.v. § 765 a ZPO können liegen:

- in der Person des Schuldners (z.B. Alter,[716] Krankheit[717] oder persönlichkeitsbedingte Ursachen,[718] wie die Unfähigkeit, aus eigener Kraft oder mit zumutbarer fremder Hilfe die Zwangsvollstreckung angemessen zu bewältigen)[719];
- im Zeitpunkt der Zwangsvollstreckungsmaßnahme (z.B. kurz vor dem Einzug in eine Ersatzunterkunft,[720] kurz vor Ende des Schuljahres bei einer Familie mit schulpflichtigen Kindern[721] oder 6 Wochen vor und 8 Wochen nach dem Entbindungstermin)[722];
- im Ergebnis der Zwangsvollstreckungsmaßnahme (z.B. beim Verlust eines unersetzlichen Gegenstandes wegen einer geringen Forderung[723]).

Die außerordentlichen Umstände müssen für den Schuldner eine mit den guten Sitten unvereinbare Härte bedeuten,[724] was dann der Fall ist, wenn die Gesetzesanwendung zu einem ganz unerträglichen Ergebnis führen würde, und nicht schon, wenn der Vollstreckungsschutz im Interesse des Schuldners dringend geboten und dem Gläubiger auch zuzumuten ist[725]. Das Ergebnis muss nach objektiver Feststellung „das sittliche Bewusstsein aller billig und gerecht Denkenden verletzen“[726]. Die sittenwidrige Härte sollte dabei in den übersehbaren Folgen der Vollstreckung liegen.[727] Für die Beurteilung ist sowohl die Situation des Schuldners während der Vollstreckung wie auch danach relevant.[728] Zu § 242 BGB und der unzulässigen Rechtsausübung entwickelte materiellrechtliche Grundsätze dürfen in die Beurteilung der sittenwidrigen Härte nicht miteinbezogen werden, es sind strengere Maßstäbe anzulegen.[729]

Entsprechend dem Sinn und Zweck der Regelung ist das Verhalten der beiden Seiten bei der Feststellung der Sittenwidrigkeit unerheblich. Es wird nicht vorausgesetzt, dass dem Gläubiger vorgeworfen werden kann, sein Verhalten sei

716 BVerfG, NJW 1998, 295.
717 BGH, DGVZ 2010, 151.
718 BVerfG, NJW 1994, 1719.
719 BVerfG, NJW-RR 2001, 1523.
720 LG Berlin, BeckRS 2010, 00852.
721 OLG Köln, NJW-RR 1995, 1163.
722 LG Bonn, DGVZ 1994, 75.
723 Beispiel von Walker, in: Schuschke/Walker, ZPO, § 765 a Rn. 17.
724 Nach dem OLG Frankfurt a. M. können zur sittenwidrigen Härte die besonderen Umstände zusammen mit der Art der Vollstreckungsmaßnahme oder dem Zeitpunkt ihrer Anwendung führen. OLG Frankfurt a. M., Rpfleger 1981, 117, 118.
725 BGH, NJW 1965, 2107; OLG Hamm, WuM 1983, 267.
726 Walker, in: Schuschke/Walker, ZPO, § 765 a Rn. 29.
727 OLG Hamm, NJW 1965, 1386.
728 BGH, DGVZ 2010, 151.
729 So zutreffend Henckel, Prozessrecht und materielles Recht, S. 369, 391; Ähnlich MüKoZPO/Heßler, § 765 a ZPO, Rn. 26, 36.

sittenwidrig i.S.v. moralisch anstößig,[730] und die Schutzwürdigkeit des Schuldners[731] ist an der Stelle ebenfalls grundsätzlich nicht von Bedeutung. Ausschließlich bei der Interessenabwägung sollte dies beachtet werden.

Vom Vorliegen der sittenwidrigen Härte im Sinne des § 765 a ZPO wird in den meisten Fällen bei dem drohenden Eingriff in das Grundrecht auf Leben und körperliche Unversehrtheit ausgegangen, vor allem im Rahmen einer Immobiliarvollstreckung und Räumungsvollstreckung. Die Gefahren für Leben und Gesundheit müssen konkret sein.[732] So wurde die außergewöhnliche Härte von Gerichten z.B. bei Suizidgefahr,[733] Lebensgefahr für einen Kranken und enormer Verschlechterung einer bestehenden Krankheit angenommen[734].

Die sittenwidrige Härte könnte weiterhin angenommen werden, wenn mit der Vollstreckung dem Schuldner lediglich Schaden zugefügt wäre, ohne auch nur eine minimale Befriedigung der Gläubiger zu erreichen.[735]

Die Höhe der Forderung allein – Stichwort „Bagatellforderung“ – kann die Verhinderung des Vollstreckungszugriffs auf das Schuldnervermögen mittels des § 765 a ZPO nicht rechtfertigen,[736] auch nicht wenn die Kosten der Zwangsvollstreckung die Forderung weit überschreiten[737]. Denn es würde nicht mit dem Grundsatz der Einheit der Rechtsordnung in Einklang stehen, wenn dem Gläubiger zwar die Erlangung des Vollstreckungstitels ermöglicht wird, dessen Durchsetzung dagegen aber von der Forderungshöhe abhängig gemacht und gegebenenfalls verweigert wird.[738]

Unter Umständen kann die sittenwidrige Härte für einen Dritten den Rückgriff des Schuldners auf § 765 a ZPO rechtfertigen.[739] Das könnte zum einen der Fall sein bei der Ausstrahlwirkung der Härte auf einen Dritten infolge der Vollstreckungsmaßnahme gegen den Schuldner,[740] zum anderen, wenn (persönliche) Belange von Angehörigen betroffen sind[741] und die Vollstreckung für die Angehörigen eine

730 OLG Hamm, NJW 1965, 1386.

731 In dem Zusammenhang missverständlich Stöber, der von der Schutzbedürftigkeit spricht, die nicht Voraussetzung der Maßnahme nach § 765 a ZPO sei. Stöber, in: Zöller, ZPO, § 765 a Rn. 7.

732 BGH, DGVZ 2010, 149.

733 BVerfG, NJW 1991, 3207; BGH, DGVZ 2010, 149; BGH, DGVZ 2006, 26.

734 BGH, DGVZ 2010, 151; LG Lübeck, DGVZ 1980, 26: zu Maßnahmen zur Abgabe der eidesstattlichen Versicherung.

735 Walker, in: Schuschke/Walker, ZPO, § 765 a Rn. 24.

736 OLG Hamm, WuM 1983, 267, 268.

737 BVerfG, NJW 1978, 2023; LG Wuppertal, NJW 1980, 297.

738 LG Wuppertal, NJW 1980, 297.

739 So ebenfalls Baumbach/Lauterbach/Albers/Hartmann, ZPO, § 765 a Rn. 11.

740 BVerfG, NJW 2003, 882.

741 BGH, NJW 2007, 3430, BGH, NJW 2005, 1859.

sittenwidrige Härte bedeutet, wie z.B. bei Selbstmordgefahr[742] oder Lebensgefahr der Angehörigen aufgrund der Vollstreckungsmaßnahme.[743]

Abzulehnen ist die Auffassung, wonach die zwingende Voraussetzung für das Vorliegen der sittenwidrigen Härte darin besteht, dass das Schicksal des Dritten den Schuldner selbst so stark berührt, dass die Betroffenheit des Dritten zur Betroffenheit des Schuldners führt[744]. Der Ansatz ist verfehlt, denn eine sich auf die Wertentscheidungen des Grundgesetzes stützende Gerichtsentscheidung[745] kann nicht allein von der kaum objektiv ermittelbaren Feststellung abhängig gemacht werden, inwieweit die Betroffenheit des Dritten den Schuldner selbst berührt. Bei der Betrachtung des der Entscheidung des Oberlandesgerichts Frankfurt zugrunde liegenden Falles wird dies deutlich[746]. Das Gericht griff auf die Bestimmung des § 765 a ZPO zurück, um dem Schuldner, für dessen Mutter die Zwangsvollstreckung lebensbedrohlich gewesen wäre, den Vollstreckungsschutz zu gewähren, trotz der Vermutung des Gläubigers, dass der Schuldner seine Mutter als Schutzschild missbrauche. Es ist offensichtlich, dass in dem Fall nicht zu vertreten wäre, wenn die Entscheidung hinsichtlich der Gewährung oder der Ablehnung des Schutzes, die zu verheerenden Folgen für die Mutter führen würde, davon abhängig gemacht wäre, inwieweit die Situation der Mutter den Schuldner persönlich berühre. Auch der Bundesgerichtshof spricht sich in einem ähnlich gelagerten Fall dafür aus, bei der Anwendung des § 765 a ZPO eine Suizidgefahr eines Angehörigen des Schuldners aufgrund der Zwangsräumung in gleicher Weise wie eine bei dem Schuldner selbst bestehende Gefahr zu berücksichtigen, ohne die persönliche Betroffenheit zu beurteilen[747].

Der Antrag des Schuldners nach § 765 a ZPO könnte auch dann Erfolg haben, wenn er sich nicht auf die Belange eines einzelnen Dritten, sondern einer Vielzahl von Personen stützt, auch wenn nicht jeder von ihnen konkret benannt wird.[748]

---

742 BGH, Rpfleger 2005, 454: verweist außerdem darauf, dass die Gefahr bei der Anwendung des § 765 a ZPO in gleicher Weise wie eine beim Schuldner selbst bestehende Gefahr zu berücksichtigen ist. LG Gießen, Rpfleger 2007, 278.

743 Die Problematik im Bereich der Räumungsvollstreckung stellt sich seit dem Urteil des BGH, NJW 2004, 3041, nicht in dem Maße wie früher. Gegen jeden, der (Mit-) Gewahrsam an der Wohnung hat, muss ein Räumungstitel erwirkt werden, so dass die Personen sich selbst auf den Schutz nach § 765 a ZPO berufen können. Schuschke, NJW 2006, 874, 875.

744 So z.B. OLG Köln, NJW 1994, 1743; LG Rostock, DGVZ 2003, 155; Walker, in: Schuschke/Walker, ZPO, § 765 a Rn. 27.

745 Auf das Erfordernis wurde mehrfach höchstrichterlich hingewiesen: BVerfG, DGVZ 2007, 171; BVerfG, DGVZ 2006, 88; BVerfG, NJW 1992, 1155; BVerfG, NJW 1991, 3207; BVerfG NJW 1979, 2607.

746 OLG Frankfurt a. M., NJW-RR 1994, 81.

747 BGH, NJW 2005, 1859; für Insolvenzverfahren BGH, NJW 2009, 1283.

748 Folgt sinngemäß aus der Entscheidung des BVerfG, NJW 2003, 882; a.A. LG Gießen, DGVZ 2002, 121; LG Dresden, DGVZ 2002, 121.

### c) *Interessenabwägung*

Bedeutet die Maßnahme der Zwangsvollstreckung für den Schuldner eine besondere Härte, so soll in einem weiteren Schritt die Abwägung der Interessen der Beteiligten stattfinden. Die Interessenabwägung hat sich an den Wertentscheidungen des Grundgesetzes auszurichten.[749] Sowohl die Position des Schuldners wie auch die des Gläubigers (Art. 14 Abs. 1 S. 1 GG, Art. 19 Abs. 4 GG) sind verfassungsrechtlich geschützt. Die Beeinträchtigung der verfassungsrechtlich geschützten Rechte Dritter, sowohl Angehöriger des Schuldners und des Gläubigers wie auch Nichtangehöriger,[750] könnte hier ebenfalls von Relevanz sein. In einer seiner Entscheidungen verweist das Bundesverfassungsgericht darauf, dass im Rahmen der Interessenabwägung nur die Interessen des Schuldners und des Gläubigers zu berücksichtigen seien[751]. In anderen Gerichtsentscheidungen, auch höchstrichterlichen, wurde dagegen von der grundsätzlichen Möglichkeit des Vollstreckungsschutzes nach § 765 a ZPO aufgrund der sittenwidrigen Härte für einen Dritten (Angehörigen, Patienten) ausgegangen.[752] In solchen Fällen spielten verständlicherweise die Interessen der betroffenen Personen bei der Interessenabwägung eine zentrale Rolle. Es wurde versucht, dies damit zu rechtfertigen, die Belange Dritter seien dem Interessenbereich des Schuldners zuzuordnen[753].

Im Vergleich zu seinen Vorläufern stellt § 765 a ZPO das Schutzbedürfnis des Gläubigers in den Vordergrund.[754] Den Vorrang verdient grundsätzlich nicht das Interesse des Schuldners, sondern das Schutzbedürfnis des Gläubigers, dessen Anspruch verwirklicht werden soll.[755] Selbst dann, wenn mit der Maßnahme eine konkrete Gefahr für Leben und Gesundheit des Schuldners verbunden ist, darf der Schutz nach § 765 a ZPO nicht ohne zureichende Interessenabwägung gewährt werden,[756] die übrigens auch bei Suizidgefahr des Schuldners zur Ablehnung des Schutzes führen kann. Dies könnte z. B. dann der Fall sein, wenn eine vergleichbare Gefahr auf der Seite des Gläubigers besteht, der Gefahr auf der Seite des Schuldners auf einem anderen Wege, beispielsweise durch die Anordnung geeigneter konkreter Betreuungsmaßnahmen[757] oder durch die Ingewahrsamnahme des

---

749 Ausführlicher dazu unter „Besondere Rolle der Generalklausel".

750 Zum Beispiel wenn durch das Verbleiben der Schuldnerin in der Wohnung die verfassungsrechtlich geschützten Rechte ihrer Mitbewohner (Art. 2 GG) beeinträchtigt werden. OLG Köln, WuM 1989, 585, 586.

751 BVerfG, NJW-RR, 2005, 936.

752 BVerfG, NJW 2003, 882; BGH, NJW 2007, 3430; BGH, NJW 2005, 1859; OLG Köln, WuM 1989, 585, 586.

753 So z. B. Hk-ZV/Bendtsen, § 765 a Rn. 24.

754 Gaul, Rpfleger 1971, 81, 92.

755 So bereits Bloedhorn, DGVZ 1976, 104, 105.

756 BGH, NJW 2005, 1859.

757 BGH, DGVZ 2006, 26.

suizidgefährdeten Schuldners nach polizeirechtlichen Vorschriften,[758] begegnet werden könnte[759]. Steht dagegen der konkreten Lebensgefahr des Schuldners – das Recht auf Leben und körperliche Unversehrtheit – ausschließlich das wirtschaftliche Interesse des Gläubigers gegenüber, so überwiegt das Interesse des Schuldners.[760]

Bei der Abwägung der gegenseitigen Interessen sollen das Verhalten des Schuldners, die Ursachen der besonderen Härte und das Verschulden des Schuldners an der Notlage mitberücksichtigt werden. Das Verschulden darf aber nicht eine Schlüsselrolle bei der Ablehnung des Schutzes spielen,[761] es sei denn, der Schuldner hat Umstände, die zum Vorliegen der besonderen Härte führten, absichtlich herbeigeführt, um die Vollstreckung zu vereiteln[762]. Fehlendes Verschulden ist nicht die Voraussetzung des Vollstreckungsschutzes nach § 765 a ZPO. Anderenfalls wäre die Regelung dem an sie gestellten Anspruch – „ultima ratio" des Schuldnerschutzes[763] – nicht gerecht und könnte als Instrument zur Vermeidung der nicht zu rechtfertigenden Eingriffe in Grundrechte in bestimmten Fällen nicht wirksam eingesetzt werden. Nennenswert ist in dem Zusammenhang ein der Entscheidung des Bundesverfassungsgerichtes zugrunde liegender Fall, in dem gegen den Schuldner, einen Vater von vier Kindern, unter anderem die Bank, bei der er als leitender Bankangestellter tätig gewesen war, Schadensersatzansprüche geltend gemacht und gerichtlich durchgesetzt hat[764]. Dem sollte die Vollstreckung in das Eigenheim des Schuldners folgen, was nachweislich mit hoher Wahrscheinlichkeit zur Verschlimmerung der Depressionen und zum Suizidversuch des Schuldners geführt hätte. Der vorliegenden Situation lag das Verschulden des Schuldners zugrunde – die Bank machte die Schadensersatzansprüche geltend, weil der Schuldner einem finanziell nicht gesicherten Unternehmen Kredite eingeräumt hatte. Dennoch überwog das Interesse des Schuldners, denn dem wirtschaftlichen Interesse des Gläubigers stand die konkrete Lebensgefahr des Schuldners entgegen. Das Beispiel zeigt, dass die Regelung des § 765 a ZPO entwertet wäre und es außerdem dem Sinn und Zweck der Generalklausel widersprechen würde, wenn dem Schuldner der Vollstreckungsschutz

---

758 BGH, Rpfleger 2008, 212.

759 BGH, DGVZ 2008, 43; ebenso LG Rostock, DGVZ 2003, 155, wonach die Interessenabwägung dazu führt, dass die Erkrankung eines Angehörigen nicht in jedem Fall einen Grund für Vollstreckungsschutz darstellt, selbst wenn der Wohnungswechsel die Behandlungsergebnisse und die Entwicklungschancen gefährde.

760 So sinngemäß BVerfG 2006, 88, 89, 90: Fraglich ist jedoch der Satz in der Begründung „... dass der konkreten Lebensgefahr der Beschwerdeführerin nur das Interesse des Eigentümers an einer wirtschaftlichen Verwertung des Grundstücks gegenüberstehe"; BVerfG, Rpfleger 1994, 470.

761 So auch Münzberg, in: Stein/Jonas, ZPO, § 765 a Rn. 6; a.A. Stöber, in: Zöller, ZPO, § 765 a Rn. 7.

762 Musielak/Lackmann, ZPO, § 765 a Rn. 6.

763 MüKoZPO/Heßler, § 765 a Rn. 6.

764 BVerfG, NJW 1994, 1272.

aufgrund seines Verschuldens an der Zwangssituation grundsätzlich abgesprochen wäre[765]. Bei der der Generalklausel zugrunde liegenden Interessenabwägung sollte nicht die Schutzwürdigkeit, sondern das Schutzbedürfnis der Beteiligten im Vordergrund stehen, was bereits aus dem eindeutigen Wortlaut der Regelung folgt, in der von der Würdigung „des Schutzbedürfnisses des Gläubigers" die Rede ist. Dies betrifft den Zeitraum vor dem Verfahren nach § 765 a ZPO.

Das Verhalten des Schuldners während des Verfahrens soll in die Abwägung und zwar in höheren Maße als das vor dem Verfahren einfließen, z.B. ob der Schuldner den Auflagen des Gerichtes nachkommt,[766] seine vertraglichen Verpflichtungen dem Gläubiger gegenüber erfüllt,[767] sich um die Verbesserung der gegenwärtigen Lage bemüht[768] oder durch sein Verhalten eine besondere Härte aufrechterhält. Denn zu dem Zeitpunkt kann erwartet werden, dass der Schuldner alles Zumutbare unternimmt,[769] um die besondere Härte zu beheben, was aber nicht bedeutet, dass anderenfalls der Vollstreckungsschutz automatisch ausgeschlossen ist, denn es ist denkbar, dass die anderen für die Gewährung des Schutzes sprechenden Faktoren überwiegen.

Weiterhin können in die Interessenabwägung auf der Seite des Schuldners solche Faktoren einfließen wie die konkrete Gefahr für Leib oder Leben als Folge der Vollstreckung für den Schuldner[770] oder seine Angehörigen,[771] deren Eintritt mit hinreichender Wahrscheinlichkeit anhand objektiv feststellbarer Merkmale nachgewiesen werden muss[772] und denen ausschließlich mit der Verhinderung der Vollstreckung begegnet werden kann,[773] und wie die Erwägungen eines Sachverständigen zur möglichen Verhinderung der akuten Gefahren,[774] außerdem Alter und Gesundheitszustand[775] des Schuldners und gegebenenfalls seiner Angehörigen sowie die Art des zu vollstreckenden Anspruchs[776].

Das Verhalten des Gläubigers soll ebenso wie das des Schuldners in die Interessenabwägung einfließen,[777] allerdings auch nicht überbewertet werden[778]. Darüber hinaus berücksichtigt werden sollen auf der Seite des Gläubigers: Alter,

765 BVerfG, NJW 1994, 1272.
766 BGH, DGVZ 2006, 26, 27.
767 AG Jülich, WuM 1980, 280.
768 BVerfG, Rpfleger 2005, 614; LG Bonn, WuM 1991, 284, 285.
769 BGH, DGVZ 2008, 43, 44.
770 OLG Zweibrücken, NJW-RR 2002, 1664.
771 LG Rostock, DGVZ 2003, 155.
772 OLG Köln, WuM 1989, 585; LG Bonn, WuM 1991, 284, 285.
773 LG Bonn, WuM 1991, 284, 285.
774 BVerfG, Rpfleger 2005, 614.
775 BGH, DGVZ 2008, 43, 44; OLG Zweibrücken, NJW-RR 2002, 1664.
776 Hk-ZV/Bendtsen, § 765 a Rn. 39.
777 BGH, DGVZ 2006, 26.
778 OLG Frankfurt, Rpfleger 1994, 174.

Gesundheitszustand, mögliche Gefahren,[779] eine zusätzliche Beeinträchtigung der berechtigten finanziellen Interessen, die vermeidbar wäre,[780] sowie schwere finanzielle Nachteile,[781] und zwar sowohl den Gläubiger selbst betreffend wie auch seine Angehörigen[782].

Im Rahmen der Interessenabwägung obliegt es dem Gericht, gegebenenfalls zu prüfen, ob einer aus der Zwangsvollstreckung resultierenden besonderen Härte für den Schuldner oder seine Angehörigen nicht auf andere Weise als durch die Einstellung der Zwangsvollstreckung, z.B. durch die Modifizierung der Art und Weise der Durchführung der Zwangsvollstreckung, wirkungsvoll begegnet werden könnte.[783] Auf jeden Fall ist das Gericht gehalten, seine Entscheidung über die Interessenabwägung auf eine tragfähige Grundlage zu stellen.[784]

Zusammenfassend bleibt festzuhalten, dass der Vollstreckungsschutz nach § 765 a ZPO nur dann gewährt werden sollte, wenn neben der besonderen Härte für den Schuldner oder seine Angehörigen die Interessenabwägung eindeutig zugunsten des Schuldners ausfällt,[785] was dann der Fall ist, wenn die Interessen des Schuldners diejenigen des Gläubigers deutlich überwiegen. Denn der Gläubiger muss sein tituliertes Recht mithilfe der staatlichen Zwangsvollstreckung durchsetzen können, Selbsthilfe darf er nicht üben, was ebenfalls die bessere Ausgangsstellung der Gläubiger bei der vorzunehmenden Interessenabwägung rechtfertigt.[786] Zu Recht weist Gaul darauf hin, dass dem Gläubiger, dessen Recht bereits im Erkenntnisverfahren zuerkannt wurde oder in einem anderen Vollstreckungstitel verbrieft ist, in der Zwangsvollstreckung naturgemäß der Vorrang zukomme, sonst verfehle sie ihren Zweck[787].

## 3. Anwendungsbereich des § 765 a ZPO

### *a) Anwendungsbereich in der Geldvollstreckung in bewegliche Sachen*

Als Generalklausel des Schuldnerschutzes im Zwangsvollstreckungsrecht kann § 765 a ZPO den Schutz gegen Zwangsvollstreckungen aus allen nach dem 8. Buch der ZPO zu vollstreckenden Titeln gewähren.[788]

779 LG Darmstadt, Rpfleger 1991, 117, 118.
780 LG Stuttgart, WuM 1992, 638.
781 Andere Ansicht AG Kerpen, LG Köln, WuM 1992, 247.
782 LG Heilbronn, DGVZ 1993, 140.
783 BGH, DGVZ 2008, 43, 44.
784 BVerfG, DGVZ 2006, 88, 90.
785 LG Braunschweig, DGVZ 1991, 187.
786 Münzberg, in: Stein/Jonas, ZPO, § 765 a Rn. 5.
787 Gaul, in: FS Baumgärtel 70, S. 75, 99, 100.
788 Münzberg, in: Stein/Jonas, ZPO, § 765 a Rn. 1, 2.

Kurz nach Inkrafttreten der Generalklausel sprach Nowack von der beherrschenden Stellung des § 765 a ZPO im Mobiliarzwangsvollstreckungsrecht[789]. Gegenwärtig ist es unstreitig, dass die Hauptanwendungsbereiche der Norm die Räumungsvollstreckung und Immobiliarvollstreckung sind. Die Zurückhaltung im Bereich der Zwangsvollstreckung wegen Geldforderungen in bewegliche Sachen könnte darauf zurückzuführen sein, dass die bestehenden Regelungen des Pfändungsschutzes dem Schuldner und seinen Angehörigen weitgehend ausreichenden Schutz bieten oder dass die Voraussetzung des § 765 a ZPO – das Vorliegen sittenwidriger Härte – in dem Bereich seltener vorliegt. Es könnte aber auch daran liegen, dass die hohen Anforderungen an die Begründetheit des Vollstreckungsschutzantrages den Schuldner von der Antragstellung abschrecken bzw. dass der Aufwand für ihn nicht lohnenswert erscheint, denn die Sachen weisen im Allgemeinen einen geringeren Vermögenswert als Immobilien auf und haben für den Schuldner keinen derartig hohen Stellenwert wie der Wohnraum. Zur Aufwertung der Generalklausel in der Zwangsvollstreckung wegen einer Geldforderung in bewegliche Sachen führte die Neuregelung des Vollstreckungsaufschubes, die durch das Gesetz zur Reform der Sachaufklärung in der Zwangsvollstreckung zum 01.01.2013 in Kraft getreten ist[790]. In dem Gesetzesentwurf wurde ausdrücklich auf die Möglichkeit der Gewährung des Vollstreckungsaufschubes nach § 765 a ZPO, neben § 802 b ZPO hingewiesen[791].

Bei der Thematik des vorliegenden Abschnittes stellt sich zunächst die Frage nach dem Verhältnis der sog. gesetzlichen Regelungen des Pfändungsschutzes zur Generalklausel und nach deren Funktion aus der Betrachtungsperspektive. Hierfür ist zunächst auf folgende Fragen einzugehen: Ist § 765 a ZPO ein reiner Auffangrechtsbehelf? Kommt der Vollstreckungsschutz nach § 765 a ZPO in Frage, wenn der Anwendungsbereich anderer Schutznormen ausreicht, der Vollstreckungsschutz nach den Regeln aber nicht zu gewähren wäre? Wie ist das Verhältnis zwischen den anderen Rechtsbehelfen und der Generalklausel und zwischen den anderen Schuldnerschutznormen?

Für die genaue Bestimmung des praxisrelevanten Anwendungsbereiches des § 765 a ZPO bei beweglichen Sachen und für die Schlussfolgerungen hinsichtlich des Potenzials des gerichtlichen Vollstreckungsschutzes in dem Bereich ist in einem weiteren Schritt die Bildung der entsprechenden Fallgruppen sinnvoll.

### *aa) Ist die Generalklausel ein Auffangrechtsbehelf?*

Nach Henkel ergänzt § 765 a ZPO die Spezialregeln des Schuldnerschutzes im Sinne eines „Auffangtatbestandes" für die Fälle, die zwar schutzwürdig, mit den Spezialvorschriften aber nicht regelbar sind[792]. Grunsky beschreibt § 765 a ZPO ebenfalls als Auffangklausel, charakterisiert aber die Spezialbestimmungen in dem

789 Nowack, DRiZ 1954, 3.
790 BGBl I 2009, 2258.
791 BTDrucks 16/10069 S. 34.
792 Henckel, Prozessrecht und materielles Recht, S. 369.

Zusammenhang als eine Art Vorfilter; was nicht bereits hier hängen bleibe, könne noch an § 765 a ZPO scheitern[793]. Laut Heßler sei die Generalklausel eine nur subsidiär geltende Vorschrift. Ihre Funktion gehe aber über die eines bloßen Auffangtatbestandes hinaus, der ausschließlich die Lücken einer speziellen Schutzvorschrift schließen soll[794]. Dem schließt sich Lackmann an[795]. Die allenfalls subsidiäre Geltung des § 765 a ZPO den spezielleren Schuldnerschutzbestimmungen gegenüber wird ebenso von Paulus angenommen[796]. Laut Rupp und Fleischmann sollte die Subsidiarität des § 765 a ZPO nicht mehr bezweifelt werden[797].

Riedel lehnt den rein subsidiären Charakter der Vorschrift ab[798]. Nach Walker sollte die Generalklausel als Auffangrechtsbehelf solche Gesichtspunkte zur Geltung bringen, die über das in den gesetzlich ausdrücklich geregelten Vollstreckungsschutzvorschriften Vorgesehene hinausgehen[799]. Stöber spricht dagegen von einer nicht nur subsidiären Bedeutung des § 765 a ZPO anderen Schutzvorschriften gegenüber, § 765 a ZPO sei mithin nicht Auffangtatbestand für die Fälle, in denen andere Schutzmöglichkeiten erschöpft sind[800]. Behr bestreitet gänzlich die Auffangfunktion der Bestimmung und begründet dies mit dem Wortlaut der Regelung und ihrer Entstehungsgeschichte[801].

Nach der hier vertretenden Ansicht ist die Auffangfunktion des § 765 a ZPO nicht zu bestreiten. Dies ist ihre zentrale, aber nicht ausschließliche Funktion. Zustimmend mit Wolf muss der Schutz nach der Regelung dann greifen, wenn in der konkreten Härtesituation mit abstrakten Regelungen des Gesetzes dem Schuldner keine Abhilfe geschaffen werden kann[802].

#### *bb) Ausschließlich subsidiäre Geltung des § 765 a ZPO?*

Nach dem Bundesgerichtshof kommt die Gewährung des Vollstreckungsschutzes nach § 765 a ZPO nur dann in Frage, wenn andere Schutzvorschriften erschöpft sind oder nicht zur Anwendung kommen[803]. Folglich ist in den Fällen, in denen dem Schuldner andere Schutzmöglichkeiten zur Erreichung desselben Rechtsschutzziels offenstehen, ihm der Vollstreckungsschutz nach § 765 a ZPO nicht zu gewähren. Gaul sieht daran die Bestätigung einer wohl doch nur ‚subsidiären' Geltung des

---

793 Grunsky, Grundzüge des Zwangsvollstreckungs- und Insolvenzrechts, S. 111.
794 MüKoZPO/Heßler, § 765 a Rn. 12–15.
795 Musielak/Lackmann, ZPO, § 765 a Rn. 2.
796 Paulus, in: Wieczorek/Schütze, ZPO, § 765 a Rn. 12.
797 Rupp/Fleischmann, Rpfleger 1985, 71.
798 Riedel, JR 1953, 397.
799 Walker, in: Schuschke/Walker, ZPO, § 765 a Rn. 2.
800 Stöber, in: Zöller, ZPO, § 765 a Rn. 13.
801 Behr, Rpfleger 1989, 13.
802 Hintzen/Wolf, Zwangsvollstreckung, Zwangsversteigerung und Zwangsverwaltung, Rd. 8.359.
803 BGH, Rpfleger 2007, 555 = VuR 2008, 28 m. Anm. Kohte.

§ 765 a ZPO[804]. Seine Betrachtung beschränkt sich auf den Anwendungsbereich – die Statthaftigkeit. Stöber greift dagegen auf die gleiche Entscheidung zurück, um seine Argumentation, die aber eine andere Richtung einschlägt wie die von Gaul, zu untermauern: Weil die Generalklausel als Ausnahmevorschrift eng auszulegen sei, könne ein Schutzbedürfnis nicht gegeben sein, wenn der Schuldner bereits nach anderen Bestimmung ausreichend geschützt ist oder werden kann[805]. Dieser Ansicht nach, geht es hier nicht um eine Frage der Subsidiarität, sondern des fehlenden Rechtsschutzbedürfnisses.

Für die praktische Rechtsanwendung bleibt zunächst festzuhalten, dass unabhängig davon, wessen Schlussfolgerungen man sich anschließt, die anderweitigen Schutzmöglichkeiten den Schutz nach § 765 a ZPO ausschließen. Dies ist nicht zu bezweifeln, denn es würde allein schon an dem Vorliegen der Voraussetzung der sittenwidrigen Härte scheitern, wenn dem Schuldner noch andere Schutzmöglichkeiten zur Verfügung stünden. Ebenfalls kann der Tatsache, dass § 765 a ZPO die „ultima ratio" des Schuldnerschutzes in der Einzelzwangsvollstreckung ist,[806] ausschließlich auf dem Wege Rechnung getragen werden. Auch unter prozessökonomischen Gesichtspunkten ist dies die einzig akzeptable Lösung.

Was speziell die Frage nach der Subsidiarität der Generalklausel betrifft, so ist die aus der erwähnten Entscheidung des Bundesgerichtshofes von Gaul abgeleitete Schlussfolgerung, dass § 765 a ZPO nur subsidiär gelte, zu bezweifeln. Das würde nämlich im Widerspruch stehen zu der anerkannten Möglichkeit des Schutzes im Rahmen des § 765 a ZPO in den Fällen, in denen der Anwendungsbereich der speziellen Schuldnerschutzvorschriften ausreicht, aber der Vollstreckungsschutz nach den Bestimmungen nicht gewährt wird, zum Beispiel wenn bestimmte bewegliche Sachen keinen Pfändungsschutz nach speziellen Bestimmungen genießen, weil die Tatbestandsvoraussetzungen der relevanten Schutzbestimmung nicht erfüllt sind, oder wenn gewisse Einkunftsarten von den Vollstreckungsschutzbestimmungen bewusst nicht erfasst sind.

Bei der Einzelzwangsvollstreckung in das bewegliche Vermögen würde die ausschließlich subsidiäre Geltung des § 765a ZPO beispielsweise dazu führen, dass der Vollstreckungsschutz nach § 765 a ZPO unter der Annahme, dass die Schutznormen wie § 811 Abs. 1 ZPO und §§ 850 ff. ZPO abschließende Regelungen enthalten und somit für andere Fälle eine Sperrwirkung entfalten,[807] grundsätzlich ausgeschlossen wäre (eine spezielle Norm verdrängt die generelle, soweit ihr Anwendbarkeitsbereich ausreicht), weil anderenfalls der Zweck der speziellen Bestimmungen vereitelt wäre[808]. Nach dem Willen des Gesetzgebers sollen mit § 765 a ZPO besondere Härtefälle aufgefangen werden. Wäre in den Fällen, in denen der Anwendungsbereich

804 Gaul/Schilken/Becker-Eberhard, Zwangsvollstreckungsrecht, S. 855, Fn. 10.
805 Stöber, in: Zöller, ZPO, § 765 a Rn. 13.
806 MüKoZPO/Heßler, § 765 a Rn. 6.
807 Schmalz, Methodenlehre, Rn. 82.
808 Larenz, Methodenlehre, S. 268.

der speziellen Regeln zwar ausreicht, aber der Vollstreckungsschutz nach den Bestimmungen gegebenenfalls bewusst nicht vorgesehen ist, der Vollstreckungsschutz nach § 765 a ZPO trotz Vorliegen aller Voraussetzungen ausgeschlossen, so würde das im Widerspruch zum Zweck des § 765 a ZPO stehen und wäre verfassungsrechtlich bedenklich. Um das zu verhindern, muss entweder die subsidiäre Geltung des § 765 a ZPO abgelehnt oder mit Walker davon ausgegangen werden, dass grundsätzlich keine der speziellen Schutzvorschriften eine abschließende Entscheidung des Gesetzgebers hinsichtlich der absoluten Grenzen des Schutzes beinhaltet,[809] sowohl hinsichtlich des inhaltlichen wie auch des zeitlichen Umfanges[810]. Beide Varianten hätten zur Folge, dass der Vollstreckungsschutz nach § 765 a ZPO neben den speziellen Vorschriften greifen würde, wenn die entsprechenden Voraussetzungen vorliegen und der Schutz nach speziellen Vorschriften nicht gewährt wird.

Zusammenfassend ist festzuhalten, dass § 765 a ZPO keineswegs nur subsidiäre Bedeutung zukommt und die Regelung auch primär anwendbar ist und nicht nur, um eine Gesetzeslücke auszufüllen.[811] Die Generalklausel des Schuldnerschutzes kommt zur Anwendung, wenn der Schuldner den erforderlichen Schutz nach besonderen Schutzvorschriften nicht erreichen kann und die Vollstreckung ansonsten eine sittenwidrige Härte für den Schuldner mit sich bringen würde. Die strengen Voraussetzungen des § 765 a ZPO könnten nach der zutreffenden Anmerkung des Landgerichts Darmstadt gerade dann erfüllt sein, wenn der erforderliche Schutz nach allgemeinen Vorschriften nicht gewährt werden kann[812].

Die hier vertretene Ansicht wird gestützt durch die bereits erwähnte Entscheidung des Bundesgerichtshofes aus dem Jahr 2007, in der von der Schutzmöglichkeit nach § 765 a ZPO, wenn andere Schutzvorschriften erschöpft sind, die Rede ist und in der außerdem darauf verwiesen wird, dass § 765 a ZPO grundsätzlich neben den übrigen vollstreckungsrechtlichen Schutzvorschriften gelte[813]. Die von Gaul behauptete undifferenzierte Vorgehensweise des Gerichtes bei der Entscheidung lässt sich bei der oben geschilderten Betrachtungsweise nicht bestätigen[814].

Die Generalklausel des § 765 a ZPO darf nicht als bloße allgemeine Regelung im Verhältnis zu speziellen Regelungen betrachtet werden, denn sie bringt einen übergeordneten Gesichtspunkt, nämlich die Verhinderung der missbräuchlichen Rechtsausübung[815] bei allen Arten der Einzelzwangsvollstreckung, zum Ausdruck. Der kategorische Ausschluss des Rückgriffes auf den Schutz des § 765 a ZPO ist in keiner der denkbaren Konstellationen gerechtfertigt. Dass dem Gläubiger bei zweckgerechter Auslegung oft das Äußerste zugemutet wird,[816] führt nicht zur

809 Walker, in: Schuschke/Walker, ZPO, § 765 a Rn. 11.
810 Gerhardt, Vollstreckungsrecht, S. 228.
811 So ebenfalls Nowack, DRiZ 1954, 3 und Drischler, Rpfleger 1956, 91, 94.
812 So zutreffend LG Darmstadt, NJW-RR 2000, 1178, 1179.
813 BGH, Rpfleger 2007, 555.
814 Gaul/Schilken/Becker-Eberhard, Zwangsvollstreckungsrecht, S. 855 Fn. 10.
815 OLG Hamm, NJW 1958, 834; Stöber, Rpfleger 1960, 237, 239.
816 So Münzberg, in: Stein/Jonas, ZPO, § 765 a Rn. 39.

gegenteiligen Ansicht, denn der Vollstreckungsschutz nach § 765 a ZPO wird erst nach einer Abwägung zwischen Gläubiger- und Schuldnerinteressen gewährt.

### *cc) Ist der Vollstreckungsschutz nach § 765 a ZPO bei der Verletzung der speziellen Schuldnerschutzvorschriften denkbar?*

Werden die Vollstreckungsschutzvorschriften, die von Amts wegen zu berücksichtigen sind, nicht beachtet und kommt es zur unberechtigten Zwangsvollstreckung, so liegen typische Vollstreckungsmängel vor und keine im Sinne des § 765 a ZPO relevante „ganz besondere Umstände".[817] Die Vollstreckungsmängel sollen mit speziellen Rechtsbehelfen wie die Erinnerung nach § 766 ZPO bzw. die sofortige Beschwerde nach § 11 Abs. 1 RpflG i.V.m. § 793 ZPO und nicht mit § 765 a ZPO beseitigt werden.[818] Solange mit Hilfe der Rechtsbehelfe die Beachtung der Schutzvorschriften erzwungen werden kann, muss der Schuldner auf sie zurückgreifen.[819]

In einigen Fällen kann die Durchführung der Zwangsvollstreckung sowohl zur Verletzung besonderer Schuldnerschutzvorschriften führen, die mit speziellen Rechtsbehelfen zu rügen ist, wie auch eine sittenwidrige Härte für den Schuldner bedeuten.[820] In solchen Konstellationen kann ein Antrag nach § 765 a ZPO zum Beispiel in dem Antrag nach § 766 ZPO bereits enthalten sein.[821] Eine gesonderte Erwähnung des § 765 a ZPO ist dabei nicht erforderlich.[822]

### *dd) Schlussfolgerungen zum Anwendungsbereich in der Geldvollstreckung in bewegliche Sachen*

Bei der Frage des Verhältnisses der sog. gesetzlichen Regelungen des Pfändungsschutzes zu § 765 a ZPO gibt es im Bereich der Geldvollstreckung in bewegliche Sachen keine Besonderheiten. Der Rückgriff auf die Generalklausel scheidet aus, solange der Pfändungsschutz nach §§ 811, 812 ZPO gewährt werden kann. Die Berufung auf § 765 a ZPO ist auch dann zulässig, wenn dadurch die bereits vorhandenen Schuldnerschutzvorschriften derart über ihren Inhalt hinaus erweitert werden, dass die beweglichen Sachen, die nach §§ 811, 812 ZPO keinen Schutz genießen, dennoch dem Zugriff des Gläubigers entzogen werden können.[823]

Es wurde bereits ausgeführt, dass die Generalklausel im Vollstreckungsrecht unentbehrlich ist. Mit Wolf ist festzuhalten, dass dies trotz einer Vielzahl besonderer

817 Brox/Walker, Zwangsvollstreckungsrecht, Rn. 1480.
818 Brox/Walker, Zwangsvollstreckungsrecht, Rn. 1480.
819 Schur, KTS 2008, 474; Walker, in: Schuschke/Walker, ZPO, § 765 a Rn. 2.
820 Hk-ZV/Bendtsen, § 765 a Rn. 8.
821 MüKoZPO/Heßler, § 765 a Rn. 71.
822 Walker, in: Schuschke/Walker, ZPO, § 765 a Rn. 34.
823 So auch Käfer, MDR 1955, 339, 340. Zum Wesen einer zwangsvollstreckungsrechtlichen Generalklausel auch Bettermann, SJZ 1947, 173, 175.

Schuldnerschutzvorschriften auch für die Mobiliarvollstreckung gilt[824]. Abzulehnen ist somit die Auffassung, wonach der Schuldnerschutz nach den §§ 803, 811, 811 c, 812, 817 a ZPO ausreichend gewährleistet ist und Pfändungen, die als sittenwidrige Härte nicht hingenommen werden könnten, kaum vorstellbar sind[825]. Münzberg geht noch weiter und schließt die Einschränkung des gegenständlichen Bereiches der Vollstreckung wegen Geldforderungen über die §§ 811, 812 ZPO hinaus durch § 765 a ZPO grundsätzlich aus[826].

Die Anzahl der Gerichtsentscheidungen im Zusammenhang mit dem Vollstreckungsschutz der beweglichen Sachen nach § 765 a ZPO ist überschaubar. Dennoch ist die Sonderstellung der beweglichen Sachen im Sinne der generellen Einschränkung oder gar des grundsätzlichen Ausschlusses des gerichtlichen Vollstreckungsschutzes abzulehnen. Das würde dem Sinn und Zweck der Generalklausel entgegenstehen und verfassungsrechtlicher Überprüfung kaum standhalten. Außerdem ist im Rahmen des § 811 Abs. 1 ZPO im Gegensatz zum § 765 a ZPO nur in relativ eingeschränktem Umfang Platz für die individuelle Interessenabwägung der Beteiligten. Hier ist eine allgemeine Abwägung zwischen den widerstreitenden Interessen des Schuldners und des Gläubigers bereits in der Regelung enthalten.[827] Die Regelungen der einzelnen Nummern des § 811 Abs. 1 ZPO sind sozusagen das Endergebnis der vom Gesetzgeber vorgenommenen Abwägung. Es muss aber auch bei der Geldvollstreckung in bewegliche Sachen möglich sein, den Besonderheiten der außergewöhnlich liegenden Fälle mit § 765 a ZPO Rechnung zu tragen.

Somit ist die von Münzberg vertretene Auffassung abzulehnen, der Vollstreckungsschutz nach § 765 a ZPO sei bei der Geldvollstreckung in bewegliche Sachen ausgeschlossen[828]. Höchstens kann mit Gaul von der seltenen Notwendigkeit des Vollstreckungsschutzes nach § 765 a ZPO bei der Geldvollstreckung in bewegliche Sachen die Rede sein[829].

### *b) Fallgruppen beim Vollstreckungsschutz bei der Geldvollstreckung in bewegliche Sachen*

Die Gewährung des Vollstreckungsschutzes nach § 765 a ZPO bei der Geldvollstreckung in bewegliche Sachen kann vor allem in folgenden drei Fallgruppen von Bedeutung sein: bei der Notwendigkeit des Vollstreckungsschutzes über den Katalog des § 811 Abs. 1 ZPO hinaus oder beim Fehlen der für den Vollstreckungsschutz nach § 811 Abs. 1 Nr. 1–13 ZPO erforderlichen Tatbestandsvoraussetzungen,

---

824 Hintzen/Wolf, Zwangsvollstreckung, Zwangsversteigerung und Zwangsverwaltung, Rd. 8.341.

825 So MüKoZPO/Heßler, § 765 a Rn. 47; Musielak/Lackmann, ZPO, § 765 a Rn. 13; Lippross, Vollstreckungsrecht, Rn. 381.

826 Münzberg, in: Stein/Jonas, ZPO, § 765 a Rn. 39.

827 BGH, BeckRS 2005, 01051.

828 Münzberg, in: Stein/Jonas, ZPO, § 765 a Rn. 39.

829 Gaul/Schilken/Becker-Eberhard, Zwangsvollstreckungsrecht, S. 868.

bei der Ablehnung des Vollstreckungsaufschubes im Rahmen des § 802 b ZPO, zwecks Verweigerung des Zuschlages trotz der Erreichung des Mindestgebotes nach § 817 a ZPO[830].

#### aa) *Erste Fallgruppe: Gewährung des Vollstreckungsschutzes nach § 765 a ZPO über den Katalog des § 811 Abs. 1 ZPO hinaus oder beim Fehlen der Tatbestandsvoraussetzungen des § 811 Abs. 1 Nr. 1–13 ZPO*

Der ersten Fallgruppe ist der einer Entscheidung des Landgerichts Heilbronn aus dem Jahre 1980 zugrunde liegende Fall zuzuordnen[831]. In der Entscheidung ging es um die Pfändung eines Hundes, den die Schuldnerin als Trost für ihr tödlich verunglücktes Enkelkind von ihrem Sohn erhalten hat. Zum Zeitpunkt der Entscheidung wurde im Gegensatz zu der heute geltenden Regelung der Unpfändbarkeit von Haustieren (§ 811 c ZPO), wonach Haustiere unabhängig von ihrem Wert Vollstreckungsschutz genießen, Schutz nach der Vorgängerregelung § 811 Nr. 14 ZPO bei Hunden dann gewährt, wenn sie nicht zur Veräußerung bestimmt waren und ihr Wert 200,00 DM nicht überstieg. Die Änderung der Rechtslage steht aber dem exemplarischen Aufzeigen der grundsätzlichen Möglichkeiten der Gewährung des Vollstreckungsschutzes nach § 765 a ZPO in der Geldvollstreckung in bewegliche Sachen nicht entgegen. Die für den Vollstreckungsschutz nach § 765 a ZPO relevante Sittenwidrigkeit der Pfändung wurde in der Entscheidung mit dem hohen Alter der Schuldnerin und möglichen schwerwiegenden Folgen im Falle der Pfändung sowohl für die Schuldnerin wie auch für den Hund begründet. Die Kammer wies in ihrer Begründung außerdem darauf hin, dass der für den Fall einer Pfändung des Hundes eintretende immaterielle Schaden in keinem Verhältnis zu dem Erlös stehe, den die Gläubigerin aus der Verwertung des auf 1.000,00 DM veranschlagten Hundes zur Reduzierung ihrer weit über 30.000,00 DM betragenden Forderung gegenüber der Schuldnerin erzielen könne. Lippross kritisiert die Entscheidung des Landgerichts Heilbronn. Seiner Ansicht nach hat das Gericht § 811 Nr. 14 ZPO in unzulässiger Weise korrigiert und den relativ großen Forderungsbetrag zu Lasten der Gläubigerin berücksichtigt[832]. Hierzu ist zunächst anzumerken, dass es nicht zu beanstanden ist, wenn im Rahmen der Interessenabwägung dem immateriellen Schaden der Schuldnerin die Befriedigungsquote der Gläubigerin gegenübergestellt wird. Außerdem ist der Vorwurf nicht haltbar, mit der Entscheidung sei § 811 Nr. 14 ZPO korrigiert worden, was in der Tat zu beanstanden wäre, wenn es zutreffen würde, denn die Judikative hätte dann unzulässig in den Bereich der Legislative eingegriffen. Im vorliegenden Fall reichten offensichtlich die besonderen Schutznormen nicht aus, um die aus den besonderen Umständen des Falles resultierende sittenwidrige Härte zu verhindern und so den gebotenen Schutz zu gewähren.

---

830 Walker, in: Schuschke/Walker, ZPO, § 765 a Rn. 11.
831 LG Heilbronn, DGVZ 1980, 111.
832 Lippross, Grundlagen und System des Vollstreckungsschutzes, S. 177.

Die Generalklausel trat neben die gesetzliche Regelung des Schuldnerschutzes, wonach schließlich aufgrund des Vorliegens der Voraussetzungen des § 765 a ZPO der gebotene Schutz gewährt wurde.

Das Beispiel zeigt deutlich, dass, wenn die Einschränkung der Zwangsvollstreckung bei der Geldvollstreckung in bewegliche Sachen nach speziellen Regelungen zur Verhinderung der aus der Pfändung resultierenden sittenwidrigen Härte nicht ausreicht, die Gewährung des Vollstreckungsschutzes nach § 765 a ZPO den einzigen Ausweg bietet. Dies gilt gleichermaßen, wenn über den Katalog des § 811 Abs. 1 Nr. 1–13 ZPO hinaus bewegliche Sachen der Pfändung entzogen werden sollen, wie in dem von Walker konstruierten Fall, in dem einem schwerkranken und betagten Schuldner der Vollstreckungsschutz eines Bildes seines tödlich verunglückten Enkels, das dem Schuldner als einziges Erinnerungsstück geblieben ist, nach § 765 a ZPO gewährt werden sollte, um eine sittenwidrige Härte zu verhindern[833].

### (1) Vollstreckungsschutz der Kraftfahrzeuge

Zu den beweglichen Sachen, bei denen der Rückgriff auf den gerichtlichen Vollstreckungsschutz sinnvoll und gerechtfertigt sein kann, gehören Kraftfahrzeuge. Im Rahmen des § 811 Abs. 1 ZPO können sie nach den einzelnen Nummern aus bestimmten Gründen von der Pfändung ausgenommen werden, nicht jedoch wenn der Schutz unter persönlichen Gesichtspunkten angestrebt wird. Laut dem Landgericht Kaiserslautern kann der Vollstreckungsschutz eines Kraftfahrzeuges nach § 765 a ZPO beim Erfordernis einer regelmäßigen ärztlichen Behandlung der Schuldnerin oder/und ihrer minderjährigen Kinder in Frage kommen[834]. In einer Entscheidung des Landgerichts Lübeck aus dem Jahre 1994 wird auf die Möglichkeit des gerichtlichen Vollstreckungsschutzes eines Kraftfahrzeuges eines Schuldners aufgrund der Schwerbehinderung seiner Frau verwiesen[835]. Allerdings solle die Unzulässigkeit einer Pfändung sowohl im Hinblick auf § 811 Abs. 1 Nr. 12 ZPO als auch auf § 765 a ZPO geprüft werden. Abgelehnt wurde dagegen der Vollstreckungsschutz gem. § 765 a ZPO mangels Vorliegens einer sittenwidrigen Härte vom Landgericht Wuppertal bei einem Zweitwagen einer fünfköpfigen Familie, der benötigt wurde, um die täglichen Bedürfnisse der Familiemitglieder wie etwa Transport der Kinder zur Schule, Krabbelgruppe, Sportveranstaltungen oder Erledigung der Einkäufe zu befriedigen[836].

### (2) Vollstreckungsschutz bei der Kassenpfändung

Weiterhin kann die Anwendung des § 765 a ZPO bei Kassenpfändungen bei Gewerbebetreibenden in bestimmten Fällen in Frage kommen. Es ist jedoch eine genaue Differenzierung geboten. Wird das in der Kasse vorgefundene Bargeld als

833 Brox/Walker, Zwangsvollstreckungsrecht, Rn. 1470.
834 LG Kaiserslautern, BeckRS 2006, 09749.
835 LG Lübeck, Rpfleger 1994, 174, 175.
836 LG Wuppertal, DGVZ 2009, 43.

Wechselgeld oder zur Warenbeschaffung benötigt, so ist der Pfändungsschutz nach § 811 Abs. 1 Nr. 5 ZPO möglich.[837] Was das Mittel zum Lebensunterhalt betrifft, so gewährt die besondere Schutzvorschrift des § 811 Abs. 1 Nr. 2 ZPO Pfändungsschutz des zur Beschaffung der für vier Wochen erforderlichen Nahrungs-, Feuerungs- und Beleuchtungsmittel unerlässlichen Geldbetrages. Dagegen sind die für Miete, Kleidung und andere Bedürfnisse erforderlichen Beträge bei Kassenpfändungen nach keiner speziellen Pfändungsschutzregelung geschützt.[838] Entgegen einer älteren Entscheidung des Landgerichtes Berlin, in der es sich für den Pfändungsschutz der Mittel für Aufwendungen für Miete und Kleidung bei der Kassenpfändung einer Gewerbetreibenden nach § 811 Abs. 1 Nr. 2 ZPO ausspricht,[839] lässt sich der Pfändungsschutz der betroffenen Mittel bei der Kassenpfändung nicht aus § 811 Abs. 1 Nr. 2 ZPO ableiten. Denn in der Regelung sind abschließend alle Naturalien ausdrücklich genannt, für die das benötigte Geld für höchstens vier Wochen im Voraus vor der Pfändung geschützt werden kann, und Bargeld für Aufwendungen für Miete und Kleidung fällt nicht darunter.[840] Aufgrund des Fehlens einer entsprechenden gesetzlichen Regelung des Vollstreckungsschutzes ist nach der gebotenen Abwägung der gegenseitigen Interessen die Gewährung des Vollstreckungsschutzes nach § 765 a ZPO dann möglich, wenn es um die Kassenpfändung bei einem Gewerbetreibenden geht, der durch persönliche Leistung seinen Lebensunterhalt verdient, dessen notwendiger Lebensbedarf aber wegen der Pfändung nicht mehr gedeckt wird.[841]

### (3) Vollstreckungsschutz von Grabsteinen

Im Kontext des § 765 a ZPO wurde bei beweglichen Sachen die Frage nach der Möglichkeit des Vollstreckungsschutzes von Grabsteinen und Grabmalen[842] im Schrifttum kontrovers diskutiert[843]. Der Vollstreckungsschutz von Grabsteinen hat ebenfalls Gerichte mehrmals beschäftigt, von denen einige sich ausschließlich mit der Möglichkeit des Vollstreckungsschutzes im Rahmen des § 811 ZPO auseinandergesetzt hatten.

---

837 AG Horbach a. N., DGVZ 1989, 78.

838 Ausführlich zu dem Thema Winterstein, DGVZ 1985, 85.

839 LG Berlin DGVZ 1957, 94.

840 Walker, in: Schuschke/Walker, ZPO, § 811 Rn. 28.

841 LG Berlin, DGVZ 1979, 43; so auch MüKoZPO/Heßler, § 765 a Rn. 48.

842 Bei einer Grabanlage (Grabstein und Grabeinfassung) handelt es sich um eine bewegliche Sache. Sie ist sog. Scheinbestandteil des Grundstücks des Friedhofes i.S.v. § 95 Abs. 1 BGB. BGH, JR 1977, 367, 368. Sie gehöre nicht zu den Bestandteilen eines Grundstücks im Sinne der §§ 93, 94 BGB, weil sie in Ausübung eines Nutzungsrechts an der Grabstelle und, da dieses Recht zeitlich befristet sei, auch nur zu einem vorübergehenden Zweck mit dem Grund und Boden verbunden sei (§ 95 Abs. 1 BGB). OLG Köln, DGVZ 1992, 116, 118.

843 Christmann, DGVZ 1986, 56; Wacke, DGVZ 1986, 161; Dillenburger/Pauly, DGVZ 1994, 180; Röder, DGVZ 2007, 17; Looff, Rpfleger 2008, 53.

Im Jahre 1935 hatte das Kammergericht den Pfändungsschutz eines Grabdenkmals nach § 811 Nr. 13 ZPO abgelehnt[844]. Das Gericht verwies aber darauf, dass die Pfändung eines bereits aufgestellten Grabdenkmals wegen der Verletzung des besonderen Pietätsgefühls des Schuldners oder auch des allgemeinen Pietätsgefühls unzulässig wäre, es sei denn, es handele sich um die Pfändung des Steinmetzen wegen seiner Werklohnforderung für den nicht oder nicht voll bezahlten Grabstein. Dem schlossen sich einige andere Gerichte an.[845] Das Amtsgericht Bad Schwalbach lehnte dagegen in einer seiner Entscheidungen aus dem Jahr 1983 die Pfändung einer Grabanlage aus Pietätsgründen ab, ebenfalls bei der Vollstreckung wegen einer Werklohnforderung[846]. Ein Teil der Gerichte vertrat die Auffassung, bei richtiger Auslegung des § 811 Abs. 1 Nr. 13 ZPO sei ein Grabstein nach dieser Bestimmung unpfändbar, was auch dann gelten solle, wenn er unter Eigentumsvorbehalt geliefert wurde und der Hersteller wegen seines Zahlungsanspruchs vollstreckt[847]. Zuzustimmen ist der Ansicht nur insoweit, als dass unter der grundsätzlichen Annahme der Anwendbarkeit des § 811 Abs. 1 Nr. 13 ZPO auf Grabanlagen der Pfändungsschutz ebenfalls bei der Pfändung wegen der Herstellungskosten der Grabanlage greifen müsste. Denn bei dem Schutz der beweglichen Sachen nach den einzelnen Nummern des Unpfändbarkeitskataloges des § 811 Abs. 1 ZPO darf bei der Beurteilung der Pfändbarkeit nicht darauf abgestellt werden, welcher Gläubiger im Einzelfall vollstreckt.[848] Dies ist allein im Rahmen des § 811 Abs. 2 ZPO relevant und nach dem ausdrücklichen Wortlaut der Bestimmung fallen ausschließlich die in § 811 Abs. 1 Nr. 1, 4, 5–7 ZPO bezeichneten Sachen darunter. Bei den von § 811 Abs. 1 Nr. 13 ZPO erfassten Sachen ist das offensichtlich nicht der Fall.

Was die grundsätzliche Möglichkeit des Pfändungsschutzes eines Grabsteins nach § 811 Abs. 1 Nr. 13 ZPO betrifft, ist sie nach der hier vertretenen Ansicht abzulehnen,[849] so dass die weiterführende Auseinandersetzung mit der Thematik sich erübrigt. Zur Begründung kann hier auf die Argumente in der Entscheidung

844 KG, JW 1935, 2072.

845 LG Hamburg, DGVZ 1990, 90: weist darauf hin, dass bei der Frage, ob ein Grabstein aus allgemeinen Pietätsgründen grundsätzlich unpfändbar wäre, stets der konkrete Einzelfall zu beurteilen sei; LG Weiden, DGVZ 1990, 142; LG Koblenz, DGVZ 1988, 11; AG Wiesbaden DGVZ 1985, 79; AG Miesbach, MDR 1983, 499.

846 AG Bad Schwalbach, DGVZ 1984, 61.

847 LG Oldenburg, DGVZ 1992, 92: In der Entscheidung wird zutreffend darauf hingewiesen, dass es auf Bedenken stößt, bei der Beurteilung der Pfändbarkeit darauf abzustellen, welcher Gläubiger im Einzelfall vollstreckt; LG Kassel, DGVZ 2005, 41; LG München, DGVZ 2003, 122; LG Verden, DGVZ 1990, 31.

848 LG Oldenburg, DGVZ 1992, 92.

849 So ebenfalls BGH, InVo 2006, 291; LG Hamburg, DGVZ 1990, 90; LG Weiden, DGVZ 1990, 142; LG Koblenz, DGVZ 1988, 11; AG Wiesbaden DGVZ 1985, 79; AG Miesbach, MDR 1983, 499; KG, JW 1935, 2072.

des Bundesgerichtshofes aus dem Jahr 2005 verwiesen werden[850]. Eine analoge Anwendung scheidet ebenfalls aus.[851]

Eine der wichtigsten Fragen, die sich bei der Thematik des Vollstreckungsschutzes eines Grabsteins in der Einzelzwangsvollstreckung stellt und auf die ausführlicher eingegangen werden sollte, ist, in welchen Fällen hier auf den Vollstreckungsschutz gem. § 765 a ZPO zurückgegriffen werden könnte. Die grundsätzliche Möglichkeit der Gewährung des Schutzes nach der Regelung ist nicht zu bezweifeln. Wie bereits ausgeführt wurde, würde das Gegenteil dem Sinn und Zweck der Generalklausel des Schuldnerschutzes widersprechen, denn die Pfändung eines Grabsteins kann in vielen Fällen eine sittenwidrige Härte darstellen. Wie das Oberlandesgericht Köln zutreffend feststellt, schließe der Maßstab der guten Sitten die Berücksichtigung des Pietätsgefühls mit ein[852]. Damit wäre der von einigen Gerichten vertretene Rückgriff auf ein übergesetzliches Pfändungsverbot aus Pietätsgründen in Abhängigkeit vom Forderungsgrund überflüssig[853].[854] Im Rahmen des § 765 a ZPO ist eine umfassende Interessenabwägung ausdrücklich vorgesehen. Dadurch kann den Besonderheiten des Einzelfalls und darunter ebenfalls solchen Faktoren wie Forderungsgrund und gegebenenfalls dem Verhalten der Seiten entsprechend Beachtung geschenkt werden. Hier ist die vielseitige Berücksichtigung diverser relevanter Umstände möglich, so dass z. B. die Tatsache, dass der Gläubiger seinen eigenen Werklohnanspruch verfolge und unter Eigentumsvorbehalt geliefert habe, nicht automatisch dazu führen würde, dass sein Interesse das Interesse des Schuldners überwiegt.[855] Denn es soll sehr wohl einen Unterschied machen, ob es dem Schuldner wegen seines Gesundheitszustandes oder eines unerwarteten Schicksalsschlags nicht möglich ist, seinen Zahlungspflichten nachzukommen, oder ob er die Forderung nicht begleichen möchte bzw. allein aus finanziellen Gründen seine Verbindlichkeiten nicht erfüllt.

Entgegen dem Landgericht Braunschweig kann die grundsätzliche Ablehnung das Vorliegen einer sittenwidrigen Härte i.S.v. § 765 a ZPO bei der Pfändung eines vom Schuldner unter Eigentumsvorbehalt erworbenen Grabsteins[856] nicht damit

---

850 BGH, InVo 2006, 291.

851 OLG Köln, DGVZ 1992, 117, 119.

852 OLG Köln, DGVZ 1992, 117, 119.

853 So aber LG Hamburg, DGVZ 1990, 90; LG Weiden, DGVZ 1990, 142; LG Koblenz, DGVZ 1988, 11; AG Wiesbaden DGVZ 1985, 79; AG Miesbach, MDR 1983, 499. Der BGH hat ausdrücklich offengelassen, ob ein übergesetzliches Pfändungsverbot aus Pietätsgründen möglich ist. BGH, InVo 2006, 291.

854 Es gibt eine Reihe von beweglichen Sachen, die der Pfändung nicht unterliegen, weil deren Veräußerung durch den Gerichtsvollzieher gesetzwidrig oder verboten wäre (§ 126 GVGA), dazu gehören z. B. Aschenurnen. Stöber, in: Zöller, ZPO, § 811 ZPO Rn. 45. Bei Grabanlagen ist das offensichtlich nicht der Fall.

855 So aber OLG Köln, DGVZ 1992, 117, 119.

856 Der Schuldner beglich die Werklohnforderung nicht und der Gläubiger ging aus dem Sicherungsrecht vor.

begründet werden, der Eigentumsvorbehalt ginge ansonsten ins Leere[857]. Der Eigentumsvorbehalt spielt gerade bei der Generalklausel keine besondere Rolle, denn auch bei der Herausgabevollstreckung nach § 883 ZPO könnte der Schuldner auf den Vollstreckungsschutz nach § 765 a ZPO zurückgreifen.

Auf dem Wege über § 765 a ZPO können auch verfassungsrechtliche Bedenken im Zusammenhang mit der Pfändung von Grabsteinen ausgeräumt werden. Den Wertentscheidungen des Grundgesetzes und der verfassungsmäßigen Gewährleistung der Grundrechte des Schuldners, die das Gericht bei der Prüfung des Vorliegens einer sittenwidrigen Härte zu berücksichtigen hat,[858] wird so Rechnung getragen. Ebenfalls wird der von Dillenburger und Pauly erwähnte direkte Rückgriff auf das verfassungsverbürgte Verbot der Unverletzlichkeit der Menschenwürde[859] damit unnötig.

Wie bereits ausgeführt wurde, kann im Rahmen des § 765 a ZPO unter Umständen eine sittenwidrige Härte für einen Dritten ebenfalls Berücksichtigung finden. Dementsprechend kann bei der Entscheidung nach § 765 a ZPO hinsichtlich eines Grabsteins dem Andenken an den Verstorbenen[860] und Würdigung des Pietätsempfindens des Dritten und der Allgemeinheit Rechnung getragen werden.

Die ausschließliche Möglichkeit des Vollstreckungsschutzes eines Grabsteins über § 765 a ZPO ist bedenklich, denn dies bedeutet, dass im Regelfall die grundsätzliche Pfändbarkeit eines Grabsteins in der Einzelzwangsvollstreckung bejaht wird, was sehr fragwürdig ist, ausgenommen die Fälle, in denen der Grabsteinlieferant vollstreckt. Dies ist jedoch kein Grund, um eine Regelung wie § 811 Abs. 1 Nr. 13 ZPO, die einen Grabstein vor der Pfändung offensichtlich nicht schützt, als rettenden Anker hinzuzuziehen. Im Übrigen würde dies konsequenterweise dazu führen, dass der Schutz ebenfalls bei Forderungen der Grabsteinlieferanten greifen würde, was jedoch in den meisten Fällen völlig inakzeptabel wäre.

Notwendig ist die ausdrückliche Aufnahme des gesetzlichen Pfändungsschutzes von Grabsteinen in § 811 Abs. 1 ZPO. Auf diesem Wege würde die Entwicklungsfunktion des § 765 a ZPO zur Geltung kommen.

### (4) Vollstreckungsschutz bei der nachträglich eintretenden Unpfändbarkeit

Der ersten Fallgruppe können ebenfalls Fälle zugeordnet werden, in denen die Notwendigkeit des Vollstreckungsschutzes nach § 765 a ZPO daraus resultiert, dass die nach der Pfändung eingetretene Unpfändbarkeit nach speziellen Schuldnerschutzbestimmungen keine Berücksichtigung findet[861]. Nennenswert ist in dem Zusammenhang ein der Entscheidung des Landgerichts Bochum aus dem Jahr 1979 zugrunde liegender Fall, in dem die für den Pfändungsschutz nach § 811 Abs. 1 ZPO

---

857 LG Braunschweig, Rpfleger 2000, 462.
858 BVerfG, NJW 2004, 49.
859 Dillenburger/Pauly, DGVZ 1994, 180, 184, 185.
860 Looff spricht in dem Zusammenhang vom Schutz des Andenkens des Verstorbenen. Looff, Rpfleger 2008, 53, 57.
861 MüKoZPO/Heßler, § 765 a Rn. 48.

erforderlichen Voraussetzungen erst nach der Pfändung der Sache, hier eines Wohnzimmerschrankes, vorlagen[862]. Das Landgericht verwies in seiner Entscheidung auf die Möglichkeit der Verhinderung der Fortsetzung der Zwangsvollstreckung nach § 765 a ZPO.[863] Interessant ist der Sachverhalt insoweit, als dass hier die Veränderung, die zur nachträglichen Unpfändbarkeit der Sache geführt hat, nämlich die Familiengründung des Schuldners, quasi absichtlich vom Schuldner herbeigeführt wurde und wie bereits ausgeführt soll das Verhalten des Schuldners im Rahmen der Interessenabwägung Berücksichtigung finden. In dem vorliegenden Fall würde aber die Gewährung des Vollstreckungsschutzes nach § 765 a ZPO nicht daran scheitern, denn die besonderen Umstände müssen nicht nur absichtlich herbeigeführt worden sein, sondern das Herbeiführen sollte missbräuchlich sein, d.h. zum Ziel haben die Unpfändbarkeit auszulösen, die die Gewährung des Vollstreckungsschutzes ermöglichen würde[864]. Bei dem geschilderten Sachverhalt kann mit großer Wahrscheinlichkeit davon ausgegangen werden, dass es zur Familiengründung nicht zwecks Erringung des Vollstreckungsschutzes kam und es sich somit nicht um eine „missbräuchlich herbeigeführte" Veränderung handelte. In dem vorliegenden Fall würde der Vollstreckungsschutz aber wohl an der Voraussetzung des Vorliegens einer sittenwidrigen Härte scheitern.

Säcker plädiert dafür, die Unpfändbarkeit zum Zeitpunkt einer späteren Erinnerung nach § 766 ZPO zu beurteilen und unter Umständen Pfändungsschutz nach § 811 Abs. 1 ZPO nachträglich zu gewähren, wenn die Voraussetzungen der Unpfändbarkeit erst nach Verstrickung des Gegenstandes eingetreten sind[865]. Er begründet dies damit, dass die Berücksichtigung im Wege der Härteklausel des § 765 a ZPO zu nicht immer und nicht adäquat korrigierbaren Ergebnissen führen würde.[866] In der aktuellen zwangsvollstreckungsrechtlichen Praxis[867] wird jedoch die Unpfändbarkeit der beweglichen Sachen regelmäßig zum Zeitpunkt der Pfändung beurteilt, so dass momentan bei nachträglicher Unpfändbarkeit allein der Rückgriff auf die Generalklausel Abhilfe schaffen kann.

### *bb) Zweite Fallgruppe: Aufschub der Vollstreckung*

Eine weitere große Fallgruppe, bei der der Rückgriff auf die Regelung des § 765 a ZPO bei der Geldvollstreckung in bewegliche Sachen am häufigsten vonnöten sein kann, umfasst Fälle, in denen der Aufschub der Vollstreckung vom Schuldner angestrebt, aber nach § 802 b ZPO nicht gewährt wird.

862 LG Bochum, DGVZ 1980, 37.
863 Andere Ansicht LG Berlin, Rpfleger 1977, 262: mit zum Teil missverständlicher Begründung.
864 MüKoZPO/Heßler, § 765 a Rn. 48.
865 Säcker, NJW 1966, 2345, 2346. So auch z. B. LG Stuttgart, DGVZ 2005, 42; Musielak/Becker, ZPO, § 811 Rn. 7.
866 Ähnliche Zweifel werden von Münzberg geäußert. Münzberg, in: Stein/Jonas, ZPO, § 811 Rn. 17.
867 Anders in der steuerrechtlichen Praxis: BFH, JurionRS 2012, 24606.

Nach § 802 b ZPO kann der Gerichtsvollzieher den Vollstreckungsaufschub verbunden mit der Stundung oder Ratenzahlungen dann bewilligen, wenn der Gläubiger eine Zahlungsvereinbarung nicht ausgeschlossen hat und ihr nicht widerspricht. Die einzige Variante eines Verwertungsaufschubes entgegen der Zustimmung der Gläubiger erfolgt über die Regelung des § 765 a ZPO. Laut der Entwurfsbegründung des Gesetzes zur Reform der Sachaufklärung in der Zwangsvollstreckung ist der Schutz des Schuldners in dem Bereich „durch die Möglichkeit der Gewährung von Vollstreckungsaufschub bei Stundung gemäß § 802 b ZPO sowie durch die allgemeinen Vollstreckungsschutznormen gemäß §§ 765 a, 766 ZPO hinreichend gewährleistet“[868]. Bei näherer Betrachtung der Regelungen ist dies jedoch zu bezweifeln. Es ist offensichtlich, dass die zum 01.01.2013 erfolgte Aufhebung des § 813 b ZPO – gerichtlicher Verwertungsaufschub auch ohne Zustimmung des Gläubigers – zur Verschlechterung der Rechtsposition des Schuldners geführt hat.[869] Denn trotz der Tatsache, dass seit der Möglichkeit des Aufschubes der Verwertung durch den Gerichtsvollzieher[870] auf die Regelung der gerichtlichen Aussetzung in einer noch überschaubaren Anzahl von Fällen als bis zu diesem Zeitpunkt[871] zurückgegriffen wurde,[872] ist der gerichtliche Aufschub der Verwertung nicht nutzlos gewesen. Immer dann, wenn andere Ratenregelungen nicht möglich waren, ist der gerichtliche Aufschub der letzte Ausweg für den Schuldner gewesen, die Verwertung zu vermeiden, die häufig auf die Verschleuderung der Sachen hinauslief.[873] Das wiederum führte nicht selten zur besseren Befriedigung des Gläubigers.[874] Außerdem bewegte laut Münzberg allein schon die Möglichkeit der Inanspruchnahme des § 813 b ZPO zahllose Gläubiger, die ihre nach § 813 a ZPO erforderliche Zustimmung sonst verweigert hätten, dazu, dem Verwertungsaufschub durch den Gerichtsvollzieher doch noch zuzustimmen bzw. Widerspruch zu unterlassen[875]. Auf diese Art und Weise

868 BTDrucks 16/10069 S. 34.

869 So ebenfalls Seip, DGVZ 2006, 1, 5; weniger kritisch Schilken, Rpfleger 2006, 629, 639: Im Übrigen lässt sich entgegen Schilken im Falle des § 813 b ZPO aus der Tatsache, dass in den einschlägigen Kommentierungen keine aktuellen veröffentlichten Entscheidungen zu finden sind, keine Schlussfolgerung auf die praktische Relevanz der Regelung ableiten, denn dies könnte ebenfalls daran liegen, dass diese Verfahren nicht aus dem Bereich der Amtsgerichte hinausgelangen und die Entscheidungen nur wenig Rechtsprobleme aufwerfen. Siehe dazu Bloedhorn, DGVZ 1976, 104, 111.

870 Mit dem zweiten Gesetz zur Änderung zwangsvollstreckungsrechtlicher Vorschriften vom 17.12.1997 (BGBl I 1997, S. 3039).

871 Puppe, DGVZ 1991, 89. Laut BTDrucks 13/341 S. 27 wurde die Aussetzung der Verwertung durch das Vollstreckungsgericht nach § 813 a ZPO kaum beantragt.

872 Laut Münzberg berichteten viele Rechtspfleger auf mehreren Tagungen, dass sie jährlich höchstens ein- bis zweimal § 813 b ZPO anwenden. Münzberg, in: Stein/Jonas, ZPO, § 813 b Fn. 2.

873 Noack, JR 1967, 369.

874 Noack, JR 1967, 369.

875 Münzberg, in: Stein/Jonas, ZPO, § 813 b Rn. 1.

bewirkte die Regelung des § 813 b ZPO, dass die Sachen selten verwertet wurden und dennoch häufig beachtlicher Vollstreckungserfolg erzielt wurde.[876]

Zu Recht sprach sich Behr für die Unverzichtbarkeit des § 813 b ZPO neben § 813 a ZPO in den Fällen aus, in denen eine Verwertungsaussetzung durch den Gerichtsvollzieher an der Zustimmung bzw. dem Widerspruch des Gläubigers scheiterte[877]. Denn § 765 a ZPO ist vielfach kein geeigneter Ersatz für die Regelung des § 813 b ZPO. Die Aussetzungsmöglichkeiten nach § 813 b ZPO und nach § 765 a ZPO standen selbständig nebeneinander.[878] Dies ist auch verständlich, denn die Regelungen hatten unterschiedliche Zwecke und Reichweite. Mit § 813 b ZPO sollte die unrentable Verwertung der gepfändeten Sache vermieden werden,[879] mit § 765 a ZPO dagegen sollen untragbare, dem allgemeinen Rechtsgefühl widersprechende Härten der einzelnen Vollstreckungsmaßnahmen verhindert werden[880]. Die Möglichkeiten des § 813 b ZPO im Vergleich zu § 765 a ZPO sind geringer, die Anforderungen aber weniger streng gewesen.[881] Gaul sprach davon, dass § 765 a ZPO neben 813 b ZPO nur in extremen Fällen in Betracht komme, beispielsweise wenn der Schuldner erkrankt ist und die letzten Raten fristgerecht nicht zahlen kann[882]. Zu Recht wies Seip darauf hin, dass ebenfalls die Tatsache, dass die Regelungen der § 765 a ZPO und § 813 b ZPO[883] gleichzeitig in Kraft traten,[884] darauf hindeutete, dass ihnen unterschiedliche Funktionen zugewiesen wurden und dass der historische Gesetzgeber den Schutz nach § 765 a ZPO nicht für allumfassend ausreichend erachtet hat, sondern ebenfalls beim Fehlen einer sittenwidrigen Härte den Schutz nach § 813 b ZPO[885] ermöglichten wollte[886]. Nach der aktuellen Gesetzeslage dagegen ist der Schuldner schutzlos, wenn die Voraussetzungen des § 802 b ZPO nicht erfüllt sind und keine ganz besonderen Umstände vorliegen, aufgrund derer die Vollstreckungsmaßnahme für den Schuldner eine sittenwidrige Härte i.S.v. § 765 a ZPO bedeuten würde. Er hat keine Chance, die Vollstreckung aufzuschieben, auch wenn dadurch sowohl er selbst wie auch sein Gläubiger besser gestellt wären. Beim

---

876 Münzberg, in: Stein/Jonas, ZPO, § 813 b Rn. 1.

877 Behr, JurBüro 2000, 117, 123; ähnlich ebenfalls Seip, ZRP 2007, 23.

878 Riedel, JR 1953, 397.

879 MüKoZPO/Gruber, § 813 b Rn. 1.

880 Stöber, in: Zöller, ZPO, § 765 a Rn. 1.

881 Münzberg, in: Stein/Jonas, ZPO, § 765 a Rn. 38.

882 Gaul, Rpfleger 1971, 81, 93; Henckel, Prozessrecht und materielles Recht, S. 380. Abzulehnen ist die der Entscheidung des LG Essen aus dem Jahre 1954 zugrunde liegende Ansicht, wonach bei einem nach § 813 b ZPO zu erörternden Sachverhalt „überhaupt kein Raum“ für die Prüfung des § 765 a ZPO ist. LG Essen, MDR 1955, 50. Zutreffend daher Käfer, MDR 1955, 339, 340.

883 Früher § 813 a ZPO.

884 Mit dem Gesetz über Maßnahmen auf dem Gebiete der Zwangsvollstreckung vom 20.08.1953 (BGBl 1953, S. 952).

885 Früher § 813 a ZPO.

886 Seip, ZRP 2007, 23.

Fehlen des nach § 802 b ZPO erforderlichen Einverständnisses des Gläubigers kann sich der Schuldner gegen die Ablehnung des Vollstreckungsaufschubes mit der Erinnerung nach § 766 ZPO, mit der ausschließlich die Art und Weise der Zwangsvollstreckung gerügt werden kann, ebenfalls nicht wehren.[887] Seine Einwendungen mit der Erinnerung kann er nur dann geltend machen, wenn der Gerichtsvollzieher trotz des Vorliegens aller Voraussetzungen des § 802 b Abs. 2 ZPO den Vollstreckungsaufschub versagt.[888]

Da § 765 a ZPO nach der Vorstellung des Gesetzgebers eine Art Ersatz für den gestrichenen § 813 b ZPO sein sollte, gebietet es sich, die beiden Regelungen kurz zu vergleichen. Ebenso lohnt es sich der Frage nachzugehen, welche Besonderheiten sich für den Schuldner beim Rückgriff auf die Regelung des § 765 a ZPO[889] in den Fällen ergeben würden, in denen § 802 b ZPO nicht einschlägig ist und die Vollstreckungsmaßnahme für den Schuldner eine mit den guten Sitten nicht vereinbare Härte bedeuten würde.

Wie die Regelung des § 765 a ZPO war die Bestimmung nach § 813 b ZPO dem billigen Recht zuzurechnen. Bei dem Verfahren im Rahmen des § 813 b ZPO handelte es sich genau wie bei dem Vollstreckungsschutzverfahren nach § 765 a ZPO um eine Art Erinnerungsverfahren, das dem Gläubiger aus Erwägungen, die außerhalb des eigentlichen Vollstreckungsrechts lagen, das Opfer auferlegte, seine Zwangsvollstreckung zu beschränken oder auf sie zu verzichten[890].

Hinsichtlich der grundlegenden Unterschiede der beiden Regelungen wurde bereits erwähnt, dass sie verschiedene Zwecke verfolgten und dass deren Schutzreichweite deutlich voneinander abwich. Im Gegensatz zu dem Vollstreckungsschutz nach dem ehemaligen § 813 b ZPO ist in § 765 a ZPO keine zeitliche Beschränkung der Dauer des Vollstreckungsschutzes vorgesehen, so dass der Verwertungsaufschub nach der Regelung über die Grenze des § 813 b Abs. 4 ZPO hinaus, d.h. länger als für ein Jahr, gewährt werden kann.[891] Des Weiteren gestattet § 765 a ZPO im Gegensatz zu dem vormaligen § 813 b ZPO nicht nur eine einstweilige Einstellung,[892] sondern das Vollstreckungsgericht kann eine beabsichtigte Vollstreckungsmaßnahme ganz oder teilweise untersagen[893]. Die Antragstellung im Rahmen des § 765 a ZPO ist bei der Geldvollstreckung in bewegliche Sachen bereits ab dem Erscheinen des Gerichtsvollziehers zum Zwecke der Zwangsvollstreckung und der Aufforderung

887 Seip, DGVZ 2006, 1, 5.

888 Im Erinnerungsverfahren werden dann das Vorliegen der Voraussetzungen des § 802 b ZPO und die fehlerfreie Ermessensausübung durch den Gerichtsvollzieher überprüft. Walker, in: Schuschke/Walker, ZPO, 5. Aufl., § 813 a Rn. 9.

889 Anstatt auf diejenige des § 813 b ZPO.

890 LG Berlin, Rpfleger 1991, 219.

891 MüKoZPO/Heßler, § 765 a Rn. 48.

892 Eine bereits begonnene Vollstreckungsmaßnahme wird aufrechterhalten, jedoch nicht weitergeführt.

893 Münzberg, in: Stein/Jonas, ZPO, § 765 a Rn. 13.

zur Zahlung bzw. Gestattung der Wohnungsdurchsuchung möglich[894] und nicht erst nach der erfolgreichen Pfändung, wie es bei § 813 b ZPO der Fall war. Außerdem betrug die Antragsfrist nach § 813 b Abs. 2 ZPO zwei Wochen ab der Pfändung und die Überschreitung der Frist führte zur Zurückweisung des Antrages, falls der Schuldner ihn in der Absicht der Verschleppung oder aus grober Nachlässigkeit nicht gestellt hatte. Nach § 765 a ZPO ist dagegen eine Befristung der Antragstellung bei der Zwangsvollstreckung wegen Geldforderungen in bewegliche Sachen nicht vorgesehen (erst nach vollständiger Beendigung der Vollstreckungsmaßnahme wird über den Antrag nicht mehr entschieden). Um Schutz nach § 813 b ZPO zu erlangen, musste der Schuldner seiner Persönlichkeit nach schutzwürdig sein.[895] Auch wirtschaftliche Verhältnisse des Schuldners und die Art des zu vollstreckenden Anspruchs spielten bei der Entscheidung des Vollstreckungsgerichtes hinsichtlich der Gewährung des Aufschubes eine zentrale Rolle. Nicht so bei der Gewährung des Vollstreckungsschutzes nach § 765 a ZPO. Hier spielen die Faktoren nicht die ausschlaggebende Rolle,[896] fließen aber in der Regel in die Interessenabwägung ein. Jedoch ist der wichtigste Unterschied, der sich bei der Möglichkeit des Schutzes nach § 813 b ZPO im Gegensatz zu § 765 a ZPO für den Schuldner ergab, dass der Aufschub der Verwertung nach § 813 b ZPO in gewöhnlichen Fällen gewährt werden konnte. Der Aufschub setzte das Vorliegen ganz besonderer Umstände nicht voraus, aufgrund derer die Verwertung der gepfändeten beweglichen Sachen eine mit den guten Sitten unvereinbare Härte für den Schuldner bedeuten würde, wie z.B. Krankheit oder besondere Vorkommnisse im familiären Bereich. Erwähnenswert ist zudem, dass der Aufschub nach § 813 b ZPO nur mit Zahlungsauflagen verbunden werden konnte, andere Auflagen waren unzulässig.[897] Im Rahmen des § 765 a ZPO steht es dagegen dem Gericht frei, seinen Beschluss mit den nach seiner Ansicht notwendigen Auflagen zu verbinden.

Zusammenfassend bleibt festzuhalten, dass die Voraussetzungen des Schutzes und der Schutzumfang bei § 813 b ZPO und § 765 a ZPO so unterschiedlich sind, dass die Schutzlücke, zu der es aufgrund der Streichung des § 813 b ZPO kam, mit der Generalklausel nur unvollständig geschlossen werden kann.

#### *cc) Dritte Fallgruppe: Verschleuderung von Vermögenswerten*

Zur dritten Fallgruppe, bei der der Schuldner bei der Geldvollstreckung in seine körperlichen Sachen auf den Vollstreckungsschutz nach § 765 a ZPO angewiesen sein könnte, gehören Fälle, in denen die Erteilung des Zuschlags trotz der Erreichung

---

894 LG Berlin, DGVZ 1991, 9: zur Erinnerung nach § 766 ZPO.
895 Münzberg, in: Stein/Jonas, ZPO, § 813 b Rn. 4.
896 Andere Ansicht Alisch, Rpfleger 1979, 290, 291.
897 Walker, in: Schuschke/Walker, ZPO, 5. Aufl., § 813 b Rn. 14.

des Mindestgebotes nach § 817 a ZPO eine sittenwidrige Härte für den Schuldner bedeuten würde[898].

Im Regelfall leistet § 817 a ZPO gegen Verschleuderung von Vermögenswerten bei der Zwangsvollstreckung wegen Geldforderungen in körperliche Gegenstände ausreichenden Schutz.[899] In bestimmten Fällen kann es dennoch erforderlich und gerechtfertigt sein, auf schuldnerischen Antrag nach § 765 a ZPO entweder den Zuschlag zu verweigern[900] oder das nach § 817 a ZPO festgelegte Mindestgebot zu erhöhen[901]. Beim Vorliegen der Voraussetzungen des § 765 a ZPO wäre das entgegen Münzberg keine Aushöhlung des § 817 a ZPO durch § 765 a ZPO,[902] denn mit dem für den „Normalfall" vorgesehenen Verschleuderungsschutz nach § 817 a ZPO kann den außerordentlichen Umständen der besonders liegenden Fälle nicht Rechnung getragen werden, dies ist ausschließlich im Wege der § 765 a ZPO möglich.

#### *dd) Weitere Anwendungsfälle des § 765 a ZPO in der Geldvollstreckung in bewegliche Sachen*

Der Rückgriff auf den Vollstreckungsschutz des § 765 a ZPO bei der Geldvollstreckung in bewegliche Sachen ist ebenfalls dann denkbar, wenn aufgrund der Privilegierung des Eigentumsvorbehaltsverkäufers nach § 811 Abs. 2 ZPO der gesetzliche Pfändungsschutz der in § 811 Abs. 1 Nr. 1, 4, 5–7 ZPO bezeichneten Sachen nicht greift, beispielsweise wenn der Gläubiger das einzige Bett des Schuldners pfänden möchte, das er dem Schuldner unter Eigentumsvorbehalt verkauft hat[903].[904]

Vereinzelt wurde versucht, auf die Regelung des § 765 a ZPO zurückzugreifen, um die Austauschpfändung nach §§ 811 a, b ZPO zu verhindern. So hat sich das Landgericht Wuppertal in einer seiner Entscheidungen aus dem Jahr 2008 mit der Frage nach dem Vorliegen einer dem allgemeinen Rechtsgefühl widersprechenden Härte i.S.v. § 765 a ZPO auseinandersetzen müssen, zu der es nach Meinung des Schuldners aufgrund der Pfändung eines LCD-Farbfernsehers[905] und dessen Verwertung kommen würde[906]. In dem Fall lehnte das Gericht das Vorliegen der besonderen Voraussetzungen des § 765 a ZPO ab.

In dem Zusammenhang muss berücksichtigt werden, dass in die Beurteilung der Zulässigkeit der Austauschpfändung die ideellen Kriterien und die mögliche

---

898 In Zustimmung mit Leyerseder ist bei der Versteigerung beweglicher Sachen der Rückgriff auf § 765 a ZPO unbedenklich. Leyerseder, MDR 1956, 644.

899 BVerfGE 46, 325.

900 Walker, in: Schuschke/Walker, ZPO, § 765 a Rn. 11.

901 Behr, KJ 1980, 156, 166.

902 So aber Münzberg, in: Stein/Jonas, ZPO, § 765 a Rn. 6.

903 Vorausgesetzt, dass § 812 ZPO nicht greift.

904 Münzberg/Brehm/Alisch, DGVZ 1980, 72, 75.

905 Im Wege der Austauschpfändung nach § 811 a ZPO gegen Gestellung eines beliebigen funktionstüchtigen Farbfernsehgerätes.

906 LG Wuppertal, DGVZ 2009, 41.

Benachteiligung des Schuldners bzw. seiner Angehörigen einfließen,[907] und dass beim Vorliegen der Umstände, die sogar im Sinne des § 765 a ZPO eine sittenwidrige Härte für den Schuldner darstellen würden, die Austauschpfändung bereits an § 811 a Abs. 2 S. 2 ZPO scheitern würde. Aus dem Grund ist eine Fallkonstellation kaum vorstellbar, in der die Austauschpfändung zugelassen wäre, der dagegen eingelegten sofortigen Beschwerde gem. § 11 Abs. 1 RpflG i.V.m. § 793 ZPO[908] nicht abgeholfen würde, aber die Austauschpfändung im Sinne des § 765 a ZPO eine sittenwidrige Härte für den Schuldner bedeuten würde. Insoweit ist die Entscheidung des Amtsgerichtes Düsseldorf aus dem Jahre 1994 bedenklich, in der das Gericht ohne einen entsprechenden Antrag des Schuldners die Bestimmung des § 765 a ZPO zur Begründung herangezogen und die Austauschpfändung abgelehnt hat[909]. Es sei laut der Begründung mit den guten Sitten nicht vereinbar, wenn ein hochwertiges Farbfernsehgerät des Schuldners verwertet würde, um die Verpflichtungen des Schuldners um ganze 22,00 € zu vermindern. Hier hätte die Austauschpfändung wegen ihrer Unangemessenheit abgelehnt werden sollen (§§ 811 b Abs. 1 S. 2, 811 a Abs. 2 S. 2 ZPO), die daraus resultierte, dass der Vollstreckungserlös den Wert des Ersatzstückes nur unerheblich überstieg. Der Rückgriff auf die Regelung § 765 a ZPO ist nicht sachgerecht und überflüssig gewesen.

## II. Verzicht auf den Vollstreckungsschutz des § 765 a ZPO

Der schuldnerische Vorausverzicht auf seine Befugnis, einen Antrag nach § 765 a ZPO zu stellen, ist wie auch auf den Pfändungsschutz nach § 811 Abs. 1 Nr. 1–13 ZPO unwirksam.[910] Die Frage nach der Wirksamkeit eines Verzichtes zu einem anderen Zeitpunkt stellt sich dagegen bei der Regelung des § 765 a ZPO kaum. Die Konstellation, in der der Schuldner während oder nach der Pfändung seinen Verzicht auf den Schutz des § 765 a ZPO erklärt und anschließend doch noch einen Antrag nach § 765 a ZPO stellt,[911] ist eher eine Ausnahme, der Verzicht hätte aber auch in dem Fall keine Wirksamkeit[912]. Eine derartige Vereinbarung könnte

---

907 Im Rahmen der Prüfung, ob sie nach Lage der Verhältnisse angemessen ist oder nicht gem. § 811 a Abs. 2 S. 2 ZPO.

908 Oder der Vollstreckungserinnerung gem. § 766 ZPO.

909 AG Düsseldorf, DGVZ 1995, 28. Ebenso zweifelhaft ist der Rückgriff des Gerichtes auf § 803 Abs. 2 ZPO.

910 LG Heidelberg, WuM 1993, 397; LG Osnabrück, WuM 1980, 256; MüKoZPO/Heßler, § 765 a Rn. 97; Baur/Stürner/Bruns, Zwangsvollstreckungsrecht, § 10 II 1; Hk-ZV/Bendtsen, § 765 a Rn. 36; Musielak/Lackmann, ZPO, § 765 a Rn. 3.

911 Die umgekehrte Reihenfolge, dass zuerst der Antrag gestellt und dann der Verzicht erklärt wird, scheidet gänzlich aus, denn der Schuldner hat jederzeit die Möglichkeit, seinen Schutzantrag zurückzunehmen, anstatt seinen Verzicht zu erklären.

912 LG Mannheim, MDR 1963, 226; Hk-ZV/Bendtsen, § 765 a Rn. 36; Musielak/Lackmann, ZPO, § 765 a Rn. 3; Philipp, Rpfleger 2010, 456, 464; a.A. MüKoZPO/Heßler, § 765 a Rn. 98; Gaul/Schilken/Becker-Eberhard, Zwangsvollstreckungsrecht, S. 579.

höchstens bei der Abwägung der beiderseitigen Interessen mitberücksichtigt werden, beispielsweise wenn der Gläubiger im Vertrauen an die Vereinbarung sein Handeln danach ausgerichtet hat.[913]

Die Ablehnung der Wirksamkeit des Verzichtes auf den Vollstreckungsschutz nach § 765 a ZPO, und zwar vom Zeitpunkt ihres Zustandekommens unabhängig, ist dadurch bedingt, dass es sich bei § 765 a ZPO um eine auffangende Generalklausel des Schuldnerschutzes handelt, die in außergewöhnlichen Härtefällen zur Anwendung kommt, und dass es zu den im Sinne der Regelung besonderen Umständen jederzeit und völlig unerwartet kommen kann. Somit muss auch der Rückgriff auf die „ultima ratio" des Vollstreckungsschutzes[914] zu jedem Zeitpunkt während der gesamten Dauer des Vollstreckungsverfahrens möglich sein.[915] Außerdem findet § 765 a ZPO auf alle Arten der Zwangsvollstreckung Anwendung, d.h. auch auf die Forderungspfändung. Bei Forderungen ist ein Verzicht auf den Pfändungsschutz ausnahmslos unwirksam. Da es völlig abwegig wäre, wenn die Entscheidung hinsichtlich der Wirksamkeit eines Verzichtes auf die Regelung des § 765 a ZPO von der Art der Zwangsvollstreckung abhängen würde, ist es zweifelsfrei, dass jeder Verzicht auf den Vollstreckungsschutz nach § 765 a ZPO unwirksam ist. Die Disposition des Schuldners im Hinblick auf die Antragsstellung nach § 765a ZPO begründet ebenfalls nicht die Zulässigkeit eines Verzichtes, denn der Schuldner kann jederzeit seiner Meinung ändern und ein Antrag nach § 765a ZPO noch zu einem späteren Zeitpunkt stellen. Ein Verzicht wäre dagegen endgültig.

Einer abweichenden Ansicht stehen vor allem aber die Grundrechtsrelevanz des § 765 a ZPO sowie das öffentliche Interesse, das an der Verhinderung der sittenwidrigen Maßnahmen im Rahmen der Zwangsvollstreckung besteht, entgegen.[916]

---

913 Münzberg, in: Stein/Jonas, ZPO, § 765 a Rn. 4.

914 MüKoZPO/Heßler, § 765 a Rn. 6.

915 Ähnlich argumentieren Gaul/Schilken/Becker-Eberhard, schränken jedoch inkonsequent die Unwirksamkeit des Verzichtes nur auf einen vorherigen Verzicht ein. Gaul/Schilken/Becker-Eberhard, Zwangsvollstreckungsrecht, S. 579.

916 LG Mannheim, MDR 1963, 226; LG Oldenburg, MDR 1962, 658.

# E. Gesetzlicher Vollstreckungsschutz der beweglichen Sachen im Insolvenzverfahren

## I. Grundsätzliches

Im Insolvenzverfahren gilt generell, dass die in der Einzelzwangsvollstreckung dem Vollstreckungsschutz unterliegenden Gegenstände unpfändbar sind.[917] Die Regelungen des § 36 Abs. 1 S. 1, Abs. 2, 3 InsO nehmen mittelbar und unmittelbar Bezug auf die Normen des gesetzlichen Vollstreckungsschutzes in der Einzelzwangsvollstreckung.[918] Ihre entsprechende Anwendung im Insolvenzverfahren ist dann gerechtfertigt, „wenn der Zweck der jeweiligen zwangsvollstreckungsrechtlichen Regelung mit dem Ziel der Gesamtvollstreckung in Einklang steht"[919].

Bei beweglichen Sachen sind im Insolvenzverfahren vergleichbar mit der Einzelzwangsvollstreckung die Sachen nicht pfändbar, die zum Existenzminimum gehören oder zum Erwerb des Lebensunterhalts benötigt werden – § 36 Abs. 1 S. 1 InsO i.V.m. § 811 Abs. 1 ZPO. Mit den in § 36 Abs. 2 InsO enthaltenen Ausnahmen wurde Besonderheiten des Insolvenzverfahrens Rechnung getragen.[920] Nach § 36 Abs. 2 Nr. 1 InsO sind die Geschäftsbücher pfändbar. Dies ist für die Durchführung des Insolvenzverfahrens notwendig, weil nur so die ordnungsgemäße Fortführung oder Abwicklung des insolventen Unternehmens möglich ist.[921] Ebenso gehören gem. § 36 Abs. 2 Nr. 2 InsO zur Insolvenzmasse, trotz der Unpfändbarkeit nach § 811 Abs. 1 Nr. 4, 9 ZPO, das Betriebsinventar der Landwirte und der Apotheken.

Der Grund für die Einschränkung besteht darin, dass die in der Einzelzwangsvollstreckung mit den Regelungen angestrebten Ziele, wie etwa der Erhalt der Arbeitsplätze oder die Bevölkerungsversorgung, sich mit der insolvenzrechtlichen Zielsetzung nicht decken.[922]

Bei der Durchführung des Insolvenzplans kann der Schuldner Vollstreckungsschutz unter den in § 259 a InsO normierten Voraussetzungen beantragen[923].

---

917 Zum Schuldnerschutz im Insolvenzrecht im Vergleich zu seinem Vorgänger Konkursordnung ist erwähnenswert, dass in der Insolvenzordnung der Schuldnerschutz ausgeweitet und so die Interessen des Schuldners aufwertet wurden, wobei unter Schuldnerschutz nicht nur Vollstreckungsschutz zu verstehen ist. Darunter fallen ebenfalls die Regelungen zur Restschuldbefreiung sowie zum Insolvenzplan und der Eigenverwaltung. HambKomm/Schmidt, § 1 Rn. 27.

918 Keller, Insolvenzrecht, Rn. 212.

919 BTDrucks 14/6468, S. 17.

920 Hirte, in: Uhlenbruck, InsO, § 36 Rn. 45.

921 Hirte, in: Uhlenbruck, InsO, § 36 Rn. 46.

922 Ahrens, in: Ahrens/Gehrlein/Ringstmeier, InsR, § 36 Rn. 87.

923 Nach der Aufhebung des Verfahrens.

## II. Einschränkende und erweiternde Vereinbarungen

Vergleichbar mit der Einzelzwangsvollstreckung stellt sich im Insolvenzverfahren die Frage nach der Wirksamkeit der bestimmten Vereinbarungen, die zwischen den Beteiligten zwecks Erweiterung oder Einschränkung des Vollstreckungsschutzes vor dem Insolvenzverfahren oder im laufenden Verfahren abgeschlossen wurden. Hiervon ist zu unterscheiden die Fragestellung nach der Rechtswirksamkeit eines Verzichtes auf die Stellung des Insolvenzantrages oder auf die Teilnahme am Insolvenzverfahren durch den Gläubiger,[924] von deren Wirksamkeit wegen dem Vorrang der Gläubigerbefriedigung als Zweck des Insolvenzverfahrens von vornherein auszugehen ist[925].

Die Tendenz, im insolvenzrechtlichen Schrifttum bei dem Thema der einschränkenden und erweiternden Vereinbarungen undifferenziert auf die Meinungen und Quellen zur Einzelzwangsvollstreckung zurückzugreifen,[926] ist kritisch zu betrachten. Bei einer derart undifferenzierten Vorgehensweise bleiben die Besonderheiten des jeweiligen Verfahrens außer Acht, die für die Entscheidung hinsichtlich der Zulässigkeit derartiger Verträge von Relevanz sein könnten.

Bei der Frage nach der Wirksamkeit einer vollstreckungsbeschränkenden Vereinbarung im Insolvenzverfahren ist eine Unterscheidung nach dem Zeitpunkt ihres Zustandekommens überflüssig.[927] Die zwingende Regelung des § 35 InsO ist einer der Grundsteine des Insolvenzverfahrens und ist somit jeglichen Dispositionen seitens des Schuldners oder der Gläubiger verschlossen. Bei dem Verfahrensgegenstand kommt es im Insolvenzverfahren zur teilweisen Verwirklichung der Offizialmaxime,[928] was der Zulässigkeit einer derartigen Vereinbarung ebenfalls entgegenstehen würde. Aber auch weiteren insolvenzrechtlichen Verfahrensgrundsätzen würde sie widersprechen, beispielsweise dem Grundsatz der vermögensrechtlichen Fremdbestimmtheit des Schuldners, entsprechend dem die Verwaltungs- und Verfügungsbefugnis hinsichtlich der Insolvenzmasse im Insolvenzverfahren beim Insolvenzverwalter liegt (§ 80 InsO), so dass ihm allein die Möglichkeit der Einschränkung der Insolvenzmasse im Wege der Freigabe eingeräumt wird. Ebenfalls dem für das Insolvenzverfahren wesentlichen Grundsatz der Einheitlichkeit des Insolvenzverfahrens in seiner Ausprägung als Zusammenfassung des schuldnerischen Vermögens[929] würde eine solche Vereinbarung zuwiderlaufen.

---

924 Andere Ansicht Mette, der derartige Vereinbarungen unter vollstreckungsbeschränkenden Vereinbarungen einordnet. Mette, Zur Problematik von vollstreckungserweiternden, -beschränkenden und -ausschließenden Vereinbarungen, S. 7.

925 So ebenfalls Gerhardt, in: Jaeger, InsO, § 13 Rn. 37; MüKoInsO/Schmahl/Vuia, § 13 Rn. 49.

926 So z.B. Hirte, in: Uhlenbruck, InsO, § 36 Rn. 41; MüKoInsO/Peters, § 36 Rn. 58.

927 BGH, NZI 2011, 138: zur Unwirksamkeit einer vor Eröffnung des Insolvenzverfahrens getroffenen vollstreckungsbeschränkenden Vereinbarung.

928 Baur/Stürner, Insolvenzrecht, Rn. 5.7.

929 Becker, Insolvenzrecht, Rn. 208.

Darüber hinaus wäre sie mit dem Hauptziel des Insolvenzverfahrens kaum vereinbar, denn die gemeinschaftliche Befriedigung der Gläubiger (§ 1 S. 1 InsO) wäre dadurch gefährdet, auch wenn alle Gläubiger, die ihre Forderungen angemeldet haben, die Einschränkungserklärung abgeben würden, denn eine Forderungsanmeldung ist ebenfalls nachträglich möglich (§ 177 InsO).

Bei dem Thema der vertraglichen Vollstreckungserweiterung im Insolvenzverfahren wird meistens gleichsam mit der Einzelzwangsvollstreckung, je nach dem Zeitpunkt des Zustandekommens der entsprechenden Vereinbarung, differenziert. Vereinbarungen, die vor der Eröffnung des Insolvenzverfahrens zustande kamen und mit denen bewirkt werden soll, dass bestimmte Gegenstände trotz ihrer Unpfändbarkeit zur Insolvenzmasse gezogen werden, sollten unzulässig sein, dagegen die mit dem gleichen Inhalt, aber im laufenden Insolvenzverfahren getroffenen, wirksam sein.[930] Nach dieser herrschenden Ansicht ist ferner der Verzicht des Schuldners bei oder nach der Besitzergreifung eines unpfändbaren Gegenstandes durch den Insolvenzverwalter wirksam und führt zur Massezugehörigkeit der betreffenden Sache.[931] Da der zeitlichen Trennung in der Regel die Argumentationskette und Schlussfolgerungen aus der Einzelzwangsvollstreckung folgen, ist an der Stelle auf die Ausführungen zu den vollstreckungserweiternden Vereinbarungen in der Einzelzwangsvollstreckung zu verweisen, in denen die diversen Meinungen samt Argumente vorgestellt wurden.

Nach der in der vorliegenden Arbeit vertretenen Ansicht sind in der Einzelzwangsvollstreckung alle Arten der vollstreckungserweiternden Vereinbarungen unwirksam, unabhängig vom Zeitpunkt ihres Zustandekommens. Das Gleiche gilt im Insolvenzverfahren[932]. Aber auch wenn man der Zulässigkeit derartiger Vereinbarungen in der Einzelzwangsvollstreckung zustimmen würde, wäre die automatische Übertragung der Erkenntnisse auf das Insolvenzverfahren verfehlt. Daher ist die von Kalter vorgebrachte Argumentation nicht überzeugend, dass, wenn der Schuldner in der Einzelzwangsvollstreckung auf den Schutz nach § 811 ZPO verzichten könne, somit auch der Gemeinschuldner berechtigt ist, auf den Schutz aus § 811 ZPO zugunsten der Konkursmasse zu verzichten[933]. Sie ist auch insoweit unrichtig, als dass dem Gemeinschuldner der Vollstreckungsschutz nicht nach § 811 ZPO, sondern nach der insolvenzrechtlichen Bestimmung des § 36 InsO gewährt wird, die mit Einschränkungen auf die Unpfändbarkeitsregelungen in der Einzelzwangsvollstreckung verweist und unbedingt in systematischer Gesamtschau mit den anderen insolvenzrechtlichen Bestimmungen, vor allem dem § 35 InsO, betrachtet werden soll. Richtigerweise ist davon auszugehen, dass, wenn schon

---

930 So Hirte, in: Uhlenbruck, InsO, § 36 Rn. 41; MüKoInsO/Peters, § 36 Rn. 58, 59; Andres, in: Nerlich/Römermann, InsO, § 36 Rn. 59; HambKomm/Lüdtke, § 36 Rn. 19–20a; KPB/Holzer, InsO, § 36 Rn. 9; Huhnold in: Haarmeyer/Wutzke/Förster, InsO, § 36 Rn. 14.

931 So ausdrücklich z. B. Henckel, in: Jaeger, InsO, § 36 Rn. 6.

932 Andere Ansicht Bornemann, in: FK-InsO, § 36 Rn. 65.

933 Kalter, 1975, 1, 4.

gegen die Zulässigkeit einer derartigen Vereinbarung mit dem zahlungsunwilligen Schuldner in der Einzelzwangsvollstreckung massive Bedenken bestehen, bei einem zahlungsunfähigen Insolvenzschuldner die für ihre Zulässigkeit sprechenden Argumente außerordentlich gewichtig sein müssen, denn die Belastung des Gemeinschuldners ist viel erheblicher. Sein gesamtes pfändbares Vermögen, den Neuerwerb einschließlich, wird beschlagnahmt und seine gesamte Lebensführung wird vom Insolvenzverfahren geprägt und extrem belastet. Die entsprechenden Argumente sind aber nicht zu erkennen. Darüber hinaus muss berücksichtigt werden, dass die gesetzlichen Vollstreckungseinschränkungen im Insolvenzverfahren im Vergleich zu denen in der Einzelzwangsvollstreckung im reduzierten Umfang gelten[934] und das, obwohl schon in der Einzelzwangsvollstreckung dem Schuldner kaum mehr als das zum menschenwürdigen Leben Nötige gelassen wird[935]. Im Insolvenzverfahren verbleibt dem Schuldner ein grundsätzlich unantastbarer Bereich persönlicher und lebensnotwendiger Güter,[936] so dass eine weitere Einschränkung des Bereiches im Wege einer Vereinbarung unzulässig ist. Hierfür spricht ebenfalls, dass im Insolvenzverfahren, ebenso wie in der Einzelzwangsvollstreckung, durch den Pfändungsschutz nicht nur dem Schuldner, sondern gegebenenfalls seinen Angehörigen eine angemessene und bescheidene Führung des Lebens und des Haushaltes und die grundrechtlich gebotene Sicherung der Existenz gewährleistet werden soll.[937] Die letzten zwei Aspekte führen zur Erkenntnis, dass den sozialpolitischen Erwägungen des Pfändungsschutzes[938] nur bei Ablehnung der Wirksamkeit der vollstreckungserweiternden Vereinbarungen in gebotener Weise Rechnung getragen werden könnte. Ebenfalls bei der Betrachtung der grundrechtlichen Gesichtspunkte kommt man nicht zu anderweitigen Schlussfolgerungen. Es kann von keinem grundrechtlich unabdingbaren Ausgleich der gegenseitigen Interessen die Rede sein, wenn der Vollstreckungsschutz als Einziges, was auf der schuldnerischen Seite in die Waagschale gelegt werden kann, aus welchem Grund auch immer, noch weiter als die gesetzlichen Regelungen es vorsehen eingeschränkt werden könnte. Und letztlich spricht gegen die Zulässigkeit der Vereinbarungen im Insolvenzverfahren, dass der Insolvenzschuldner aufgrund seiner Abhängigkeit von Gläubigern und vom Insolvenzverwalter im Insolvenzverfahren und im Hinblick auf das Restschuldbefreiungsverfahren zum Abschluss einer vollstreckungserweiternden Vereinbarung praktisch gezwungen werden kann.

Zusammenfassend bleibt festzuhalten, dass alle Vereinbarungen, die die Erweiterung oder die Einschränkung des Vollstreckungsschutzes zum Gegenstand haben, im Insolvenzverfahren unzulässig sind. Somit stehen dem Insolvenzschuldner

---

934 § 36 Abs. 2 InsO.

935 Hk-ZV/Kindl, § 811 Rn. 1.

936 BGH, ZIP 2006, 1258, 1259.

937 Auch Bornemann weist auf den Schutz der Angehörigen hin. Bornemann, in: FK-InsO, § 36 Rn. 1.

938 Seiler, in: Thomas/Putzo, ZPO, § 811 Rn. 5.

weniger Instrumente zum Schutz vor Vollstreckung als dem Schuldner in der Einzelzwangsvollstreckung zur Verfügung.

## III. Vollstreckungsschutz im Insolvenzverfahren unter verfassungsrechtlichem Blickwinkel

### 1. Allgemeines

Das Insolvenzverfahren greift nachhaltig in den Lebensbereich des Schuldners und gegebenenfalls seiner Angehörigen ein, so dass die verfassungsrechtlichen Aspekte des Verfahrens in der Gesamtbetrachtung nicht außer Acht gelassen werden dürfen. Im Kontext der vorliegenden Arbeit stellt sich die konkrete Frage, ob und inwieweit es zu Differenzen im Insolvenzverfahren im Vergleich zur Einzelzwangsvollstreckung bei der Tragweite der grundrechtlichen Einwirkungen auf den Vollstreckungsschutz im Allgemeinen und auf den Pfändungsschutz der beweglichen Sachen im Besonderen kommt.

Die Gesamtvollstreckung mit ihrer Gläubigergleichbehandlung ist als Rechtsinstitut neben der Einzelzwangsvollstreckung mit dem Prioritätsprinzip verfassungsrechtlich garantiert.[939] Reicht das Vermögen des Schuldners nicht aus, um seine Gläubiger zu befriedigen, so gebieten der Gleichheitssatz (Art. 3 Abs. 1 GG) und das Sozialstaatsprinzip ein geordnetes Gesamtvollstreckungsverfahren.[940]

Im Insolvenzverfahren muss durch den Gesetzgeber gewährleistet werden, dass neben den verfassungsmäßigen Garantien materieller Art die Garantien des verfahrensförmigen Rechtsschutzes, die ihren besonderen Ausdruck im Insolvenzverfahrensrecht gefunden haben, ebenso beachtet werden wie das Rechtsstaatsprinzip (Art. 28 Abs. 1 i.V.m. Art. 20 Abs. 1–3 GG)[941] und dass die Interessen der Beteiligten in ein gerechtes, ausgewogenes Verhältnis gebracht werden.[942]

Das Rechtsstaatsprinzip garantiert die Gesetzesbindung der Gerichte und die Justizförmigkeit des Verfahrens[943] und schließt die Rechtsverwirklichung durch Vollstreckung im Interesse der Gläubiger ein[944]. Außerdem werden aus dem Rechtsstaatsprinzip das Gebot des effektiven Rechtsschutzes (Art. 19 Abs. 4 GG),[945] der Grundsatz des fairen Verfahrens[946] und der Grundsatz der prozessualen Waffengleichheit[947]

939 Baur/Stürner, Insolvenzrecht, 6.2.
940 MüKoInsO/Stürner, Einleitung, Rn. 95–97.
941 Weber-Fas, Grundrechte Lexikon, S. 160.
942 Pape/Uhlenbruck/Voigt-Salus, Insolvenzrecht, S. 103–105.
943 Das Gebot der Rechtssicherheit und Berechenbarkeit des Verfahrens. MüKoInsO/Ganter/Lohmann, § 5 Rn. 74.
944 Baur/Stürner, Insolvenzrecht, 6.10, 6.14.
945 Gewährung des möglichst lückenlosen Rechtsschutzes, klarer Rechtswege und Zuständigkeitsvorschriften. MüKoInsO/Ganter/Lohmann, § 5 Rn. 74.
946 Gundlach/Frenzel/Strandmann, NZI 2008, 461, 462.
947 BVerfGE 52, 131, 144.

sowie das Verbot einer überlangen Verfahrensdauer (i.V.m. Art. 6 Abs. 1 EMRK) abgeleitet[948].

Daneben könnten auch bestimmte vom Bundesverfassungsgericht aus den Grundsätzen oder einzelnen materiellen Grundrechten für das Verfahrensrecht abgeleitete Folgerungen für das Insolvenzverfahren ihre Relevanz haben.[949] Nennenswert sind im Zusammenhang mit dem Thema der vorliegenden Arbeit die Folgerungen für die Ausgestaltung der Zwangsvollstreckung[950] (abgeleitet aus Art. 14 GG) und für die Art und Weise der Zwangsvollstreckung[951] (abgeleitet aus Art. 13 Abs. 2 GG)[952].

Das Insolvenzverfahren bringt mit sich Eingriffe in die Handlungsfreiheit (Art. 2 Abs. 1 GG),[953] in Eigentum (Art. 14 Abs. 1 GG), in die grundrechtliche Gewährleistung informationeller Selbstbestimmung (Art. 1, 2 GG)[954] sowie häufig in die Berufsfreiheit (Art. 12 GG),[955] in die Unverletzlichkeit der Wohnung (Art. 13 GG) und in das Briefgeheimnis (Art. 10 Abs. 1 GG)[956] des Schuldners. Die Eingriffe lassen sich aber mit den kollidierenden Grundrechten der Gläubiger (Art. 2 Abs. 1, Art. 14 Abs. 1 S. 1 GG) und den verfassungswerten Rechtsschutzinteressen (Rechtsschutzgarantie, Art. 19 Abs. 4 GG) rechtfertigen, jedoch bis zur Grenze, die durch die Art. 1 Abs. 1, Art. 2 GG i.V.m. dem Sozialstaatsprinzip (Art. 20 Abs. 1, 28 Abs. 1 S. 1 GG) gesetzt wird.[957] Eine solche Grenze kommt in Gestalt des verfassungsfesten Grundsatzes des beschränkten Vollstreckungszugriffs zum Tragen, der unter anderem den Pfändungsschutz von persönlichen und existenznotwendigen Sachen zum Gegenstand hat.[958] Da es beim Vollstreckungsschutz zur Grundrechtskollision kommt, muss die Ausgestaltung des Schuldnerschutzes im Insolvenzverfahren sowohl der Eingriffsnotwendigkeit im Interesse der Gläubiger als auch dem Schutzbedürfnis des Schuldners Rechnung tragen.[959] Das Gläubigerrecht prävaliert dabei, denn vergleichbar mit der Einzelzwangsvollstreckung geht es hier um die

---

948 KPB/Prütting, InsO, Einleitung, Rn. 64.
949 Prütting, in: Kölner Schrift zur Insolvenzordnung, S. 13.
950 BVerfG 42, 64; BVerfGE 46, 325; BVerfGE 49, 220: Entscheidungen betreffen die Einzelzwangsvollstreckung in das unbewegliche Vermögen (Zwangsversteigerung).
951 BVerfGE 51, 97–15: Entscheidung betrifft die Einzelzwangsvollstreckung in das bewegliche Vermögen (Pfändung).
952 Grimm, NVwZ 1985, 865.
953 Allgemein: Recht des Grundrechtsträgers auf aktive Gestaltung der Lebensführung und die Ausübung der in ihr enthaltenen Befugnisse; speziell: z. B. die Gewährleistung der Freiheit im wirtschaftlichen Verkehr. Lepa, Der Inhalt der Grundrechte, S. 52.
954 MüKoInsO/Stürner, Einleitung, Rn. 92.
955 Vor allem Eingriffe in die Berufsausübung, Art. 12 Abs. 1 S. 2 GG.
956 BVerfG, ZIP 1986, 1336: Zur Anordnung einer Post-, Telefon- und Telegrafensperre.
957 Baur/Stürner, Insolvenzrecht, 6.14.
958 Baur/Stürner, Insolvenzrecht, 5.62, 6.10, 6.14.
959 Ähnlich zur vollstreckungsrechtlichen Verfahrensgestaltung Gerhardt, ZZP 1982, 467, 493.

Ermöglichung der Durchsetzung der Gläubigerrechte, gegebenenfalls gegen den Willen des Schuldners.[960] Dem Schuldner und seinen Angehörigen muss aber das Führen eines im Einklang mit Grundrechten stehenden, menschenwürdigen Lebens ermöglicht werden,[961] ohne auf die Unterstützung des Staates angewiesen zu sein, denn dies würde die Allgemeinheit mit zusätzlichen Kosten belasten[962].

## 2. Rechtssystematische Zuordnung der insolvenzrechtlichen Regelungen, insbesondere des § 36 InsO

Bei der Frage nach den Wirkungsdimensionen der Grundrechte in einem Rechtsgebiet wird häufig die rechtssystematische Zuordnung der entsprechenden Vorschriften als Ausgangspunkt genommen. Bei Zuordnung der insolvenzrechtlichen Vorschriften besteht im Schrifttum keine Einigkeit, denn die Insolvenzordnung kann als Zivilrechtsgesetz wie viele andere zivilrechtliche Gesetze öffentlich-rechtliche Regelungen enthalten[963]. Uhlenbruck ordnet alle Regelungen der Insolvenzordnung dem Privatrecht zu und begründet dies mit der Beteiligtenautonomie im Insolvenzverfahren[964]. Ebenfalls Becker und Häsemeyer sprechen sich für die Zuordnung zum Privatrecht aus[965].[966] Keller ordnet ausdrücklich das materielle Insolvenzrecht dem Privatrecht zu,[967] Ganter/Lohmann ausdrücklich das Insolvenzverfahrensrecht dem öffentlichen Recht,[968] so auch Gerhardt[969]. Kirchhof spricht speziell von der öffentlich-rechtlichen Natur der §§ 2–10 InsO,[970] so ebenfalls Hess[971]. Die von letzteren Autoren vorgenommene Trennung zwischen materiellem Insolvenzrecht und Insolvenzverfahrensrecht mit einer daraus folgenden rechtssystematischen Einordnung könnte sich theoretisch als zweckmäßig erweisen. Sie ist aber kaum konsequent durchführbar, denn im Gegensatz zur Konkursordnung, bei der die Unterteilung in materielles Recht (§§ 1–70 KO) und Konkursverfahren (§§ 71–238 KO) ausdrücklich vorgenommen worden war, ist die Insolvenzordnung nach einem

960 Zur Einzelzwangsvollstreckung: Gerhardt, ZZP 1982, 467, 493.
961 Hess, Insolvenzrecht, Rn. 434.
962 Mäusezahl, ZInsO 2000, 193, 195.
963 MüKoZPO/Zimmermann, GVG, § 13 Rn. 5.
964 Pape/Uhlenbruck/Voigt-Salus, Insolvenzrecht, S. 98–99.
965 Becker, Insolvenzrecht, Rn. 19; Häsemeyer, Insolvenzrecht, Rn. 1.05.
966 Das Gleiche folgt aus der Begründung RegE InsO, BTDrucks 12/2443, S. 75; so ebenfalls zur KO Roth, Verfassungsrecht und Insolvenzrecht, S. 187, 188.
967 Keller, Insolvenzrecht, Rn. 9.
968 MüKoInsO/Ganter/Lohmann, vor §§ 2 bis 10 Rn. 2.
969 Gerhardt, in: Jaeger, InsO, § 2 Rn. 4; Gerhardt, Grundbegriffe des Vollstreckungs- und Insolvenzrechts, Kap. XIX, I.
970 Hk-InsO/Kirchhof, § 2 Rn. 2.
971 Hess, in: Hess, InsR, vor § 2 Rn. 2.

anderen System aufgebaut – Gliederung nach dem Ablauf des Verfahrens[972]. Deswegen ist eine genaue Zuordnung der Vorschriften auf diesem Wege, die übrigens trotz der vermeintlich selbsterklärenden Einteilung der Konkursordnung auch dort sich als problematisch erwies,[973] nicht möglich. Vielmehr sind in der Insolvenzordnung Prozessrecht und materielles Recht miteinander verwoben.[974] Außerdem gibt es hier Normen, die sowohl das materielle Recht als auch das Insolvenzverfahrensrecht enthalten, z.B. §§ 201, 225 InsO.[975] Aber auch bei den Bestimmungen, die ausschließlich verfahrensrechtlicher Art sind, soll nicht zwangsläufig auf ihre öffentlich-rechtliche Natur geschlossen werden. Denn das Insolvenzverfahren wird neben dem Insolvenzgericht vom Insolvenzverwalter und von Gläubigern bzw. Gläubigerorganen gestaltet, die alle privatrechtlich handeln, weil deren Rechtsverhältnisse von ihren individuellen Interessen auf der Basis der Gleichordnung beherrscht werden.[976]

Im Kontext der vorliegenden Arbeit bietet sich die konkrete Betrachtung des § 36 InsO an. In der Konkursordnung wurde die Unpfändbarkeit der Gegenstände in dem Abschnitt Materielles Recht in § 1 Abs. 2–4 KO geregelt. Außerdem hat § 36 Abs. 1–3 InsO unmittelbare Einwirkung auf die materielle Rechtslage, was ebenfalls auf den materiellrechtlichen Charakter schließen lassen könnte[977]. Andererseits verweist die Bestimmung auf die verfahrensrechtlichen Regelungen der Einzelzwangsvollstreckung. Allerdings ist im Unterschied zur Einzelzwangsvollstreckung, in der die Beachtung des Pfändungsschutzes der beweglichen Sachen dem Gerichtsvollzieher obliegt, im Insolvenzverfahren der Insolvenzverwalter tätig, und zwar privat, so dass hier auf die Zugehörigkeit der Regelungen zum Privatrecht geschlossen werden könnte mangels der Beteiligung eines Hoheitsträgers mit Rechten und Pflichten, die nur ihn in seiner Eigenschaft als Träger öffentlicher Gewalt treffen können[978]. Dem könnte aber wiederum entgegnet werden, dass der Insolvenzverwalter gem. § 148 Abs. 2 InsO den Gerichtsvollzieher mit der Pfändung der Sachen beauftragen kann, falls der Schuldner die Sachen, die sich in seinem Gewahrsam befinden, nicht herausgeben möchte, und die Verantwortung für die Einhaltung der Regelungen des Pfändungsschutzes in dem Fall beim Gerichtsvollzieher, der ein Hoheitsträger ist, liegen würde.

Die Regelung des § 36 InsO verweist auf ein ganzes Bündel von unterschiedlichen einzelzwangsvollstreckungsrechtlichen Einzelregelungen, bei denen ihrerseits die jeweilige Ausprägung der rechtssystematischen Merkmale ungleich ist. Doch

---

972 Trotz der konkreten Aufteilung wurde im Schrifttum mehrmals auf die zahlreichen Durchbrechungen in der Trennung hingewiesen. Gerhardt, in: Jaeger, InsO, § 2 Rn. 3.

973 Häsemeyer, Insolvenzrecht, Rn. 3.01.

974 Landfermann, in: FS Henckel 70, S. 515, 522.

975 Pape/Uhlenbruck/Voigt-Salus, Insolvenzrecht, S. 96–97.

976 Kissel/Mayer, GVG, § 13 Rn. 15.

977 Pape/Uhlenbruck/Voigt-Salus, Insolvenzrecht, S. 96–97.

978 Nach der Zuordnungstheorie. Wolf/Neuner, Allgemeiner Teil des Bürgerlichen Rechts, S. 10.

öffentlich-rechtliche Faktoren prävalieren bei § 36 InsO offensichtlich, wie z.B. § 36 Abs. 1 InsO deutlich macht, der auf die einzelzwangsvollstreckungsrechtlichen Vorschriften verweist, unter denen die Regelungen, die der Sicherung des erweiterten Existenzminimums und der Sicherung der Erwerbstätigkeit der Einzelnen dienen, unter anderem zu finden sind, wie z.B. §§ 811 Abs. 1 Nr. 1, 5, 7, 850 ff. ZPO.

### 3. Intensität der Grundrechtsbindung des Gesetzgebers und Rechtsanwenders bei den Regelungen des Pfändungsschutzes

Die rechtssystematische Zuordnung der insolvenzrechtlichen Regelungen könnte für die Frage der Grundrechtsbindung des Gesetzgebers insoweit von Relevanz sein, als dass, obwohl der Gesetzgeber immer an die Grundrechte als unmittelbar geltendes Recht gem. Art. 1 Abs. 3 GG gebunden ist,[979] dem Privatrechtsgeber weitere Spielräume zustehen könnten[980]. Lerche spricht in dem Zusammenhang von der differenzierten Bemessung der Substanz des Bindenden und der Tragweite der Bindung je nach Materie[981]. Canaris geht sogar so weit, dass er im privatrechtlichen Bereich die Möglichkeit des gänzlichen Zurücktretens des konkreten Geltungsanspruchs eines Grundrechts in besonderen Ausnahmekonstellationen bejaht[982].

Grundsätzlich ist jedoch davon auszugehen, dass beim Eingriff in den Schutzbereich eines Grundrechts gleichermaßen bei privatrechtlichen und öffentlich-rechtlichen Vorschriften des Insolvenzrechts der Grundgehalt der Grundrechte sowohl in den subjektiven-rechtlichen wie auch in den objektiv-rechtlichen Hauptfunktionen zum Ausdruck kommt[983]. In ihren subjektiven Funktionen als Abwehrrechte dienen sie dazu „die Freiheitssphäre des einzelnen vor Eingriffen der öffentlichen Gewalt zu sichern“[984] und in ihrer objektiven Funktion als grundrechtliche Schutzpflicht des Staates,[985] aus der sich die Handlungspflicht des Gesetzgebers ergibt, sich schützend vor die Grundrechte zu stellen und Eingriffe von dritter Seite in die Grundrechte abzuwehren[986]. Hinzu kommt die objektive Funktion in Gestalt der objektiven Wertordnung,[987] die die Vorgaben für die Wirksamkeit des einfachen Rechts mit

979 Neuner, Grundrechte und Privatrecht aus rechtsvergleichender Sicht, 159, 169; Canaris, Grundrechte und Privatrecht, Fn. 39.
980 Jarass, in: Merten/Papier, Handbuch der Grundrechte, § 38 Rn. 64.
981 Lerche, in: FS Steindorff 70, S. 897, 905, Fn. 30.
982 Canaris, Grundrechte und Privatrecht, S. 22.
983 Formulierung nach Stern, in: Stern/Becker, Grundrechte-Kommentar, Einl., Rn. 32.
984 BVerfGE 7, 198, 204.
985 Zur parallel notwendigen Existenz der grundrechtlichen Schutzpflichten des Staates und der Drittwirkung der Grundrechte ausführlich Langner. Langner, Die Problematik der Geltung der Grundrechte zwischen Privaten.
986 Kempten, in: Merten/Papier, Handbuch der Grundrechte, § 54, Rn. 31.
987 BVerfGE 7, 198, 204.

der entsprechenden Verpflichtung an Gesetzgeber enthält,[988] denn das Grundgesetz ist keine wertneutrale Ordnung, sondern hat in Gestalt der Grundrechte objektive Grundentscheidungen getroffen, die für alle Bereiche des Rechts gelten[989].

Grundrechte in der Funktion als objektive Wertordnung bewirken, dass die Bedeutung der Grundrechte immer bestehen bleibt, denn auch privatrechtliche Vorschriften dürfen nicht in Widerspruch zu den Prinzipien stehen, die in den Grundrechten zum Ausdruck kommen, vor allem, wenn sie zwingendes Recht enthalten[990]. Aber aus dem Umstand, dass bei privatrechtlichen Normen des Insolvenzrechtes neben der Abwehrfunktion die Schutzfunktion der Grundrechte von besonderer Relevanz ist,[991] könnte die Folgerung gezogen werden, dass die Spielräume des Gesetzgebers bei den Regelungen im Vergleich zu den öffentlich-rechtlichen Regelungen des Insolvenzrechts und Regelungen der Einzelzwangsvollstreckung grundsätzlich weiter gefasst sind[992].

Derartigen Schlussfolgerungen steht aber ein Faktum entgegen, das die aus den Differenzen der rechtssystematischen Zuordnung abgeleiteten Schlüsse hinsichtlich der unterschiedlichen Inhalte der bindenden Grundrechte zurücktreten lässt. Die Einzelzwangsvollstreckung und das Insolvenzverfahren sind beide Vollstreckungsverfahren, die massive Eingriffe in die Grundrechte der Beteiligten mit sich bringen.[993] Diesen Verfahren liegen Gesetze zugrunde, die, wie Seuffert zutreffend beschreibt, im Sinne des Art. 14 Abs. 1 S. 2 GG Inhalt und Schranken des Eigentums bestimmen, mit der gleichen Intensität der Privatnützigkeit (Art. 14 Abs. 1 GG) und der Sozialpflichtigkeit (Art. 14 Abs. 2 GG) des Eigentums Rechnung tragen müssen und die schutzwürdigen Interessen der Beteiligten in einen gerechten Ausgleich bringen sollen[994]. Aus der verfahrensrechtlichen Dimension, die quer zu anderen Funktionen der Grundrechte liegt,[995] folgt die Verpflichtung des Gesetzgebers, Verfahren so zu gestalten, dass der effektive Schutz der Grundrechte gewährleistet ist[996]: „Lässt das Verfahrensrecht die Gefahr einer Entwertung der materiellen Grundrechtspositionen entstehen, dann ist das mit dem Grundrecht, dessen Schutz es bewirken soll, unvereinbar."[997]

Daraus folgt für das Insolvenzrecht im Allgemeinen und für die Regelung der unpfändbaren Gegenstände des § 36 InsO im Besonderen, dass die rechtssystematische Zuordnung für die Ermittlung der Inhalte der bindenden Grundrechte nicht von

---

988 Pieper, Grundrechte, S. 17.
989 BVerfGE 81, 242, 252–255.
990 BVerfGE 81, 242, 252–255.
991 Zum Privatrecht Jarass, in: Merten/Papier, Handbuch der Grundrechte, § 38 Rn. 63, 64.
992 Jarass, in: Merten/Papier, Handbuch der Grundrechte, § 38 Rn. 64.
993 BGH, NJW 2009, 78; BVerfGE 52, 214, 219; BVerfGE 49, 220, 225; BVerfGE 42, 64, 73.
994 Seuffert, ZIP 1986, 1157, 1158.
995 Schmidt, Grundrechte, S. 18.
996 Pieper, Grundrechte, S. 17, 19.
997 BVerfGE 63, 131, 143.

Bedeutung ist. Denn die Relevanz der verfahrensrechtlichen Dimension des Insolvenzrechtes, aus der eindeutige Schlussfolgerungen im Hinblick auf die Intensität der Grundrechtsbindung des Gesetzgebers gezogen werden können, prävaliert vor allen anderen.

Somit sind keine nennenswerten Differenzen bei den Inhalten der bindenden Grundrechte zu verzeichnen, die auf die gesetzgeberische Ausgestaltung der Vorschriften der unpfändbaren Sachen im Insolvenzverfahren und in der Einzelzwangsvollstreckung besonderen Einfluss haben könnten.

Des Weiteren stellt sich die Frage, ob und gegebenenfalls welche Erkenntnisse hinsichtlich der Auslegung und Anwendung des § 36 InsO aus verfassungsrechtlicher Perspektive auf der Basis der vorangegangenen rechtssystematischen Zuordnung gewonnen werden können.

Im Art. 1 Abs. 3 GG steht ausdrücklich, dass die Rechtsprechung an die Grundrechte als unmittelbar geltendes Recht gebunden ist. Laut dem Bundesverfassungsgericht haben Gerichte kraft Verfassungsgebots zu prüfen, ob durch die Anwendung privatrechtlicher Vorschriften im Einzelfall Grundrechte berührt werden und, falls das zutrifft, die Normen im Lichte der Grundrechte auszulegen und anzuwenden sind[998]. In dieser spezifischen Funktion der Grundrechte bei der Auslegung und Anwendung, sog. „Ausstrahlwirkung der Grundrechte",[999] wirkt der Rechtsgehalt der Grundrechte auf das Insolvenzrecht über das Medium der das Insolvenzrecht unmittelbar beherrschenden Vorschriften[1000].

Indes ist das nicht die einzige Lösung. So schlägt Canaris vor, die spezifische Funktion „Ausstrahlwirkung" nicht zu bemühen, um die undifferenzierte Vorgehensweise zu vermeiden, zu der es zwangsweise beim Versuch komme, mit nur einer Funktion auf jegliche grundrechtliche Fragestellungen des Privatrechts einzugehen[1001]. Bei der insolvenzrechtlichen Rechtsprechung gebiete es sich vielmehr, den gleichen Weg einzuschlagen wie bei der Bindung des insolvenzrechtlichen Gesetzgebers,[1002] nämlich über die üblichen Funktionen der Grundrechte[1003]. Dabei

998 BVerfGE 84, 192, 195.

999 Jarass, in: Merten/Papier, Handbuch der Grundrechte, § 38 Rn. 67.

1000 BVerfGE 73, 261, 269.

1001 Canaris, Grundrechte und Privatrecht, S. 93; Auch Hermes stellt eine Verbindung her bzw. geht von der Abhängigkeit aus zwischen Gesetzgebung und Rechtsprechung bei der Frage nach den Funktionen der Grundrechte im Privatrecht. Hermes, NJW 1990, 1764. Die unmittelbare Wirkung der Grundrechte im privatrechtlichen Bereich wird ebenfalls von Hager bejaht. Hager, JZ 1994, 373, 383.

1002 Auch in der Begründung BVerfGE 96, 56 werden die Ausführungen zu den Schutzpflichten des Gesetzgebers auf Rechtsprechung und Organe der Exekutive übertragen: „Gleiches gilt ...".

1003 Einschränkend Lepa, Insolvenzordnung und Verfassungsrecht, 269.

soll Art. 1 Abs. 3 GG die Rechtsbasis der Schutzpflichten ebenfalls für die Rechtsprechung im Insolvenzverfahren sein.[1004]

In einigen seiner Entscheidungen verfolgte das Bundesverfassungsgericht eine ähnliche Linie und sprach vom „entsprechenden Schutzauftrag der Verfassung", der sich an den Richter richtet, der die objektiven Grundentscheidungen der Grundrechte mit den Mitteln des Zivilrechts zu verschaffen hat[1005]. Wie die Schutzpflichten genau ausgeübt werden, sollte dabei in der richterlichen Verantwortung liegen.[1006] Demnach würde es einen Unterschied ausmachen, ob die Regelung des § 36 InsO öffentlich-rechtlicher oder privatrechtlicher Natur ist, denn im ersten Fall würden die Grundrechte bei der Rechtsanwendung in ihrer Funktion als Eingriffsverbote im Vordergrund stehen, im zweiten dagegen die Funktion der Grundrechte als Schutzgebote[1007] überwiegen,[1008] d.h. nicht Unterlassen der staatlichen Eingriffe, sondern ein positives Tun des Staates[1009]. Allerdings tritt bei der Rechtsanwendung und -auslegung der insolvenzrechtlichen Normen im Allgemeinen und des § 36 InsO im Besonderen, ebenso wie bei der Gesetzgebung, die vollstreckungsverfahrensrechtliche Dimension des Insolvenzverfahrens[1010] in den Vordergrund[1011]. Dies hat zur Folge, dass die Gerichte, von der rechtssystematischen Zuordnung unabhängig,[1012] verpflichtet sind, das Verfahren so durchzuführen, „dass den verfassungsrechtlichen Schutzpflichten Genüge getan wird"[1013], denn das Verfahrensrecht ist im konkreten Fall das Mittel, um dem Grundrechtsträger zu seinem verfassungsmäßigen Recht zu verhelfen[1014].

1004 Ebenfalls laut Neuner verpflichtet die Schutzpflichtlehre sämtliche Staatsgewalten, auch Privatrechtsjudikatur. Neuner, Grundrechte und Privatrecht aus rechtsvergleichender Sicht, S. 159, 171.

1005 BVerfGE 81, 242, 254 ff.

1006 BVerfGE 96, 56, 64.

1007 Terminologie nach Canaris, Grundrechte und Privatrecht, S. 92.

1008 Bejahend zu der Schutzpflichtfunktion im Privatrecht: BVerfGE 1, 97, 104; BVerfGE 35, 202, 221; BVerfGE 39, 1, 41; BVerfGE 88, 203, 251 (hier sogar ausdrücklich der Begriff „Schutzpflicht"); Stern, in: Stern/Becker, Grundrechte-Kommentar, Einl. Rn. 47; Canaris, Grundrechte und Privatrecht, S. 93; Lepa, Insolvenzordnung und Verfassungsrecht, 268–269: Laut Lepa stehen bei der Auslegung und Anwendung insolvenzrechtlicher Normen die Schutzpflichten im Vordergrund.

1009 Stern, in: Stern/Becker, Grundrechte-Kommentar, Einl. Rn. 48.

1010 Auch wenn es sich beim Insolvenzrecht nicht ausschließlich um Vollstreckungsrecht handelt. So ebenfalls Henckel, in: FS Merz 65, S. 201 ff; Schmidt, KTS 1988, 1.

1011 Uhlenbruck, Mitwirkung und Verantwortlichkeit des Insolvenzrichters, S. 141.

1012 BGH, NJW 2009, 78; Schmidt, EWiR 2009, 223, 224.

1013 BVerfG, NZM 2005, 657; BVerfG, NJW 1979, 2607.

1014 BVerfGE 49, 252 ff.

## 4. Tätigkeiten des Rechtspflegers und des Insolvenzrichters unter verfassungsrechtlichem Blickwinkel

Im gerichtlichen Insolvenzverfahren nimmt der Rechtspfleger, dem das Verfahren grundsätzlich überlassen ist, die entscheidende Funktion wahr (§ 3 Nr. 2 lit. e RpflG).[1015] Ihm dürfen freilich keine Aufgaben übertragen werden, die den Richtern vorbehalten sind (§ 18 RPflG), denn er gehört nicht zur rechtsprechenden Gewalt (Art. 92 GG). Ebenfalls ist seine Stellung nicht durch die persönliche Unabhängigkeit, wie dies bei den Richtern der Fall ist (Art. 97 Abs. 2 GG), gekennzeichnet,[1016] sondern der Rechtspfleger ist sachlich unabhängig und nur an Recht und Gesetz gebunden (§ 9 RpflG). Als eigenständiges gerichtsverfassungsrechtliches Organ obliegt es ihm, zwischen den einander gegenüberstehenden Grundrechten abzuwägen und zu entscheiden, wie er seine Schutzpflichten zu erfüllen hat.[1017] Den Rechtspfleger trifft die Bindung an das Grundrecht der Verfahrensfairness[1018] und er übt die öffentliche Gewalt im Sinne der Rechtsweggarantie (Art. 19 Abs. 4 GG) aus[1019]. Dass der Rechtspfleger nicht rechtsprechend tätig ist, spielt im Hinblick auf die Wirkungsintensität der Grundrechte bei seinem Handeln grundsätzlich keine Rolle, ebenso wenig wie bei dem Insolvenzrichter, wenn dieser nicht innerhalb seiner spruchrichterlichen Tätigkeit, sondern funktionell verwaltend tätig ist[1020].[1021] Hier gilt im Übrigen Rechtsschutz (Art. 19 Abs. 4 GG) ebenfalls.[1022]

Bei der Amtspflichtverletzung durch den Richter oder den Rechtspfleger haftet das jeweilige Bundesland als Anstellungskörperschaft bei Vorsatz oder Fahrlässigkeit gem. Art. 34 S. 1 GG i.V.m. § 839 Abs. 1 BGB.[1023]

## 5. Das Amt des Insolvenzverwalters unter verfassungsrechtlichem Blickwinkel

Die Tätigkeit des Insolvenzverwalters ist mehrseitig fremdbestimmt.[1024] Im Gegensatz zu dem der Grundrechtsbindung nach Art. 1 Abs. 3 GG unterliegenden Gerichtsvollzieher, der Beamter ist,[1025] dessen unmittelbarer Dienstvorgesetzter der

---

1015 Klopp/Kluth/Pechartscheck, in: Gottwald, Insolvenzrechts-Handbuch, § 17 Rn. 15.
1016 BVerfGE 101, 397.
1017 Dallmayer, in: Dallmayer/Eickmann, Rechtspflegergesetz, § 1 Rn. 2.
1018 Bethge, in: Maunz/Schmidt-Bleibtreu/Klein/Bethge, BVerfGG, § 90 BVerfGG, Rn. 249a, Fn. 1194.
1019 BVerfGE 73, 261, 269.
1020 BVerfG, NJW 2004, 2725: „Sie ist weder die Rechtsprechung im materiellen Sinne noch unterfällt sie dem funktionellen Rechtsprechungsbegriff."
1021 Zu ähnlichen Schlussfolgerungen bei der Einzelzwangsvollstreckung kommt Gerhard. Gerhardt, ZZP 1982, 467, 473.
1022 Wieland, ZIP, 2005, 233, 235.
1023 Foerste, Insolvenzrecht, Rn. 47.
1024 Baur/Stürner, Insolvenzrecht, Rn. 10.1; a.A. Foerste, Insolvenzrecht, Rn. 48.
1025 Im Sinne des Beamtenrechts.

aufsichtführende Richter des Amtsgerichts ist (§§ 1, 2 GVO) und für dessen Amtspflichtverletzungen aufgrund seiner öffentlich-rechtlichen Stellung[1026] das Land haftet (Art. 34 GG, § 839 BGB),[1027] ist der Insolvenzverwalter als Inhaber eines privaten Amtes, der freilich eine im öffentlichen Interesse liegende Aufgabe wahrnimmt,[1028] aber nicht der Beliehene ist,[1029] nicht grundrechtsverpflichtet[1030]. Damit besteht ein erheblicher Unterschied zwischen beiden. Gemäß § 58 InsO steht zwar der Insolvenzverwalter unter der Aufsicht des Insolvenzgerichts, aber die möglichen Grundrechtsverletzungen seinerseits können nur im Wege und im Umfang, wie dies zwischen Privaten möglich ist, also nicht direkt, sondern über die Rechtsanwendung durch das Gericht und im reduzierten Umfang, geltend gemacht werden. Die Haftung des Insolvenzverwalters gem. § 60 InsO allen Beteiligten des Insolvenzverfahrens gegenüber und nicht die Amtspflichthaftung, wie dies bei dem Gerichtsvollzieher der Fall ist, verdeutlicht die privatrechtliche Stellung des Insolvenzverwalters und seine fehlende Grundrechtsbindung. Entgegen Redeker/von Oertzen handelt es sich bei den Haftungsansprüchen dem Insolvenzverwalter gegenüber auch nicht um Schadensersatzansprüche aus der Verletzung öffentlich-rechtlicher Pflichten i.S.v. § 40 Abs. 2 S. 1 Alt. 3 VwGO[1031]. Ebenfalls ist die Gleichstellung der Ansprüche mit denen gegen den Notar nach § 19 BNotO bestehenden abzulehnen, denn ein Notar übt ein öffentliches Amt aus,[1032] was beim Insolvenzverwalter nicht der Fall ist[1033]. Die Verpflichtung des Insolvenzverwalters nach § 148 Abs. 2 S. 1 InsO, den Gerichtsvollzieher zu beantragen, falls der Schuldner die massezugehörigen Gegenstände freiwillig nicht herausgibt, heben die eingeschränkten Befugnisse des Insolvenzverwalters im Vergleich zu denen des Gerichtsvollziehers und die Differenzen in der jeweiligen Stellung hervor. Der Grundrechtsschutz des Schuldners wird aber dadurch bei der Übernahme der Insolvenzmasse nicht eingebüßt. Bedient sich der Insolvenzverwalter der Einzelzwangsvollstreckung, so ist der Gerichtsvollzieher, und im Falle der Erinnerung nach § 766 ZPO das Insolvenzgericht, an die Grundrechte gebunden. Falls der Insolvenzverwalter eine Sache, die nicht zur Insolvenzmasse gehört, in Besitz und Verwaltung nehmen würde, könnte durch den Schuldner ein materiellrechtlicher Streit über die Massezugehörigkeit der betreffenden Sache ausgelöst werden mit Grundrechtsbindung des Prozessgerichtes.[1034]

---

1026 BGH, DGVZ 2009, 99, 101.

1027 Bruns/Peters, Zwangsvollstreckungsrecht, § 12 III 3.

1028 Bichler, Die notwendige Unabhängigkeit des Insolvenzverwalters, 148.

1029 So auch Lepa, Insolvenzordnung und Verfassungsrecht, S. 232; a.A. Schick, NJW 1991, 1328, 1330.

1030 Andere Ansicht zum Konkursverwalter Adam, Ausgewählte Probleme des Konkursverfahrens in Verfassungsrechtlicher Sicht, S. 144.

1031 Vgl. Redeker/v. Oertzen, VwGO, § 40 Rn. 43.

1032 BVerfG, NJW 2004, 2725, 2727.

1033 BVerfG, NJW 1987, 887: spricht von einer öffentlichen Aufgabe.

1034 BGH, NJW 1962, 1392.

Über die Vorschrift des § 58 InsO, die die Prüfungs- und Überwachungspflicht des Gerichtes und die Pflicht zum Einschreiten des Gerichtes regelt, kann die fehlende Grundrechtsbindung des Insolvenzverwalters nur teilweise ausgeglichen werden, denn die Aufsicht, die als allgemeine Dienstaufsicht ausgestaltet ist, erstreckt sich nur auf die rechtliche Bewertung der Verwaltertätigkeit, nicht jedoch auf wirtschaftliche Fragen der Verfahrensabwicklung.[1035] Außerdem kann das Gericht zum Handeln im Rahmen der Regelung nicht gezwungen werden. Nach Lepa obliegt dem Gericht eine allgemeine Pflicht zum Einschreiten bei Verletzung der grundrechtlich geschützten Positionen der Beteiligten,[1036] was in dieser Allgemeinheit jedoch zu bezweifeln ist und in der Praxis kaum konsequent umgesetzt werden könnte. Keinesfalls sollte sich das Insolvenzgericht „zum Anwalt vermeintlich geschädigter Dritter berufen fühlen"[1037]. Die Amtshaftungsansprüche der Beteiligten bleiben unberührt. Dem Gericht obliegt die Pflicht zur vorbeugenden Überwachung des Insolvenzverwalters.[1038]

Laut dem Bundesverfassungsgericht kann der Insolvenzverwalter selbst als Grundrechtsberechtigter in seinen Grundrechten, z. B. bei der Auswahl durch das Insolvenzgericht, verletzt sein[1039]. Die Entscheidung der Vorinstanz[1040] ist hinsichtlich des erforderlichen Grundrechtsschutzes der Art. 12, Art. 3, Art. 33 Abs. 2, Art. 19 Abs. 4 GG auf Bedenken und Kritik gestoßen.[1041] Die Entscheidung des Bundesverfassungsgerichtes führte zur Anerkennung der Insolvenzverwaltung als Beruf: „Vielmehr ist die Betätigung als Insolvenzverwalter zu einem eigenständigen Beruf geworden"[1042], mit Einhergehen der aus dem grundrechtlichen Schutz nach Art. 12 GG resultierenden Änderungen, z. B. bei dem Vorauswahlverfahren der Insolvenzverwalter[1043].[1044]

## 6. Grundsatz der Verhältnismäßigkeit

Vergleichbar mit der Einzelzwangsvollstreckung findet der Grundsatz der Verhältnismäßigkeit ebenfalls im Insolvenzverfahren seinen Ausdruck.[1045] Daran ändert die Zuordnung eines Teils der Insolvenznormen zum Privatrecht nichts. Denn

---

1035 Keller, NZI 2009, 633, 635.

1036 Lepa, Insolvenzordnung und Verfassungsrecht, S. 232.

1037 Leithaus, NZI 2001, 124, 127.

1038 BGH, BeckRS 1965, 30400811.

1039 BVerfG, NJW 2004, 2725.

1040 OLG Koblenz, NZI 2000, 276.

1041 Römermann, NJW 2002, 3729.

1042 BVerfG, NJW 2004, 2725.

1043 BVerfG, NJW 2004, 2725.

1044 Ausführlicher zum Thema Insolvenzverwalter als Berufsbild Smid, Grundzüge des Insolvenzrechts, § 9.

1045 Ausdrücklich zur Notwendigkeit der Beachtung des Grundsatzes der Verhältnismäßigkeit im Insolvenzrecht Seuffert, ZIP 1986, 1157, 1160; ebenso (zur KO): Roellenbleg, NZI 2004, 176, 179; Kilger, Rechtsanwendung im Konkurs, 253, 281, 282;

auch wenn im Gegensatz zu der in der vorliegenden Arbeit vertretenen Meinung die umfassende Wirkung der Grundrechte im Privatrecht abgelehnt und hinzu die verfahrensrechtliche Dimension der Materie ignoriert wird, könnte daraus keine Schlussfolgerung hinsichtlich der Geltung des Grundsatzes der Verhältnismäßigkeit abgeleitet werden. Der Grund hierfür ist, wie Alisch zutreffend ausführt, dass die Verfassungsprinzipien im Vergleich zu Grundrechten eine stärkere Wirkung entfalten[1046]. Da aber nach der hier vertretenen Ansicht sowohl die Grundrechte wie auch die Verfassungsprinzipien, und darunter das Rechtsstaatsprinzip, im gesamten Insolvenzrecht ihre Wirkung unmittelbar entfalten, ist davon auszugehen, dass der Grundsatz der Verhältnismäßigkeit, der verfassungsrechtlichen Rang hat und sich aus dem Rechtsstaatsprinzip und aus dem Wesen der Grundrechte selbst ergibt,[1047] im Insolvenzverfahren von Relevanz ist. Dabei ist zu berücksichtigen, dass im Insolvenzrecht wie in jedem anderen Rechtsgebiet auch jeweils die Konkretisierung des Prinzips der Verhältnismäßigkeit, in dem Fall wäre das die gesamtvollstreckungsrechtliche, notwendig ist,[1048] so dass im Vergleich zur Einzelzwangsvollstreckung Diskrepanzen im Inhalt möglich sind.

Beim Pfändungsschutz der beweglichen Sachen kommt der Gedanke der Verhältnismäßigkeit zunächst bei der auf den Ausgleich der gegensätzlichen Interessen der Beteiligten gerichteten Abwägung[1049] im Rahmen der § 36 Abs. 1 S. 1, Abs. 2 InsO zum Ausdruck,[1050] außerdem bei der gesetzlich vorgesehenen und vorgenommenen Zweck-Mittel-Relation im Rahmen des § 36 Abs. 3 InsO[1051] – kein Insolvenzbeschlag von Haushaltsgegenständen im Falle eines Missverhältnisses zwischen dem möglichen Erlös und dem Wert der Sache[1052]. Vor allem bei den Normen, die Schranken des Eigentums bestimmen, darf die Bedeutung der Verhältnismäßigkeit nicht bagatellisiert werden.[1053] Verhältnismäßigkeit ist aber auch für die Aufsicht

---

Adam, Ausgewählte Probleme des Konkursverfahrens in Verfassungsrechtlicher Sicht, S. 37, 38: jedoch nicht für „ein rein privatrechtliches Verhältnis zwischen Gläubigern und Schuldnern untereinander".

1046 Alisch, Wege zur interessengerechteren Auslegung vollstreckungsrechtlicher Normen, S. 16; ebenfalls Stürner geht davon aus, dass der Verhältnismäßigkeitsgrundsatz als ein allgemeines Gerechtigkeitsprinzip im gesamten Privatrecht und im gesamten Verfahrensrecht gilt. Stürner, ZZP 1986, 291, 296.

1047 BVerfGE, 19, 342, 348.

1048 Stürner, ZZP 1986, 291, 296.

1049 Mit der Abwägung ist aber nicht die Abwägung der konkreten Interessen der Beteiligten gemeint. Insoweit zustimmend mit Gerhardt. Gerhardt, ZZP 1982, 467, 473, 490.

1050 Ähnlich Baum, KTS 1989, 553, 560, 570.

1051 MüKoInsO/Peters, § 36 Rn. 3.

1052 Gerhardt, ZZP 1982, 467, 483.

1053 Seuffert, ZIP 1986, 1157, 1158.

des Insolvenzgerichts über den Insolvenzverwalter (§ 58 InsO)[1054] und für das Insolvenzverfahren insgesamt eine bedeutsame und unerlässliche Verfahrensmaxime[1055].

Des Weiteren ist der Grundsatz der Verhältnismäßigkeit im Insolvenzverfahren als Wertungsgrundlage für Einzelentscheidungen der Gerichte relevant.[1056] Das Bundesverfassungsgericht bezog die Verhältnismäßigkeit[1057] in die Würdigung eines Eingriffs in die Freiheit der Berufsausübung ein,[1058] griff zum Grundsatz bei verspätet angemeldeten Forderungen (§ 14 Abs. 1 S. 1 GesO),[1059] und erwähnte ihn im Zusammenhang mit der Auslegung des § 107 Abs. 2 KO[1060]. Der Bundesgerichtshof verwies auf die Notwendigkeit der Wahrung des Grundsatzes der Verhältnismäßigkeit in einer Entscheidung hinsichtlich der Entlassung des Insolvenzverwalters[1061] sowie bei der Anordnung von Sicherungsmaßnahmen im Eröffnungsverfahren[1062]: „Soweit mildere Mittel einzeln oder in Verbindung miteinander den Sicherungszweck hinreichend erfüllen, sind sie regelmäßig einschneidenderen vorzuziehen."[1063] Weiterhin zog der Bundesgerichtshof den Grundsatz der Verhältnismäßigkeit, der auch im Konkursverfahren zu beachten sei,[1064] bei der Frage nach der Zulässigkeit des Konkursantrages in Abhängigkeit von der Forderungshöhe hinzu,[1065] so auch andere Gerichte, die schließlich die Abweisung des Konkursantrages aufgrund der geringen Höhe der Forderung ablehnten[1066].

Die Notwendigkeit der Beachtung des Grundsatzes der Verhältnismäßigkeit bei der Einleitung des Insolvenzverfahrens könnte ebenso aus den besonderen Verwaltungsvorschriften oder anderen gesetzlichen Regelungen folgen, so z.B. der Verpflichtung der Vollstreckungsbehörden, vor dem Insolvenzverfahren den Weg der Einzelzwangsvollstreckung zu beschreiten.[1067]

Ebenfalls im Rahmen der Entscheidung nach § 4 InsO i.V.m. § 765 a ZPO ist der Grundsatz von zentraler Bedeutung[1068].

1054 BGH, NJW-RR 2006, 697.
1055 Quack, Rpfleger 1975, 185, 186 (zum Konkursverfahren).
1056 Lepa, Insolvenzordnung und Verfassungsrecht, S. 103.
1057 BVerfG, DtZ 1995, 323: „den der Gesetzgeber auch bei der Inhalts- und Schrankenbestimmung des Eigentums zu beachten hat".
1058 BVerfG, NJW 1993, 2861.
1059 BVerfG, DtZ 1995, 323.
1060 BVerfG, NJW 1988, 3009, 3011.
1061 BGH, NJW-RR 2006, 697.
1062 So ebenfalls OLG Celle, NJW-RR 2001, 981.
1063 BGH, BGHZ 151, 353.
1064 BGH, KTS 1986, 470.
1065 Unter dem Gesichtspunkt des Rechtsschutzbedürfnisses. Quack, Rpfleger 1975, 185, 186.
1066 LG Mannheim, MDR, 1986, 246; LG Köln, MDR 1986, 507; LG Bückeburg, MDR 1985, 855; LG Stuttgart, KTS 1982, 499; LG Dortmund, Rpfleger 1980, 442.
1067 Kuhn/Uhlenbruck, KO, § 105 Rn. 8a.
1068 Genau wie bei § 259 a InsO im Planverfahren.

## 7. Zusammenfassung

Zusammenfassend bleibt festzuhalten, dass es sowohl bei der Gesetzgebung wie auch bei der Auslegung und Anwendung des § 36 Abs. 1 S. 1, Abs. 2, Abs. 3 InsO im Insolvenzverfahren im Vergleich zu den §§ 811 Abs. 1 ZPO, 812 ZPO in der Einzelzwangsvollstreckung zu keinen aus der rechtssystematischen Zuordnung resultierenden Differenzen im Hinblick auf die Wirkungsweise der Grundrechte kommt. Der Grund hierfür liegt darin, dass es sich sowohl bei der Einzelzwangsvollstreckung wie auch beim Insolvenzverfahren um Vollstreckungsverfahren handelt.

Vergleichbar mit der Einzelzwangsvollstreckung beansprucht der Grundsatz der Verhältnismäßigkeit im Insolvenzverfahren seine Geltung. In seiner konkreten Ausprägung als Zweck-Mittel-Relation kommt er ausnahmsweise in § 36 Abs. 3 InsO zum Ausdruck.[1069] Die Vornahme der konkreten Abwägung des Rechts der Gläubiger gegenüber denen des Schuldners würde der Eigenart der Gesamtvollstreckung nicht entsprechen.[1070] Bei der Anwendung der Härtefallregelung nach § 4 InsO i.V.m. § 765 a ZPO wird das allerdings durchbrochen.

Bei der Ermittlung der Reichweite des Pfändungsschutzes der beweglichen Sachen im Insolvenzverfahren muss beachtet werden, dass es nicht zu Auslegungsfehlern kommen darf, die auf einer grundsätzlich unrichtigen Auffassung vom Umfang des Schutzbereiches des relevanten Grundrechts beruhen und auch in ihrer materiellen Bedeutung für den konkreten Rechtsfall von einigem Gewicht sind.[1071] Ebenfalls mehrere unbestimmte Rechtsbegriffe des § 36 Abs. 1 S. 1 InsO i.V.m. § 811 Abs. 1 ZPO, § 36 Abs. 3 InsO veranlassen bei der Konkretisierung zur besonderen Beachtung der grundrechtlichen Aspekte.

Von der Verfassungsmäßigkeit des § 36 InsO wird ausgegangen.

# IV. Pfändungsschutzniveau bei beweglichen Sachen im Insolvenzverfahren im Vergleich zur Einzelzwangsvollstreckung

## 1. Ablehnung der Ausweitung der Grenzen des einzelzwangsvollstreckungsrechtlichen Pfändungsschutzes

Im Vergleich zur Einzelzwangsvollstreckung ist das Spannungsverhältnis zwischen verfassungsrechtlich geschütztem Eigentum und Eingriffsmöglichkeiten des

1069 Der BGH bemühte den Grundsatz in der erwähnten Ausprägung in einem anderen Zusammenhang: Die Ausübung des Insolvenzverwalteramtes sei durch Art. 12 GG geschützt. Eingriffe seien nur zulässig, soweit sie durch höherwertige Interessen des gemeinen Wohls gerechtfertigt sind, nicht weiter gehen, als es erforderlich ist, und den Grundsatz der Verhältnismäßigkeit wahren. BGH, NJW-RR 2006, 697.

1070 Gerhardt, ZZP 1982, 467, 491.

1071 BVerfGE 18, 85, 93.

Gesetzgebers nach Art. 14 Abs. 1 S. 2 GG im Insolvenzverfahren größer.[1072] Die Intensität des aufgrund des Pfändungsschutzes erfolgten Eingriffes in das Grundrecht der Insolvenzgläubiger (Art. 14 Abs. 1 GG) steht in direkter Abhängigkeit zum Umfang des Schuldnerschutzes. In etlichen Insolvenzverfahren werden Gläubiger überhaupt nicht befriedigt. Die Ausdehnung des Pfändungsschutzes im Insolvenzverfahren im Vergleich zur Einzelzwangsvollstreckung im Wege der entsprechenden Auslegung und Anwendung wäre kaum denkbar,[1073] denn das würde die Ausschüttungsquote weiter schmälern. Ebenfalls im Hinblick auf die anderen Einschränkungen der Gläubigerrechte im Insolvenzverfahren, wie etwa die Befriedigung mit gleichen Quoten, Zurücksetzung bestimmter Forderungen (§§ 38, 39 InsO), Verwehrung der Einzelzwangsvollstreckung (§ 89 Abs. 1 InsO) und die endgültige Befreiung des Schuldners von seinen Restschulden, wäre dies abzulehnen. Anderenfalls würde es zur krassen, ungerechtfertigten Dysbalance der beiderseitigen Interessen kommen. Denn auf der Gläubigerseite könnte in die Waagschale nichts derart Erhebliches gelegt werden, auch nicht die Hinzuziehung des Neuerwerbs nach § 35 InsO zur Insolvenzmasse, was die zusätzliche Ausweitung des Pfändungsschutzes auszugleichen vermochte.

Nicht zu folgen ist Stürner, der davon ausgeht, dass es in der Gesamtvollstreckung wie auch in der Einzelzwangsvollstreckung feste verfassungsmäßige Vollstreckungsgrenzen kaum gibt[1074].

Der Gesetzgeber sieht die Erweiterung des Pfändungsschutzes im Insolvenzverfahren im Vergleich zur Einzelzwangsvollstreckung ebenfalls nicht vor.

## 2. Differenzierte Vorgehensweise bei der Ermittlung des Pfändungsschutzniveaus der beweglichen Sachen

Die gesetzgeberische Einschränkung des in der Einzelzwangsvollstreckung geltenden Pfändungsschutzes der beweglichen Sachen im Insolvenzverfahren erfolgt im Wege des normierten Ausschlusses durch die Regelung des § 36 Abs. 2 InsO. Umstritten ist die Einschränkung des Pfändungsschutzes der beweglichen Sachen nach § 36 Abs. 1 S. 1 InsO i.V.m. § 811 Abs. 1 ZPO im Insolvenzverfahren im Vergleich zur Einzelzwangsvollstreckung durch den Rechtsanwender. Die Meinungen liegen hier weit auseinander. Zum Teil wird das gleiche Schutzniveau im Insolvenzverfahren wie in der Einzelzwangsvollstreckung vertreten[1075]: Dem Schuldner im Insolvenzverfahren sollte nicht mehr genommen werden, als dies bei der Einzelzwangsvollstreckung der Fall wäre[1076]. Vielfach wird aber generell der

---

1072 Mit der Frage nach dem Spannungsverhältnis hat sich ausführlich auseinandergesetzt Stern, in: FS Helmrich 60, S. 737, 739.

1073 Stürner, ZZP 1986, 291, 322.

1074 Stürner, ZZP 1986, 291, 322.

1075 So z.B. MüKoInsO/Peters, § 36 Rn. 8 ff.; Bornemann, in: FK-InsO, § 36 Rn. 6 ff.; Graf-Schlicker/Kexel, in: Graf-Schlicker, InsO, § 36 Rn. 6; KPB/Holzer, InsO, § 36 Rn. 3.

1076 Graf-Schlicker/Kexel, in: Graf-Schlicker, InsO, § 36 Rn. 1.

im Vergleich zur Einzelzwangsvollstreckung abgesenkte Pfändungsschutz für notwendig erachtet: Für die Gesamtvollstreckung sollen nur die Pfändungsschranken von Relevanz sein, die dem sozialen Mindestschutz des Schuldners dienen[1077]. Die Notwendigkeit der Einschränkungen wird beispielsweise damit begründet, dass der Vollstreckungsschutz im Insolvenzverfahren hinter das Beschlagnahme- und Vollstreckungsinteresse trete[1078]. Dies ist jedoch in beiden Verfahren der Fall und keine Besonderheit des Insolvenzverfahrens, so dass das Argument kaum zur Begründung des herabgesetzten Schutzniveaus in dem Verfahren angeführt werden kann.

### *a) Ablehnung der grundsätzlichen Annahme des reduzierten Pfändungsschutzes*

Dem Pfändungsschutz der beweglichen Sachen liegen im Insolvenzverfahren die gleichen sozialpolitischen Erwägungen wie in der Einzelzwangsvollstreckung zugrunde. Dem Schuldner und seinen Angehörigen sollen die Sachen verbleiben, die für das Führen einer menschenwürdigen Existenz und für den Erwerb des Lebensunterhalts notwendig sind. Dies ist auch verständlich, denn sowohl die Einzelzwangsvollstreckung wie auch das Insolvenzverfahren dienen der Realisierung der Haftung des Schuldners für seine Verbindlichkeiten[1079] unter Berücksichtigung schutzwürdiger Interessen des Schuldners und anderer Betroffener, die zu einem gerechten Ausgleich gebracht werden sollen[1080]. Nach der Vorstellung des Gesetzgebers soll das Insolvenzrecht, wie alles Recht im demokratischen und sozialen Rechtsstaat, einen gerechten Ausgleich schaffen, den Schwächeren schützen und Frieden stiften[1081]. Dem Erfordernis, die beiden Verfahren unter Abwägung und Beachtung der Rechtsposition der Beteiligten zu gestalten, steht auch der Vorrang der Beschlaginteressen nicht entgegen.[1082] Somit besteht beim Pfändungsschutz im Insolvenzverfahren genau wie in der Einzelzwangsvollstreckung die verfassungsrechtlich bedingte Pflicht des Gesetzgebers, Vorkehrungen zum Schutz der jeweiligen Grundrechtsposition zu schaffen, damit das notwendige „Kräftegleichgewicht" der Beteiligten, an dem es sonst fehlen würde, hergestellt wird[1083]. Mit der Regelung des § 36 InsO ist der Gesetzgeber dieser Pflicht nachgegangen. Einerseits verweist er ausdrücklich auf die entsprechenden Bestimmungen der Zivilprozessordnung und andererseits nimmt er Einschränkungen, die er für notwendig hält, in § 36 Abs. 2 InsO vor, so dass hier der gesetzgeberische Abwägungsprozess im grundrechtlich gebotenen Rahmen deutlich zum Vorschein kommt. Die generell vorgenommene undifferenzierte Reduktion des Pfändungsschutzes im Insolvenzverfahren durch den

1077 So z.B. Hk-InsO/Keller, § 36 Rn. 13; Zimmermann, ZInsO 2011, 2057, 2059.
1078 Zimmermann, ZInsO 2011, 2057, 2059.
1079 Henckel, JuS 1985, 836.
1080 Henckel, in: FS Merz 65, S. 199, 215.
1081 BTDrucks 12/2443, S. 75.
1082 Gundlach/Frenzel/Strandmann, NZI 2008, 461, 462.
1083 BVerfGE 81, 242.

Rechtsanwender könnte den gesetzlich vorgenommenen Ausgleich erheblich stören und die Rechtssicherheit gefährden. Deswegen ist die grundsätzliche Annahme des generell abgesenkten Pfändungsschutzes der beweglichen Sachen im Rahmen des § 36 Abs. 1 S. 1 InsO abzulehnen. Hinzu kommt, dass dem Pfändungsschutz im Insolvenzverfahren, genau wie in der Einzelzwangsvollstreckung, die Interessen der Allgemeinheit zugrunde liegen. Bei der Festlegung des Schutzniveaus des § 811 Abs. 1 ZPO wurde dem entsprechend Rechnung getragen und ebenfalls im Insolvenzverfahren muss dieser Aspekt des Vollstreckungsschutzes entsprechend berücksichtigt werden.

### *b) Ablehnung der grundsätzlichen Annahme des mit der Einzelzwangsvollstreckung identischen Pfändungsschutzes*

Die pauschale Ablehnung jeglicher Einschränkungen des Pfändungsschutzes der beweglichen Sachen im Insolvenzverfahren im Vergleich zur Einzelzwangsvollstreckung, die normierten Beschränkungen des § 36 Abs. 2 InsO ausgenommen, stößt vergleichbar wie die Annahme des generell abgesenkten Pfändungsschutzes auf Bedenken. Dem uneingeschränkten Verweis des § 36 Abs. 1 S. 1 InsO auf die Regelungen der Einzelzwangsvollstreckung könnte das Erfordernis der Vereinbarkeit mit der Eigenart des Insolvenzverfahrens als Gesamtvollstreckung entgegenstehen. Nur völlige Vernachlässigung der zwischen den Verfahren bestehenden Differenzen, die ebenso die Ausgestaltung des Pfändungsschutzes beeinflussen, könnte die generelle Verwerfung jeglicher einschränkenden Disposition im Insolvenzverfahren erklären. Zwar ist ebenso wie in der Einzelzwangsvollstreckung das Hauptziel des Insolvenzverfahrens die Gläubigerbefriedigung, doch im Gegensatz zur Einzelzwangsvollstreckung soll sie gleichmäßig und anteilig[1084] (§ 1 S. 1 InsO)[1085] aus unzureichendem Schuldnervermögen mit Partizipierung an Verlusten erfolgen. Im Insolvenzverfahren versagt die eigenverantwortliche Vermögens- und Haftungssteuerung,[1086] so dass es sich um einen Ausnahmezustand handelt[1087].

Die Verfahrensgrundsätze, die die Gerechtigkeitsmaßstäbe des Gesetzgebers zum Ausdruck bringen und an denen sich Gleichheit, mit der daraus folgenden Gleichbehandlung, und begründete Differenzierung, die das Wesen jeder Gerechtigkeit ausmachen, messen lassen sollen[1088] sind in den Verfahren ebenfalls vielfach unterschiedlich.

---

1084 BGH, NJW 2003, 1865.

1085 Smid spricht im Zusammenhang mit § 1 InsO zutreffend von der „gesetzlichen Funktionsbeschreibung des Insolvenzverfahrens“. Smid, Praxishandbuch Insolvenzrecht, § 1 Rn. 13.

1086 Häsemeyer, Insolvenzrecht, Rn. 2.27.

1087 Schick, NJW 1991, 1328.

1088 Baur/Stürner, Insolvenzrecht, Rn. 5.1.

Damit im Zusammenhang stehend sind ebenso die Differenzen bei Mitteln, die zu der Erreichung des Zwecks[1089] angesetzt werden sollen, bedeutsam.

Im vermögensrechtlichen Kontext ist auch erwähnenswert, dass die in der Einzelzwangsvollstreckung den Beteiligen eingeräumte Möglichkeit, außerhalb des Vollstreckungsschutzes das der Vollstreckung unterliegende Vermögen durch vollstreckungsbeschränkende Vereinbarungen und Verträge einzuschränken, im Insolvenzverfahren nicht gegeben ist. Somit werden hier dem Schuldner von vornherein weniger Schutzmöglichkeiten eingeräumt.

Ebenfalls weichen die Strukturen und Stellungen der Gläubiger stark voneinander ab. So werden zum Beispiel den Gläubigern im Insolvenzverfahren höhere Verluste an Rechtsmacht zugemutet als in der Einzelzwangsvollstreckung, sie haben aber zum Ausgleich die Möglichkeit, sich am Verfahrensablauf aktiv zu beteiligen,[1090] was in der Einzelzwangsvollstreckung nicht der Fall ist.

Die Belastung des Schuldners durch die Eröffnung des Insolvenzverfahrens ist deutlich höher im Vergleich zum Schuldner in der Einzelzwangsvollstreckung. Zum Beispiel führt die Öffentlichkeit der Insolvenz zur Beeinträchtigung des öffentlichen Ansehens des Insolvenzschuldners und seines gesamten Lebens und gegebenenfalls seiner Angehörigen, ebenso wie der Entzug der Verwaltungs- und Verfügungsbefugnisse und seine Mitwirkungspflichten (§ 97 InsO), trotz der Schonung des Schuldners aufgrund der unterbleibenden Zwangszugriffe der einzelnen Gläubiger[1091].

Unterschiedlich sind ebenfalls die Ausgangslagen und Ziele aus der schuldnerischen Perspektive. Bei natürlichen Personen wird aufgrund der mangelnden Leistungsfähigkeit das Insolvenzverfahren vielfach von sich aus mit dem Ziel in Gang gesetzt, die Befreiung von restlichen Schulden im Rahmen des Restschuldbefreiungsverfahrens zu erlangen. Dem Schuldner in der Einzelzwangsvollstreckung, die regelmäßig entgegen dem schuldnerischen Willen und aufgrund der fehlenden Zahlungsbereitschaft, jedoch oft nicht Zahlungsfähigkeit eingeleitet wird, bringt das Verfahren keinerlei Vorteile.

Die Fülle der bestehenden Differenzen in Grundstrukturen und Ausgestaltung, mit denen den Besonderheiten des jeweiligen Verfahrens Rechnung getragen wird und deren Einflussnahme auf die Maßstäbe und Anforderungen ebenfalls an den Pfändungsschutz der beweglichen Sachen nicht von vornherein abgelehnt werden soll, macht deutlich, dass die automatische Übertragung des in der Einzelzwangsvollstreckung geltenden Pfändungsschutzes auf das Insolvenzverfahren nicht sachgerecht und konsequent wäre. Vielmehr muss geprüft werden, ob und inwieweit im Insolvenzverfahren die Anpassung an dessen Besonderheiten erforderlich sein könnte.[1092]

---

1089 Zutreffend weist Henckel auf die Wichtigkeit der Differenzierung zwischen dem Zweck und dem Mittel hin. Henckel, in: FS Merz 65, S. 199.

1090 Häsemeyer, Insolvenzrecht, Rn. 1.16, 2.03, 2.05, 2.07.

1091 Häsemeyer, Insolvenzrecht, Rn. 1.16, 2.03, 2.05, 2.07.

1092 Andere Ansicht (zur Konkursordnung) Aden, Das Konkursrecht, S. 31. Laut Aden gehören die mit dem Vollstreckungsschutz in der Gesamtvollstreckung zusammenhängenden Fragen eigentlich in das Zwangsvollstreckungsrecht nach ZPO.

### c) *Zusammenfassung*

Als optimale Lösung bietet sich die differenzierte Vorgehensweise an. Die einzelnen Pfändungsverbote des § 811 Abs. 1 ZPO sollen gesondert betrachtet werden, ebenfalls im Hinblick darauf, dass § 811 Abs. 1 ZPO, auf den sich der Pfändungsschutz nach § 36 Abs. 1 S. 1 InsO stützt, mehrere Bestimmungen mit unterschiedlichen Anwendungsbereichen und Tatbestandsvoraussetzungen beinhaltet. Sollten bei einer der Regelungen des § 811 Abs. 1 Nr. 1–3, 4a–8, 10–13 ZPO[1093] Zweifel an deren Vereinbarkeit mit den Zielen des Insolvenzverfahrens oder der Eigenart als Gesamtvollstreckung aufkommen, die sich beispielsweise in der Dysbalance der Interessen der Beteiligten ausdrücken, so muss überlegt werden, durch welche Auslegung die Entsprechung und der optimale Interessenausgleich erreicht werden könnten. Ebenfalls müssen die Interessen der Allgemeinheit mitberücksichtigt werden. In die Betrachtung sollen Instrumente wie die Austauschpfändung und die Freigabe nach § 35 Abs. 2 InsO miteinbezogen werden.

Von der Verfahrensart unabhängig dürfen dem Schuldner die Teile des Vermögens nicht entzogen werden, die ihm anderenfalls der Staat aus öffentlichen Mitteln zur Verfügung stellen müsste,[1094] also die für seine physische Existenz und für ein Mindestmaß an Teilhabe am gesellschaftlichen, kulturellen und politischen Leben unerlässlich sind. So hat bei den Regelleistungen nach SGB II das Bundesverfassungsgericht die unterste Grenze gesetzt[1095]. Im Insolvenzverfahren darf die Grenze selbstverständlich nicht unterschritten werden.

# V. Pfändungsschutz der beweglichen Sachen im Einzelnen

## 1. Pfändungsschutz der dem persönlichen Gebrauch oder dem Haushalt dienenden Sachen

Bei der Betrachtung von Pfändungsschutzregelungen der beweglichen Sachen im Insolvenzverfahren bietet sich zunächst der Blick auf die Regelung des § 36 Abs. 1 S. 1 InsO i.V.m. § 811 Abs. 1 Nr. 1 ZPO an, nach der die dem persönlichen Gebrauch oder dem Haushalt dienenden Sachen von der Pfändung geschützt sind.

Die Bestimmung des § 811 Abs. 1 Nr. 1 ZPO erfasst zum Teil Sachen, die zum Existenzminimum gehören und die im Insolvenzverfahren genau wie in der Einzelzwangsvollstreckung selbstverständlich unpfändbar sind. Von der Angemessenheit im Hinblick auf die Verschuldung wird bei solchen Sachen regelmäßig auszugehen sein. Bei all jenen Sachen, die nicht oder nicht eindeutig unter das Existenzminimum fallen, setzt die Gewährung des Pfändungsschutzes in der Einzelzwangsvollstreckung voraus, dass die Verschuldung des Schuldners in die Beurteilung der angemessenen und bescheidenen Lebens- und Haushaltsführung

---

1093 § 811 Abs. 1 Nr. 11 ZPO mit der Einschränkung bei Geschäftsbüchern.

1094 BVerfGE, NJW 1992, 3153; BGH, Rpfleger 2004, 428, 429.

1095 BVerfG, NJW 2010, 505.

miteinbezogen wird und sich somit direkt auf der Entscheidung hinsichtlich des Pfändungsschutzes des konkreten Gegenstandes auswirkt. Dabei ist nicht nur die Höhe der Verschuldung, sondern auch die Möglichkeit, die Schuld abzutragen, entscheidend.[1096] Dies gilt gleichermaßen für das Insolvenzverfahren. Bei der Beurteilung des Pfändungsschutzes der nicht zum existenzsichernden Grundbestand gehörenden Sachen im Insolvenzverfahren, in dem jeder Schuldner seine Gläubiger im besten Fall zu einem geringen Teil befriedigen wird und vielfach von seinen restlichen Schulden im Wege der Restschuldbefreiung entlastet wird, ist eine einzelfallbezogene Beurteilung der verschuldensabhängigen Angemessenheit geboten. Durch die Einbeziehung des Verschuldensaspektes wird bei den betreffenden Sachen im Insolvenzverfahren von dem im Vergleich zu der Einzelzwangsvollstreckung tendenziell abgesenkten Schutzniveau auszugehen sein. Die Vermögenslage der Gläubiger kann im Insolvenzverfahren, im Gegensatz zur Einzelzwangsvollstreckung, wenn überhaupt, dann nur in einem sehr eingeschränkten Umfang mitberücksichtigt werden, ebenso wie die Folgen des Forderungsausfalles. Aber auch die Tatsache, dass Gläubigerrechte im Insolvenzverfahren im Vergleich zu der Einzelzwangsvollstreckung durch das Haftungsrecht stärker eingeschränkt sind (z.B. §§ 38, 39, 89 Abs. 1 InsO),[1097] spricht für die oben geschilderte Folgerung. In den Einzelfällen, in denen der Insolvenzantrag eines Gläubigers sich auf eine geringfügige Forderung stützt und die insolvenzfremden Erwägungen des Gläubigers mit der Antragstellung vermuten lässt,[1098] könnte eine anderweitige Beurteilung geboten sein. Ebenso kann sich die Berufstätigkeit auf die Beurteilung auswirken, und zwar zu Gunsten des Insolvenzschuldners, denn die Würdigung der Angemessenheit im Rahmen des § 811 Abs. 1 Nr. 1 ZPO schließt diesen Aspekt mit ein. Mittels der Austauschpfändung nach § 811 a ZPO könnten in bestimmten Fällen optimale Ergebnisse für alle Beteiligten erreicht werden.

Die Maßstäbe der Sozialhilfe sollen bei § 36 Abs. 1 S. 1 InsO i.V.m. § 811 Abs. 1 Nr. 1 ZPO als unterste Grenze, die nicht unterschritten werden darf, Berücksichtigung finden.

Die Einschränkung des Pfändungsschutzes der von § 811 Abs. 1 S. 1 ZPO erfassten Sachen infolge der teleologischen Reduktion des § 36 Abs. 1 S. 1 InsO ist abzulehnen. Das würde dem Regelungszweck des § 36 Abs. 1 S. 1 InsO i.V.m. § 811 Abs. 1 Nr. 1 ZPO entgegenlaufen und der grundrechtlichen Bedeutung der Norm nicht gerecht.

---

1096 Baumbach/Lauterbach/Albers/Hartmann, ZPO, § 811 Rn. 16. Somit kann auch die Höhe der Forderung unter bestimmten Umständen von Relevanz sein. a.A. Stöber, in: Zöller, ZPO, § 811 Rn. 5.

1097 Häsemeyer, Insolvenzrecht, Rn. 1.16, 2.03, 2.05, 2.07.

1098 Denn der Insolvenzantrag wird in der Regel wegen des fehlenden Rechtsschutzbedürfnisses allein aufgrund der geringen Förderungshöhe nicht abgelehnt. Gerhardt, Neuere Rechtsprechung zum Insolvenzrecht, S. 3, 4.

## 2. Pfändungsschutz der Naturalien und Barmittel nach § 36 Abs. 1 S. 1 InsO i.V.m. § 811 Abs. 1 Nr. 2, 3 ZPO

Bei den von § 811 Abs. 1 Nr. 2, 3 ZPO erfassten Sachen ist der Umfang des Pfändungsschutzes im Insolvenzverfahren nach § 36 Abs. 1 S. 1 InsO i.V.m. § 811 Abs. 1 Nr. 2, 3 ZPO mit der Einzelzwangsvollstreckung identisch. Es handelt sich um die Sachen, die, wenn auch im unterschiedlichen Grad,[1099] unentbehrlich und somit unantastbar sind – Existenzminimum, wie: vierwöchiger Vorrat an Nahrungsmitteln bzw. die hierfür notwendigen Barmittel sowie den für den gleichen Zeitraum notwendigen Geldbetrag für Heizungs- und Stromkosten;[1100] im Rahmen der Selbstversorgung[1101] für die Ernährung des Schuldners und seiner Familie erforderliche in § 811 Abs. 1 Nr. 3 ZPO aufgezählte Tiere und die für sie notwendigen vierwöchigen Fütterungsvorräte bzw. der dafür notwendige Geldbetrag[1102]. Laut dem Bundesgerichtshof ist das genau das Ziel des § 36 Abs. 1 S. 1 InsO, dem Schuldner einen unantastbaren Bereich lebensnotwendiger Güter zu bewahren[1103].

## 3. Pfändungsschutz des kulturellen/ideellen Existenzminimums nach § 36 Abs. 1 S. 1 InsO i.V.m. § 811 Abs. 1 Nr. 10, 11 ZPO

Die in § 811 Abs. 1 Nr. 10 ZPO aufgezählten Bücher sind als ideelles/kulturelles Existenzminimum[1104] im Insolvenzverfahren nach § 36 Abs. 1 S. 1 InsO i.V.m. § 811 Abs. 1 Nr. 10 ZPO ohne Differenzen zur Einzelzwangsvollstreckung unpfändbar[1105]. In beiden Verfahren greift der Pfändungsschutz allerdings dann nicht, wenn Bücher ein Teil einer Kunstsammlung oder Kapitalanlage sind.[1106]

---

1099 Baumbach/Lauterbach/Albers/Hartmann, ZPO, § 811 Rn. 26: sprechen pauschal von dem geringen Grad der Unentbehrlichkeit.

1100 Bornemann, in: FK-InsO, § 36 Rn. 9.

1101 Walker, in: Schuschke/Walker, ZPO, § 811 Rn. 30.

1102 Die Abgrenzung des § 811 Abs. 1 Nr. 3 ZPO zu § 811 Abs. 1 Nr. 4 ZPO erfolgt anhand der konkreten in § 811 Abs. 1 Nr. 3 ZPO vorgegebenen Anzahl der Tiere. Bei der Überschreitung der angegebenen Anzahl sind die zusätzlichen Tiere pfändbar, es sei denn, es gilt der Pfändungsschutz nach einer anderen Norm. Dietz, DGVZ 2001, 81, 82.

1103 BGH, NJW 2006, 2698.

1104 Lippross, Grundlagen und System des Vollstreckungsschutzes, S. 150.

1105 Das Gleiche gilt für die Schulbücher, die jedoch entgegen Lippross nicht als kulturelles Existenzminimum zu betrachten sind. Vgl. Lippross, Grundlagen und System des Vollstreckungsschutzes, S. 150. Vielmehr sind sie aus den gleichen Beweggründen geschützt wie die Sachen, die Pfändungsschutz nach § 811 Abs. 1 Nr. 5, 7 ZPO genießen. Ähnlich Walker, in: Schuschke/Walker, ZPO, § 811 Rn. 52, 53.

1106 Zur Einzelzwangsvollstreckung Walker, in: Schuschke/Walker, ZPO, § 811 Rn. 52, 53.

Was die nach § 811 Abs. 1 Nr. 11 ZPO geschützten höchstpersönlichen Sachen[1107] wie Familienpapier, Trauringe, Orden und Ehrenzeichen betrifft, die Geschäftsbücher ausgenommen (§ 36 Abs. 2 Nr. 1 InsO), so sind sie ebenfalls als ideelles Existenzminimum[1108] dem Insolvenzschuldner ohne Einschränkungen im vollen Umfang zu belassen (§ 36 Abs. 1 S. 1 InsO i.V.m. § 811 Abs. 1 Nr. 11 ZPO). Dem Schutz der privaten Intimsphäre wird somit im Insolvenzverfahren im gleichen Ausmaß wie in der Einzelzwangsvollstreckung Rechnung getragen.[1109]

## 4. Pfändungsschutz der bei körperlichen Schwächen notwendigen Hilfsmittel und der Bestattungsgegenstände

Von Interesse ist ebenfalls die Reichweite des Pfändungsschutzes im Insolvenzverfahren bei den nach § 811 Abs. 1 Nr. 12 ZPO und § 811 Abs. 1 Nr. 13 ZPO geschützten Gegenständen. Denn die jeweilige Auslegung der Regelungen spiegeln im höheren Maße, als dies bei jeder anderen Bestimmung des § 811 Abs. 1 ZPO der Fall ist, die moralische Grundhaltung bzw. deren Veränderungen in der Gesellschaft wider. Bei § 811 Abs. 1 Nr. 12 ZPO – im Insolvenzverfahren ist bei den betreffenden Sachen von einem identischen Pfändungsschutzumfang wie in der Einzelzwangsvollstreckung auszugehen – sind das die humanen Faktoren, die hier in einem besonderen Ausmaß Niederschlag gefunden haben. Bei § 811 Abs. 1 Nr. 13 ZPO sind die allgemeinen Anstands- und Pietätsgefühle vordergründig, die jedoch keinesfalls dazu verleiten sollten, den Pfändungsschutz auf die Sachen zu erstrecken, die nicht in den Anwendungsbereich der Regelung fallen, wie dies beispielsweise bei Grabsteinen vielfach versucht wurde.

Was konkret den Pfändungsschutz der Grabsteine betrifft, so gilt für das Insolvenzverfahren das Gleiche wie für die Einzelzwangsvollstreckung. Nach § 36 Abs. 1 S. 1 InsO i.V.m. § 811 Abs. 1 Nr. 13 ZPO kann kein Pfändungsschutz für einen Grabstein gewährt werden. Zu einer anderweitigen Meinung führt ebenfalls nicht, dass im Nachlassinsolvenzverfahren die Aufwendungen für einen Grabstein zu den Masseverbindlichkeiten als Kosten der Beerdigung des Erblassers nach § 324 Abs. 1 Nr. 2 InsO gehören[1110]. Mit einem Nachlassinsolvenzverfahren wird etwas anderes als mit dem Regelinsolvenzverfahren bewirkt, nämlich die Trennung des ererbten Vermögens vom eigenen Vermögen des Erben[1111] und unter Umständen Haftungsbeschränkung des Erben[1112]. Speziell für den Bereich des Nachlassinsolvenzverfahrens erweitert § 324 Abs. 1 InsO den Kreis der Masseverbindlichkeiten und begünstigt

1107 Bruns/Peters, Zwangsvollstreckungsrecht, § 22 IV c.

1108 Lippross, Grundlagen und System des Vollstreckungsschutzes, S. 151.

1109 Zur Einzelzwangsvollstreckung Walker, in: Schuschke/Walker, ZPO, § 811 Rn. 54, 55.

1110 Bauch, in: Braun, InsO, § 324 Rn. 4; OLG Düsseldorf, NJW-RR 1995, 1161; OLG München, NJW 1968, 252.

1111 BTDrucks 12/2443, S. 229.

1112 Mohrbutter/Ringstmeier, Handbuch der Insolvenzverwaltung, S. 934.

damit die Aufwendungen, „die typischerweise nach Eintritt des Erbfalls im Rahmen einer ordnungsgemäßen Verwaltung der Erbschaft erfolgt sind“[1113]. Die Erwägung des Gesetzgebers bei der Erweiterung der Masseverbindlichkeiten ist hier die bevorzugte Behandlung von bestimmten Forderungen aus Pietätsgründen, denn beim Nachlassinsolvenzverfahren gehören derartige Pietätsmotive, im Gegensatz zum Regelinsolvenzverfahren, unzweifelhaft zur Natur des Verfahrens[1114]. Somit sind die von § 324 Abs. 1 InsO umfassten Aufwendungen ausschließlich im Kontext eines Nachlassinsolvenzverfahrens von Relevanz und für die Frage nach dem Pfändungsschutz eines Grabsteins im Regel- oder Verbraucherinsolvenzverfahren völlig irrelevant.

Beim Vorliegen ganz besonderer Umstände kann im Insolvenzverfahren der Vollstreckungsschutz eines Grabsteins, vergleichbar mit der Einzelzwangsvollstreckung, nach § 765 a ZPO begehrt und beim Vorliegen der entsprechenden Voraussetzungen gewährt werden, denn auch im Insolvenzverfahren ist die Generalklausel anwendbar. Dass dies ebenfalls für das Insolvenzverfahren eine unbefriedigende Lösung darstellt, ist offensichtlich. Die wünschenswerte Änderung des Gesetzgebers für die Einzelzwangsvollstreckung – die Normierung des ausdrücklichen Pfändungsschutzes für Grabsteine – würde aufgrund des Verweises in § 36 Abs. 1 S. 1 InsO ebenfalls im Insolvenzverfahren gelten, wodurch das Problem ebenso für das Insolvenzverfahren gelöst wäre. Dies ist auch dringend notwendig, denn selbst das Sozialhilferecht, dessen Leistungen als Nothilfe unumstritten die unterste Grenze bilden, deren Unterschreitung im Insolvenzverfahren wie auch in der Einzelzwangsvollstreckung nicht zulässig ist, sieht vor, dass die erforderlichen Kosten einer Bestattung übernommen werden, soweit den hierzu Verpflichteten nicht zugemutet werden kann, die Kosten zu tragen (§ 74 SGB XII). Unter die erforderlichen Kosten fallen ebenfalls die Aufwendungen für einen einfachen Grabstein.[1115] Zielsetzung der Regelung ist die Sicherstellung einer der Würde des Toten entsprechenden Bestattung,[1116] wenn dem zur Bestattung Verpflichteten die Kostentragung nicht zuzumuten ist[1117]. Dabei ist der Bedarf die Vermeidung einer unzumutbaren finanziellen Belastung der Person, die zur Bestattung verpflichtet ist.[1118] Keine Anspruchsvoraussetzung ist, dass der Verstorbene zu Lebzeiten Sozialhilfebezieher war, ebenso wenig, dass die zur Übernahme der Kosten verpflichtete Person Sozialhilfeleistungen bezieht, es wird nicht einmal auf die Bedürftigkeit, sondern lediglich auf die Unzumutbarkeit, die Kosten zu tragen, abgestellt.[1119]

---

1113 BTDrucks 12/2443, S. 231.
1114 Frege/Keller/Riedel, Insolvenzrecht, Rn. 2383.
1115 Berlit, in: LPK-SGB XII, § 74 Rn. 13.
1116 BVerwG, NJW 2004, 1969.
1117 Schellhorn, in: Schellhorn/Schellhorn/Hohm, SGB XII, § 74, Rn. 1.
1118 Berlit, in: LPK-SGB XII, § 74 Rn. 1.
1119 Strnischa, in: Oestreicher, SGB II/SGB XII, § 74 Rn. 4, 5.

Ein Sarg und ein Leichenhemd[1120] sind im Insolvenzverfahren nach § 36 Abs. 1 S. 1 InsO i.V.m. § 811 Abs. 1 Nr. 13 ZPO nicht pfändbar, ebenso wenig in der Einzelzwangsvollstreckung, denn es sind keine Besonderheiten des Insolvenzverfahrens erkennbar, die den reduzierten Pfändungsschutz der betreffenden Sachen begründen könnten.

## 5. Pfändungsschutz des Hausrats nach § 36 Abs. 3 InsO

Die Bestimmung des § 36 Abs. 3 InsO regelt explizit die Unpfändbarkeit des gewöhnlichen Hausrats und durchbricht somit die Verweissystematik des § 36 Abs. 1 InsO auf die Regelungen der Zivilprozessordnung. Mit der h.M. handelt es sich um eine Muss-Regelung,[1121] die inhaltlich der Regelung des § 812 ZPO, ohne sachliche Auswirkungen aufgrund des unterschiedlichen Wortlauts, entspricht.[1122] Bei § 36 Abs. 3 InsO handelt es sich, genau wie bei § 812 ZPO, um den Sonderschutz, der die Gegenstände betrifft, die grundsätzlich pfändbar wären. Die Abweichung von den allgemeinen Prinzipien des Pfändungsschutzes in der Einzelzwangsvollstreckung bei § 812 ZPO durch die Zweck-Mittel-Relation,[1123] ist ebenfalls für § 36 Abs. 3 InsO kennzeichnend.

Die im Rahmen des § 36 Abs. 3 InsO erforderliche Beurteilung, ob der Erlös, der erzielt werden würde, zu dem Wert der relevanten Sachen außer allem Verhältnis stehen würde, obliegt dem Insolvenzverwalter und soll nach den gleichen Maßstäben wie in der Einzelzwangsvollstreckung erfolgen[1124]. Neben dem Schuldner und seinen Angehörigen ist es der Verwalter, der von der Bestimmung profitiert, denn ihm bleiben dadurch wenig versprechende Verwertungsversuche erspart, die ebenfalls zur besseren Befriedigung der Gläubiger nicht beitragen würden.

Die Ziele des Insolvenzverfahrens werden durch die gleiche Auslegung und Anwendung des § 36 Abs. 3 InsO wie des § 812 ZPO nicht vereitelt und mit den Besonderheiten des Insolvenzverfahrens ist die Regelung ebenfalls vereinbar, so dass im Ergebnis vom identischen Schutzumfang des Hausrats in beiden Verfahren auszugehen ist.

1120 Hk-ZV/Kindl, § 811 Rn. 31.

1121 Zimmermann/ZPO, § 812 ZPO Rn. 1; Lackmann, Zwangsvollstreckungsrecht, Rn. 144.

1122 Graf-Schlicker/Kexel, in: Graf-Schlicker, InsO, § 36 Rn. 14; Henckel, in: Jaeger, InsO, § 36, Rn. 12; MüKoInsO/Peters, § 36 Rn. 3; Lackmann, Zwangsvollstreckungsrecht, Rn. 812; Bornemann, in: FK-InsO, § 36 Rn. 69.

1123 HambKomm/Lüdtke, § 36, Rn. 3.

1124 Siehe dazu Kapitel „Pfändungsschutz des Hausrats nach § 812 ZPO“.

## 6. Pfändungsschutz der zur Fortsetzung oder Aufnahme der Erwerbstätigkeit erforderlichen Gegenstände

### *a) Eingrenzung des Personenkreises*

In der Insolvenzpraxis stellt sich die Frage hinsichtlich des Pfändungsschutzes der beweglichen Sachen in erster Linie bei den zur Fortsetzung oder Aufnahme der Erwerbstätigkeit erforderlichen Gegenständen der natürlichen Personen (§ 36 Abs. 1 S. 1 InsO i.V.m. § 811 Abs. 1 Nr. 5, 7 ZPO), die selbständig tätig sind. Diskutiert wird bei dem Personenkreis der Ausschluss des Pfändungsschutzes der relevanten Sachen im Insolvenzverfahren trotz deren Unpfändbarkeit in der Einzelzwangsvollstreckung. Bei den abhängig Beschäftigten wird im Insolvenzverfahren dagegen vom gleichen Pfändungsschutzniveau wie in der Einzelzwangsvollstreckung ausgegangen. Dies ist dadurch bedingt, dass im Insolvenzverfahren genau wie in der Einzelzwangsvollstreckung dem Schuldner vor allem im Hinblick auf grundrechtliche Aspekte sowie im öffentlichen Interesse ermöglicht werden soll, durch seinen Arbeitseinsatz den Lebensunterhalt für sich und seine Angehörigen zu erwirtschaften.[1125] Zwar gilt das ebenso für Gewerbetreibende und Freiberufler, gleichzeitig sind aber bei einem abhängig Erwerbstätigen, im Gegensatz zu den anderen, keinerlei Anhaltspunkte sichtbar, auch nicht insolvenzspezifische, die zur Begründung des eingeschränkten Pfändungsschutzes herangezogen werden könnten beziehungsweise die so schwerwiegend wären, dass eine anderweitige Ansicht damit begründet werden könnte. Hinzu kommt außerdem, dass die Sachen, die für die abhängige Beschäftigung erforderlich sind, in der Regel weniger werthaltig sind als die Gegenstände der Selbständigen.

### *b) Erforderlichkeit der Differenzierung der Geltungsbereiche der § 36 Abs. 1 S. 1 InsO i.V.m. § 811 Abs. 1 Nr. 5 ZPO und § 36 Abs. 1 S. 1 InsO i.V.m. § 811 Abs. 1 Nr. 7 ZPO*

Im insolvenzrechtlichen Schrifttum wird vielfach pauschal auf die Regelung des § 811 Abs. 1 Nr. 5 ZPO hingewiesen,[1126] obwohl in der Einzelzwangsvollstreckung z.B. für Ärzte und Träger der rechts- und steuerberatenden Berufe der Pfändungsschutz der zur Ausübung ihres Berufes erforderlichen Gegenstände in § 811 Abs. 1 Nr. 7 ZPO normiert ist. Über § 36 Abs. 1 S. 1 InsO gilt das ebenfalls für das Insolvenzverfahren. Bei Rechtsanwälten,[1127] Notaren und Steuerberatern[1128] könnte dies möglicherweise damit gerechtfertigt werden, dass sich bei ihnen die Frage

1125 Walker, in: Schuschke/Walker, ZPO, § 811 Rn. 33.

1126 So z.B. Sinz/Wegener/Hefermehl, Verbraucherinsolvenz, Rn. 368. ff; Henckel, in: Jaeger, InsO, § 35 Rn. 14; Smid, WM 2005, 625, 627; Hk-InsO/Keller, § 36 Rn. 13.

1127 BGH, BeckRS 2012, 15858.

1128 BFH, ZInsO 2010, 1138.

nach dem Pfändungsschutz der relevanten Sachen vielfach[1129] gar nicht stellt[1130]. Grund hierfür sind fehlende Voraussetzungen des Pfändungsschutzes infolge des insolvenzbedingten Entzuges der für die Ausübung der jeweiligen Tätigkeit notwendigen Zulassung[1131] aus öffentlich-rechtlichen Gründen[1132] wegen des Vermögensvorfalles[1133]. Bei Ärzten ist das aber offensichtlich nicht der Fall. Übrigens gehören bei Ärzten der Vertragssitz und die Zulassungen (berufsständische Zulassung und die Kassenarztzulassung)[1134] nicht zur Insolvenzmasse.[1135] Ebenfalls Runkel weist darauf hin, dass in der insolvenzrechtlichen Literatur bei Ärzten auf § 811 Abs. 1 Nr. 5 ZPO und nicht wie in der zivilprozessualen Literatur auf § 811 Abs. 1 Nr. 7 ZPO verwiesen wird, geht aber davon aus, dass es im Ergebnis auf den Unterschied nicht ankomme[1136]. Dies ist jedoch unzutreffend, denn die Unterscheidung ist deswegen von enormer Relevanz, weil der Pfändungsschutz nach § 36 Abs. 1 S. 1 InsO i.V.m. § 811 Abs. 1 Nr. 7 ZPO die erhebliche Besonderheit zu der nach § 36 Abs. 1 S. 1 InsO i.V.m. § 811 Abs. 1 Nr. 5 ZPO aufweist, nämlich dass die Sachen im Insolvenzverfahren, genau wie in der Einzelzwangsvollstreckung, nicht der Austauschpfändung unterliegen (§ 811 a Abs. 1 ZPO).

Solange die vom Gesetzgeber in dem Entwurf eines Gesetzes zur Neustrukturierung und Modernisierung des Pfändungsschutzes (GNeuMoP)[1137] enthaltene Zusammenlegung der Regelungen des § 811 Abs. 1 Nr. 5 ZPO und des § 811 Abs. 1 Nr. 7 ZPO nicht stattfindet, muss im Insolvenzverfahren zwischen den jeweiligen persönlichen Anwendungsbereichen differenziert werden.

### *c) Umfang des Pfändungsschutzes der zur Fortsetzung oder Aufnahme der Erwerbstätigkeit erforderlichen Gegenstände bei Selbständigen*

Zum Pfändungsschutz für Selbständige im Insolvenzverfahren ist eine beachtliche Anzahl von Rechtsprechungen und kontroversen Ausführungen im Schrifttum vorhanden. Die erhebliche praktische Relevanz des Themas resultiert zum einen daraus, dass vielfach die Sachen von allen beweglichen Sachen am werthaltigsten und somit für Gläubiger besonders attraktiv sind, solange sie nicht mit Aus- und

1129 Jedoch nicht zwingend: BVerfG, NJW 2005, 3057. Architekten und Apotheker sind dagegen immer vom Entzug der Zulassung betroffen.
1130 Oder nur für den Zeitraum zwischen der Eröffnung des Insolvenzverfahrens und der Aufgabe der Tätigkeit. Seidler, Selbständige in der Insolvenz – Der Insolvenzbeschlag von Arbeitsmitteln, S. 210.
1131 Smid, DZWIR 2008, 133, 140.
1132 Smid, WM 2005, 625, 627.
1133 Viniol, in: Beck/Depré, § 42 Rn. 14, 15.
1134 Hess/Röpke, NZI 2003, 233, 235.
1135 LSG NRW, NJW 1997, 2477.
1136 Runkel, in: FS Gerhardt, S. 839, 841.
1137 BTDrucks 17/2167.

Absonderungsrechten belastet sind[1138]. Zum anderen liegt es daran, dass die Erwerbstätigkeit für die Lebensqualität eines Schuldners und seiner Familie ein zentraler Faktor ist[1139].

### *aa) Argumente der Befürworter des Pfändungsschutzausschlusses*

Die Argumente der Befürworter des Ausschlusses des Pfändungsschutzes der Gegenstände im Sinne des § 811 Abs. 1 Nr. 5, 7 ZPO bei Selbständigen sind vielfältig. So begründet Seidler die Nichtgeltung des Pfändungsverbotes mit dem Wertungswiderspruch des Pfändungsschutzes mit Systematik, Verfahrensgrundsätzen und Verfahrenszielen der Insolvenzordnung sowie mit dem in den Materialien zur Insolvenzordnung dokumentierten gesetzgeberischen Willen, und zwar die Gewährleistung der Marktkonformität[1140]. Außerdem sei mit der Einschränkung die bestmögliche Befriedigung der Gläubiger am besten erreichbar und neben der Möglichkeit der Restschuldbefreiung spreche die Abwägung der grundrechtlich geschützten Interessen ebenfalls dafür[1141].

Die Begründung von Peters für die entsprechenden Modifikationen des § 811 Abs. 1 Nr. 5 ZPO, nicht jedoch des § 811 Abs. 1 Nr. 7 ZPO, im Insolvenzverfahren bei Selbständigen lautet, dass das Belassen der wesentlichen Teile des schuldnerischen Vermögens im Hinblick auf die Restschuldbefreiung eine einseitige Zurückdrängung der Interessen der Gläubiger darstellen würde und außerdem eine nicht gerechtfertigte Besserstellung gegenüber Landwirten und Apotheken wäre[1142].

Bäuerle weist darauf hin, dass im Insolvenzverfahren der Schuldner die Möglichkeit habe, sich durch unselbständige Tätigkeit selbst zu verwirklichen, sowie die Möglichkeit, die Restschuldbefreiung zu erlangen, so dass die Beschränkung seines Rechtskreises zumutbar sei[1143].

Keller rechtfertigt die pauschale Restriktion des § 811 Abs. 1 ZPO im Insolvenzverfahren damit, dass hier anders als in der Einzelzwangsvollstreckung der besondere Interessenwiderstreit zwischen Schuldner und Gläubigergesamtheit zu Gunsten Letzterer zu lösen sei[1144].

Tetzlaff begründet die restriktive Modifikation des Pfändungsschutzes im Insolvenzverfahren, die von der Entscheidung der Gläubigerversammlung abhängig

---

1138 Was vielfach der Fall ist. Voigt/Gerke, ZInsO 2002, 1054.

1139 Erwerbslose Schuldner können vom Schutz nicht profitieren.

1140 Die ihrer Meinung nach nur dann erreicht werden könne, wenn ausschließlich Gläubiger über die Zukunft des schuldnerischen Unternehmens entscheiden würden. Seidler, Selbständige in der Insolvenz – Der Insolvenzbeschlag von Arbeitsmitteln, S. 211, 212.

1141 Seidler, Selbständige in der Insolvenz – Der Insolvenzbeschlag von Arbeitsmitteln, S. 211, 212.

1142 MüKoInsO/Peters, § 36 Rn. 24–28.

1143 Bäuerle, in: Braun, InsO, § 36 Rn. 16: verweist dabei auf Peters, der jedoch in der Form nicht argumentiert.

1144 Hk-InsO/Keller, § 36 Rn. 13.

sein solle, ebenfalls mit Interessen der Gläubiger, die vor denen des Schuldners Vorrang haben sollen, sowie mit der dem Schuldner eingeräumten Möglichkeit der Restschuldbefreiung[1145]. Es sei seiner Meinung nach unbillig, wenn der Schuldner entscheiden könne, seine selbständige Tätigkeit während des Insolvenzverfahrens und der Wohlverhaltensperiode fortzusetzen, ohne auf Interessen seiner Gläubiger Rücksicht nehmen zu müssen. Außerdem seien Gläubiger und Insolvenzverwalter nicht verpflichtet, das Risiko zu tragen, dass die Insolvenzmasse durch die schuldnerische Tätigkeit weiter verringert wird und möglicherweise weitere (neue) Gläubiger geschädigt werden. So argumentiert auch Hirte, der die Einschränkung des Pfändungsschutzes als Notwendigkeit sieht, um den Interessen der Gläubiger gerecht zu werden, denn die fehlende Massezugehörigkeit von bestimmten Gegenständen könne dazu führen, dass der Betrieb als solcher nicht im Wege der übertragenden Sanierung auf einen Dritten übertragen werden kann[1146].

Runkel nimmt das Zusammenspiel der insolvenzrechtlichen Bestimmungen als Ausgangspunkt seiner Überlegungen zur teleologischen Reduktion des § 36 Abs. 1 S. 1 InsO[1147]. Dabei kommt er zur Schlussfolgerung,[1148] dass im Insolvenzverfahren, im Gegensatz zur Einzelzwangsvollstreckung, die Sachgesamtheit und nicht die Einzelgegenstände im Vordergrund stehen, so dass die hieran anknüpfenden Pfändungsschutzbestimmungen der Zivilprozessordnung keine Anwendung finden sollen. Dies wird seiner Ansicht nach noch deutlicher, wenn man berücksichtige, dass in beiden Verfahren die Interessenlage unterschiedlich sei. In der Zivilprozessordnung solle mit Pfändungsverboten verhindert werden, dass die Existenzgrundlage des Schuldners nur wegen des Vorteils eines einzelnen Gläubigers zerstört wird, wogegen die Insolvenzordnung schon in allgemeinerer Form schuldnerfreundlich sei, denn sie ermögliche dem Schuldner eine Restschuldbefreiung, ein Insolvenzplanverfahren und das Institut der Eigenverwaltung. Der Pfändungsschutz dürfe seiner Meinung nach erst recht nicht greifen, wenn die Gläubigerversammlung die Betriebsschließung anordnet[1149].

Laut Haarmeyer, Wutzke und Förster gehören die Gegenstände im Sinne des § 811 Abs. 1 Nr. 5 ZPO zur Insolvenzmasse, weil hier der gesamte Geschäftsbetrieb in die Masse falle und so der gesetzliche Grund der Unpfändbarkeitsregeln nicht gegeben ist. Außerdem wolle § 811 Abs. 1 Nr. 5 ZPO den Schuldner nicht vor Stilllegung und Insolvenz bewahren, so dass in dem Fall auch das Zubehör eines Unternehmens nebst aller seiner Aktiva in die Insolvenzmasse falle[1150].

Ähnlich argumentiert Mohrbutter, der von der Überflüssigkeit der Prüfung der Pfändbarkeit der einzelnen Gegenstände (§ 36 Abs. 1 InsO) spricht, da das

---

1145 Tetzlaff, ZInsO 2005, 393, 404, 405.
1146 Hirte, in: Uhlenbruck, InsO, § 36 Rn. 15.
1147 Runkel, in: FS Gerhardt, S. 839, 841, 842.
1148 Zur Begründung zieht er § 157 InsO hinzu. Runkel, in: FS Gerhardt, S. 839, 841, 842.
1149 Runkel, in: FS Gerhardt, S. 839, 842–844.
1150 Haarmeyer/Wutzke/Förster, Handbuch zur Insolvenzordnung, S. 506.

Insolvenzverfahren das Unternehmen im Ganzen erfasse[1151]. Gleichzeitig weist er allerdings darauf hin, dass pfändungs- und damit massefrei alle Gegenstände einer Praxis oder eines Unternehmens dann seien, wenn die persönliche Arbeitskraft des Schuldners im Vordergrund steht und er die Gegenstände zur Aufrechterhaltung seiner Tätigkeit benötigt.

Ebenfalls laut Wischemeyer und Schur sei die teleologische Reduktion notwendig, weil die uneingeschränkte Anwendung des § 36 Abs. 1 S. 1 InsO i.V.m. § 811 Abs. 1 Nr. 5 ZPO zur Folge hätte, dass wesentliche Gegenstände im Rahmen des Insolvenzverfahrens nicht verwertet werden könnten[1152]. In einem späteren Aufsatz vertritt Wischemeyer aber die gegenteilige Ansicht[1153]. Demnach sollen dem Schuldner für die Ausübung seiner selbständigen Tätigkeit im Insolvenzverfahren neben der Arbeitskraft die Gegenstände verbleiben, die nicht der Zwangsvollstreckung unterliegen und damit auch nicht vom Insolvenzbeschlag erfasst seien, dabei sei vor allem das Pfändungsverbot des § 811 Abs. 1 Nr. 5 ZPO zu beachten.

Ähnlich äußert sich Smid, der mal die uneingeschränkte Anwendung der Pfändungsschutzregelungen im Insolvenzverfahren befürwortet, mal die teleologische Reduktion, die er mit der Notwendigkeit für die ordnungsgemäße Abwicklung des Insolvenzverfahrens begründet, denn anderenfalls wäre der Wert der Sachen der Insolvenzmasse entzogen und der Schuldner könnte eine Betriebsfortführung konterkarieren[1154]. In einem anderen, mit Wehdeking gemeinsamen Aufsatz begründet Smid die restriktive Anwendung der Regelungen mit der Unternehmensbezogenheit des Insolvenzbeschlages[1155].

Mai möchte den Pfändungsschutz insoweit einschränken, als dass er sich nur auf die Sachen erstrecken soll, die der Schuldner selbst zur Fortsetzung seiner Erwerbstätigkeit braucht[1156].

*bb) Argumente der Vertreter der wortgetreuen Anwendung*

Für die wortgetreue Anwendung der § 36 Abs. 1 S. 1 InsO i.V.m. § 811 Abs. 1 Nr. 5, 7 ZPO sprechen sich mehrere Gerichte aus[1157]. In der Entscheidung des Landgerichtes Aachen[1158] wird sie damit begründet, dass § 36 Abs. 2 InsO ausdrücklich regele, welche Sachen zwar der Zwangsvollstreckung nicht unterliegen, jedoch vom Insolvenzbeschlag erfasst seien. Auch die Aufzählung einzelner Ziffern des § 811 Abs. 1

1151 Mohrbutter/Ringstmeier, Handbuch der Insolvenzverwaltung, § 6 Rn. 185, 191.

1152 Wischemeyer/Schur, ZInsO 2007, 1240, 1245, 1246: stellen dies zunächst als verbreitete Auffassung dar, der sie sich offensichtlich im Ergebnis anschließen.

1153 Wischemeyer, ZInsO 2009, 2121, 2126.

1154 Smid, DZWIR 2008, 133, 140; Smid, WM 2005, 625, 629.

1155 Smid/Wehdeking, InVo 2000, 293, 294.

1156 Mai, Die Insolvenz des Freiberuflers, S. 39.

1157 Das AG Göttingen ließ dagegen die Frage, inwieweit der Pfändungsschutz des § 811 Abs. 1 Nr. 5 ZPO in der Insolvenz gilt, offen. AG Göttingen, ZInsO 2011, 1659.

1158 LG Aachen, ZVI 2006, 309, 310.

ZPO verdeutliche, dass die in den übrigen Ziffern der Pfändungsschutzvorschriften bezeichneten Gegenstände nicht als Ausnahme zu § 36 Abs. 1 InsO haftungsrechtlich zur Insolvenzmasse gehören. In der nächsten Instanz wurde dies vom Oberlandesgericht Köln bestätigt[1159].

Ebenfalls das Finanzgericht Sachsen[1160] und das Bundesfinanzgericht[1161] gehen von der Unpfändbarkeit der zur Fortsetzung der Erwerbstätigkeit erforderlichen Sachen aus, die der Zwangsvollstreckung nicht unterliegen und deshalb in die Insolvenzmasse nicht fallen.

Das Amtsgericht Duisburg[1162] spricht sich zwar für den Insolvenzbeschlag einer Arztpraxis mit der Begründung aus, sie sei eine wirtschaftsorganisatorische Einheit, bestätigt aber gleichzeitig den Pfändungsschutz der Betriebs- und Geschäftsausstattung nach § 36 Abs. 1 S. 1 InsO i.V.m. § 811 Abs. 1 Nr. 5, 7 ZPO. Außerdem weist das Gericht auf die Möglichkeit des Schuldners hin, mit den unpfändbaren Gegenständen der Betriebs- und Geschäftsausstattung in anderen Räumlichkeiten erneut eine Arztpraxis zu eröffnen.

Das Amtsgericht Köln bestätigt ebenso, dass dem selbständigen Schuldner solche Gegenstände belassen werden sollen, die er benötigt, um seine Arbeitsleistung zu realisieren[1163]. Kaum nachvollziehbar dagegen ist, dass in der Entscheidung zunächst auf die Notwendigkeit der teleologischen Reduktion hingewiesen wird, der Pfändungsschutz aber dennoch im vollen Umfang bestätigt wird.

Auch im Schrifttum findet sich eine Vielzahl von Befürwortern des mit der Einzelzwangsvollstreckung deckungsgleichen Pfändungsschutzes der relevanten Sachen, darunter sind z.B. Henkel[1164], Gerke/Voigt[1165], Ahrens[1166], Grabau/Miehe[1167], Zimmerman[1168], Heinze[1169], Beck/Depré[1170], Lüke[1171], Bornemann[1172],

1159 OLG Köln, ZVI 2006, 591.
1160 FG Sachsen, LSK 2010, 230208.
1161 BFH, ZVI 2006, 253.
1162 AG Duisburg, NZI 2010, 905, 920; LG Duisburg, BeckRS 2010, 23154.
1163 AG Köln, NJW-RR 2003, 987, 989.
1164 Henckel, in: Jaeger, InsO, § 35 Rn. 14; § 36 Rn. 4.
1165 Voigt/Gerke, ZInsO 2002, 1054, 1055, 1065.
1166 Ahrens, NZI 2007, 622, 624.
1167 Grabau/Miehe, ZVI 2006, 232, 237.
1168 Zimmermann, ZInsO 2011, 2057, 2058.
1169 Heinze, ZVI 2007, 349, 352.
1170 Viniol, in: Beck/Depré, § 42 Rn. 11.
1171 Lüke, in: FS Laufs 70, S. 989, 993.
1172 Bornemann, in: FK-InsO, § 36 Rn. 6, 8, 10.

Holzer[1173], Berger[1174], Uhlenbruck[1175], Winter[1176], Schildt[1177], Kranenberg[1178], Lüdtke[1179].

Henckel geht von der Unpfändbarkeit der von § 36 Abs. 1 S. 1 InsO i.V.m. § 811 Abs. 1 Nr. 5 ZPO erfassten Gegenstände selbst bei Arbeitslosigkeit des Schuldners zum Zeitpunkt der Eröffnung des Insolvenzverfahrens aus und nimmt dabei keine Einschränkungen des geschützten Personenkreises auf abhängig Beschäftigte vor[1180]. Die Unpfändbarkeit begründet er damit, dass dem Schuldner, der die Restschuldbefreiung erlangen möchte, eine angemessene Erwerbstätigkeit obliege.

Gerke und Voigt sind bei der Beurteilung der Erforderlichkeit der Gegenstände zur Fortsetzung der Erwerbstätigkeit im Insolvenzverfahren außerordentlich großzügig und erklären sogar die benötigten Warenbestände, die in der Einzelzwangsvollstreckung nur unter ganz engen Voraussetzungen Pfändungsschutz genießen, für unpfändbar[1181]. Bei der Frage nach dem Pfändungsschutzumfang der betreffenden Sachen lehnen sie die Heranziehung der Lehre vom Unternehmen als Massenbestandteil ebenso ab wie die teleologische Reduktion des § 36 Abs. 1 S. 1 InsO. Letzteres mit der Argumentation, dies würde auf die Arbeitsverpflichtung und Unterwerfung des Schuldners hinauslaufen, was spätestens vor dem Hintergrund der Art. 2, 12 GG Grenzen hätte, es falle zu Lasten der Allgemeinheit und außerdem bestehe daran kaum wirtschaftliches Gläubigerinteresse.

Laut Ahrens gelten die Grundsätze des § 811 Abs. 1 Nr. 5 ZPO als nicht unterschreitendes Schutzniveau ebenfalls im Insolvenzverfahren, denn das Ziel des Vollstreckungsverbots des § 36 Abs. 1 S. 1 InsO sei, den Schuldner zu schützen und sein Existenzminimum zu sichern und nicht einen Betrieb als Wirtschaftseinheit zu erhalten[1182].

Lüke lehnt die teleologische Reduktion mit der Begründung ab, eine solche Beschränkung ergebe sich weder aus dem Wortlaut der Vorschrift noch aus ihrem Zweck[1183]. Überdies sei der Maßstab für „angemessenen“ Schuldnerschutz, von dem die gegensätzliche Auffassung ausgehe, unklar und außerdem sei alles andere entweder nicht durchsetzbar und daher wirkungslos oder widerspreche verfassungsrechtlichen Grundsätzen (Art. 12 Abs. 2, 3 GG), die die Zwangsarbeit ausschließen und damit auch die zwangsweise Verwertung persönlicher Arbeitsleistung.

---

1173 KPB/Holzer, InsO, § 36 Rn. 17, 19.
1174 Berger, ZInsO 2008, 1101.
1175 Uhlenbruck, ZVI 2002, 49, 50.
1176 Winter, ZVI 2005, 569, 585.
1177 Schildt, Die Insolvenz des Freiberuflers, S. 49.
1178 Kranenberg, NZI 2009, 156.
1179 HambKomm/Lüdtke, § 35 Rn. 105.
1180 Henckel, in: Jaeger, InsO, § 35 Rn. 14; § 36 Rn. 4.
1181 Voigt/Gerke, ZInsO 2002, 1054, 1055, 1065.
1182 Ahrens, NZI 2007, 622, 624.
1183 Lüke, in: FS Laufs 70, S. 989, 993, 994.

Ebenfalls Grabau und Miehe stellen die verfassungsrechtlichen Aspekte heraus[1184]. So könne sich der Schuldner auf Art. 2, Art. 12 GG berufen und gemäß § 36 InsO und § 811 Abs. 1 Nr. 5, 7 ZPO aus der Insolvenzmasse die materiellen Voraussetzungen für die Gestaltung seiner selbständigen Tätigkeit fordern.

Mohrbutter verweist beim Thema auf die Grundrechte des Schuldners aus Art. 1, 2 GG und auf das Sozialstaatsprinzip (Art. 20, 28 GG)[1185].

Auch Winter greift zur Begründung des umfassenden Pfändungsschutzes der relevanten Sachen im Insolvenzverfahren neben den sozialpolitischen Erwägungen auf Grundrechte zurück[1186].

Bornemann weist darauf hin, dass es bei der auf persönlichen Leistungen beruhenden Erwerbstätigkeit im Sinne des § 36 Abs. 1 S. 1 InsO i.V.m. § 811 Abs. 1 Nr. 5 ZPO nicht darauf ankomme, ob die Tätigkeit selbständig oder abhängig ausgeübt wird[1187].

Laut Schildt sprechen der Gesetzeswortlaut und die Entstehungsgeschichte des Gesetzes, ferner die Gesetzessystematik und der Normenzweck des § 36 InsO, für die uneingeschränkte Anwendung des § 811 Abs. 1 Nr. 5 ZPO im Insolvenzverfahren[1188]. Die Anwendungsgrenzen seien ihrer Meinung nach aber dann notwendig, wenn es des bezweckten Schuldnerschutzes nicht bedürfe. Wird der Schuldnerschutz nicht benötigt, so greift die Pfändungsschutzregelung mangels des Vorliegens der Tatbestandsvoraussetzung die Erforderlichkeit der Gegenstände nicht, und zwar gleichermaßen in der Einzelzwangsvollstreckung und im Insolvenzverfahren. Mit der insolvenzrechtlich bedingten Anwendungsgrenze hat das entgegen Schildt nichts zu tun.

#### *cc) Eigene Stellungnahme*

Der im Schrifttum vielfach geforderte Ausschluss des Pfändungsschutzes der von den Regelungen des § 811 Abs. 1 Nr. 5, 7 ZPO erfassten Sachen bei Selbständigen im Insolvenzverfahren lässt sich weder aus dem Wortlaut des § 36 InsO noch aus den anderen insolvenzrechtlichen Vorschriften ableiten.

Eine Einschränkung über den Wortsinn hinaus könnte jedoch aus Gründen des vorrangigen Normzwecks geboten sein.[1189] Den Ausgangspunkt der Überlegung sollte folglich der Zweck der Regelung des § 36 Abs. 1 S. 1 InsO bilden. Ist die betreffende Regelung ihrem Wortlaut nach zu weit gefasst, so dass sie auch Fälle mit

1184 Grabau/Miehe, ZVI 2006, 232, 237.

1185 Mohrbutter/Ringstmeier, Handbuch der Insolvenzverwaltung, § 6 Rn. 163: wie bereits hingewiesen widersprüchlich zu seinen sonstigen Ausführungen zu dem Thema.

1186 Winter, ZVI 2005, 569, 585.

1187 Bornemann, in: FK-InsO, § 36 Rn. 10.

1188 Schildt, Die Insolvenz des Freiberuflers, S. 52.

1189 Schmalz, Methodenlehre, Rn. 402.

betrifft, die sie gerechterweise nicht mit erfassen dürfte, so stellt sich die Frage, ob[1190] und wie das Problem nach geltendem Recht gelöst werden kann. Rechtsmethodisch anbieten würde sich hier die Hinzufügung der Einschränkung des § 36 Abs. 1 Nr. 1 InsO im Wege einer teleologischen Reduktion – über die Grenze des Wortsinns hinaus, aber noch im Rahmen der Teleologie des Gesetzes selbst[1191] [1192].

Konkret auf den vorliegenden Fall bezogen, wäre eine teleologische Reduktion dann geboten, wenn § 36 Abs. 1 S. 1 InsO nach Regelungsplan oder dem Gesamtzusammenhang des Gesetzes die notwendige Einschränkung nicht ausspricht und so die Besonderheiten der relevanten Fälle unberücksichtigt lässt, die aus der Eigenart des Insolvenzverfahrens resultieren und die für die Unpfändbarkeit der von § 811 Abs. 1 Nr. 5, 7 ZPO erfassten Sachen von entscheidender Relevanz sind.[1193] Würde das zutreffen, so könnte es legitim sein, wesentlich Ungleiches aus dem Anwendungsbereich der Norm durch einschränkende Tatbestandsmerkmale herauszunehmen.[1194] Das Ergebnis sollte im Hinblick auf das übrige Recht widerspruchsfrei sein, den Regelungszweck des Gesetzgebers verwirklichen, ein Optimum an Interessenbefriedigung darstellen und mit den Gerechtigkeitsvorstellungen, die sich aus der Verfassung, den Rechtsgrundsätzen und Rechtsprinzipien ableiten lassen, in Einklang stehen.[1195]

### (1) Resultiert die Notwendigkeit der Einschränkung des § 36 Abs. 1 S. 1 InsO aus dem Regelungszweck des Gesetzgebers?

Auf den Regelungsplan des § 36 Abs. 1 S. 1 InsO wurde an mehreren Stellen in der vorliegenden Arbeit eingegangen. Zusammenfassend bleibt festzuhalten, dass der Gesetzgeber mit dem Pfändungsschutz der beweglichen Sachen angestrebt hat, zum einen dem Schuldner und seinen Angehörigen eine menschenwürdige Existenz zu sichern und zum anderen die Möglichkeit zu eröffnen, dies aus eigenen Kräften im Wege der Erwerbstätigkeit zu verwirklichen. Dies betrifft im Besonderen den Zweck des § 36 Abs. 1 S. 1 InsO i.V.m. § 811 Abs. 1 Nr. 5, 7 ZPO. Ebenso würde es dem öffentlichen Interesse entgegenstehen, wenn der Schuldner und gegebenenfalls seine Angehörigen staatliche Leistungen in Anspruch nehmen müssten aufgrund der mangelnden finanziellen Mittel wegen der fehlenden Möglichkeit, durch den

1190 Bei ablehnender Antwort wäre zu hinterfragen, ob die Einschränkung rechtspolitisch zu fordern wäre. Zippelius, Juristische Methodenlehre, § 11 I.

1191 Larenz, Methodenlehre, S. 366.

1192 Ob man nun eine Gesetzeslücke der teleologischen Reduktion voraussetzt, wie dies Larenz tut (Larenz, Methodenlehre, S. 370, 377, 379), oder wie Schmalz die teleologische Reduktion nicht als Lückenproblem behandelt (Schmalz, Methodenlehre, Rn. 402), ist an der Stelle nicht primär ausschlaggebend.

1193 Larenz, Methodenlehre, S. 370, 377, 379.

1194 Zippelius, Juristische Methodenlehre, § 11 I.

1195 Zippelius, Juristische Methodenlehre, § 10 V, § 11 I, II.

Einsatz der zur Fortsetzung der Erwerbstätigkeit erforderlichen Gegenstände selbst seinen Lebensunterhalt zu verdienen[1196].

Der Gesetzgeber hat die Regelung des § 36 Abs. 1 S. 1 InsO inhaltlich dem § 1 Abs. 4 KO übernommen,[1197] die lautete: „Gegenstände, die nicht gepfändet werden sollen, gehören nicht zur Konkursmasse". Im § 1 Abs. 4 KO hat der Gesetzgeber die Einschränkungen des Pfändungsschutzes der Sachen im Sinne des § 811 Abs. 1 Nr. 5, 7 ZPO nicht vorgenommen. Ebenfalls der Gesetzgeber der Insolvenzordnung hat dies nicht als nötig erachtet. Obwohl die Vorschrift des § 36 InsO mehrmals ergänzt wurde[1198] stand der Ausschluss oder die Einschränkung des Pfändungsschutzes nach § 36 Abs. 1 S. 1 InsO i.V.m. § 811 Abs. 1 Nr. 5, 7 ZPO nie zur Diskussion. Daraus folgt, dass es dem Willen des Gesetzgebers entspricht, dass das Insolvenzverfahren, im Interesse aller Beteiligten, grundsätzlich nicht zum Verlust der Erwerbstätigkeit führt, so dass vergleichbar mit der Einzelzwangsvollstreckung[1199] während und nach dem Insolvenzverfahren die Beschaffung des Lebensunterhalts für den Schuldner und seine Familie durch den Einsatz der persönlichen Arbeitskraft ermöglicht werden soll. Im Entwurf eines Gesetzes zur Vereinfachung des Insolvenzverfahrens wird die Unpfändbarkeit der Gegenstände im Sinne des § 811 Abs. 1 Nr. 5 ZPO bei gewerblich oder freiberuflich tätigen Schuldnern ausdrücklich erwähnt[1200].

Die grundsätzliche Pfändbarkeit der nach § 36 Abs. 1 S. 1 InsO i.V.m. § 811 Abs. 1 Nr. 5, 7 ZPO geschützten Sachen bei Selbständigen hätte für sie und ihre Familien die gleichen verheerenden Folgen wie für abhängig Beschäftigte. Der Verlust der Erwerbstätigkeit zieht regelmäßig neben den finanziellen noch weitere erhebliche negative Folgen für die Betroffenen nach sich, darunter psychische und psychosoziale[1201]. Dadurch würden die Belastungen, die daraus resultieren, dass ein Insolvenzverfahren über das Vermögen des Schuldners eröffnet wurde, noch gravierender. Eine derartige Benachteiligung der betroffenen Personengruppe könnte im Hinblick auf Art. 3 Abs. 1 GG i.V.m. dem Sozialstaatsprinzip zweifelhaft sein. Dass dies nicht mit dem Verweis ausgehebelt werden könnte, die nicht abhängig Beschäftigten hätten die Möglichkeit, sich durch unselbständige Tätigkeit selbst zu verwirklichen und auf dem Wege für den Lebensunterhalt zu sorgen,[1202] ist offensichtlich. Ebenso könnte ein unselbständiger Schuldner auf eine andere Tätigkeit verwiesen werden, bei der die unpfändbaren Gegenstände nicht nötig wären. Dass der Umstieg von der Selbständigkeit in eine unselbständige Tätigkeit nicht weniger schwierig ist als der Wechsel einer abhängigen Stelle, ist offenkundig. Dem Gesetzgeber ist dies

1196 Kessal-Wulf, in: Schuschke/Walker, ZPO, § 850 Rn. 4.

1197 BTDrucks 12/2443, S. 122.

1198 BGBl I 2009, S. 1707; BGBl I 1998, S. 3836; BGBl I 2001, 2710; BGBl I 2007, S. 368.

1199 Zur Einzelzwangsvollstreckung Hk-ZV/Kindl, § 811 Rn. 18.

1200 BTDrucks 16/3227, S. 17.

1201 Ausführlicher zu dem Spektrum und der Gewichtung der Folgen der Erwerbslosigkeit Jahoda, Wie viel Arbeit braucht der Mensch? Arbeit und Arbeitslosigkeit im 20. Jahrhundert.

1202 So z. B. Bäuerle, in: Braun, InsO, § 36 Rn. 16.

ebenfalls deutlich gewesen, denn er nahm keine Differenzierung zwischen abhängig und unabhängig Beschäftigten vor. Im Übrigen wurde vom Gesetzgeber tendenziell eher die Gleichstellung und nicht die Ungleichbehandlung von abhängig und unabhängig Beschäftigten im Insolvenzverfahren angestrebt, so zum Beispiel mit der entsprechenden Anwendung des § 295 Abs. 2 InsO im Rahmen des § 35 Abs. 2 S. 2 InsO[1203] oder der Gleichbehandlung aller Einkunftsarten beim Kontopfändungsschutz (§ 36 Abs. 1 S. 2 InsO i.V.m. §§ 850 i, 850 k ZPO)[1204].

### (2) Folgt die Notwendigkeit der Einschränkung des § 36 Abs. 1 S. 1 InsO aus dem Gesetzeszusammenhang?

Die Beurteilung der aus dem Gesetzeszusammenhang resultierenden Notwendigkeit der Einschränkung des Pfändungsschutzes schließt die Bewertung der Vereinbarkeit der relevanten Pfändungsschutzregelungen mit Verfahrenszielen, Verfahrensgrundsätzen und anderen insolvenzrechtlichen Normen ein.

#### (a) Liegt die Nichtvereinbarkeit des Pfändungsschutzes mit den Zielen des Insolvenzverfahrens vor?

Aus Gesetzesmaterialien zum Gesetz zur Änderung der Insolvenzordnung und anderer Gesetze folgt der Hinweis, dass der Zweck der jeweiligen zwangsvollstreckungsrechtlichen Regelung, die im Insolvenzverfahren angewandt werden soll, mit dem Ziel der Gesamtvollstreckung im Einklang stehen muss[1205]. Im insolvenzrechtlichen Schrifttum wird ebenfalls darauf hingewiesen[1206].

Um die Frage nach der Vereinbarkeit des Pfändungsschutzes der für die Fortsetzung der selbständigen oder freiberuflichen Tätigkeit erforderlichen Gegenstände mit den Zielen des Insolvenzverfahrens zu beantworten, ist zunächst der Blick auf § 1 InsO notwendig, in dem die Ziele, wenn auch nicht abschließend, geregelt sind.

Das zentrale Ziel des Insolvenzverfahrens ist die gemeinschaftliche Gläubigerbefriedigung (§ 1 S. 1 InsO). Hierzu sollte die Haftung der Insolvenzmasse für die Verbindlichkeiten des Schuldners realisiert werden.[1207] Daraus folgt, dass die Befriedigung der Gläubiger nur dann beeinträchtigt werden kann, wenn ihnen Teile des haftenden Schuldnervermögens vorenthalten oder entzogen werden. Alle nicht massezugehörige Vermögensteile sollen nach der Vorstellung des Gesetzgebers nicht zum haftenden Schuldnervermögen gehören und damit vom Insolvenzverfahren nicht erfasst werden. Zu solchen außerhalb des Insolvenzverfahrens stehenden Vermögensteilen haben Insolvenzgläubiger zu keinem Zeitpunkt einen Bezug, so dass die Beeinträchtigung der Gläubigerbefriedigung beim Nichteinsatz solcher

1203 BTDrucks 16/3227, S. 11, 17.
1204 BTDrucks 16/7615, S. 18.
1205 BTDrucks 14/6468, S. 17.
1206 Zum Beispiel von Eckardt, in: Jaeger, InsO, § 4 Rn. 56.
1207 Henkel, in Jaeger, InsO, § 35 Rn. 2.

Sachen entgegen Seidler[1208] nicht vorliegt. Bei den unpfändbaren Gegenständen im Sinne des § 36 Abs. 1 S. 1 InsO i.V.m. § 811 Abs. 1 Nr. 5, 7 ZPO handelt es sich genau um solche Sachen. Dies entspricht offensichtlich dem Willen des Gesetzgebers, der sich mit der Frage der Vereinbarkeit der Pfändungsschutzbestimmungen des § 811 Abs. 1 ZPO mit den Zielen des Insolvenzverfahrens bewusst auseinandergesetzt hat. Der Gesetzgeber hat der mangelnden Vereinbarkeit einiger Regelungen mit dem Insolvenzverfahren Rechnung getragen, nämlich mittels ausdrücklichen gesetzlichen Ausschlusses des Pfändungsschutzes der Sachen i.S.v. § 811 Abs. 1 Nr. 4, 9 ZPO und der Geschäftsbücher. Der Ausschluss der von § 811 Abs. 1 Nr. 5, 7 ZPO erfassten Sachen bei Selbständigen stand dabei nie zur Diskussion. Die von Peters bemängelte Besserstellung der anderen nicht abhängig Beschäftigten den Landwirten und Apothekern gegenüber, die er für nicht gerechtfertigt hält,[1209] wurde vom Gesetzgeber bewusst hingenommen. Dies ist mit dem besonderen Zweck der Regelungen nach § 811 Abs. 1 Nr. 4, 9 ZPO zu erklären und kann nicht ernstlich die Forderung nach sich ziehen, anderen Selbständigen und Freiberuflern den Pfändungsschutz der relevanten Sachen zu verwehren, um sie genauso zu stellen wie Landwirte. Im Übrigen stellt sich die Frage bei den Apothekern nicht, denn ihnen bleibt die Fortführung einer Apotheke mit der Eröffnung des Insolvenzverfahrens aufgrund des Zulassungsentzuges verwehrt.

In der Begründung des Regierungsentwurfes zu § 1 InsO heißt es: „In Absatz 2 wird zunächst betont (Satz 1), dass trotz der Ausrichtung des Insolvenzverfahrens an der bestmöglichen Befriedigung der Gläubiger die Interessen des Schuldners, der eine natürliche Person ist, und seiner Familie nicht vernachlässigt werden. Im Grundsatz wird nur das pfändbare Vermögen des Schuldners vom Insolvenzverfahren erfasst."[1210] Im Rahmen des Insolvenzverfahrens sollte somit nach der Vorstellung des Gesetzgebers das Hauptziel des Insolvenzverfahrens, die bestmögliche Gläubigerbefriedigung, unter der Bedingung der Gewährung des erforderlichen Vollstreckungsschutzes erreicht werden. Was geschützt werden soll, hat der Gesetzgeber ausdrücklich geregelt, dazu gehören gem. § 36 Abs. 1 S. 1 InsO i.V.m. § 811 Abs. 1 Nr. 5, 7 ZPO die Sachen, die Selbständige für die Fortführung oder Aufnahme ihrer Tätigkeit benötigen.

Beim Vorliegen der entsprechenden Voraussetzungen kann die gemeinschaftliche Gläubigerbefriedigung mit der Restschuldbefreiung verbunden werden[1211]. Die in § 1 S. 2 InsO normierte Möglichkeit der Befreiung des redlichen Schuldners von seinen restlichen Verbindlichkeiten wird im Schrifttum vielfach als Ziel des

1208 Seidler, Selbständige in der Insolvenz – Der Insolvenzbeschlag von Arbeitsmitteln, S. 211, 212.

1209 MüKoInsO/Peters, § 36 Rn. 24–28.

1210 BTDrucks 12/2443, S. 108.

1211 Henckel spricht davon, dass die Gläubigerbefriedigung regelmäßig mit der Restschuldbefreiung verbunden werden soll. Henkel, in Jaeger, InsO, § 1 Rn. 20.

Insolvenzverfahrens genannt.[1212] Im die teleologische Reduktion des § 36 Abs. 1 S. 1 InsO befürwortenden Schrifttum wird bei der Begründung der Erforderlichkeit der Einschränkung häufig das Argument der Entschuldung im Rahmen des Restschuldbefreiungsverfahrens vorgebracht. Dabei wird der Umfang des Pfändungsschutzes in Abhängigkeit von der eventuellen Restschuldbefreiung gesetzt und im Ergebnis daraus die Reduzierung des Pfändungsschutzes im Insolvenzverfahren im Vergleich zur Einzelzwangsvollstreckung abgeleitet[1213]. Eine solche Vorgehensweise mit einer derartigen Schlussfolgerung ist jedoch nicht folgerichtig ohne die Beantwortung der Fragen, ob und inwieweit die Möglichkeit der Restschuldbefreiung eine Besonderheit des Insolvenzverfahrens darstellt, die für die Bestimmung des Umfanges des Pfändungsschutzes im Verfahren von Relevanz ist.

Die Restschuldbefreiung setzt einen Antrag des Schuldners voraus, verbunden mit seiner Erklärung, er sei bereit, freiwillig seine Arbeitskraft zur Befriedigung der Gläubiger innerhalb von sechs Jahren einzusetzen (Abtretungserklärung nach § 287 Abs. 2 InsO). Unter bestimmten Umständen kann sie versagt bzw. widerrufen werden. Sie betrifft ausschließlich das künftige Vermögen des Schuldners und hat als Zielsetzung die Begrenzung der lebenslangen Nachforderungsmöglichkeit der Insolvenzgläubiger und somit die Ermöglichung des wirtschaftlichen Neuanfangs für den Schuldner[1214] und seine Angehörigen.

Der Vollstreckungsschutz ist dagegen das Hauptmittel zur Erreichung eines anderen Ziels – der Erhaltung der aktuellen wirtschaftlichen und ideellen Existenz des Schuldners[1215] und seiner Angehörigen. Der gesetzliche Vollstreckungsschutz wird nie optional, auch beim ausschließlich vom Gläubiger gestellten Insolvenzantrag und vom Schuldnerverhalten unabhängig gewährt. Der Vollstreckungsschutz gewährleistet, dass die bei der Verfahrenseröffnung bereits vorhandenen Vermögenswerte wie auch diejenigen, die der Schuldner während des Verfahrens erwirbt (Neuerwerb), nicht vollständig dem Insolvenzbeschlag unterfallen.[1216] Darüber hinaus ist der gesetzliche Vollstreckungsschutz im Insolvenzverfahren mit einem weiteren zentralen Ziel des Insolvenzrechts eng verbunden, nämlich dem Bewahren des sozialen Friedens. Somit besteht zwischen der Restschuldbefreiung und dem Vollstreckungsschutz kein direkter Zusammenhang, man könnte höchstens von einer

---

1212 Schmerbach, in: FK-InsO, § 1 Rn. 12, 13; Hess, in: Hess, InsR, § 1 Rn. 1, 25; Häsemeyer, Insolvenzrecht, Rn. 1.12; HambKomm/Schmidt, § 1 Rn. 35; a.A. Henckel, in: Jaeger, InsO § 1 Rn. 20.

1213 So z.B. MüKoInsO/Peters, § 36 Rn. 25; Tetzlaff, ZInsO 2005, 393, 404, 405; Runkel, in: FS Gerhardt, S. 839. Erwähnenswert ist in dem Zusammenhang der umgekehrte Gedankengang von Foerste, der das Fehlen der grundrechtlichen Verpflichtung des Staates zur Gewährung der Restschuldbefreiung unter anderem mit der Gewährung des Existenzminimums durch den Vollstreckungsschutz argumentiert. Foerste, Insolvenzrecht, Rn. 528.

1214 Jauernig/Berger, Zwangsvollstreckungs- und Insolvenzrecht, § 66 I.

1215 Ähnlich Ahrens, in: Ahrens/Gehrlein/Ringstmeier, InsR, § 36 Rn. 2.

1216 Häsemeyer, Insolvenzrecht, Rn. 6.01.

vergleichbaren Wirkungsweise sprechen. Die Argumentation der Einschränkung eines Mittels zur Erreichung bestimmter Ziele damit, dass ein ganz anderes, davon unabhängiges Ziel eine ähnliche Wirkung entfalten könnte, ist nicht überzeugend.

Die Berücksichtigung der eventuellen Befreiung des Schuldners von den nicht erfüllten Verbindlichkeiten bei der Frage nach dem Vollstreckungsschutzumfang ist nur an einer Stelle denkbar. Mit dem Vollstreckungsschutz im Insolvenzverfahren wird das Gleiche wie in der Einzelzwangsvollstreckung bezweckt, nämlich die Herbeiführung eines Ausgleichs der Gläubiger- und Schuldnerinteressen. Für einen Ausgleich bilden naturgemäß die Konkretisierung der vergangenen und der gegenwärtigen sowie die Prognose der zukünftigen Gesamtsituation der jeweiligen Seite den Ausgangspunkt. In die Prognose könnte einfließen, dass die Befriedigung der Insolvenzgläubiger aus dem beschlagsfähigen Vermögen des Schuldners während des Insolvenzverfahrens – und wenn der Insolvenzbeschlag nicht mehr besteht, eventuell aus den durch den Treuhänder verteilten abgetretenen Bezügen aus einem Dienstverhältnis oder an deren Stelle tretenden laufenden Bezügen – für Gläubiger die letzte Chance sein wird, ihre noch bestehenden Forderungen durchzusetzen. Träfe das zu, so wären in dem Punkt die Insolvenzgläubiger im Vergleich zu den Gläubigern in der Einzelzwangsvollstreckung in der schlechteren Position, was auf die entsprechende Berücksichtigung bei der Ausgleichsfrage hinauslaufen könnte.[1217] Dem steht allerdings entgegen, dass dem Schuldner die Befreiung von Restverbindlichkeiten nicht garantiert wird. Somit ist sie ungeeignet, die dem normierten Vollstreckungsschutz zugrunde liegende Interessenabwägung, in der sich zwingend grundrechtliche Aspekte widerspiegeln sollen, derart zu beeinflussen, dass im Ergebnis der Pfändungsschutz bestimmter Sachen gänzlich ausgeschlossen wird.

Zusammenfassend bleibt festzuhalten, dass sich ein direkter Zusammenhang zwischen dem Vollstreckungsschutz und der Restschuldbefreiung nicht erkennen lässt[1218] und aufgrund der Unsicherheit des Eintrittes der Restschuldbefreiung sie in die dem Vollstreckungsschutz zugrunde liegende Interessenabwägung nur sehr bedingt miteinbezogen werden könnte. Somit darf das Institut der Restschuldbefreiung keinen grundsätzlichen Einfluss auf das Niveau des Vollstreckungsschutzes im Insolvenzverfahren nehmen und kann folglich die teleologische Reduktion des § 36 Abs. 1 S. 1 InsO nicht rechtfertigen.

Rechtssystematisch betrachtet kann mit der Restschuldbefreiung eher das Gegenteil, und zwar die zwingende Geltung der Regelungen des Pfändungsschutzes der Arbeitsgeräte gerechtfertigt werden. Gemäß § 295 Abs. 1 Nr. 1 InsO obliegt es dem Schuldner, eine angemessene Erwerbstätigkeit auszuüben oder sich um eine solche zu bemühen und aus ihr die Ausgleichszahlungen an den Treuhänder zu

---

1217 Andere Ansicht Voigt/Gerke, ZInsO 2002, 1054, 1058.

1218 Davon zu unterscheiden ist die Fragestellung nach dem Zusammenhang zwischen der Restschuldbefreiung und der Einbeziehung des Neuerwerbs. MüKoInsO/Peters, § 36 Rn. 44.

leisten (§ 295 Abs. 2 InsO).[1219] Anderenfalls kann dem Schuldner die Restschuldbefreiung versagt werden (§ 296 InsO). In der Beschlussempfehlung und dem Bericht des Rechtsausschusses zum Entwurf eines Gesetzes zur Verkürzung des Restschuldbefreiungsverfahrens und zur Stärkung der Gläubigerrechte betont der Rechtsausschuss „die erhebliche Bedeutung der Erwerbsobliegenheit sowohl für abhängig Beschäftigte als auch für selbständig tätige Schuldner“[1220]. Der Obliegenheit kann aber vielfach nur dann nachgekommen werden, wenn dem Schuldner die Gegenstände nach § 811 Abs. 1 Nr. 5, 7 ZPO gelassen werden.

Abschließend ist noch erwähnenswert, dass die zentrale Regelung des Vollstreckungsschutzes im Insolvenzverfahren § 36 InsO inhaltlich den §§ 1, 3 KO entspricht und dass es während deren Geltung die Möglichkeit der Schuldenbereinigung im Rahmen des Restschuldbefreiungsverfahrens noch gar nicht gab.

Als ein weiteres Ziel des Insolvenzverfahrens, das durch den Pfändungsschutz der Sachen im Sinne des § 811 Abs. 1 Nr. 5, 7 ZPO bei Selbständigen vereitelt werden könnte, wird der Erhalt des Unternehmens im Wege der übertragenden Sanierung von einigen beachtlichen Stimmen genannt[1221]. Zunächst ist festzuhalten, dass der Erhalt des Unternehmens zwar politisch wünschenswert ist, an sich aber kein eigenständiges Ziel des Insolvenzverfahrens ist,[1222] und eine gleichwertige Alternative zur Einstellung des Unternehmens oder zur Einzelverwertung der Vermögensteile darstellt[1223]. Hier würde die Unpfändbarkeit der relevanten Sachen kein Hindernis darstellen, ebenso wenig wie bei der Fortführung durch den bisherigen Unternehmensträger. Darüber hinaus ist es in der Praxis nur in seltenen Einzelfällen denkbar, dass die fehlende Massezugehörigkeit von bestimmten Sachen dem Erfolg der übertragenden Sanierung im Wege stehen könnte. Denn wie Walker zutreffend ausführt, besteht der Vollstreckungsschutz nur dann, wenn bei der Tätigkeit die persönliche Leistung des Schuldners die übergeordnete Rolle spielt und nicht Kapital und Maschinen[1224]. Somit sind die Sachen, die bei Selbständigen nach § 36 Abs. 1 S. 1 InsO i.V.m. § 811 Abs. 1 Nr. 5, 7 ZPO geschützt sein sollen, nicht die Sachen, die für die übertragende Sanierung von Relevanz sein könnten. Außerdem sind die werthaltigen Sachen meistens mit diversen Sicherungsrechten belastet.[1225]

Aus den Gründen kommt es zur angesprochenen Problematik nur in den wenigsten Fällen und bei der Gesamtbetrachtung, besonders im Hinblick auf die Bedeutsamkeit des Pfändungsschutzes, ist dies kaum ein Argument für die grundsätzliche Ablehnung des Pfändungsschutzes nach § 36 Abs. 1 S. 1 InsO i.V.m. § 811 Abs. 1 Nr. 5, 7 ZPO bei Selbständigen.

---

1219 Ab dem 01.07.2014 Regelungen der Erwerbsobliegenheit in §§ 287 b, 295 n.F. InsO.
1220 BTDrucks 17/13535, S. 39.
1221 Hirte, in: Uhlenbruck, InsO, § 36 Rn. 15; Smid/Leonhardt, in: Leonhardt/Smid/Zeuner, InsO, § 1 Rn. 41; Prütting, in: Kölner Schrift zur Insolvenzordnung, S. 21.
1222 BTDrucks 12/2443, S. 109.
1223 Kießer, in: Braun, InsO, § 1 Rn. 5.
1224 Walker, in: Schuschke/Walker, ZPO, § 811 Rn. 34.
1225 Voigt/Gerke, ZInsO 2002, 1054, 1085.

### (b) Resultiert die Notwendigkeit der Einschränkung aus der Nichtvereinbarkeit mit den Verfahrensgrundsätzen?

Die Notwendigkeit der Einschränkung des Pfändungsschutzes der relevanten Sachen könnte aus dem Wertungswiderspruch der Regelung des Pfändungsschutzes mit Verfahrensgrundsätzen folgen. Die Verfahrensgrundsätze verdeutlichen das Wesen des Insolvenzverfahrens und bilden das Fundament seiner Struktur und beeinflussen somit die Gesamtsystematik des Insolvenzrechts.[1226]

Die Befürworter der teleologischen Reduktion sprechen in dem Zusammenhang vor allem die Unvereinbarkeit mit den Verfahrensgrundsätzen Gläubigerautonomie und Einheitlichkeit des Verfahrens in der Ausprägung der Zusammenfassung des Vermögens[1227] bzw. der Gesamtheit des Geschäftsbetriebes an[1228].

Laut Tetzlaff und Runkel sollte die Befugnis der Gläubigerversammlung, über den Fortgang des schuldnerischen Unternehmens im Rahmen des § 157 InsO zu entscheiden, ein Argument für die Zugehörigkeit der relevanten Sachen zur Insolvenzmasse bei nicht abhängig Beschäftigten sein[1229]. Als Ausdruck der Gläubigerautonomie ermöglicht die Entscheidung im Rahmen des § 157 InsO den Gläubigern, das Insolvenzverfahren wesentlich zu beeinflussen, sie steht aber nicht in einem direkten Zusammenhang mit der Frage nach der Massezugehörigkeit. Um die erheblichen Einschränkungen der Gläubigerrechte auszugleichen, wie dies bei allen anderen Ausprägungen der Gläubigerautonomie ebenso der Fall ist, sollen die Gläubiger entweder die Stilllegung oder vorläufige Fortführung des Unternehmens beschließen. Das regelt die Bestimmung des § 157 InsO ausdrücklich. Eine Untersagung der selbständigen Tätigkeit des Schuldners ist verständlicherweise davon nicht gedeckt,[1230] so dass es dem Schuldner unabhängig von der Entscheidung der Gläubigerversammlung freisteht, seine bisherige Tätigkeit fortzuführen oder eine neue aufzunehmen, und allein das ist für die Gewährung des Pfändungsschutzes nach § 36 Abs. 1 S. 1 InsO i.V.m. § 811 Abs. 1 Nr. 5, 7 ZPO von Bedeutung. Aus dem Verweis des § 36 Abs. 1 S. 1 InsO folgt, dass die Tatbestandsvoraussetzungen für die Gewährung des Pfändungsschutzes der betreffenden Sachen im Insolvenzverfahren sich von denen in der Einzelzwangsvollstreckung nicht unterscheiden (§ 811 Abs. 1 Nr. 5, 7 ZPO). Dies gilt ebenfalls für die Voraussetzung der Notwendigkeit der persönlichen Arbeitsleistung im Stadium der Fortführung oder der Aufnahme der

---

1226 Zur Bedeutung von Verfahrensgrundsätzen Prütting in: Kölner Schrift zur Insolvenzordnung, S. 3.

1227 Formulierung nach Becker, Insolvenzrecht, Rn. 207–209.

1228 So Runkel, in: FS Gerhardt, S. 839, 842–844; Mohrbutter/Ringstmeier, Handbuch der Insolvenzverwaltung, § 6 Rn. 185, 191; Smid/Wehdeking, InVo 2000, 293, 294; Seidler, Selbständige in der Insolvenz – Der Insolvenzbeschlag von Arbeitsmitteln, S. 211, 212.

1229 Tetzlaff, ZInsO 2005, 393, 404, 405; Runkel, in: FS Gerhardt, S. 839, 842–844.

1230 MüKoInsO/Görg/Janssen, § 157 Rn. 12; Esser, in Braun, InsO, § 157 Rn. 2.

Tätigkeit[1231]. Ob die Tätigkeit im Rahmen des bisherigen Unternehmens ausgeübt wird oder nicht, ist dabei unerheblich. Bei der gebotenen Betrachtung, nämlich dass die Gläubigerentscheidung nach § 157 InsO nur hinsichtlich des Bestandes des pfändbaren Vermögens getroffen werden soll, kann die Gewährung des Pfändungsschutzes der genannten Sachen gar nicht im Widerspruch zur Gläubigerautonomie stehen.

Das Amtsgericht Köln führt zu der Problematik in einer seiner Entscheidungen aus, der Schuldner könne selber entscheiden, wie er seine Arbeitskraft einsetzt[1232]. Somit könne aus dem Umstand, dass die Gläubigerversammlung beschlossen habe, die Praxis des Schuldners stillzulegen, nicht hergeleitet werden, dass das Pfändungsverbot des § 811 Abs. 1 Nr. 5 ZPO nicht anwendbar sei und der Schuldner die Befugnis verliere, neben dem Insolvenzverfahren weiter selbständig zu arbeiten.[1233]

Ebenfalls laut Amtsgericht Duisburg stehe es dem Schuldner nach der Stilllegung seiner Praxis (§§ 80, 157 InsO) frei, mit den insolvenzfreien Teilen seiner Betriebs- und Geschäftsausstattung in anderen Räumlichkeiten erneut eine Arztpraxis zu eröffnen[1234]. Außerdem kommt es in der Insolvenzpraxis beim Insolvenzverfahren der natürlichen Personen – und das sind die Verfahren, bei denen sich die Frage nach dem Pfändungsschutz der relevanten Sachen überhaupt stellt – nur in seltenen Fällen zur Ausprägung des Grundsatzes der Gläubigerautonomie in Gestalt des § 157 InsO. Denn die Gläubigerversammlung findet vielfach ohne anwesende Gläubiger statt.[1235] Ebenso ist die Einholung der Zustimmung des Gläubigerausschusses durch den Insolvenzverwalter im Rahmen des § 158 InsO, wenn ein Gläubigerausschuss überhaupt eingesetzt wird, im Verfahren über das Vermögen einer natürlichen Person selten der Fall.[1236]

Ein wichtiger Unterschied zwischen dem Insolvenzverfahren und der Einzelzwangsvollstreckung besteht im Gegenstand der Verfahren – das gesamte schuldnerische Vermögen im Insolvenzverfahren und einzelne Gegenstände in der Einzelzwangsvollstreckung[1237]. Dies sollte entsprechend Runkel die Nichtgeltung der Regelungen des Pfändungsschutzes nach § 811 Abs. 1 Nr. 5, 7 ZPO im Insolvenzverfahren bei Selbständigen rechtfertigen[1238]. Bei näherer Betrachtung des Grundsatzes, auf den in den anfänglichen Kapiteln der Arbeit ausführlicher eingegangen wurde, wird jedoch deutlich, dass eine derartige Schlussfolgerung nicht zutreffend ist.

---

1231 Entgegen Voigt/Gerke sind Vorratsvermögen und Warenbestände im Insolvenzverfahren vom Pfändungsverbot nicht erfasst, ebenso wenig wie in der Einzelzwangsvollstreckung. Voigt/Gerke, ZInsO 2002, 1054, 1055.

1232 AG Köln, NJW-RR 2003, 987, 988.

1233 Das Gericht geht aber gleichzeitig von der teleologischen Reduktion des § 36 Abs. 1 S. 1 InsO i.V.m. § 811 Abs. 1 Nr. 5 ZPO aus.

1234 AG Duisburg, NZI 2010, 905, 909.

1235 Dahl, NJW-Spezial 2007, 485, 486.

1236 Zimmermann, ZInsO 2011, 2057, 2059.

1237 Henckel, in: FS Merz 65, S. 201.

1238 Runkel, in: FS Gerhardt, S. 839, 842–844; Smid/Wehdeking, InVo 2000, 293, 294.

Der Grundsatz besagt nämlich, dass zur Befriedigung der Gläubiger alle schuldnerischen Vermögensgegenstände, unabhängig von der Art und von ihrem Standort, eingesetzt werden sollen, ausgenommen die Sachen, die Pfändungsfreiheit genießen[1239]. Der Grundsatz schließt somit die dem gesetzlichen Pfändungsschutz unterliegenden Sachen von Anfang an aus, so dass er die Zugehörigkeit dieser Sachen verständlicherweise nicht begründen kann.

Das Einzige, was im Zusammenhang mit dem Verfahrensgegenstand in die Überlegung zum Vollstreckungsschutz eventuell einfließen könnte, ist die von Smid angesprochene Unternehmensbezogenheit des Insolvenzbeschlages,[1240] die jedoch nur besagt, dass das Unternehmen des Schuldners[1241] eine Gesamtheit von beweglichen und unbeweglichen Sachen, Rechten und anderen Vermögenswerten darstellt,[1242] welche gem. § 35 Abs. 1 InsO in die Insolvenzmasse fällt. Die Regelung des § 35 Abs. 1 InsO erfährt regelmäßig Grenzen durch die Bestimmung des § 36 InsO. Somit schließen sich die Zugehörigkeit eines Unternehmens im Ganzen zur Insolvenzmasse und der Pfändungsschutz der Sachen im Sinne des § 811 Abs. 1 Nr. 5, 7 ZPO nicht aus. Der Pfändungsschutz ist vielmehr als gesetzlich vorgesehene Einschränkung zu sehen.

Bei Freiberuflern wurde die Frage nach der Massezugehörigkeit einer Praxis lang und kontrovers diskutiert, denn hier spielt der „innere Wert“ der Praxis, der den Gesamtwert der Vermögensgegenstände regelmäßig übersteigt, eine besondere Rolle[1243]. Mittlerweile wird die Zugehörigkeit einer Praxis, also der Gesamtheit materieller und immaterieller Vermögenswerte, die zur Ausübung der freiberuflichen Tätigkeit notwendig sind,[1244] wie z.B. Räumlichkeiten, Einrichtungsgegenstände sowie bestehende Rechtsbeziehungen[1245] zur Insolvenzmasse regelmäßig bejaht, allerdings, wie Uhlenbruck zutreffend anmerkt, die unpfändbaren Sachen ausgenommen[1246]. Mit den unpfändbaren Gegenständen hat der Schuldner dann die Möglichkeit, in einer anderen Praxis seiner Tätigkeit nachzukommen. Im Übrigen ergibt die Regelung des § 36 Abs. 2 Nr. 1 InsO nur bei der geschilderten Betrachtungsweise Sinn. Denn wenn die Unternehmensbezogenheit des Insolvenzbeschlags zum Ausschalten des Pfändungsschutzes der Sachen nach § 36 Abs. 1 S. 1 InsO i.V.m. § 811 Abs. 1 Nr. 5, 7 ZPO führen sollte, so dass alle Vermögensteile eines Unternehmens ausnahmslos in die Insolvenzmasse fallen würden, wäre die Bestimmung der Massezugehörigkeit der Geschäftsbücher, trotz ihrer Unpfändbarkeit in der Einzelzwangsvollstreckung, überflüssig.

1239 Becker, Insolvenzrecht, Rn. 207–209.
1240 Smid, Praxishandbuch Insolvenzrecht, § 7 Rn. 35, 36.
1241 Im vorliegenden Kontext ist von der umsatzsteuerrechtlichen Definition eines Unternehmers auszugehen. Ein Freiberufler ist demnach auch ein Unternehmer.
1242 KPB/Holzer, InsO, § 35 Rn. 70.
1243 Hirte, in: Uhlenbruck, InsO, § 35 Rn. 276.
1244 Lüke, in: FS Laufs 70, S. 989, 993, 994.
1245 Viniol, in: Beck/Depré, § 42 Rn. 11.
1246 Uhlenbruck, ZVI 2002, 49, 50.

### (c) Resultiert die Notwendigkeit der Einschränkung aus dem systematischen Wertungswiderspruch?

Bei der Untersuchung der Vereinbarkeit des Pfändungsschutzes der Sachen im Sinne des § 811 Abs. 1 Nr. 5, 7 ZPO bei Selbständigen mit dem Regelungszweck des § 36 Abs. 1 S. 1 InsO sowie mit Verfahrenszielen und Verfahrensgrundsätzen des Insolvenzverfahrens wurde auf die Bestimmungen eingegangen, die im Hinblick auf die Systematikkorrelation bedeutend sein können, wie §§ 1, 35 Abs. 1, 36 Abs. 2 Nr. 1, 2, 157, 287 Abs. 2, 295 Abs. 1 Nr. 1, 295 Abs. 2 InsO. Daraus ließ sich kein systematischer Wertungswiderspruch des betreffenden Pfändungsschutzes festzustellen.

Es gibt aber noch eine insolvenzrechtliche Bestimmung, die in dem vorliegenden Kontext von Relevanz ist – § 35 Abs. 2 S. 1 InsO. Nach der Vorschrift hat der Insolvenzverwalter dem Schuldner, der eine selbständige Tätigkeit ausübt oder dies beabsichtigt, zu erklären, ob Ansprüche aus der Tätigkeit im Insolvenzverfahren geltend gemacht werden können. Die Regelung ist für die angerissene Fragestellung aus zweierlei Gründen von Bedeutung. Zum einen kommt hier der Wille des Gesetzgebers im Hinblick auf die Fortführung oder die Aufnahme der selbständigen Tätigkeit mit aller Deutlichkeit zum Ausdruck. Mit § 35 Abs. 2 InsO sollte neben der Verhinderung der Gefährdung der Insolvenzmasse der bisherige Zustand behoben werden, in dem das Interesse des Schuldners, sich durch eine gewerbliche oder freiberufliche Tätigkeit eine neue wirtschaftliche Existenz zu schaffen, die Insolvenzpraxis vor erhebliche Probleme stellte[1247]. Außerdem sollte mit der Regelung der Schuldner zu einer selbständigen Erwerbstätigkeit motiviert werden[1248]. Zum anderen ist die Bestimmung unter dem systematischen Blickwinkel interessant.

Denn sie deutet auf die uneingeschränkte Geltung des § 36 Abs. 1 S. 1 InsO bei den Gegenständen i.S.v. § 811 Abs. 1 Nr. 5, 7 ZPO bei Selbständigen hin, weil sie anderenfalls seine volle Wirkung nicht entfalten könnte, so dass es zum Widerspruch kommen würde.

Die Regelung des § 35 Abs. 2 InsO ist sowohl für Gewerbetreibende wie auch für Freiberufler von Bedeutung. Für Insolvenzverfahren der Letzteren ist die gesetzliche Freigabemöglichkeit von besonderer Relevanz, denn bei insolventen Freiberuflern kommt es zur angemessenen Quote für Gläubiger in der Regel nur durch Fortführung.[1249] Im Wege der Freigabe der Tätigkeit parallel zum Pfändungsschutz der zur Ausübung der Tätigkeit notwendigen Gegenstände wird einerseits die Tätigkeit des Freiberuflers im Insolvenzverfahren überhaupt erst ermöglicht, denn regelmäßig kann bzw. aus wirtschaftlichen Aspekten soll eine freiberufliche Praxis nicht von einem Insolvenzverwalter oder einer Ersatzkraft fortgeführt werden. Andererseits bleibt das Verfahren von Verbindlichkeiten aus der Tätigkeit verschont (§ 35 Abs. 2 S. 1 InsO), was die Schmälerung der Insolvenzmasse verhindert. Außerdem können

1247 BTDrucks 16/3227, S. 17.

1248 BTDrucks 16/3227, S. 11.

1249 Viniol, in: Beck/Depré, § 42 Rn. 14, 15.

Gläubiger regelmäßig von Zahlungen des Schuldners an den Insolvenzverwalter nach § 35 Abs. 2 S. 2 InsO profitieren.

Zu den aufgezeigten Vorteilen durch die Fortführung der Praxis durch den Freiberufler kommt es allerdings nur, wenn der Pfändungsschutz nach § 36 Abs.1 S. 1 InsO i.V.m. § 811 Abs. 1 Nr. 5, 7 ZPO ohne Einschränkungen gewährt wird. Zwar hat der Insolvenzverwalter ebenso die Möglichkeit, die Tätigkeit entgegen dem Willen des Schuldners nicht freizugeben, was unter Umständen für die Ablehnung des betreffenden Pfändungsschutzes sprechen könnte, jedoch würde dies bei einem Freiberufler regelmäßig keinen Sinn ergeben. Der Grund hierfür liegt darin, dass die Erklärung des Insolvenzverwalters im Rahmen des § 35 Abs. 2 InsO mit dem Inhalt der Zugehörigkeit des Neuerwerbs zur Insolvenzmasse bei selbständigem Wirtschaften des Schuldners,[1250] sog. „Positiverklärung", in der Praxis vielfach keinerlei Vorteile für das Insolvenzverfahren bringen würde, und zwar aufgrund der dringend benötigten, aber in den meisten Fällen fehlenden Leistungsbereitschaft des Freiberuflers. Bei zusätzlicher Ablehnung des Pfändungsschutzes der Sachen nach § 36 Abs. 1 S. 1 InsO i.V.m. § 811 Abs. 1 Nr. 5, 7 ZPO würden noch weniger Schuldner sich für den Neuerwerb einsetzen wollen. Zudem würden für den Insolvenzverwalter praktische Schwierigkeiten bestehen, die Bruttoeinnahmen des Schuldners tatsächlich zu vereinnahmen.[1251] Weitere Folgen einer solchen „Positiverklärung" wären, dass die Insolvenzmasse für die Verbindlichkeiten im Zusammenhang mit der Tätigkeit haftet und dem Schuldner ein gewisser Betrag für die Lebensführung belassen werden soll (§ 850 i ZPO).[1252]

Die Ausführungen gelten gleichermaßen für Gewerbetreibende, wobei hier die Persönlichkeit des Schuldners für die Fortführung des Unternehmens keine derart gravierende Rolle wie bei Freiberuflern spielt, so dass unter Umständen die Positiverklärung ebenfalls sinnvoll sein könnte.

Die Einführung des § 35 Abs. 2 InsO hat zur Aufwertung des Pfändungsschutzes der relevanten Sachen beigetragen. In den Fällen, in denen zuvor aufgrund der Sinnlosigkeit der Tätigkeitsaufnahme oder -fortführung wegen der Zugehörigkeit des Neuerwerbs zur Insolvenzmasse der Pfändungsschutz der relevanten Sachen nicht in Frage kam, weil die Voraussetzung, die Fortführung oder die Aufnahme der selbständigen Tätigkeit nicht vorlag, kann jetzt die Negativerklärung nach § 35 Abs. 2 S. 1 InsO zur Fortführung oder Aufnahme der Tätigkeit durch den Schuldner und somit zum Vorliegen der für die Gewährung des Pfändungsschutzes notwendigen Voraussetzung führen. Zwar wurde die Freigabe bereits vor der Normierung in § 35 Abs. 2 InsO praktiziert, jedoch aufgrund der Unsicherheiten der Insolvenzverwalter in einem viel geringeren Ausmaß.

Aus der systematischen Perspektive würde die Einschränkung des Pfändungsschutzes nach § 36 Abs. 1 S. 1 InsO i.V.m. § 811 Abs. 1 Nr. 5, 7 ZPO bei Selbständigen

1250 HambKomm/Lüdtke, § 35 Rn. 245–246.
1251 HambKomm/Lüdtke, § 35 Rn. 248.
1252 Grote, ZInsO 2011, 1489, 1492.

die Freigabeerklärung nach § 35 Abs. 2 S. 1 InsO vielfach sinnlos machen und die Regelung der Zahlungspflicht nach § 295 Abs. 2 InsO (§ 35 Abs. 2 S. 2 InsO) ins Leere laufen lassen. Denn ohne die für die Ausführung der jeweiligen Tätigkeit notwendigen Sachen sind weder eine Erwerbstätigkeit noch die Erfüllung der Abführungspflicht regelmäßig möglich.

Darüber hinaus würde der Ausschluss des Pfändungsschutzes dem Zweck des § 850 i ZPO,[1253] der Sicherung des Existenzminimums bei nicht abhängiger Tätigkeit,[1254] zuwiderlaufen.

Insgesamt betrachtet liegt somit nicht nur kein Wertungswiderspruch des umfassenden Pfändungsschutzes nach § 36 Abs. 1 S. 1 InsO i.V.m. § 811 Abs. 1 Nr. 5, 7 ZPO bei Selbständigen vor, sondern die insolvenzrechtliche Systematik steht der Einschränkung des Pfändungsschutzes entgegen.

### (3) Zusammenfassung

Zusammenfassend bleibt festzuhalten, dass der Anwendungsbereich des § 36 Abs. 1 S. 1 InsO i.V.m. § 811 Abs. 1 Nr. 5, 7 ZPO bei Selbständigen nicht über seinen Zweck hinausgeht, so dass die Einschränkung der Regelung entgegen ihrem Wortsinn nicht geboten ist[1255].

Weder aus dem Regelungsplan des § 36 Abs. 1 S. 1 InsO noch aus dem Gesamtzusammenhang der Insolvenzordnung folgt die Notwendigkeit der teleologischen Reduktion des § 36 Abs. 1 S. 1 InsO hinsichtlich der Gegenstände im Sinne des § 811 Abs. 1 Nr. 5, 7 ZPO bei Selbständigen.

Die Besonderheiten, die aus der Eigenart des Insolvenzverfahrens als Gesamtvollstreckung resultieren und die in dem Zusammenhang von Relevanz sein könnten, rechtfertigen die entsprechende Einschränkung des Anwendungsbereiches des § 36 Abs. 1 S. 1 InsO, die im Übrigen zu einigen Bestimmungen der Insolvenzordnung im Widerspruch stehen würde, ebenfalls nicht.[1256]

Ebenso wenig würde die Beschränkung zum notwendigen Interessenausgleich[1257] beitragen. In der Praxis würde sie vielfach keinen Interessen, auch nicht denen der Gläubiger, entsprechen. Die Einschränkung hätte nämlich regelmäßig zur Folge, dass Gläubiger, wenn überhaupt, nur einmalig von den Erlösen aus der Verwertung der Gegenstände profitieren würden. Die pfändbaren Teile des Erwerbseinkommens, die ihnen sonst während des Verfahrens und aufgrund der Abtretungserklärung des Schuldners während der Wohlverhaltensphase (§ 287 Abs. 2 S. 1 InsO) zufallen könnten, würden ihnen dagegen entgehen.

---

1253 Gemäß § 36 Abs. 1 S. 2 InsO gilt § 850 i ZPO ebenfalls im Insolvenzverfahren.

1254 BTDrucks 16/7615, S. 18.

1255 Looschelders/Olzen, in: Staudinger, BGB, § 242 Rn. 346–347: zur Voraussetzungen der teleologischen Reduktion im Allgemeinen.

1256 Ähnlich Heinze, ZInsO 2015, 1117.

1257 BVerfG, NJW 1993, 2861.

Der umfassende Pfändungsschutz nach § 36 Abs. 1 S. 1 InsO i.V.m. § 811 Abs. 1 Nr. 5 ZPO bedeutet auch keinesfalls zwangsläufig, dass Gläubigern wertvolle Sachen entgehen würden, denn bei den Sachen im Sinne des § 811 Abs. 1 Nr. 5 ZPO ist eine Austauschpfändung möglich. Somit können Gläubiger unter Umständen mehrfach profitieren, einmalig vom Erlös aus der Differenz zwischen dem Wert der Kompetenzsache und des Ersatzgegenstandes und langfristig aufgrund der Abführungsverpflichtungen des Schuldners.

Außerdem kann nur mit der wortgetreuen Anwendung des § 36 Abs. 1 S.1 InsO dem mehrfach geäußerten Willen des Gesetzgebers, die Selbständigkeit im Insolvenzverfahren zu fördern,[1258] Rechnung getragen werden.

Der Pfändungsschutz steht mit Gerechtigkeitsvorstellungen, die sich aus der Verfassung und Rechtsgrundsätzen ableiten lassen,[1259] in Einklang. Ihre Einschränkung wäre verfassungsrechtlich nicht vertretbar, würde die Rechtssicherheit beeinträchtigen und außerdem die Allgemeinheit belasten.

## 7. Pfändungsschutz eines Kraftfahrzeuges im Insolvenzverfahren

Ein Kraftfahrzeug ist für viele Insolvenzschuldner überaus wichtig, weil der Schuldner und seine Angehörigen beruflich und privat häufig auf das Kraftfahrzeug angewiesen sind oder dies subjektiv so wahrnehmen. Die Pfändung eines Fahrzeuges führt häufig zu spürbaren Veränderungen im täglichen Leben. Für Gläubiger ist die Pfändung eines Kraftfahrzeuges von großem Interesse, weil ein Kraftfahrzeug in vielen Verfahren eine der wenigen werthaltigen beweglichen Sachen ist.

Der deckungsgleiche Pfändungsschutz eines Kraftfahrzeuges in Insolvenzverfahren und Einzelzwangsvollstreckung wird bei Fahrzeugen, die abhängig beschäftigte Schuldner berufsbedingt benötigen, vom insolvenzrechtlichen Schrifttum[1260] und Rechtsprechung[1261] regelmäßig bejaht. Das Landgericht Kleve erklärte einen älteren Pkw für unpfändbar, auf den der Schuldner zur Erreichung seines Arbeitsplatzes als Bäcker angewiesen war[1262]. Auch das Oberlandesgericht Stuttgart bestätigte die Unpfändbarkeit eines vierzehn Jahre alten Pkw aus berufsbedingten Gründen.

---

1258 BTDrucks 16/7615, S. 12: Mit der Neuregelung sollte die Schaffung besserer Rahmenbedingungen für Existenzgründungen und die Förderung der Selbständigkeit erreicht werden; BTDrucks 16/3227, S. 11, 17: Hier ist von der Motivierung des Schuldners zu selbständiger Erwerbstätigkeit die Rede.

1259 Nach Zippelius sind das die Faktoren, die im Zusammenhang mit der teleologischen Reduktion berücksichtigt werden müssen. Zippelius, Juristische Methodenlehre, § 10 V, § 11 I, II.

1260 Henning, ZInsO 2004, 585, 596; Wimmer/Dauernheim/Wagner/Gietl, Handbuch des Fachanwalts Insolvenzrecht, S. 1500; Winter, ZVI 2005, 569; HambKomm/Lüdtke, § 35 Rn. 203; Hk-InsO/Keller, § 36 Rn. 26.

1261 OLG Stuttgart, NZI 2002, 52; LG Coburg, NJOZ 2009, 2062; LG Kleve, ZVI 2007, 33.

1262 LG Kleve, ZVI 2007, 33.

Beiden Eheleuten standen öffentliche Verkehrsmittel stündlich nicht zur Verfügung, denn der Arbeitseintritt des Schuldners ist morgens um 4:00 Uhr und seiner Ehefrau abends um 20:30 Uhr gewesen[1263]. In einer Entscheidung des Bundesfinanzgerichtes zur Kfz-Steuer wird ebenfalls sinngemäß von der Unpfändbarkeit eines Kraftfahrzeuges einer unselbständig tätigen Schuldnerin, die ihn zur Fortführung ihrer beruflichen Tätigkeit benötigte, ausgegangen[1264].

Bei Selbständigen, folge man den Befürwortern der teleologischen Reduktion des § 36 Abs. 1 S. 1 InsO, würde Pfändungsschutz eines Kraftfahrzeuges nach § 811 Abs. 1 Nr. 5, 7 ZPO im Insolvenzverfahren ausscheiden[1265].

Entsprechend der in vorliegender Arbeit vertretenen Meinung, dass die Gewährung des Pfändungsschutzes im Insolvenzverfahren im Vergleich zur Einzelzwangsvollstreckung keine grundsätzlichen Einschränkungen, gesetzliche ausgenommen, erfährt, ist davon auszugehen, dass ebenso bei einem Kraftfahrzeug der Vollstreckungsschutz in den gleichen Fallkonstellationen wie in der Einzelzwangsvollstreckung[1266] gewährt werden soll. Folglich ist der Pfändungsschutz eines Kraftfahrzeuges ebenso nach § 36 Abs. 1 S. 1 InsO i.V.m. § 811 Abs. 1 Nr. 5, 7 ZPO bei Selbständigen unter den gleichen Voraussetzungen wie in der Einzelzwangsvollstreckung möglich. Ebenso lehnt das Amtsgericht Göttingen den Pfändungsschutz eines Lkw nebst Anhänger bei einem Fuhrunternehmer schließlich nicht aufgrund der Selbständigkeit ab, sondern weil die persönliche Tätigkeit bei dem Transportgeschäft nicht im Vordergrund stand[1267].

Daneben kann der Vollstreckungsschutz eines Kraftfahrzeuges im Insolvenzverfahren nach § 36 Abs. 1 S. 1 InsO i.V.m. § 811 Abs. 1 Nr. 12 ZPO,[1268] in seltensten Fällen nach § 36 Abs. 1 S. 1 InsO i.V.m. § 811 Abs. 1 Nr. 1 ZPO, und beim Vorliegen einer sittenwidrigen Härte nach § 4 InsO i.V.m. § 765 a ZPO gewährt werden.

Wird ein Kraftfahrzeug aufgrund einer Schwerbehinderung benötigt, so greift vergleichbar mit der Einzelzwangsvollstreckung der Pfändungsschutz nach § 36 Abs. 1 S. 1 InsO i.V.m. § 811 Abs. 1 Nr. 12 ZPO,[1269] nicht nach § 765 a ZPO, es sei denn, dass die von § 811 Abs. 1 Nr. 12 ZPO vorausgesetzte Notwendigkeit nicht im erforderlichen Maß gegeben ist[1270]. Der Pfändungsschutz eines Kraftfahrzeuges nach § 36 Abs. 1 S. 1 InsO i.V.m. § 811 Abs. 1 Nr. 12 ZPO soll im Insolvenzverfahren unter den gleichen Voraussetzungen wie in der Einzelzwangsvollstreckung gewährt

---

1263 OLG Stuttgart, NZI 2002, 52.

1264 BFH, ZInsO 2010, 679.

1265 So z.B. Hartwig, InsbürO 2008, 244, 248.

1266 Die entsprechenden Fallkonstellationen wurden im Kapitel „Unpfändbarkeit von Kraftfahrzeugen in der Einzelzwangsvollstreckung" aufgezeigt.

1267 AG Göttingen, Beschluss vom 21.02.2011 – 71 IN 38/10: In der Entscheidung wird die beschränkte Anwendbarkeit des § 811 Abs. 1 Nr. 5 ZPO bei Selbständigen zwar erwähnt, aber nicht näher ausgeführt.

1268 LG Göttingen, ZVI 2013, 159.

1269 BGH, NJW-RR 2011, 1367; BGH, NJW-RR 2004, 789; LG Göttingen, ZVI 2013, 159.

1270 BGH, NJW-RR 2011, 1367; LG Lübeck, Rpfleger 1994, 174, 175.

werden, d.h. ebenfalls dann, wenn der Schuldner sich ausschließlich auf körperliche Gebrechen beruft[1271]. Benötigt der körperbeschädigte Schuldner das Kraftfahrzeug zudem zur Ausübung der beruflichen Tätigkeit, so ist ihm Pfändungsschutz nach § 36 Abs. 1 S. 1 InsO i.V.m. § 811 Abs. 1 Nr. 5 ZPO unter abgesenkten Anforderungen an die Erforderlichkeit zu gewähren.

In besonderen Härtefällen kann der Schuldner den Vollstreckungsschutz eines Kraftfahrzeuges im Wege eines Antrages nach § 4 InsO i.V.m. § 765 a ZPO erreichen. Sittenwidrige Härte wäre in vergleichbaren Fällen wie in der Einzelzwangsvollstreckung anzunehmen. So kann laut dem Landgericht Kaiserlautern z.B. die Vollstreckung in ein Fahrzeug, das zur Durchführung regelmäßiger ärztlicher Behandlungen des Schuldners und/oder eines seiner Angehörigen erforderlich ist, eine mit den guten Sitten nicht zu vereinbarende Härte bedeuten[1272].

Smid/Leonhardt wollen den Pfändungsschutz eines Kraftfahrzeuges im Verbraucherinsolvenzverfahren auf § 812 ZPO stützen[1273]. Dies ist abzulehnen, denn zum einen gilt im Insolvenzverfahren nicht § 812 ZPO, sondern § 36 Abs. 3 InsO, und zum anderen gehört ein Kraftfahrzeug nicht zu den Gegenständen, die in den Anwendungsbereich des § 812 ZPO bzw. § 36 Abs. 3 InsO fallen.

## 8. Austauschpfändung im Insolvenzverfahren

### *a) Geltungsbereich*

Die Regelung des § 811 a ZPO, der die Austauschpfändung in der Einzelzwangsvollstreckung regelt, gilt im Insolvenzverfahren entsprechend.[1274] Wie in der Einzelzwangsvollstreckung sind bei der Austauschpfändung im Insolvenzverfahren die Besonderheiten des konkreten Falles ausschlaggebend und erfordern vom Insolvenzverwalter eine auf den konkreten Einzelfall bezogene Entscheidung. Alle Maßnahmen im Zusammenhang mit dem Austausch sind hier im Gegensatz zur Einzelzwangsvollstreckung dem Insolvenzverwalter überlassen. Hier wird weder ein Antrag eines Gläubigers vorausgesetzt noch findet eine Angemessenheitsprüfung durch das Gericht statt.[1275] Liegen nach der Ansicht des Schuldners die Voraussetzungen des § 811 a ZPO nicht vor, so kann er das Insolvenzgericht einschalten.[1276]

Im Hinblick auf die fehlende Möglichkeit der Austauschpfändung der nach § 36 Abs. 1 S. 1 InsO i.V.m. § 811 Abs. 1 Nr. 7, 12 ZPO unpfändbaren Sachen ist die Rechtslage im Insolvenzverfahren ebenso unbefriedigend wie in der Einzelzwangsvollstreckung. Dadurch wird die bestmögliche gemeinschaftliche Gläubigerbefriedigung beeinträchtigt. Hier ist der Gesetzgeber gehalten, sein im erfolglosen Entwurf

1271 Hartwig, InsbürO 2008, 244, 248.
1272 LG Kaiserslautern, BeckRS 2006, 09749.
1273 Smid/Leonhardt, in: Leonhardt/Smid/Zeuner, InsO, § 36 Rn. 17.
1274 So auch Hess, in: Hess, InsR, §§ 35, 36 Rn. 83; HambKomm/Lüdtke, § 36 Rn. 21.
1275 Hirte, in: Uhlenbruck, InsO, § 36 Rn. 43.
1276 Hirte, in: Uhlenbruck, InsO, § 36 Rn. 43.

eines Gesetzes zur Neustrukturierung und Modernisierung des Pfändungsschutzes (GNeuMoP)[1277] zum Ausdruck kommendes Vorhaben hinsichtlich der Reformierung des § 811 ZPO doch noch umzusetzen, was zwangsläufig zur Problembehebung im Insolvenzverfahren führen würde.

### *b) Austauschpfändung eines Kraftfahrzeuges*

Die Austauschpfändung eines nach § 36 Abs. 1 S. 1 InsO i.V.m. § 811 Abs. 1 Nr. 5 ZPO unpfändbaren Kraftfahrzeuges kann beim Vorliegen der erforderlichen Voraussetzungen, wie Überlassung eines entsprechendes Ersatzstückes oder Geldbetrages und Angemessenheit der Austauschpfändung, vorgenommen werden. Die Haltbarkeit und Lebensdauer des Ersatzfahrzeuges müssen denen des gepfändeten Fahrzeuges annähernd gleichen.[1278]

Als Wertgrenze, unter der von der Austauschpfändung eines Kraftfahrzeuges im Insolvenzverfahren abzusehen wäre, wird im Schrifttum der Betrag zwischen 1.500,00 €[1279] und 3.500,00 €[1280] angenommen. Vom primären Zweck des Insolvenzverfahrens ausgehend wäre es begrüßenswert, wenn die insolvenzrechtliche Praxis sich eher nach der untersten Grenze richten würde, vorausgesetzt, für den Betrag könnte ein Ersatzfahrzeug mit vergleichbarer Lebensdauer wie der des zu pfändenden Fahrzeugs beschafft werden[1281]. Die schleichende Grenzverschiebung nach oben soll auf jeden Fall vermieden werden.[1282] An der Stelle ist die Orientierung an den Werten in der Einzelzwangsvollstreckung sinnvoll,[1283] die jedoch keinesfalls überstiegen werden dürfen.

Vergleichbar mit der Einzelzwangsvollstreckung scheidet die Austauschpfändung der nach § 36 Abs. 1 S. 1 InsO i.V.m. § 811 Abs. 1 Nr. 7, 12 ZPO geschützten Kraftfahrzeuge aufgrund der ausdrücklichen Einschränkung des Geltungsbereiches des § 811 a ZPO ebenfalls im Insolvenzverfahren aus.

---

1277 BTDrucks 17/2167.

1278 BGH, NJW-RR 2011, 1366.

1279 Henning, ZInsO 2004, 585, 597; Hartwig, InsbürO 2008, 244, 248.

1280 Wimmer/Dauernheim/Wagner/Gietl, Handbuch des Fachanwalts Insolvenzrecht, 5. Aufl., S. 1325.

1281 BGH, NJW-RR 2011, 1366.

1282 Kritisch zu betrachten sind somit die von Wimmer/Dauernheim/Wagner/Gietl angegebenen Grenzen, die von 2.500,00 € im Jahre 2010 (in der 4. Auflage, S. 1248) auf 3.500,00 € im Jahre 2013 erhöht wurden. Wimmer/Dauernheim/Wagner/Gietl, Handbuch des Fachanwalts Insolvenzrecht, 5. Aufl., S. 1325.

1283 Zur Einzelzwangsvollstreckung OLG Köln, DGVZ 1986, 13.

# F. Gerichtlicher Vollstreckungsschutz der beweglichen Sachen im Insolvenzverfahren

Bereits unter der Konkursordnung beschäftigte das Thema der Geltung des Vollstreckungsschutzes nach § 765 a ZPO im Konkurseröffnungsverfahren und im Konkursverfahren Schrifttum und Rechtsprechung. Dabei wurden sowohl bei den Fragestellungen wie auch bei den Lösungsansätzen etliche unterschiedliche Aspekte aufgegriffen, die jedoch im Enddefekt auf folgende Fragen hinausliefen: Gilt der besagte Vollstreckungsschutz im Konkurseröffnungsverfahren und Konkursverfahren und unter welchen Voraussetzungen?

Seit Inkrafttreten der Insolvenzordnung stellen sich die gleichen Fragen, deren Beantwortung samt Argumentation sich aufgrund der zwischen dem alten und dem neuen Verfahren bestehenden Differenzen in einigen Punkten geändert hat. So wurde die Möglichkeit des Vollstreckungsschutzes nach § 765 a ZPO im Konkurseröffnungsverfahren höchstrichterlich bejaht, mit dem Argument, dass sich hier der antragstellende Gläubiger und der Schuldner ähnlich wie bei der Einzelzwangsvollstreckung gegenüberstehen, so dass nur ihre Rechtsbeziehungen zueinander entscheidend sind und nicht die Interessen der übrigen Gläubiger[1284]. Im Insolvenzeröffnungsverfahren wird der Vollstreckungsschutz dagegen unter anderem mit dem Argument, dies würde zur Rechtsschutzverdoppelung führen,[1285] vom insolvenzrechtlichen Schrifttum überwiegend abgelehnt[1286].

Für Konkursverfahren war der Vollstreckungsschutz umstritten,[1287] ebenso für lange Zeit für das Insolvenzverfahren,[1288] wobei es letztlich vom Bundesgerichtshof mit Einschränkungen anerkannt wurde[1289].

---

1284 BGH, Rpfleger 1977, 359; LG Dortmund, KTS 1980, 417: jedoch ohne entsprechende Begründung; LG Nürnberg-Fürth, MDR 1979, 590; a.A. OLG Nürnberg, KTS 1971, 291.

1285 Wegener, in: Uhlenbruck, InsO, § 14 Rn. 199.

1286 Wegener, in: Uhlenbruck, InsO, § 14 Rn. 199; Eckardt, in: Jaeger, InsO, § 4 Rn. 56; MüKoInsO/Ganter/Lohmann, § 4 Rn. 34; KPB/Pape, InsO, § 14 Rn. 145; Häsemeyer, Insolvenzrecht, Rn. 7.19; a.A. PG/Scheuch, § 765 a Rn. 4; Schmerbach, in: FK-InsO, § 14 Rn. 42; einschränkend ebenfalls AG Göttingen, ZIP 1999, 1566.

1287 Ablehnend: OLG Celle, Rpfleger 1987, 166; LG Nürnberg-Fürth, MDR 1979, 590; zustimmend: OLG Celle, ZIP 1981, 1005.

1288 Ablehnend: LG Bochum, ZInsO 2007, 1156; zustimmend: LG Hamburg, BeckRS 2012, 05786; LG Dortmund, ZInsO 2007, 1357; LG Bonn, Beschl. v. 15.11.2005, 6T 346/05: In der Entscheidung ist missverständlich von der Freigabe nach § 765 a ZPO die Rede.

1289 BGH, Rpfleger 2009, 105: einschränkend auf die Vollstreckungsmaßnahmen nach § 148 Abs. 2 InsO; BGH, NJW 2009, 1283: einschränkend auf den auf eine Gefahr für Leben und körperliche Unversehrtheit gestützten Antrag.

Im Entwurf eines Gesetzes zur Änderung der Insolvenzordnung und anderer Gesetze wurde die Geltung des § 765 a ZPO im außergerichtlichen Einigungsversuch durch die Einfügung des neuen Absatzes 4 vorgesehen, um den außergerichtlichen Einigungsversuch gegen Vollstreckungsmaßnahmen einzelner Gläubiger abzusichern[1290]. Es ist aber schließlich nicht Gesetz geworden.[1291]

Hinsichtlich der Zuständigkeit bei der Antragstellung nach § 765 a ZPO besteht mittlerweile Klarheit. Aufgrund des engen Sachzusammenhangs ist das Insolvenzgericht als besonderes Vollstreckungsgericht[1292] nach § 36 Abs. 4 S. 1 InsO im Falle des schuldnerischen Antrages sachlich zuständig,[1293] der Rechtsmittelzug richtet sich nach vollstreckungsrechtlichen Vorschriften[1294].

Gegen den Insolvenzeröffnungsbeschluss ist bei natürlichen Personen der gerichtliche Vollstreckungsschutz nicht auszuschließen, trotz aller zum Teil gewichtiger Argumente, die gegen den Antrag nach § 765 a ZPO sprechen. Als „ultima ratio“[1295] darf der Vollstreckungsschutz dem Schuldner bei außerordentlicher Härte aufgrund des verfassungsrechtlichen Stellenwertes der Generalklausel nicht verwehrt bleiben. Entgegen Schur[1296] unterscheiden sich die Gesichtspunkte, die im Rahmen des § 14 InsO von Bedeutung sind, wie rechtliches Interesse der Gläubiger an der Eröffnung des Insolvenzverfahrens, Bestehen der Forderung und Vorliegen des Insolvenzgrundes, erheblich von denen, die beim Vollstreckungsschutzantrag nach § 765 a ZPO berücksichtigt werden können. Bei der gerichtlichen Prüfung des Antrages nach § 14 InsO sind weder ganz besondere Umstände des Schuldners noch für ihn aus der Vollstreckung resultierende außergewöhnliche Härten von Relevanz.

Hinsichtlich der Abwägung der Interessen bei dem Antrag nach § 765 a ZPO im Insolvenzeröffnungsverfahren ist auf die Vorgehensweise der Konkursgerichte hinzuweisen, die zutreffend die Abwägung der Interessen des antragstellenden Gläubigers und des Schuldners vorgenommen haben[1297].

Gemäß § 4 InsO sollte § 765 a ZPO im Insolvenzverfahren entsprechend anwendbar sein, es sei denn, dass die Anwendbarkeit des § 765 a ZPO mit der Eigenart des Insolvenzverfahrens als Gesamtvollstreckung nicht zu vereinbaren ist[1298].[1299]

---

1290 BTDrucks 14/5680, S. 34, 35: Im Entwurf ist sogar von der Reduktion der hohen Anforderungen des § 765 a ZPO im Interesse des Schuldenbereinigungsverfahrens die Rede.

1291 BGBl I 2001, 2710.

1292 LG Dortmund, ZInsO 2007, 1357.

1293 BGH, Rpfleger 2009, 105; BGH, Rpfleger 2008, 150.

1294 BGH, BeckRS 2012, 05752.

1295 MüKoZPO/Heßler, § 765 a Rn. 6.

1296 Schur, KTS 2008, 471, 479.

1297 So z. B. BGH, BeckRS 1977, 31116415.

1298 Beziehungsweise dass der Zweck der relevanten Regelung mit dem Ziel des Insolvenzverfahrens nicht im Einklang steht. BTDrucks 14/6468, S. 17.

1299 So LG Bochum, ZInsO 2007, 1156; LG Nürnberg-Fürth, MDR 1979, 590; Gerhardt, in: Jaeger, InsO, § 4 Rn. 56: begründet die Nichtgeltung mit dem Gegensatz der Universalexekution und Singularexekution.

Bei der Ablehnung des Vollstreckungsschutzes im Insolvenzverfahren wurde kaum konkret darauf eingegangen, woraus die mangelnde Vereinbarkeit resultieren würde.[1300] Laut dem Landgericht Bochum stehe im Insolvenzverfahren nicht wie in der Einzelzwangsvollstreckung ein Gläubiger einem Schuldner gegenüber, sondern Verfahrensbeteiligte seien einerseits die Vielzahl der Gläubiger und andererseits der Gemeinschuldner, so dass die im Rahmen des § 765 a ZPO gebotene Abwägung der gegenseitigen Interessen nicht möglich sein solle[1301].

In der Tat scheidet die Interessenermittlung in der Form, wie dies in der Einzelzwangsvollstreckung möglich ist, im Insolvenzverfahren regelmäßig aus, doch daraus folgt nicht zwingend, dass sie auf einem anderen Wege nicht durchführbar ist. Nimmt man das Ziel des Insolvenzverfahrens als Ausgangspunkt – das Insolvenzverfahren dient dazu, die Gläubiger eines Schuldners gemeinschaftlich zu befriedigen (§ 1 S. 1 1. Hs. InsO) –, so wird deutlich, dass alle Gläubiger nur ein und vor allem gemeinsames Interesse haben, und zwar an der bestmöglichen Befriedigung.[1302] Die Interessen der Gläubiger sind somit feststellbar und können denen des Schuldners, die ohne Schwierigkeiten ermittelt werden können, gegenübergestellt werden.

Die Gesamtvollstreckung steht der grundsätzlichen Anwendbarkeit des § 765 a ZPO im Insolvenzverfahren nicht entgegen und weitere beachtenswerte Argumente der Nichtvereinbarkeit des Insolvenzverfahrens mit dem § 765 a ZPO wurden bisher nicht schlüssig dargetan. Somit ist von der grundsätzlichen Anwendung des gerichtlichen Vollstreckungsschutzes gem. § 4 InsO i.V.m. § 765 a ZPO auszugehen. Dem stehen ebenso die Ziele des Insolvenzverfahrens, die regelmäßig in die Prüfung der Begründetheit des Antrages nach § 765 a ZPO einzubeziehen sind,[1303] nicht entgegen. Denn die Zielerreichung ist nicht über die verfassungsfesten Grenzen hinaus vorgesehen und § 765 a ZPO beschränkt sich grundsätzlich auf die Fälle, in denen die Vollstreckung zu verfassungsmäßig nicht vertretbaren Folgen führen würde. Die Betrachtung der bestehenden Gemeinsamkeiten des Insolvenzverfahrens und der Einzelzwangsvollstreckung spricht ebenfalls für die Anwendung des § 765 a ZPO im Insolvenzverfahren.[1304] Im Rahmen der vorliegenden Arbeit wurde bereits mehrfach darauf hingewiesen, dass an das Insolvenzverfahren als Vollstreckungsverfahren aus verfassungsrechtlicher Perspektive die gleichen Anforderungen wie an die Einzelzwangsvollstreckung gestellt werden – verfassungsrechtliche

---

1300 So ohne Begründung z. B. Smid/Leonhardt, in: Leonhardt/Smid/Zeuner, InsO, § 4 Rn. 11.

1301 Für Insolvenzverfahren: LG Bochum, ZInsO 2007, 1156.

1302 Ähnlich Schur, der dies jedoch als Interesse an der Verwertung des Schuldnervermögens bezeichnet. Schur, KTS 2008, 471, 491.

1303 Kirchhof spricht sogar von der vorrangigen Berücksichtigung der Ziele des § 1 InsO. Hk-InsO/Kirchhof, § 4 Rn. 19.

1304 Auch Stamm plädiert in dem Zusammenhang für die Betonung der Gemeinsamkeiten und nicht der Unterschiede. Stamm, LMK 2009, 274749.

Gewährleistung der Grundrechte und Verfassungsprinzipien[1305]. Die Tatsache, dass die Insolvenzordnung beim gesetzlichen Pfändungsschutz auf die Pfändungsschutzregelungen der Einzelzwangsvollstreckung,[1306] wenn auch mit gewissen ausdrücklich normierten Einschränkungen verweist, macht deutlich, dass der Gesetzgeber von den gleichen verfassungsrechtlichen Anforderungen ausgegangen ist. Nur unter der Voraussetzung des ausreichenden Vollstreckungsschutzes im Insolvenzverfahren, die unter anderem den Vollstreckungsschutz nach § 765 a ZPO umfasst, kann grundrechtlichen Anforderungen Rechnung getragen werden.

Im Übrigen verweist die Insolvenzordnung ausdrücklich ebenso auf den gerichtlichen Vollstreckungsschutz der Einzelzwangsvollstreckung nach § 850 f Abs. 1 lit. b ZPO[1307] (gem. § 36 Abs. 1 S. 2 InsO) und bei § 850 f Abs. 1 lit. b ZPO können ähnliche Einwände im Hinblick auf die Vereinbarkeit mit der Eigenart des Insolvenzverfahrens als Gesamtvollstreckung vorgetragen werden, was den Gesetzgeber von der entsprechenden Anwendung der Regelung im Insolvenzverfahren nicht abgehalten hat.

Der gerichtliche Vollstreckungsschutz ist der Bereich der Zwangsvollstreckung, auf den die Besonderheiten der beiden Verfahren keinen erheblichen Einfluss haben.

Laut dem Landgericht Dortmund soll der Insolvenzschuldner im Wesentlichen so gestellt werden wie der Schuldner im Zwangsvollstreckungsverfahren, was die Anwendung des § 765 a ZPO im Insolvenzverfahren rechtfertige[1308].

Die Voraussetzungen für die Gewährung des gerichtlichen Vollstreckungsschutzes im Insolvenzverfahren unterscheiden sich nicht von denen in der Einzelzwangsvollstreckung: das Vorliegen ganz besonderer Umstände, sittenwidrige Härte und das Überwiegen der schuldnerischen Interessen. Unterschiedlich sind jedoch zum Teil die Anforderungen an das Vorliegen der Voraussetzungen. Genau wie in der Einzelzwangsvollstreckung die typischen Nachteile des Verfahrens regelmäßig unbeachtlich sind,[1309] sind typische Nachteile der Gesamtvollstreckung im Insolvenzverfahren im Rahmen des § 765 a ZPO belanglos. Dies entspricht der Eigenart der Generalklausel und kommt durch die Tatbestandsvoraussetzung des Vorliegens ganz besonderer Umstände zum Ausdruck. Verständlicherweise kommt es an der Stelle zu Differenzen, denn hier machen die Besonderheiten des jeweiligen Verfahrens das aus, was letztlich als typisch oder untypisch befunden wird. So zum Beispiel sind die umfassende Beschlagnahme des schuldnerischen Vermögens und deren Verwertung und die damit verbundene Belastung des Schuldners und seiner Angehörigen für

---

1305 BVerfGE 52, 214.

1306 Dieser Aspekt wird ebenfalls vom AG Göttingen hervorgehoben. AG Göttingen, ZInsO 2001, 275.

1307 Das AG Göttingen spricht in dem Zusammenhang allgemein von der Geltung der auf die Einzelzwangsvollstreckung zugeschnittenen Vorschriften der §§ 850 ff. ZPO, die ebenfalls im Insolvenzverfahren anwendbar sind. AG Göttingen, ZInsO 2001, 275.

1308 LG Dortmund, ZInsO 2007, 1357.

1309 LG Dresden, DGVZ 2003, 57.

die Gesamtvollstreckung charakteristisch, nicht jedoch für die Einzelzwangsvollstreckung. Der Bundesgerichtshof hat als nicht insolvenztypisch eine Gefahr für Leben und körperliche Unversehrtheit befunden[1310]. Die Frage, ob ebenfalls beim Vorliegen der anderen Gründe der Vollstreckungsschutz im Insolvenzverfahren möglich wäre, ließ das Gericht unbeantwortet.

Sittenwidrige Härte wird im Insolvenzverfahren genau wie in der Einzelzwangsvollstreckung dann anzunehmen sein, wenn die Gesetzesanwendung zu einem ganz untragbaren Ergebnis führen würde[1311]. Neben dem drohenden Eingriff in das Grundrecht auf Leben und körperliche Unversehrtheit[1312] kann die unbillige Härte im Insolvenzverfahren nach dem Landgericht Dortmund bei der Gefährdung des Existenzminimums aufgrund der Kündigung des Rentenversicherungsvertrages vorliegen[1313]. Laut dem Landgericht Bonn könnte das der Fall sein bei der Pfändung des Arbeitseinkommens, das pfändungsfrei gewesen wäre, wären entsprechende Kinderfreibeträge auf der Lohnsteuerkarte eingetragen gewesen[1314]. Das Oberlandesgericht Celle nahm das Vorliegen sittenwidriger Härte im Konkursverfahren bei drohender Verschleuderung an[1315].

An der Stelle ist auf die Schwierigkeit der vergleichenden Betrachtung des Vollstreckungsschutzes nach § 765 a ZPO in der Einzelzwangsvollstreckung und im Insolvenzverfahren hinzuweisen. Sie resultiert daraus, dass für das Vorliegen der besonderen Umstände offensichtlich die Besonderheiten des jeweiligen Verfahrens ausschlaggebend sind. Dagegen müssen im Hinblick auf das Vorliegen sittenwidriger Härte, die aus den besonderen Umständen resultiert, die Maßstäbe regelmäßig gleich sein, von der Eigenart des Verfahrens unabhängig, denn was sittenwidrig ist und was nicht, ist allgemeingültig und nicht verfahrensabhängig.

Grundsätzlich ist davon auszugehen, dass in beiden Verfahren unter ähnlichen Umständen auf der schuldnerischen Seite nur dann die Abweichungen im Hinblick auf die Gewährung des Vollstreckungsschutzes denkbar wären, wenn dies mindestens den Intentionen des Grundgesetzes nicht entgegenstehen würde.[1316]

Die Entscheidung hinsichtlich der Gewährung des gerichtlichen Vollstreckungsschutzes kann trotz des Vorliegens besonderer Härte erst nach der Interessenabwägung getroffen werden. An der Stelle kann wiederholt den Besonderheiten des Insolvenzverfahrens als Gesamtvollstreckung Rechnung getragen werden und können außerdem solche Faktoren wie die Verlustgemeinschaft der Gläubiger und die

1310 BGH, NJW 2009, 1283.

1311 BGHZ 44, 138, 143.

1312 BGH, NJW 2009, 1283; BGH, ZInsO 2008, 1383: In beiden Entscheidungen nahm das Gericht keine saubere Prüfung der Tatbestandsvoraussetzungen vor.

1313 LG Dortmund, ZInsO 2007, 1357.

1314 LG Bonn, Beschl. v. 28.11.2005, 6 T 346/05.

1315 OLG Celle, ZIP 1981, 1005: In dem der Entscheidung zugrunde liegenden Fall hat das Gericht den Vollstreckungsschutz aufgrund des Nichtvorliegens der sittenwidrigen Verschleuderung des Pfandgrundstücks abgelehnt.

1316 Ulrich, Rpfleger 2012, 477, 479.

eventuelle Restschuldbefreiung Beachtung finden. Die Interessenabwägung kann letztlich trotz des Vorliegens vergleichbarer Umstände, die für einen Schuldner in der Einzelzwangsvollstreckung und einen Gemeinschuldner eine besondere Härte bedeuten, zur unterschiedlichen Bewertung führen.

Vergleichbar mit der Einzelzwangsvollstreckung wird der Vollstreckungsschutz nach § 765 a ZPO im Insolvenzverfahren hauptsächlich bei Immobilien[1317] oder Forderungen[1318] begehrt.

Bei beweglichen Sachen gibt es kaum richterliche Entscheidungen[1319]. Der Vollstreckungsschutz nach § 765 a ZPO kann hier vom Schuldner entweder bei der Herausgabevollstreckung nach § 148 Abs. 2 InsO[1320] oder beim Insolvenzbeschlag nach § 35 InsO angestrebt werden, wenn Schuldner bei bestimmten massezugehörigen Sachen die Aufhebung des Insolvenzbeschlags oder die Einstellung der Verwertungshandlung erreichen möchten[1321]. Daneben ist der Rückgriff des insolventen Schuldners auf den gerichtlichen Vollstreckungsschutz nach § 765 a ZPO zum Beispiel bei der Herausgabevollstreckung der Aussonderungsberechtigten (§ 47 InsO) oder bei der Einzelzwangsvollstreckung der Neugläubiger in die Sachen möglich, die der Schuldner mit den Einkünften aus der freigegebenen Tätigkeit (§ 35 Abs. 2 InsO) erworben hat.

Der gerichtliche Vollstreckungsschutz der beweglichen Sachen im Insolvenzverfahren ist genau wie in der Einzelzwangsvollstreckung über den Katalog des § 36 Abs. 1 S. 1 InsO i.V.m. § 811 Abs. 1 Nr. 1–3, 4a–8, 10–13[1322] hinaus oder beim Fehlen der Tatbestandsvoraussetzungen der genannten Regelungen oder des § 3 Abs. 3 InsO möglich.

In der Insolvenzpraxis kann der Vollstreckungsschutz vor allem bei zwei Sachgruppen bedeutsam sein: Kraftfahrzeuge und Grabsteine.

Der Vollstreckungsschutz bei Kraftfahrzeugen nach § 765 a ZPO ist beim Vorliegen persönlicher Gründe denkbar, die bei den gesetzlichen Pfändungsschutzregelungen keine Beachtung finden. So hat das Landgericht Kaiserslautern in einer seiner Entscheidungen die grundsätzliche Möglichkeit des gerichtlichen Vollstreckungsschutzes eines Pkw im Insolvenzverfahren bejaht und ist vom Vorliegen sittenwidriger Härte unter ähnlichen Umständen wie in der Einzelzwangsvollstreckung ausgegangen, hat jedoch in dem der Entscheidung zugrunde liegenden Fall die Gewährung des Vollstreckungsschutzes in Ermangelung einer besonderen Härte abgelehnt[1323].

---

1317 Zwangsversteigerungen oder Räumungsvollstreckung.

1318 LG Hamburg, BeckRS 2012, 05786; LG Dortmund, ZInsO 2007, 1357; LG Bonn, Beschl. v. 28.11.2005, 6 T 346/05; AG Göttingen, ZInsO 2001, 275.

1319 LG Kaiserslauten, Rpfleger 2006, 482.

1320 PG/Scheuch, § 765 a Rn. 4.

1321 Schur, KTS 2008, 474, 485.

1322 § 811 Abs. 1 Nr. 11 ZPO mit der Einschränkung bei Geschäftsbüchern.

1323 LG Kaiserslauten, Rpfleger 2006, 482: In der Entscheidung wurde auf die Besonderheiten des Insolvenzverfahrens nicht näher eingegangen.

Bei Grabsteinen ist davon auszugehen, dass der Vollstreckungsschutz nach § 765 a ZPO unter vergleichbaren Umständen und beim Vorliegen der entsprechenden Voraussetzungen wie in der Einzelzwangsvollstreckung gewährt werden soll. Die Besonderheiten des Insolvenzverfahrens, die zur anderweitigen Ansicht führen könnten, sind kaum vorstellbar.

Darüber hinaus ist der Rückgriff auf den Vollstreckungsschutz nach § 765 a ZPO bei beweglichen Sachen im Insolvenzverfahren bei nachträglich eingetretener Unpfändbarkeit vorstellbar, die während des Insolvenzverfahrens im Rahmen des § 36 Abs. 1 S. 1 InsO keine Berücksichtigung findet.[1324] Die fehlende Beachtung könnte unter Umständen zu schwerwiegenden Folgen für den Schuldner und seine Angehörigen führen, insbesondere wenn man berücksichtigt, dass im Gegensatz zur Einzelzwangsvollstreckung, in der der Zeitpunkt der Mitnahme oder das Anbringen des Pfandsiegels für die Beurteilung der Pfändbarkeit entscheidend ist, im Insolvenzverfahren bereits die Verfahrenseröffnung dafür ausschlaggebend ist.

Die Ansicht, wie die in einer Entscheidung des Bundesgerichtshofes zum Ausdruck kommende, wonach die Anwendung des § 765 a ZPO es nicht ermögliche, der Masse kraft Gesetzes (§§ 35, 36 InsO) ausdrücklich zugewiesene Vermögenswerte wieder zu entziehen,[1325] ist abzulehnen.

1324 Hess, in: Hess, InsR, §§ 35, 36 Rn. 17.
1325 BGH, NJW-RR 2008, 496.

# G. Zusammenfassung der wesentlichen Ergebnisse

## I. Gesetzesauslegung und -anwendung in der Einzelzwangsvollstreckung

Bei der Gesetzesauslegung und -anwendung der Regelungen des Vollstreckungsschutzes der beweglichen Sachen in der Einzelzwangsvollstreckung sind einzelne Teilbereiche umstritten. Im Folgenden findet sich die Zusammenfassung der Ergebnisse der Auseinandersetzung mit den für die Praxis besonders relevanten Aspekten.

### 1. Pfändungsschutz des Warenbestandes bei Kaufleuten

Bei der Feststellung, ob ein bestimmter Warenbestand eines Kaufmannes dem Pfändungsschutz unterliegt, bietet sich folgende Prüfungsreihenfolge an. Im ersten Schritt soll mit dem Rückgriff auf die Gewichtung der persönlichen Leistung die grundsätzliche Pfändungsschutzmöglichkeit beim konkreten Warengeschäft festgestellt werden. Wird das bejaht, weil etwa die persönliche Beratung des Kaufmannes für das Geschäft im besonderen Maße bezeichnend ist, so soll im weiteren Schritt geprüft werden, welche Warenbestandteile zur unmittelbaren Fortführung des Geschäftes notwendig sind. Bei den betreffenden Gegenständen sollte der Pfändungsschutz nach § 811 Abs. 1 Nr. 5 ZPO gewährt werden.

### 2. Pfändungsschutz der Kraftfahrzeuge in der Einzelzwangsvollstreckung

Der Pfändungsschutz eines Kraftfahrzeuges im Rahmen des § 811 Abs. 1 Nr. 1 ZPO könnte nur dann ausnahmsweise in Frage kommen, wenn aufgrund der ungünstigen Wohnlage der Schuldner und gegebenenfalls seine Angehörigen nicht auf öffentliche Verkehrsmittel verwiesen werden können und der Einsatz eines Fahrrads unzumutbar ist.

Der Pfändungsschutz eines Kraftfahrzeuges nach § 811 Abs. 1 Nr. 5, 7 ZPO kommt in folgenden Fällen in Frage: Ein Kraftfahrzeug wird als Beförderungsmittel zum Arbeitsort gebraucht; ein Kraftfahrzeug ist für die Ausführung der Tätigkeit als sachliches Betriebsmittel unerlässlich; ohne Kraftfahrzeug ist die Fortsetzung der Tätigkeit in der bisherigen Art und Weise nicht möglich; das Umsteigen auf öffentliche Verkehrsmittel würde zum Verlust der für die Ausführung der Tätigkeit notwendigen Flexibilität führen; ein Kraftfahrzeug wird sowohl aus beruflichen wie auch aus persönlichen Gründen benötigt.

In den Konstellationen, in denen der Pfändungsschutz eines Kraftfahrzeuges sowohl aus beruflichen wie auch aus persönlichen Gründen angestrebt wird, wie z.B. bei einer Behinderung oder einer besonderen familiären Situation, ist von den abgesenkten Anforderungen an das Vorliegen der Erforderlichkeit des Kraftfahrzeuges im Rahmen des § 811 Abs. 1 Nr. 5, 7 ZPO auszugehen.

Bei einem körperlich behinderten Schuldner oder bei der Behinderung eines seiner Familienangehörigen kann der Pfändungsschutz eines Kraftfahrzeuges nach § 811 Abs. 1 Nr. 12 ZPO gewährt werden.

Wird der Pfändungsschutz eines Kraftfahrzeuges ausschließlich aus persönlichen Gründen begehrt, so kann beim Vorliegen einer sittenwidrigen Härte der gerichtliche Vollstreckungsschutz des Kraftfahrzeuges nach § 765 a ZPO gewährt werden.

## 3. Austauschpfändung in der Einzelzwangsvollstreckung

Die Austauschpfändung soll in der Einzelzwangsvollstreckung nur zugelassen werden, wenn der Austausch nach Lage der Verhältnisse angemessen ist. Bei der Beurteilung der Angemessenheit soll weder die Forderungshöhe noch der Anteil, zu welchem die Gläubigerforderung durch die Austauschpfändung gedeckt wird, Berücksichtigung finden. Eine gegenteilige Vorgehensweise würde dazu führen, dass Gläubiger mit geringen Forderungen besser gestellt wären als diejenigen mit höheren, die durch die Austauschpfändung zum geringeren Teil an der Gesamtforderung befriedigt werden könnten.

## 4. Vollstreckungserweiternde Vereinbarungen in der Einzelzwangsvollstreckung wegen Geldforderungen in bewegliche Sachen

Vollstreckungserweiternde Vereinbarungen, die den Verzicht des Schuldners auf den Pfändungsschutz nach § 811 Abs. 1 ZPO zum Gegenstand haben, sind unabhängig vom Zeitpunkt ihres Zustandekommens abzulehnen. Hierfür sprechen das öffentliche Interesse, die Gewährleistung der Rechtssicherheit und bei den einzelnen Nummern des § 811 Abs. 1 ZPO der gebotene Schutz der Angehörigen des Schuldners.

Der Verzicht des Schuldners auf den Verschleuderungsschutz des § 812 ZPO ist immer wirksam, denn der Sonderschutz für die Gegenstände, die nicht für eine angemessene, bescheidene Lebens- und Haushaltsführung benötigt werden, dient weder der Sicherung des Existenzminimums des Schuldners oder seiner Angehörigen noch dem öffentlichen Zweck.

## 5. Gerichtlicher Vollstreckungsschutz in der Einzelzwangsvollstreckung wegen Geldforderungen in bewegliche Sachen

Die Neuregelung des Vollstreckungsaufschubes, die durch das Gesetz zur Reform der Sachaufklärung in der Zwangsvollstreckung[1326] zum 01.01.2013 in Kraft trat, wertet die Bedeutung der Generalklausel für die Zwangsvollstreckung wegen einer

1326 BGBl I 2009, 2258.

Geldforderung in bewegliche Sachen auf. Im Gesetzesentwurf ist ausdrücklich von der Möglichkeit der Gewährung des Vollstreckungsaufschubes nach § 765 a ZPO neben § 802 b ZPO die Rede[1327].

Mit der Bildung der Fallgruppen wurde aufgezeigt, dass der gerichtliche Vollstreckungsschutz ebenfalls bei der Vollstreckung wegen einer Geldforderung in bewegliche Sachen zur Verhinderung von sittenwidrigen Härten wirksam eingesetzt werden kann. Auf dem Wege der inhaltlichen Präzisierung und Typisierung innerhalb der Generalklausel kann zur mehr Rechtssicherheit beigetragen werden.

Der Rückgriff auf den Vollstreckungsschutz nach § 765 a ZPO zwecks Verhinderung der Austauschpfändung würde regelmäßig daran scheitern, dass im Rahmen der Angemessenheitsprüfung, die für die Zulässigkeit der Austauschpfändung entscheidend ist, ähnliche Aspekte wie bei der Generalklausel Berücksichtigung finden.

## II. Gesetzesauslegung und -anwendung im Insolvenzverfahren

### 1. Verfassungsmäßige Aspekte

Die Regelungen des Pfändungsschutzes der beweglichen Sachen im Insolvenzverfahren in § 36 Abs. 1 S. 1 InsO i.V.m. § 811 Abs. 1 Nr. 1–3, 4a–8, 10–13 ZPO müssen unter Berücksichtigung der Besonderheiten des Verfahrens als Gesamtvollstreckung ausgelegt und angewandt werden. Nur so kann der zwingenden Anforderung nach der Vereinbarkeit des Zweckes des § 811 Abs. 1 Nr. 1–3, 4a–8, 10–13 ZPO mit den Zielen des Insolvenzverfahrens, die aufgrund der Selbstverständlichkeit keiner ausdrücklichen Erwähnung im Gesetz bedarf, in gebührender Weise Rechnung getragen werden.

Die Untersuchung hat gezeigt, dass bei der Auslegung und Anwendung der relevanten Regelungen keine zwingenden Abweichungen im Hinblick auf grundrechtliche Anforderungen zu verzeichnen sind. Die verfahrensrechtliche Dimension der beiden Verfahren ist hierfür verantwortlich. Das Gleiche gilt im Übrigen hinsichtlich der Grundrechtsbindung des Gesetzgebers, was den in § 36 Abs. 1 S. 1 InsO enthaltenen Verweis auf die Regelungen der Einzelzwangsvollstreckung erklärt.

Der Grundsatz der Verhältnismäßigkeit kommt im Insolvenzverfahren bei den Regelungen des gesetzlichen Pfändungsschutzes der beweglichen Sachen vergleichbar mit der Einzelzwangsvollstreckung zum Ausdruck: beim Schutz des Hausrates gem. § 36 Abs. 3 InsO und beim gerichtlichen Vollstreckungsschutz der beweglichen Sachen nach § 4 InsO i.V.m. § 765 a ZPO.

---

1327 BTDrucks 16/10069 S. 34.

## 2. Pfändungsschutz der beweglichen Sachen im Insolvenzverfahren

Bei der Frage nach dem Pfändungsschutzumfang der beweglichen Sachen im Insolvenzverfahren ist weder die grundsätzliche Annahme des abgesenkten noch des deckungsgleichen Schutzniveaus im Vergleich zur Einzelzwangsvollstreckung folgerichtig. Die erste Vorgehensweise würde zur Störung des gesetzlich vorgenommenen Ausgleichs führen und die Rechtssicherheit gefährden. Mit der zweiten würde man den erheblichen Differenzen zwischen den beiden Verfahren nicht genügend Rechnung tragen. Geboten ist die gesonderte Betrachtung der einzelnen Pfändungsschutzregelungen, ebenso im Hinblick darauf, dass die jeweiligen Bestimmungen teils abweichende Anwendungsbereiche und unterschiedliche Tatbestandsvoraussetzungen haben.

Die Nichtgeltung oder die einschränkende Geltung der einzelnen Regelungen des § 811 Abs. 1 Nr. 1–3, 4a–8, 10–13 ZPO[1328] im Insolvenzverfahren könnte allein mit der Nichtvereinbarkeit mit der Eigenart des Insolvenzverfahrens als Gesamtvollstreckung gerechtfertigt werden. Wäre das vereinzelt der Fall, so könnte die teleologische Reduktion geboten sein. Bei bestimmten beweglichen Sachen stellt sich die Frage nicht, denn die Teile des Vermögens, die dem Schuldner nach der Pfändung der Staat aus öffentlichen Mitteln zur Verfügung stellen müsste, dürfen unabhängig von der Verfahrensart dem Schuldner nicht entzogen werden.

Die Untersuchung im Rahmen der vorliegenden Arbeit hat gezeigt, dass die teleologische Reduktion des § 36 Abs. 1 S. 1 InsO hinsichtlich keiner der Regelungen nach § 811 Abs. 1 Nr. 1–3, 4a–8, 10–13 ZPO geboten ist. Allerdings können die Besonderheiten des Insolvenzverfahrens bei der Prüfung der entsprechenden Tatbestandsvoraussetzungen dazu führen, dass die Beurteilung der Unpfändbarkeit eines vergleichbaren Gegenstandes in dem jeweiligen Verfahren unterschiedlich ausfällt.

Speziell zum Pfändungsschutz der Selbständigen nach § 36 Abs. 1 S. 1 InsO i.V.m. § 811 Abs. 1 Nr. 5, 7 ZPO ist anzumerken, dass weder aus dem Regelungsplan des § 36 Abs. 1 S. 1 InsO noch aus dem Gesamtzusammenhang der Insolvenzordnung oder den in dem Zusammenhang relevanten Besonderheiten des Insolvenzverfahrens als Gesamtvollstreckung die Notwendigkeit der teleologischen Reduktion des § 36 Abs. 1 S. 1 InsO folgt. Außerdem würde eine derartige Einschränkung den aus der Verfassung folgenden Gerechtigkeitsvorstellungen zuwiderlaufen, die Rechtssicherheit beeinträchtigen und öffentlichen Interessen entgegenstehen.

## 3. Vollstreckungsschutz von Kraftfahrzeugen

Im Hinblick auf die Gewährung des Pfändungsschutzes eines Kraftfahrzeuges sind im Insolvenzverfahren keine Abweichungen zur Einzelzwangsvollstreckung zu verzeichnen. Der Vollstreckungsschutz kann in den gleichen Fallkonstellationen wie

1328 § 811 Abs. 1 Nr. 11 ZPO mit der Einschränkung bei Geschäftsbüchern.

in der Einzelzwangsvollstreckung gewährt werden: regelmäßig nach § 36 Abs. 1 S. 1 InsO i.V.m. § 811 Abs. 1 Nr. 5, 7, 12 ZPO, vereinzelt nach § 36 Abs. 1 S. 1 InsO i.V.m. § 811 Abs. 1 Nr. 1 ZPO und beim Vorliegen besonderer Umstände, die zur Sittenwidrigkeit der Pfändung führen würden, nach § 4 InsO i.V.m. § 765 a ZPO. Der Pfändungsschutz nach § 36 Abs. 1 S. 1 InsO i.V.m. § 811 Abs. 1 Nr. 5, 7 ZPO gilt für die Kraftfahrzeuge der abhängig Beschäftigen und Selbständigen.

Abzulehnen ist die Möglichkeit des Pfändungsschutz eines Kraftfahrzeuges im Insolvenzverfahren nach § 812 ZPO, denn zum einen gilt im Insolvenzverfahren nicht § 812 ZPO, sondern § 36 Abs. 3 InsO, und zum anderen gehört ein Kraftfahrzeug nicht zu Gegenständen, die in den Anwendungsbereich des § 812 ZPO bzw. § 36 Abs. 3 InsO fallen.

Die Möglichkeit der Austauschpfändung bei einem Kraftfahrzeug ist im Insolvenzverfahren vergleichbar mit der Einzelzwangsvollstreckung gegeben. Momentan ist ausschließlich die Austauschpfändung der nach § 36 Abs. 1 S. 1 InsO i.V.m. § 811 Abs. 1 Nr. 1, 5 ZPO geschützten Kraftfahrzeuge möglich. Im Hinblick auf die Wertgrenze, unterhalb der von der Austauschpfändung eines Kraftfahrzeuges im Insolvenzverfahren abzusehen wäre, ist in der Insolvenzpraxis, ausgehend vom primären Zweck des Insolvenzverfahrens, die Orientierung an der untersten in der Einzelzwangsvollstreckung praktizierten Grenze geboten. Die schleichende Grenzverschiebung nach oben soll auf jeden Fall vermieden werden.

## 4. Vollstreckungserweiternde Vereinbarungen im Insolvenzverfahren

Im Insolvenzverfahren sind alle Arten der vollstreckungserweiternden Vereinbarungen, vom Zeitpunkt ihres Zustandekommens unabhängig, unwirksam.

Die Gründe, die gegen derartige Verträge in der Einzelzwangsvollstreckung sprechen, wie sozialpolitische Erwägungen, die Gewährleistung der Rechtssicherheit und Existenzsicherung der Angehörigen, gelten ebenso im Insolvenzverfahren, jedoch aufgrund der Besonderheiten des Verfahrens in noch höherem Maße. Im Verfahren mit einem zahlungsunfähigen Schuldner, dessen gesamtes pfändbares Vermögen, Neuerwerb einschließlich, beschlagnahmt wird und in dessen Lebensführung massiv eingegriffen wird, sind die für die Zulässigkeit derartiger Einzelfallvereinbarungen sprechenden Argumente nicht durchgreifend. Darüber hinaus ist im Insolvenzverfahren die Gefahr, dass der Schuldner in seiner Entscheidung hinsichtlich des Abschlusses einer derartigen Vereinbarung aufgrund seiner Abhängigkeit von Gläubigern und vom Insolvenzverwalter beeinflusst wird, deutlich größer als in der Einzelzwangsvollstreckung. Der Zulässigkeit derartiger Vereinbarungen steht ebenso der grundrechtlich unentbehrliche Ausgleich der gegenseitigen Interessen entgegen. Die Reduktion des gesetzlich vorgesehenen Pfändungsschutzes würde zum erheblichen Missverhältnis führen, denn er ist das einzige, was auf der schuldnerischen Seite in die Waagschale gelegt werden kann.

Abzulehnen ist bei dem Thema der im insolvenzrechtlichen Schrifttum vielfach praktizierte grundsätzliche Verweis auf die Erkenntnisse aus der Einzelzwangsvollstreckung, denn bei der Fragestellung ist die Eigenart des Insolvenzverfahrens als Gesamtvollstreckung von außerordentlicher Relevanz.

## 5. Gerichtlicher Vollstreckungsschutz im Insolvenzverfahren

Die Besonderheiten des Insolvenzverfahrens stehen der Anwendung des gerichtlichen Vollstreckungsschutzes in Gestalt des § 765 a ZPO im Verfahren nicht entgegen.

Bei der Abwägung der gegenseitigen Interessen sollen das gemeinsame Interesse der Gläubiger an der bestmöglichen Befriedigung dem festgestellten Interesse des Schuldners und gegebenenfalls seiner Angehörigen gegenübergestellt werden.

Beim Vorliegen vergleichbarer Umstände kann es in der Einzelzwangsvollstreckung und im Insolvenzverfahren zu abweichenden Ergebnissen im Hinblick auf die Gewährung des gerichtlichen Vollstreckungsschutzes kommen. Das ist auf die unterschiedlichen Anforderungen an das Vorliegen der Voraussetzungen, etwa das Vorliegen ganz besonderer Umstände, zurückzuführen. Ebenso kann bei der Interessenabwägung den Besonderheiten des Insolvenzverfahrens, wie z. B. der Verlustgemeinschaft der Gläubiger und der Möglichkeit der Restschuldbefreiung, Rechnung getragen werden.

Die Gewährung des gerichtlichen Vollstreckungsschutzes der beweglichen Sachen im Insolvenzverfahren ist über den Katalog des § 36 Abs. 1 S. 1 InsO i.V.m. § 811 Abs. 1 Nr. 1–3, 4a–8, 10–13[1329] hinaus oder beim Fehlen der Tatbestandsvoraussetzungen der genannten Regelungen oder des § 36 Abs. 3 InsO denkbar.

In der Insolvenzpraxis kann der Vollstreckungsschutz vor allem bei Kraftfahrzeugen, die ausschließlich aus persönlichen Gründen benötigt werden, bei Grabsteinen sowie bei beweglichen Sachen, deren Unpfändbarkeit erst nach der Eröffnung des Insolvenzverfahrens eingetreten ist, beansprucht werden.

Nicht zuzustimmen ist den Ausführungen des Bundesgerichtshofes,[1330] wonach die Anwendung des § 765 a ZPO es nicht ermöglicht, der Masse kraft Gesetzes (§§ 35, 36 InsO) ausdrücklich zugewiesene Vermögenswerte wieder zu entziehen.

# III. Künftige Gesetzgebung

Der im Entwurf eines Gesetzes zur Neustrukturierung und Modernisierung des Pfändungsschutzes (GNeuMoP)[1331] getroffenen Feststellung, dass das jetzige System des Pfändungsschutzes der beweglichen Sachen in der Einzelzwangsvollstreckung nur schwer überschau- und handhabbar ist, ist zuzustimmen. Zutreffend ist

1329 § 811 Abs. 1 Nr. 11 ZPO mit der Einschränkung bei Geschäftsbüchern.
1330 BGH, NJW-RR 2008, 496.
1331 BTDrucks 17/2167.

ebenfalls, dass einige Nummern des § 811 Abs. 1 ZPO in Inhalt und Begrifflichkeiten auf nicht mehr vorhandenen sozialen Strukturen beruhen.[1332] Mit der im Entwurf vorgeschlagenen Neufassung des § 811 ZPO könnten einige relevante Mängel beseitigt werden. So ist die vorgeschlagene Zusammenlegung der einzelnen Nummern und die daraus folgende Verwerfung der bisherigen sowie die gegenwärtig unter keinem Gesichtspunkt gerechtfertigte Besserstellung einzelner Berufsgruppen sehr begrüßenswert. Die übrigen Änderungsvorschläge, die Streichung des nicht zeitgemäßen Pfändungsschutzes und moderne Formulierungen, sind dagegen eher kosmetischer Natur und liefern inhaltlich keinen Mehrwert. Im Hinblick auf einige für die Praxis überaus relevanten, jedoch bisher umstrittenen Fragen, die zur Rechtsunsicherheit im Bereich des Sachpfändungsschutzes beisteuern, sind Regelungs- bzw. Änderungsvorschläge zu vermissen. Eine derartige partielle Nachbesserung ist unzureichend. Für die optimale Gestaltung des Pfändungsschutzes der beweglichen Sachen in der Einzelzwangsvollstreckung ist die Regelung bzw. Änderung der folgenden Punkte wünschenswert:

1. Die Regelung des § 811 Abs. 1 Nr. 13 ZPO umfasst nicht den Pfändungsschutz von Grabsteinen, denn sie fallen offensichtlich nicht in den Anwendungsbereich der Norm. Gegenwärtig ist der Vollstreckungsschutz der Grabsteine nur nach § 765 a ZPO möglich, was keine befriedigende Lösung ist, denn die Generalklausel sollte nur in außergewöhnlichen Fällen greifen. Notwendig ist eine Regelung des gesetzlichen Pfändungsschutzes von Grabsteinen, die bei der Vollstreckung wegen der Werklohnforderung für den Grabstein nicht greifen würde. In § 811 Abs. 1 ZPO sollte eine gesonderte Regelung aufgenommen werden, die den Pfändungsschutz der Grabsteine und Grabmale ausdrücklich regelt.

2. Die grundsätzliche Zulässigkeit von vollstreckungsbeschränkenden Vereinbarungen in der Einzelzwangsvollstreckung führt zur ungerechtfertigten Benachteiligung der Gläubiger und steht öffentlichen Interessen entgegen. Das Problem könnte durch die gesetzliche Regelung einer Härteklausel für Gläubiger gelöst werden. Auf dem Wege könnten ebenfalls weitere im Zusammenhang mit der Gläubigerbenachteiligung in der Zwangsvollstreckung stehende Probleme entschärft werden.

3. Die Austauschpfändung ist bisher auf die nach § 811 Abs. 1 Nr. 1, 5, 6 ZPO unpfändbaren Sachen beschränkt (§ 811 a Abs. 1 ZPO), was unbestreitbar unzureichend ist. Entsprechend dem Gesetzesentwurf zur Neustrukturierung und Modernisierung des Pfändungsschutzes (GNeuMoP)[1333] sollte die Möglichkeit der Austauschpfändung bei allen zur Fortsetzung der Erwerbstätigkeit erforderlichen Gegenständen der Personen, die ihren Erwerb aus körperlicher oder geistiger Arbeit oder sonstigen persönlichen Leistungen ziehen, gegeben sein. Somit wären davon ebenfalls die gegenwärtig in den Anwendungsbereich des § 811 Abs. 1 Nr. 7 ZPO fallenden Sachen

1332 Im Entwurf ist pauschal von § 811 ZPO die Rede, was in dieser Allgemeinheit jedoch abzulehnen ist.

1333 BTDrucks 17/2167.

betroffen. In dem Entwurf fehlt die erforderliche Erweiterung der Austauschpfändung auf die Gegenstände, die nach § 811 Abs. 1 Nr. 12 ZPO vor Pfändung geschützt sind. In der Praxis würde die Austauschpfändung der nach § 811 Abs. 1 Nr. 12 ZPO unpfändbaren Sachen vor allem bei Kraftfahrzeugen und luxuriösen Hilfsmitteln wie Brilleneinfassung aus Edelmetallen oder edlen Gehstöcken in Frage kommen.

Die im Entwurf eines Gesetzes zur Neustrukturierung und Modernisierung des Pfändungsschutzes (GNeuMoP)[1334] vorgeschlagenen Änderungen des Sachpfändungsschutzes in der Einzelzwangsvollstreckung würden sich aufgrund des in § 36 Abs. 1 S. 1 InsO enthaltenen Verweises entsprechend auf den Pfändungsschutz der beweglichen Sachen in der Gesamtvollstreckung auswirken. Das wäre eine notwendige und lang ersehnte, jedoch auch für das Insolvenzverfahren unzureichende Korrektur. Denn die Ausweitung der Austauschpfändung auf die Hilfsmittel im Sinne des § 811 Abs. 1 Nr. 12 ZPO und die Regelung des gesetzlichen Pfändungsschutzes von Grabsteinen sind ebenfalls im Insolvenzverfahren erforderlich.

Darüber hinaus wäre für den Bereich des Insolvenzrechts eine gesonderte Teilreformierung des Sachpfändungsschutzes sinnvoll, mit der ausdrücklich der Pfändungsschutz der zur Fortsetzung der selbständigen Tätigkeit erforderlichen Gegenstände und die Geltung der Regelung der Austauschpfändung (§ 811 a ZPO) im Insolvenzverfahren geregelt werden sollten. Dies würde einen erheblichen Beitrag zur Rechtssicherheit in dem Bereich leisten.

1334 BTDrucks 17/2167.

www.ingramcontent.com/pod-product-compliance
Ingram Content Group UK Ltd.
Pitfield, Milton Keynes, MK11 3LW, UK
UKHW021905290926
8980IPUK00015B/1072

9 783631 673782